Der duftende Garten

Der duftende Garten

Vorschläge für Anbau und Pflege wohlriechender Pflanzen

Stephen Lacey

Fotos von Andrew Lawson

DuMont Buchverlag Köln

Für Hannah und Rachel
Marielle, Helena, Lucy, Harriet und Laura

Aus dem Englischen von Annette Roellenbleck

Die Deutsche Bibliothek – CIP-Einheitsaufnahme

Der duftende Garten : Vorschläge für Anbau und Pflege
wohlriechender Pflanzen / Stephen Lacey. [Aus dem Engl. von
Annette Roellenbleck]. – Köln : DuMont, 1992
Einheitssacht.: Scent in your garden <dt.>
ISBN 3-7701-2796-X
NE: Lacey, Stephen; EST

© 1991 Frances Lincoln Limited, Apollo Works,
5 Charlton Kings Road, London NW5 2SB England
© 1991 Text: Stephen Lacey
© 1991 Fotos: Frances Lincoln Limited, ausgenommen
die Fotos auf den Seiten 2, 20, 25, 31, 32 links, 33, 34,
35, 36 oben, 38 rechts, 41 rechts, 48 oben links, 51
rechts, 57 links, 58 unten links, 64 links und Mitte,
67 rechts, 69, 71, 75 links, 81 links und oben rechts,
84 rechts, 85 oben links und oben rechts, 86 unten,
87, 88, 89, 91, 97 unten links, 98, 99, 110 rechts,
119, 122 rechts, 123 rechts, 126, 128 129 rechts,
132, 144, 145 oben links, 147, 150 oben, 152, 153, 155,
159 links, 160, 161 links, 162 oben, 176 rechts, 178
links, 180 links, 183 rechts © 1991 Andrew Lawson
Alle Rechte vorbehalten

© 1992 DuMont Buchverlag, Köln
Alle deutschsprachigen Rechte vorbehalten
Satz: Fotosatz Harten, Köln
Printed in Italy
ISBN 3-7701-2796-X

Inhalt

Der Duft eines Gartens

Düfte sind das nachhaltigst Betörende in einem Garten, gleichwohl werden sie am meisten vernachlässigt, denn es verstehen nur die wenigsten mit ihnen umzugehen. Schon ein zarter Dufthauch kann zuweilen Gefühle der Sehnsucht oder der Erwartung wecken, Raum und Zeit überbrücken helfen und einen schon lange vergessenen Moment unserer Kindheit heraufbeschwören. Er kann uns einen Augenblick lang überwältigen oder uns einfach überlisten, indem er langsam in unser Bewußtsein vordringt und sich schon fast wieder verflüchtigt hat, wenn wir ihn gerade zu bemerken beginnen. Jeder Duft, ob süß oder würzig, leicht oder kräftig, vermag in jedem von uns ganz eigene Gefühle zu wecken.

Wenngleich der angenehme Duft zu unserem Wohlbefinden beiträgt, erfährt er selten die verdiente Aufmerksamkeit – bei der Komposition eines Gartens bleibt der Duft die ›Gratisbeigabe‹, statt daß er als ein wesentlicher Bestandteil erkannt und zu größerer Wirkung gebracht wird. Wir haben vielleicht hier und dort ein paar duftende Pflanzen in unserem Garten, setzen sie aber nur selten für besondere Effekte ein oder entwerfen gar mit Duftpflanzen bestimmte Themenbereiche. Oft gewahren wir erst beim Einkauf einer Pflanze ihren Duft, da er bei den Pflanzenbeschreibungen in Katalogen und Nachschlagewerken häufig überhaupt nicht erwähnt wird. Sollte es doch einmal der Fall sein, dann ist er sicher so unzureichend beschrieben worden, daß wir uns kaum etwas darunter vorstellen können.

Es kommt nicht von ungefähr, wenn es uns nur schwer gelingt, Düfte wirksam einzusetzen. Zwar kann unsere Nase ausgesprochen empfindlich sein, doch unterziehen wir uns selten der Mühe, den Duft, den wir wahrnehmen, zu identifizieren und unsere Empfindungen in Worte zu kleiden. Daher haben wir keinen Maßstab entwickelt, mit dem wir Düfte vergleichen und zuordnen könnten, und unser Vokabular für die Beschreibung von Düften ist äußerst primitiv. So kann das Adjektiv ›süß‹ gleichermaßen einen Duft, einen Geschmack oder einen optischen Reiz bezeichnen.

Für uns haben Düfte an Bedeutung verloren, weil der Geruchssinn für die Fortdauer unserer Existenz nicht mehr wichtig ist. Tiere dagegen benötigen den Duft als Mittel zur Orientierung (Lachse folgen Duftfährten, um zu ihren Laichgründen zurückzufinden), um Nahrung zu finden (die meisten Säugetiere riechen die Nahrung, bevor sie sie sehen), um Gefahren zu wittern (die Jäger müssen sich ihrer Beute immer gegen die Windrichtung nähern), um ihr Revier abzustecken (viele Tiere setzen zum Eingrenzen ihres Territoriums Duftmarken), um abzuschrecken (Stinktier), um in Verbindung zu treten (Rehe produzieren einen ›Alarmduft‹; Bienen informieren sich gegenseitig darüber, wo sie Nektar finden können, und viele Tiere erkennen untereinander an ihrem Duft den Status ihres Stammes und ihre soziale Stellung) und um ihre sexuelle Reife anzuzeigen.

Obgleich wir zum Überleben unseren Geruchssinn nicht mehr benötigen, machen wir ständig von ihm Gebrauch. Der Geschmack unserer Speisen und Getränke beruht auf unserem Geruchssinn. Hält man beim Essen und Trinken die Nase zu, dann empfängt man nur allgemeine Eindrücke, denn die Geschmacksknospen im Mund vermitteln lediglich, ob die Nahrung süß, sauer, bitter oder salzig ist. Da Geschmack und Geruch so eng miteinander verbunden sind und wir Gerüche zum Teil durch den Mund wahrnehmen, verwenden wir bei dem Versuch, einen Duft zu beschreiben, häufig die Namen ähnlich aromatischer Nahrungsmittel und Gewürze: Himbeere, Ananas, Zitrone, schwarze Johannisbeere, Kokosnuß, Mandel, Honig, Schokolade, Vanille, Minze, Nelke und Curry. Eine verbale Auseinandersetzung mit Düften wird erschwert, weil wir alle einen Geruch unterschiedlich intensiv wahrnehmen und auch nicht in gleicher Weise auf ihn reagieren. Manche Menschen bemerken schon den Hauch eines Duftes, während andere einen relativ schwach entwickelten Geruchssinn besitzen. Von dunkelhaarigen Menschen wird behauptet, sie seien geruchsempfindlicher als blonde (da die Geruchsschleimhaut leicht pigmentiert ist). Und Rauchen soll die Geruchssensibilität deutlich beeinträchtigen. Die meisten von uns kennen besondere Lieblingsdüfte und Gerüche, die in ihnen Abscheu hervorrufen. Manchmal sind unsere Reaktionen unerklärlich, doch oft genug sind sie mit Orten, Menschen und Ereignissen unserer Vergangenheit verbunden.

Die Düfte selbst sind ausgesprochen komplex. Sie setzen sich aus einer Reihe von Bestandteilen zusammen, die entsprechend den Wetterbedingungen und dem Lebenszyklus der Pflanzen stärker oder schwächer auftreten. Sie können sich von einem Moment zum anderen verändern und je nachdem, ob man sie aus nächster Nähe oder aus der Entfernung wahrnimmt, sind sie zuweilen sehr unterschiedlich.

Rechts: Rosen 'Nathalie Nypels' und Katzenminze *Nepeta nervosa* fassen diesen Weg im Gemüsegarten von Tintinhull, Somerset, ein; der kräftigste Duft aber geht von den Japanischen Geißblättern aus (links). Am Abend und am frühen Morgen wird ihr fruchtiger Duft weit durch die Luft getragen. Geißblätter an Eisen- oder Holzstützen sollten in der Staudenrabatte nicht fehlen, da hier der Duft leicht etwas fade ist.

Aber durch diese Unwägbarkeiten wird der Umgang mit Düften für den Gärtner zu einer besonders herausfordernden und fesselnden Aufgabe. Wir sollten nicht vor dem Versuch zurückschrecken, den Duft der Pflanzen als stilistisches Element bei der Komposition eines Gartens zu nutzen. Wenn wir Düfte bewußter wahrnehmen und dabei versuchen, ihre vorherrschenden Eigenschaften zu identifizieren und zu vergleichen, können wir die Sensibilität unserer Nase, aber auch unser Erinnerungsvermögen für Düfte allmählich trainieren.

Die meisten Gärtner beherrschen ohnehin die Kunst, sich Dinge zu merken, die sie nicht sehen können. Wir planen und pflanzen immer außerhalb der Saison, wenn die Pflanzen noch nicht blühen und ihren Umfang und ihre Wuchsform noch nicht anzeigen. Und trotzdem gelingt es uns, Farbschemen zu entwerfen, Höhen aufeinander abzustimmen und Formen zu verteilen. Genauso kunstvoll lassen sich natürlich auch Düfte miteinander in Einklang bringen.

Jahrhundertelang hat man bestimmte Duftstoffe sorgfältig ausgewählt, um damit Speisen und Getränke zu aromatisieren, um sie als religiöse Opfergaben zu verwenden, um Körpergerüche zu kaschieren, um den Boden zu bestreuen und so unangenehme Gerüche zu verdekken, um der Wäsche einen frischen Duft zu verleihen und um Ungeziefer zu vertreiben. Erst kürzlich sind Untersuchungen hinsichtlich unserer Gefühlsreaktionen auf verschiedene Düfte vorgenommen worden, mit dem Ergebnis, daß Düfte jetzt als Therapie zur Beruhigung von Patienten eingesetzt werden. Von Immobilienmaklern weiß man, daß sie mit Düften (gewöhnlich von Kaffee und frischem Brot) potentielle Hauskäufer positiv zu beeinflussen suchen. Die weitaus meiste Verwendung finden Düfte natürlich in der Kosmetik- und Parfümindustrie, wo sie zu raffinierten Cocktails gemischt werden. Angesichts dieser Fülle von Möglichkeiten ist es verwunderlich, wenn Gärtner, die von Düften umgeben sind und für sie besonders empfänglich sein soll-

Unten: Ein sonniger, gepflasterter Bereich ist ein passender Standort für kleine ›staubige‹ Sträucher aus Südeuropa mit scharfen Blattaromen. Den Artemisien und dem Heiligenkraut mit seinen cremefarbenen Blü- ten muß der Duft mit den Händen entlockt werden, aber der Duft der Strohblumen zieht weithin durch die Luft. Rosa Backenklee *Dorycnium* und karminrote Lichtnelken sorgen für Farbe.

ten, bisher nicht versucht haben, auch den Duft in ihre Kunst einzubeziehen und für ihre Zwecke nutzbar zu machen.

Die Gefahr von Gartenbüchern, die ein einziges Thema behandeln, besteht darin, daß der Leser sehr bald ein Gefühl für die Perspektive verliert. Haben Sie zum Beispiel 200 Seiten über blühende Kirschbäume gelesen, dann sehen Sie die Welt ganz und gar durch einen Vorhang aus rosafarbenen und weißen Blüten. Sie vergessen, daß die Kirschen nur eine Unterabteilung der Gartenflora und einen kurzen Höhepunkt im Kalender des Gärtners darstellen. Hier handelt es sich um ein Buch über den Duftgarten, aber der Duft ist nicht der wichtigste Gesichtspunkt des Gartengestalters. Ausschlaggebend ist der visuelle Effekt der Komposition, das Zusammenspiel von Farben und Texturen. Gärten erfordern ein Konzept, und Pflanzschemen verlangen harmonische Strukturen und jahreszeitliche Höhepunkte. Wenn das alles fehlt, kann auch keine noch so große Zauberkunst im Umgang mit Düften den Mangel ersetzen. Ich will versuchen, diesen Gesichtspunkt hier nicht aus den Augen zu verlieren und nicht so von meinem Thema besessen zu sein, daß ich vergesse, welcher Platz dem Duft in der Gartengestaltung zukommt. Als ein Element bei der Bepflanzung, das der Komposition einen zusätzlichen Reiz verleihen und dazu beitragen kann, die gewünschte Stimmung zu unterstreichen, bleibt er dem visuellen Aspekt untergeordnet.

Planen nach Düften

Bei der Überlegung, wie wir ein neues Stück Land gestalten sollen, denken wir an den Duft wahrscheinlich zuletzt. Wir planen Perspektiven, entwerfen Rasenflächen und Blumenbeete und legen den Verlauf der Wege fest. Wir beschäftigen uns mit Gartengeschichte und entscheiden, ob wir dem Garten eine bestimmte Stilrichtung verleihen oder bei der Planung der Natur mit ihrer zufälligen Ordnung folgen wollen. Wo immer Ihr Garten liegt, in welcher Art Sie ihn anlegen und welche Elemente Sie einbringen, Sie werden niemals Schwierigkeiten haben, Ihrem Garten noch nachträglich mit Düften eine besondere Note zu verleihen. Ziergärten lassen sich mit Kräutern und altmodischen Rosen füllen; im Obstgarten können Sie unter die Bäume, die Sie mit Geißblättern beranken lassen, ein Meer von Narzissen pflanzen, und einen Waldgarten können Sie mit Azaleen und ganzen Teppichen von Hasenglöckchen schmücken. Ob Sie nun trockenen oder feuchten Boden, Sonne oder Schatten haben, für jeden Standort läßt sich die geeignete Duftpflanze finden.

Wenn Sie aber wirklich aus Düften das Beste machen wollen, sollten Sie schon zu Beginn Ihrer Planung einige Punkte bedenken und für ein paar Elemente den notwendigen Raum vorsehen. Zunächst einmal ist zu beachten, daß die Luft ganz ruhig sein muß, damit Sie den Duft voll genießen können. Leichte Brisen können den Duft zu Ihnen hintragen, aber kräftige Winde blasen ihn rasch fort. Das macht einen

guten Windschutz erforderlich. In exponierten Lagen muß für Windbrecher aus immergrünen und laubabwerfenden Bäumen und Sträuchern gesorgt werden. Untersuchungen haben ergeben, daß Windbrecher mit 30 %–50 % Winddurchlässigkeit am effektivsten sind. Zwischen windundurchlässigen, immergrünen, massiven Hecken und Mauern kann es dagegen zu großen Turbulenzen und Windtunnels kommen. Als Faustregel gilt, daß ein Windbrecher auf ebener Fläche gewöhnlich einen Bereich vom Zehnfachen seiner eigenen Höhe zu schützen vermag.

In größeren Gärten besteht die ideale Kombination aus einem natürlichen Windbrecher auf der Grenze und Mauern innerhalb des Grundstücks. Denn es geht nicht nur darum, den Duft festzuhalten, sondern auch für seine freie Entfaltung zu sorgen. Die meisten Pflanzen benötigen Wärme, damit sie ihren Duft offenbaren können, und Mauern tragen dazu bei, die Sonnenhitze einzufangen und zu reflektieren. In kühlen Gegenden wird ein geschützter, ummauerter Garten zu einem unvergeßlichen Erlebnis für die Nase, wie jedermann weiß, der einmal im Juni die englischen Gärten von Sissinghurst Castle in Kent oder Mottisfont Abbey in Hampshire besucht hat. Beide Gärten beherbergen große Sammlungen altmodischer Rosen, und an einem warmen, windstillen Tag ist die Luft schwer von betäubenden Düften nach Obst und Gewürzen.

Wenn auch nur wenige von uns ummauerte Gärten haben oder es sich leisten können, ihre Gärten mit Mauern einzufrieden, so besteht doch meistens die Möglichkeit, sich irgendwo im Garten ein kleines ummauertes Sonnenplätzchen zu schaffen. Wenn die Luft allmählich abkühlt, strahlen die Mauern die Hitze des Tages weiter ab und sorgen bis in den späten Nachmittag und Abend hinein für Wärme und Duft. Das Sonnenplätzchen sollte möglichst gepflastert und ausreichend groß für einen Sitzplatz sein. Stühle oder Bänke laden zur Rast ein, und in einer entspannten Haltung sind wir aufnahmebereiter für Düfte. Sicherlich sollten sich alle Sitzbereiche in einer möglichst duftenden Umgebung befinden, aber ist Ihnen schon der Gedanke gekommen, der Sitzplatz selbst könnte aus Duftpflanzen bestehen? Ein kleines erhöhtes Beet oder ein Trog läßt sich in einen duftenden Sitz verwandeln, indem man ihm Rückenlehnen und Armstützen verleiht und ihn mit nach Äpfeln duftender Kamille, kriechenden Minzen oder würzigen niedrigen Thymian-Arten bepflanzt. Ebenfalls mit Kamille, Minze und Thymian lassen sich duftende Treppen, Wege (wobei die Zwischenräume der Pflastersteine oder die Stellen einiger herausgehobener Steine bepflanzt werden können), Böschungen und Miniaturrasen anlegen. Die Kamille bildet ›Flüsse‹ und ›Teiche‹ aus frischem Grün, während die Thymian-Arten ›Teppiche‹ aus Pastelltönen in Rosa, Purpur und Weiß weben. Alle diese zart duftenden Pflanzen benötigen Sonne und einen gut durchlässigen Boden, was bei der Gestaltung des Gartens beachtet werden muß.

Im Idealfall öffnen sich duftende Blüten in Nasenhöhe, und damit wir das Aroma von duftenden kleinen Zwiebelpflanzen wie Krokussen und *Iris reticulata*, von Zwergsträuchern wie *Daphne cneorum* und alpinen Pflanzen wie Phlox und Primeln voll genießen können, sollten wir sie möglichst in erhöhten Beeten anpflanzen. Das setzt eine gewisse Planung und Konstruktion voraus. Steingärten – mit Felsblöcken gestaltet – lassen sich nicht immer überzeugend in Flachlandgärten integrieren, aber erhöhte Beete oder Tröge in geometrischen Formen passen eigentlich problemlos in jeden Garten. Auch mit Blumenkästen lassen sich Pflanzen vom Boden auf eine gewisse Höhe bringen, und natürlich ist ein angenehmer Duft unter den Fenstern besonders willkommen. An warmen Tagen und Abenden kann der Duft durch die offenen Fenster ins Zimmer dringen. Lauben, Pergolen, Bogen und Tunnel bieten die Möglichkeit, Vorhänge aus duftenden Pflanzen zu gestalten. Kletterpflanzen können ihren natürlichen Charakter besser entfalten, wenn sie sich über solche Gerüste ausbreiten können, als wenn sie an Mauern festgebunden werden. Sie lassen sich auch an Gitterwänden und Pfahlzäunen ziehen, die zur Unterteilung des Gartens oder als blühende Grenzen verwendet werden können. Ich erinnere mich an ein langes Staudenbeet, das in regelmäßigen Abständen durch weißgestrichene Zäune – eingehüllt in Geißblatt und Rosen – unterbrochen war. Hier hatte man äußerst wirkungsvoll Duftpflanzen integriert (die Rabattenpflanzen des Hochsommers gehören weniger zu den duftenden Pflanzengruppen) und gleichzeitig den ineinanderwachsenden Rabattenpflanzen eine gewisse Struktur verliehen. Kletter- und Rambler-Rosen (siehe Seite 151) sind auch hervorragend geeignet, an Seilen zwischen Pfählen gezogen zu werden.

Bogengänge und Lauben müssen nicht immer aus Kletterpflanzen bestehen, die an Metall- oder Holzgerüsten gezogen sind; auch frei stehende Gehölze eignen sich für diesen Zweck. Ich habe einmal eine Kreuzung von Graswegen in der Mitte eines offenen Blumengartens in Südengland gesehen, die in eine Laube aus weißen Blüten verwandelt worden war, indem man an jede Ecke einen Kirschbaum gepflanzt hatte. Mit Hochstammglyzinen und Goldregen lassen sich vergleichbar eindrucksvolle Wirkungen erzielen, und ich stelle mir besonders gern eine Laube aus *Magnolia wilsonii* vor, die ihre nach Zitrone duftenden cremeweißen Blüten herabhängen läßt.

Duftende Baum- oder Strauchalleen sind ein Luxus, den sich schon aus Platzgründen nicht jedermann leisten kann. Doch selbst sehr kleine Gärten bieten Platz für ein Lavendelband oder eine Wegeinfassung mit nach Honig duftender *Sarcococca*. Eine solche Bepflanzung, die nur aus einer Sorte Pflanzen besteht, vermag uns in einen intensiven unvermischten Duft zu hüllen, der immer aufregend ist.

Wenn Sie Hecken, immergrüne Gehölze und Bäume für das Grundgerüst Ihres Gartens wählen, sind Struktur und Form gewöhnlich Ihr primäres Anliegen. Sie halten nach Elementen Ausschau, die die Gestalt des Gartens das ganze Jahr über zusammenzuhalten vermögen. Die Hecken müssen dicht und kräftig sein, als Sicht- und Windschutz dienende Bäume müssen schnell wachsen, und die als Solitärpflanzen verwendeten Bäume und immergrünen Gehölze sollten sich durch eindrucksvolle Umrisse oder charakteristische Wuchsformen auszeichnen. Bevor Sie sich aber für Pflanzen wie Eibe und Ilex, Schwarzpappel

und Trauerbirke entscheiden, sollten Sie wissen, daß es für alle diese Pflanzen auch duftende Alternativen gibt. Und das Beschneiden einer Hecke macht zweifellos mehr Spaß, wenn bei jedem Zuschnappen der Schere ein Dufthauch von Obst in Ihre Nase dringt. Als Sichtschutz dienende Bäume, von denen feine Düfte ausgehen, sind plötzlich mehr als nur eine Notwendigkeit. Und ein einzelnes immergrünes Gehölz, von dem Sie im Vorbeigehen ein Blatt abzupfen, es zwischen den Fingern verreiben und seinen Duft genießen können, ist weit erfreulicher als eines, das lediglich die gewünschte strukturgebende Funktion erfüllt.

Als ambitionierter Gärtner werden Sie ohne Zweifel eine beträchtliche Anzahl von Blumenbeeten in Ihrem Gartenplan vorsehen. Auch in einem Duftgarten sind sonnige Beete den schattigen vorzuziehen, zum einen weil Wärme die Duftproduktion fördert, zum anderen weil die meisten Duftpflanzen viel Sonne brauchen. Aber in der Regel erfordern die örtlichen Gegebenheiten eine Mischung aus sonnigen und schattigen Beeten, und mir scheint es hilfreich, wenn man in einem frühen Stadium entscheidet, wie man sie behandeln will.

Falls Sie ein mildes Klima haben und Ihr Garten geschützt liegt und falls der Boden ausreichend durchlässig ist, so daß sich aromatische Sträucher wie Thymian, Lavendel, Rosmarin, Zistrosen und ihre Verwandten wohl fühlen, sollte diesen Pflanzen das sonnigste Beet vorbehalten sein. Sie alle stehen gern in voller Sonne, und an heißen, windstillen Tagen füllen sie die Luft mit dem Duft eines mediterranen Bouquet garni. Sie stellen das Thema dieses Beetes, und es bleibt Ihnen überlassen, noch andere duftende oder nicht duftende Pflanzen hinzuzufügen – vielleicht als wirkungsvollen formalen Kontrast Wolfsmilch-Arten und Iris und als leuchtende gelbe Akzente Spanischen Ginster und Baumlupinen.

Auch Rosen und eine große Anzahl von Stauden, Einjährigen, Zwiebelpflanzen und Sträuchern, die großenteils im Sommer blühen, verlangen sonnige Standorte. Falls Sie nur über eine einzige sonnige Rabatte im Garten verfügen, bietet es sich an, sie alle zusammenzupflanzen (die obengenannten Duftsträucher eingeschlossen) und die Rabatte so zu gestalten, daß den ganzen Sommer über für eine Abfolge reizvoller Momente gesorgt ist. Aber auch eine Inszenierung gleichzeitig blühender Pflanzen ist sehr beeindruckend. Die größeren Sträucher und Rosen könnten die hintere Reihe der Rabatte und eine Art Kulisse bilden, vor der die niedrigen Pflanzen agieren.

Mehrere sonnige Bereiche können thematisch unterschiedlich gestaltet oder nach jahreszeitlichen Gesichtspunkten bepflanzt werden. Zum Beispiel könnten Sie in einem Gartenteil Lilien, Rosen, Sommerjasmin und Nelken für ein hochsommerliches Schauspiel

Rechts: Eine schwierige Böschung ist in diesem Garten mit einer Sammlung kriechender Thymian-Arten in einen Dufthang verwandelt worden. Lavendel- und Salbei-Arten nehmen das Farb- und Duftthema im Vordergrund wieder auf, und Bartfaden setzt scharlachrote Akzente. Der Strauch in der oberen linken Ecke ist eine Strohblume *Helichrysum ledifolium*, deren Blüten köstlich nach Honig duften.

zusammenfügen, in einem anderen Bereich einen Rosen- oder Kräutergarten anlegen und in einem dritten Teil mit Schmetterlingssträuchern, Phlox, Ziertabak und Wicken ein spätsommerliches Gartenbild inszenieren.

Die besten Pflanzen für Schattenbereiche sind jene Sträucher, Stauden und Zwiebelgewächse, die sich im Waldgarten heimisch fühlen. Es macht Freude, diesen Waldcharakter hervorzurufen, aber man benötigt dazu einen Gartenbereich abseits von Ziegelmauern und scheinbar unberührt von Menschenhand. Ein einziger Baum reicht häufig aus, um eine derartige Stimmung zu erzeugen. Falls Sie ganz in die Nähe des Baumes oder direkt darunter Pflanzen setzen wollen, wählen Sie am besten ein Gehölz aus, das ein lichtes Laubdach bildet, wie zum Beispiel Goldregen, Japanischen Ahorn, Felsenbirne oder den Schneeglöckchenbaum *Halesia*. Sollten Sie genügend Platz haben, können Sie den Baum oder die Bäume frei, vielleicht sogar in eine Graslichtung plazieren und die Strauchgruppe bandförmig hindurch oder ringsherum pflanzen. In diesem Fall haben Sie freie Hand in der Auswahl der Bäume, von Kiefer oder Fichte bis hin zu den dichtesten laubabwerfenden Gehölzen.

Zum größten Teil besteht eine solche Waldrabatte aus Sträuchern, doch unter deren Zweigen können Zwiebelpflanzen wie Schneeglöckchen und *Scilla* Platz finden, und dazwischen lassen sich gut Liliengruppen, kleinere Sträucher, Farne und andere mehrjährige Pflanzen setzen. Der Frühling wäre die Jahreszeit, in der die Rabatte ihren Höhepunkt erreicht, und im Herbst und Winter würde sie für ein weiteres Farbspiel sorgen.

Sie könnten aber auch einem schattigen Bereich eine genau durchdachte Struktur verleihen und ihn wie eine gemischte sonnige Rabatte bepflanzen. Denkbar sind die gleichen Pflanzen wie im Waldgarten, wobei vermutlich die Zahl der Sträucher reduziert und die der Staudengruppen angehoben werden müßte. Das Vorhandensein von Mauern, Zäunen oder Pflaster verrät schon, daß es sich hier um eine künstliche Komposition handelt, und ein ›dekorativeres‹ Bepflanzungsschema mit überlegten Farb- und Formkontrasten ist durchaus passend. Einjährige, Kletterpflanzen, schattentolerierende Rosen und sogar beschnittene immergrüne Gehölze können dazugenommen werden. Sie tragen dazu bei, daß die Rabatte über einen längeren Zeitraum nicht an Reiz verliert.

Links: Schattige Bereiche, bepflanzt mit Waldgartensträuchern und Zwiebelpflanzen, haben ihre schönste Blütezeit gewöhnlich im Frühjahr. Hier ist eine Mischung aus verschiedenen Hasenglöckchen (*Hyacinthoides*) in einem ›unberührten‹ Bereich heimisch geworden. Ein Teppich aus Hasenglöckchen verströmt eines der suggestivsten und eindrucksvollsten Parfums.

Rechts: Azaleen gehören zu den wenigen Gruppen von Duftpflanzen, die ein berauschendes Parfum mit einer Vielfalt leuchtender, feuriger Farbtöne verbinden. An warmen, feuchten Tagen zieht ihr Geißblattduft durch die windstillen Ebenen des Waldgartens. Im Herbst bieten sie ein zweites Farbschauspiel, wenn ihre Blätter ›Feuer fangen‹, bevor sie abfallen.

Farbe und Duft

Ob ich nun eine sonnige oder eine schattige Rabatte gestalten will, zu Beginn der Bepflanzung entscheide ich mich zunächst für ein bestimmtes Farbschema. Erst danach befasse ich mich mit der Frage, wie ich die Höhen verteilen und wo ich immergrüne Akzente setzen will. Die Farbe hat fast immer eine ebenso große Wirkung auf Sinne und Gefühle wie der Duft, und in Gärten mit dichter Pflanzenfülle wird sie gewöhnlich zur vorherrschenden visuellen Kraft. Das Auge nimmt die Formen nur dann vor den Farben wahr, wenn das Farbspektrum begrenzt ist. Jede Farbe hat eine andere Wirkung, und indem wir eine Farbe isoliert oder in Verbindung mit anderen Farben verwenden, haben wir die Möglichkeit, eine Vielfalt unterschiedlicher Stimmungen zu erzeugen.

Verschiedene Faktoren beeinflussen die Farbauswahl – schon vorhandene bauliche und botanische Elemente in näherer und fernerer Umgebung, die Qualität des Lichts, persönliche Vorlieben und, was besonders wichtig ist, die Verfügbarkeit von Pflanzen in jeder Farbgruppe. In milden Klimaten gibt es gelbe, weiße, rosa- und mauvefarbene Blüten das ganze Jahr über in recht großer Auswahl; auch mit purpurfarbenen oder blauvioletten Blumen ist es recht gut bestellt. Orange ist etwas seltener; für diesen Farbton wird man auf Beeren, Hagebutten und herbstlich gefärbte Blätter zurückgreifen müssen. Reines Rot und echtes Blau sind immer selten, obwohl eine Menge frühlingsblühender Zwiebelpflanzen und Waldgartenstauden mit diesen Farben aufwarten. Und schattenliebende Pflanzen tendieren eher zu ruhigeren und kühleren Farbtönen als sonnenhungrige.

Der Wunsch nach Duft beeinflußt auch unsere Pflanzenauswahl. Es besteht eine etwas undeutliche Beziehung zwischen Farbe und Duft, und als allgemeine Regel gilt, daß eine Blume um so eher duften wird, je weniger Pigmente sie aufweist. Weiße Blumen duften am stärksten; ihnen folgen rosa, mauvefarbene und blaßgelbe Blumen. Kräftig gelbe und violettblaue Blumen schließen sich an. Die am wenigsten duftenden Farbgruppen sind purpurfarbene, reinblaue, orangefarbene und rote Blumen.

Falls Sie eine Rabatte oder den Garten in nur einer Farbe gestalten wollen, sollten Sie sich möglichst für Weiß, Gelb oder Rosa/Mauve entscheiden. Diese Farbgruppen bieten eine reiche Auswahl an Blüten und Düften. Wenn Ihr Herz jedoch an den kräftigsten Rot- und Orangetönen und den dunkelsten Purpur- und Blautönen hängt, Sie sich aber gleichzeitig einen Garten voller Düfte wünschen, müssen Sie einige Umwege wählen. Zunächst einmal können Sie solche Pflanzen verwenden, deren Blüten einen kräftigen Farbton haben und trotzdem duften: Azaleen, Goldlack, Wicken und Rosen zum Beispiel haben farbenprächtige duftende Blüten. Indianernesseln, Ysop, Lavendel und Salbei dagegen haben kräftigfarbene Blüten und duftende Blätter, und sowohl Lavendelheiden, die sich durch farbenfreudige Brakteen auszeichnen, als auch Skimmien, die farbenprächtige Beeren tragen, schmücken sich mit duftenden Blüten.

Eine andere Möglichkeit besteht darin, zwei Pflanzen miteinander zu verbinden, von denen die eine wegen ihres Duftes und die andere wegen ihrer leuchtenden Farbe ausgewählt wird. Bäume und Sträucher können als Wirte für Kletterpflanzen dienen. Lassen Sie zum Beispiel eine duftende Kletterrose durch eine Blutpflaume oder eine stattliche purpurfarbige Clematis durch einen intensiv duftenden Sommerjasmin wachsen. Auch zwei Kletterpflanzen können eine gute Gemeinschaft bilden, zum Beispiel eine würzig duftende *Akebia* und eine rubinrote *Clematis alpina*. Stauden und Zwiebelpflanzen fühlen sich am Fuße von Sträuchern wohl, Maiglöckchen etwa unter einer Baumpaeonie oder Tulpen vor einem süß duftenden *Osmanthus*. Zwiebelgewächse können auch durch Steingartenpflanzen wachsen, vielleicht nach Honig duftender *Crocus chrysanthus* durch Polsterphlox.

Duftpflanzen gibt es ohne Unterschied zu jeder Jahreszeit. Die vielen Pflanzen mit duftenden Blättern sorgen dafür, daß unsere Nase immer mit Wohlgerüchen stimuliert wird, selbst wenn es gelegentlich an visuellen Reizen mangeln sollte. Deshalb muß unser Ziel ein Garten sein, der das ganze Jahr über und zu jeder Stunde des Tages wohltuende Düfte bereithält.

Die Natur des Duftes

Ebenso wie Farbe, Form und Textur ist auch der Duft einer Pflanze eine Eigenschaft, die in der Planung berücksichtigt werden sollte. Bei der Komposition unüberlegt eingesetzt, wird der Duft häufig übertönt und geht ganz verloren. Wählt man ihn aber mit Bedacht und vermischt ihn vielleicht sogar mit gegensätzlichen Düften, kann er in seiner Wirkung noch gesteigert werden.

Der Erfolg eines Duftschemas hängt immer bis zu einem gewissen Grad vom Zufall ab. Wer kann genau sagen, wie ein Duft sich zu einem bestimmten Zeitpunkt entwickeln oder wie man darauf reagieren wird. Wenn wir aber die verwendeten Dufttypen zu identifizieren vermögen und wissen, wie und wann sie sich entfalten, können wir zumindest versuchen, ihre Wirkung vorauszusehen. Es ist nicht notwendig, sich in das Gebiet der organischen Chemie einzuarbeiten, aber gewisse Grundkenntnisse über die Natur des Duftes und die verschiedenen Duftgruppen können eine große Hilfe sein.

Der Duft kommt zumeist von den flüchtigen ätherischen Ölen, die von der Pflanze gespeichert werden. Er wird freigesetzt, sobald sich die Öle mit Sauerstoff verbinden. Bei Blumen werden die ätherischen Öle in den Epidermiszellen im Blütenblatt oder Blütenblattersatz gespeichert. Duftpflanzen mit gefüllten Blüten – das heißt mit mehr Blütenblättern – duften deshalb häufig intensiver als ihre ungefüllten Varianten. Bei der Moschusrose *R. moschata* und den Rambler-Rosen (siehe Seite 151) wie *R. filipes*, *R. longicuspis* und 'Bobbie James' wird der Duft dagegen in den Staubgefäßen gespeichert, was sehr ungewöhnlich ist. Gefüllte Formen dieser Rosen sind deshalb duftlos. Der Duft, der beim Öffnen der Blüten freigesetzt wird, variiert von Pflanze zu Pflanze in Stärke und Qualität.

Der Duft einer Blume ist gewöhnlich komplex, da ihr ätherisches Öl selten rein ist. Es besteht vielmehr aus einer Reihe von Bestandteilen, die sich zu einem Duftbouquet vereinen. Die verschiedenen Aromen verbinden sich im allgemeinen gut; beim Riechen kann man aber meist die unterschiedlichen Duftnoten voneinander trennen. Der Duft der Königslilie (*Lilium regale*) zum Beispiel hat einen durchdringenden süßlichen Oberton; gleichzeitig kann man aber darunter einen ziemlich unangenehmen Geruch entdecken. Aus der Entfernung nehmen wir gewöhnlich verstärkt den Oberton eines Blumenduftes wahr; aus nächster Nähe riechen wir aber dann auch die sich darunter verbergende Duftnote. Ich erinnere mich, wie ich zum ersten Mal einen Topf mit *Hedychium gardnerianum* ins Haus gebracht und mich daran erfreut habe, daß diese dekorative Pflanze mit ihrem köstlichen *Viburnum*-ähnlichen Duft das Zimmer füllte. Sobald ich mich aber dem Topf näherte, um den Duft intensiver genießen zu können, schreckte ich vor dem unangenehmen Geruch nach Mottenkugeln zurück. Viele Düfte haben diese Eigenschaft, in schwacher Konzentration angenehm, in starker Intensität dagegen abstoßend zu riechen. Andere Düfte hingegen können nur in hoher Konzentration wahrgenommen werden – ein einziges Hasenglöckchen zum Beispiel duftet kaum merklich, während ein ganzer Wald voll mit diesen zarten Zwiebelgewächsen einen geradezu ambrosischen Duft verströmt.

Mit ihrem Duft locken Blumen vor allem Insekten zum Bestäuben an. Viele Insekten sind ausgesprochen empfänglich für Düfte, und so ist das Lockmittel sehr effektiv. Gemeinsam mit dem Duft spielen auch Farbe, Form und Textur der Blüte eine Rolle in diesem Wettbewerb. Die meisten Düfte sind sorgfältig auf bestimmte Bestäuber abgestimmt. Manche Blüten imitieren sogar den Duft weiblicher Insekten, um männliche Tiere der gleichen Spezies anzulocken. Viele Arten von Schmetterlingen und Motten reagieren auf den Duft, und obgleich sie auch bestimmte Farben bevorzugen, lassen sie sich hauptsächlich vom Duft zu den Pflanzen leiten. Für Motten, die in der Nacht fliegen, ist der Duft ein ausgesprochen hilfreiches Orientierungsmittel, obgleich auch die leuchtendweißen Blütenblätter, die viele in der Nacht blühende Blumen besitzen, wie Leuchtfeuer wirken.

Bienen werden von Blumen mehr durch die Farbe als den Duft angelockt, aber der Duft veranlaßt sie oft, sich niederzulassen. Auf Duft, der eine wesentliche Rolle bei der Fortpflanzung spielt und ihnen als Kommunikationsmittel dient, reagieren sie stark. Die *Ophrys*-Orchideen imitieren nicht nur das äußere Erscheinungsbild und die Textur weiblicher Bienen, sondern reproduzieren offensichtlich auch deren Duft. Aber trotz dieser Empfänglichkeit spielt der Duft für die Biene nur eine untergeordnete Rolle, weshalb nur wenige Blumen, die von Bienen bestäubt werden, einen starken Duft – zumindest für die menschliche Nase – entwickeln. Sie gleichen diesen Mangel aber häufig durch duftende Blätter wieder aus.

Rechts: Die weißen Blüten der Nachtviole *Hesperis matronalis* leuchten besonders stark in der Dämmerung, wenn andere Farben verblassen. Zu dieser Tageszeit ist auch ihr kühler Duft am stärksten. Obgleich sie eigentlich darauf eingerichtet ist, von in der Nacht umherschwirrenden Insekten bestäubt zu werden, wird sie auch tagsüber gern von Schmetterlingen aufgesucht. Sie sät sich selbst reichlich aus. Hier sieht man sie zusammen mit der stark duftenden Strauchrose 'Bourbon Queen'.

Auch zahlreiche Käfer werden von Duft angelockt, und sie scheinen die würzigeren und fruchtigeren Aromen von Holzäpfeln, Winterblüte (*Chimonanthus praecox*), Magnolien, Rosen und Baumpaeonien besonders zu lieben. Düfte werden auch für viele Fliegen zum Wegweiser. Sie bevorzugen indes faulige Gerüche, die gewisse Pflanzen wie *Stapelia*, Drachenwurz (*Dracunculus*) und *Amorphophallus* hervorbringen.

Um Blumendüfte wirkungsvoll auswählen und mischen zu können, ist es von Vorteil zu wissen, welche Aromen zur Verfügung stehen und welche Pflanzen sie besitzen. Man sollte versuchen, sich einen Gesamtüberblick zu verschaffen, damit in der Vorstellung verwandte Düfte in Gruppen zusammengefaßt und in Kontrast zu anderen Gruppen gesetzt werden können. Da wir alle unterschiedlich auf Düfte reagieren und da sich Pflanzendüfte häufig aus mehreren Komponenten zusammensetzen, die sich entfalten und verflüchtigen, kann es keine allgemeingültige Klassifikation geben. Wir müssen alle unserer eigenen Nase folgen. Es gibt aber einige allgemein akzeptierte Gruppierungen – als naturwissenschaftlicher Laie habe auch ich sie der ein-

schlägigen Fachliteratur entnehmen müssen –, die uns zumindest als Grundschema dienen können. Ich habe diese Gliederung leicht abgeändert, um sie meinem Geruchsempfinden anzupassen; natürlich können Sie meine Einteilung individuell variieren.

Zunächst einmal gibt es unangenehme Gerüche. Es besteht wohl kaum das Bedürfnis, sie zu klassifizieren, da sie sicherlich nicht absichtlich Bestandteil eines Duftschemas werden sollen. Dennoch finden sie häufig Eingang in den Garten. Die faulig riechenden, von Fliegen bestäubten Blumen werden gelegentlich wegen ihres seltsamen Aussehens zugelassen. Viele von ihnen üben eine Art visueller Sinnestäuschung auf ihre Bestäuber aus, und ihre gefleckten blutroten, fleischartigen Blüten haben eine gewisse Schockwirkung.

Viele Gärtner finden Gefallen an den eigenwilligen Aronstabgewächsen. Besonders beliebt ist offenbar die Scheincalla *Lysichiton americanus*, deren gelbe Blütenscheiden im zeitigen Frühjahr viele Teichränder schmücken. Ihr Duft ist nicht so auffällig wie der vieler anderer *Arum*-Arten, und wenn nur ein paar Pflanzen gezogen werden, wird er

Links: *Buddleja* ist bei Schmetterlingen so beliebt, daß sie den Namen Schmetterlingsstrauch erhalten hat. Auch Bienen mögen sie sehr, und an einem warmen Sommertag scheinen die langen Blütenrispen unter ihrem eifrigen Schwirren zu beben. Auch die weiß- und goldgelbblühenden Buddleien besitzen den charakteristischen Honigduft und locken fast ebenso erfolgreich Insekten an wie die gewöhnliche purpurfarbene *B. davidii*.

vielleicht kaum bemerkt. Zieht man sie aber in Mengen in einem abgeschlossenen Wassergarten, kann ihr saurer Geruch sehr unangenehm werden. Mit der Drachenwurz *Dracunculus vulgaris* verhält es sich ganz anders. Als ich zum ersten Mal in dem Garten eines Pflanzenliebhabers vor ihr stand, überkam mich eine schreckliche Übelkeit. Trotzdem kann ich nicht leugnen, daß sie mit ihren karminroten Blütenscheiden und rattenschwanzartigen kastanienfarbenen Kolben ausgesprochen dekorativ ist.

Auch der Wasserdost *Eupatorium micranthum (E. ligustrinum)* gibt einen Geruch von sich, den ich als ganz besonders unangenehm empfinde. Im Katalog einer Gärtnerei wurde auf diesen buschigen immergrünen Strauch mit seinen winzigen rosagetönten weißen Blüten ein Loblied gesungen; ich vertraute der Beschreibung und pflanzte ihn in meinen Garten. Leider hatte man aber im Katalog versäumt, seinen Duft zu erwähnen. Der Duft einer einzelnen Blüte kann zwar wunderbar süß sein, aber mehrere Blüten zusammen strömen einen so strengen Uringeruch aus, daß sich dieser Gestank an warmen Spätsommertagen in meinem ganzen Garten ausbreitete. Selbst seine schöne äußere Erscheinung konnte mich nicht daran hindern, ihn schließlich ins Feuer zu werfen.

Aber nicht alle unangenehmen Gerüche haben eine so nachhaltige Wirkung. Die Schopflilie *Eucomis bicolor* zum Beispiel ist eine außergewöhnliche Zwiebelpflanze aus Südafrika, deren Blütenköpfe wie grünliche Ananasfrüchte auf Stöcken ausschauen. Nur in warmen Gegenden sind sie garantiert winterhart; deshalb ziehe ich sie in Töpfen und überwintere sie im Haus. Ich stelle die Töpfe aber niemals in die Nähe von Sitzplätzen, da ihr fleischiger Geruch unangenehm ist und die Pflanzen gern von Fliegen aufgesucht werden. Erst kürzlich habe ich entdeckt, daß die meisten anderen kultivierten Spezies der *Eucomis* einen Duft verbreiten, der an den muffigen Geruch von Kokosnüssen erinnert und einigermaßen akzeptabel ist.

Die Düfte von Sträuchern wie Weißdorn, *Cotoneaster,* Eberesche und Liguster stehen ebenfalls auf meiner Liste unangenehmer Gerüche, und auch sie sind bei Fliegen besonders beliebt. Es sind meist strenge, ekelerregende Duftnoten, in denen viele Menschen ein Fischaroma zu erkennen glauben. Nicht immer werden diese Düfte als abstoßend empfunden, und manche Leute mögen sie sogar (insbesondere Weißdorn wegen seiner nostalgischen ländlichen Assoziationen), aber sie fügen sich nur schwer einer Duftkomposition ein. Ähnliches gilt zuweilen für die Blüten von gewöhnlichem Flieder (*Syringa vulgaris*) und von Roßkastanien (*Aesculus parviflora*), deren süßliches Aroma nicht selten von einem eher muffigen Geruch überdeckt ist. Ich persönlich kann auch dem Geruch von Schleifenblumen (*Iberis sempervirens*) nichts abgewinnen.

Blumen mit sehr unangenehmen Düften, auf die man wegen ihrer optischen Reize jedoch nicht verzichten möchte, sollten so gepflanzt werden, daß ihr sich ausbreitender Geruch nicht zur Belästigung wird: nicht unter die Fenster des Hauses, abseits von Wegen und Sitzbereichen und nicht in der normalen Windrichtung zum Haus hin.

Blütendüfte

Die angenehmen Düfte sind ausgesprochen vielfältig und bedürfen einer genauen Spezifizierung. Eine Gruppe, die jedermann sofort erkennen wird, besteht aus den ›exotischen‹ Düften – den schweren, tropisch süßen Aromen, die Blüten wie Echter Jasmin (*Jasminum officinale*), Ziertabak, *Clerodendrum*, Jonquillen, Tuberosen und Königslilie (*Lilium regale*) besitzen. Dieser Duft ist nicht zart und eindringlich, sondern schwer und berauschend und hat oft einen unangenehmen Unterton. Das wird besonders auffällig, wenn man aus nächster Nähe an einer Pflanze riecht oder wenn die Blüte allmählich verwelkt. *Jasminum polyanthum* verströmt in leichtem Wind einen herrlichen Duft, kann aber in einem warmen Wohnraum oder Wintergarten nahezu betäubend wirken. Eine Blume, die sehr schnell ihren süßen Duft in einen fauligen Geruch verwandelt, ist die elegante gelbe Taglilie *Hemerocallis lilioasphodelus (H. flava)*. Sobald ihre Blüten verwelken, beginnt sie einen Gestank nach Verwesung auszuströmen. Einmal habe ich mir einen Strauß davon auf meinen Schreibtisch gestellt; ich werde es mit Sicherheit kein zweites Mal tun. Viele Düfte dieser Kategorie haben Aromen von eigenwilligem Charakter. Sternjasmin (*Trachelospermum*), *Stephanotis floribunda*, Klebsame *Pittosporum tobira*, Zitronen- und Orangenblüten, *Jasminum sambac* und *Raphiolepis umbellata* haben meines Erachtens einen ausgesprochenen Kaugummigeruch, die meisten von ihnen glücklicherweise ohne jeglichen Hauch von Verwesung. Nicht nur *Hedychium*, sondern auch der Wachsbaum *Carissa grandiflora* und die Funkie *Hosta plantaginea* geben einen Duft ab, der eine Spur von Mottenkugeln enthält. Der Duft von *Philadelphus coronarius*, dem Sommerjasmin des Cottage-Gartens, ist köstlich fruchtig, aber aufgrund seiner Intensität und seines berauschenden Charakters paßt er eindeutig in diese Gruppe. Die Gruppe umfaßt viele weiße und während der Nacht duftende Blüten.

Als nächste Gruppe sind die würzigen Düfte zusammengefaßt. Das Spektrum beginnt mit den Schneebällen wie *Viburnum carlesii* und *V. juddii*. Ihre Düfte haben zwar etwas Exotisches, wegen der nelkenartigen Komponente gehören sie jedoch in diese Gruppe. Ich empfinde ihre Düfte niemals als unangenehm, selbst nicht in großer Konzentration, und für mich gehören sie zu den aufregendsten Duftsträuchern, die sich für eine Duftallee anbieten. Den gleichen süßen Nelkenduft findet man bei einigen Levkojen, bei Phlox, Nachtviolen, Goldlack, Seidelbast-Arten, Geißblatt *Lonicera × americana* und natürlich bei verschiedenen Nelken-Arten. Weiß und Rosa sind die in dieser Duftgruppe vorherrschenden Blütenfarben.

Nahezu alle Blüten mit Primelduft verbreiten zusätzlich ein leichtes Anisaroma, was ihre Zugehörigkeit zur Gruppe der würzigen Düfte rechtfertigt. Gemeint sind zum Beispiel Scheinhasel (*Corylopsis*), *Clematis rehderiana* und natürlich viele der Primeln. Gelb ist hier die vorherrschende Farbe. Rhododendren wie *R.* 'Fragrantissimum', *Magnolia stellata*, Zaubernüsse (*Hamamelis*), *Cestrum parqui*, Wolfsschwertel (*Hermodactylus tuberosus*), Winterblüte (*Chimonanthus praecox*) und viele

Rosen zeichnen sich durch würzige Düfte – zum Beispiel nach Nüssen und Pfeffer – aus, deren Süße unterschiedlich stark ist. Die Pflanzen dieser Gruppe sind vielfältig in der Farbe.

Andere Blüten duften nach Vanille und Mandeln. Diese Düfte sind ›nahrhaft‹ und nicht zu süß, und man kann sie glücklicherweise recht häufig bei Gartenpflanzen entdecken, vor allem bei Gehölzen. Ich zähle dazu *Clematis armandii, C. flammula* und *C. montana, Abeliophyllum distichum,* Heliotrop, *Fabiana,* manche Arten von *Pieris,* Knöterich (*Polygonum polystachyum*), *Schizopetalon walkeri, Azara,* Orangenblume (*Choisya ternata*), *Androsace* und Zierkirschen wie *Prunus × yedoensis.* Weiß und Rosa sind in dieser Kategorie die Hauptfarben.

Eine weitere Gruppe sind die Erbsendüfte. Viele Mitglieder der Familie der Hülsenfrüchtler haben den gleichen charakteristischen Duft. Es bedarf dieser Erwähnung, da die Düfte innerhalb einer Familie gewöhnlich ganz unterschiedlich sind. Mitunter zeichnen sich die Mitglieder einer Gattung durch ähnliche Düfte aus, betrachtet man aber Rosen und duftblättrigen Salbei, dann erkennt man, daß es immer sicherer ist, jede Pflanze für sich zu studieren. Manchmal, wie bei Kronwicken und Glyzinen, ist der Duft zart und süß; bei Goldregen und einigen Ginster-Arten und Lupinen ist er dagegen schwer und muffig. Gleichzeitig haftet diesen Pflanzen ganz unverkennbar der typische Erbsengeruch an. Auch die Akazie, ein weiteres Mitglied dieser Familie, zählt zur Gruppe der Erbsendüfte. Gelb ist hier die charakteristische Blütenfarbe.

Die nächste Gruppe bezeichne ich als die ›französischen Parfums‹ (obgleich ein oder auch zwei Düfte mehr an billige Sonnenbräunungsmittel erinnern). Hierher gehören alle sehr süßen, aber blumigen Düfte, die sich durch Raffinesse auszeichnen und nur wenig würzig oder tropisch schwer sind: zum Beispiel Maiglöckchen, *Mahonia japonica* und Skimmien; Wicken, Alpenveilchen und Reseden; Hyazinthen (trotz ihres unangenehmen Untertons) und *Clematis heracleifolia;* und schließlich die angenehmer duftenden Flieder. Auch die Veilchendüfte zählen zu dieser Kategorie. Sie sind durchdringend süß und sehr raffiniert. Abgesehen von den Duftveilchen findet man diesen Duft auch bei *Iris reticulata,* Märzenbechern (*Leucojum vernum*) und bei einigen Holzäpfeln. Ein paar der französischen Parfums halten sich in der Luft; die meisten von ihnen lassen sich aber nur durch wiederholtes Schnuppern wahrnehmen. Einige Düfte, vor allem die Veilchendüfte, wirken generell ermüdend auf die Sinne, weshalb man sich ihnen in Intervallen aussetzen sollte. In dieser Gruppe gibt es keine spezifische Farbpalette, aber Weiß, Rosa und Purpur sind vielleicht vorherrschend.

Die Rosendüfte faßt man gewöhnlich zu einer eigenen Gruppe zusammen, obgleich sie sehr vielfältig sind. Die meisten Rosen ver-

Links: Der süße Erbsenduft der Goldregen verstärkt sich am Abend. Wenn aber die Blüten verwelken, wird ihr Duft unangenehm muffig. Nur wenige winterharte Bäume schmücken sich mit so farbenprächtigem und elegantem Blütenflor, und hier sieht man, wie ein Goldregen die warmen Töne des Steins und der Flechten wieder aufnimmt.

breiten jenen Duft, den wir als ein ›typisches‹ Rosenparfum leicht zu identifizieren in der Lage sind. Man kann diesen Duft auch, zumindest nach meiner Erfahrung, bei einigen Holzäpfeln und Japanischen Aprikosen entdecken. Die intensivsten echten Rosendüfte findet man wohl unter den alten Strauchrosen, bei denen dem süßen französischen Parfum Weihrauch und Gewürze beigemischt sind, und unter den modernen Strauchrosen, Kletterrosen und Teehybriden, deren Düfte an Obst und Tee erinnern. Die würzigeren Aromen der Rugosa-Rosen, *Rosa moschata*-Hybriden, Noisette-Rosen und Rambler-Rosen durchdringen die Luft besonders intensiv, und ein Hauch von Weihrauch und Obst ist auch ihren Duftnoten beigemischt.

Oftmals verfügen Rosendüfte über eine deutliche Kopfnote, die zu identifizieren lohnt, wenn man ein Duftschema ausarbeiten möchte. Die Rugosa-Rosen, die kletternde 'Blush Noisette' und die moderne Strauchrose 'Fritz Nobis' duften alle ganz deutlich nach Nelken. Einen Teeduft findet man bei 'Lady Hillingdon', 'Gloire de Dijon' und der neuen Strauchrose 'Graham Thomas'. Fruchtige Düfte gibt es im Überfluß: Himbeere bei vielen Bourbon-Rosen und Remontant-Rosen und bei 'Cerise Bouquet'; Apfel bei 'Max Graf', 'Nymphenburg' und den verschiedenen Sorten der kletternden Wildrose *Rosa wichuraiana*; Zitrone bei *R. bracteata* und der Strauchrose 'Agnes'; Orange bei 'The Garland' und Banane bei *R. longicuspis* und *R.* 'Dupontii'.

Einige Rosen haben einen seltsamen, angenehmen Duft, dem aber jede Süße fehlt und den die Experten als ›Myrrhe‹ bezeichnen. Er erinnert entfernt an den Geruch von Wachs. Rosen wie 'Belle Isis', 'Félicité Perpétué', 'Constance Spry' und 'Little White Pet' verbreiten diesen Duft. Aber hüten Sie sich vor dem unangenehmen Duft, der sich in Rosen wie *R. foetida*, *R. fedtschenkoana* und einigen gelb- und orangeblühenden Büschen und Strauchrosen verbirgt, die mit *R. foetida* verwandt sind.

Die fruchtigen Düfte schließen eine Reihe köstlicher Aromen ein. Sie haben oft einen warmen und vollen Charakter und sind weniger scharf. Mitunter herrscht das Aroma einer bestimmten Frucht vor, aber gewöhnlich besteht der Duft aus verschiedenen Komponenten, die zu einem Fruchtcocktail gemischt sind. Zitrone scheint die charakteristische Note bei Nachtkerzen, *Magnolia grandiflora* und *M. sinensis*, *Boronia*, *Mirabilis jalapa*, *Primula florindae* und *P. × kewensis*, *Clematis forsteri* und *Buddleja asiatica* zu sein; Melone bei *Magnolia hypoleuca*; Banane bei *Michelia figo* (*Magnolia fuscata*) und Traubenhyazinthen *Muscari macrocarpum*; Pflaume bei Freesien und *Iris graminea*; Ananas bei Geißklee *Cytisus battandieri*; Himbeere bei *Edgworthia chrysantha* und angeblich auch bei Reseden, was ich nicht bestätigen kann; und schließlich Aprikose bei *Amaryllis belladonna*, *Gardenia*-Arten sowie dem erst kürzlich eingeführten Strauch *Heptacodium jasminoides* (diese beiden letzteren sollten vielleicht besser den exotischen Düften zugeordnet werden). Andere Magnolien, Geißblätter und der Gewürzstrauch *Calycanthus floridus* verströmen den Duft eines wohlausgewogenen Früchtecocktails. Viele dieser Blüten tragen Farben, die ihren Düften entsprechen – etwa Gelb passend zu dem Zitronen- oder Bana-

Oben: *Mahonia aquifolium* und ihre Hybriden bringen zu Beginn des Frühjahrs intensive Honigdüfte in den Garten. Die meisten anderen Mahonien, besonders *M. japonica*, duften nach Maiglöckchen.

nenduft, Purpur zu einem Pflaumenduft –, aber nahezu das ganze Spektrum ist vertreten.

Die Honigdüfte lassen einem ebenfalls das Wasser im Munde zusammenlaufen. Der Duft nach Honig ist voll und klebrig-dick, zum Beispiel bei *Crocus chrysanthus*, *Mahonia aquifolium*, verschiedenen Arten des Meerkohls (*Crambe*), bei Steinkraut (*Alyssum*), Strohblume *Helichrysum ledifolium*, Wolfsmilch *Euphorbia mellifera* und *Sarcococca*-Arten. Bei Schmetterlingssträuchern ist der Honigduft blumiger, während er bei Flockenblumen *Centaurea moschata* und *Olearia moschata* leicht nach Moschus riecht.

Zum Schluß habe ich noch eine Kategorie von ›Einzelgänger‹-Düften, die mir in keine der Hauptgruppen zu passen scheinen. Hierhin gehören Düfte, die ich als angenehm empfinde, die aber nicht besonders süß sind – zum Beispiel der Duft nach Magnesiamilch bei *Drimys winteri*, nach Schokolade bei Kosmeen (*Cosmos atrosanguineus*), nach Mäusen und Sägemehl bei Zylinderputzer (*Callistemon pallidus*) und ein Zirkusgeruch nach Pferden und Elefanten bei *Rondeletia amoena*.

Duftendes Laub

Einige Blütendüfte sind auch bei den Blättern anzutreffen, dort wirken sie im allgemeinen jedoch weniger zuckrig. Dies hängt mit der geänderten Funktion des Duftes zusammen: Er soll vertreiben, nicht anziehen. Der Duft dient dem Schutz gegen Krankheiten, und viele der in Blattdüften entdeckten Bestandteile sind stark antiseptisch – zum Beispiel das Öl von Eukalyptus, Thymian und Nelken –, weshalb sie in der pharmazeutischen Industrie eine wichtige Rolle spielen. Düfte mit adstringierend wirkenden Komponenten haben auch die Funktion, Insekten und umherstreifende Tiere zu vertreiben, und einige der flüchtigen Öle wirken wie natürliche Herbizide.

Dementsprechend haben die Düfte der Blätter einen eher stechenden, bitteren, medizinischen Charakter. Die Art ihrer Entfaltung hängt davon ab, wie sie gespeichert werden. Wo sich das ätherische Öl in Kapseln tief im Innern des Blattes befindet, wird der Duft frei, sobald man das Blatt zwischen den Fingern zerreibt oder zerdrückt. Wo es in Zellen in der Nähe der Blattoberfläche gespeichert wird, braucht man die Epidermis nur leicht zu streifen, und das Blatt gibt seinen Duft frei. Und wo das ätherische Öl direkt auf der Blattoberfläche abgesondert wird, kann man es riechen, ohne das Blatt überhaupt zu berühren. Bei einigen Pflanzen bewirkt intensive Sonneneinstrahlung die Freisetzung von Düften, bei anderen Regen.

Die Zusammensetzung der Blattdüfte ist gewöhnlich weniger kompliziert als die der Blütendüfte, vielleicht weil ein abschreckender Duft keine so subtile Nuancierung erfordert wie ein anziehender. Dafür scheint mir die Anzahl der verschiedenen Blattdüfte deutlich größer, so daß ihre Kombination im Garten eine erstaunliche Vielfalt von Aromen mit sich bringt.

Es gibt nur wenige wirklich abstoßende Gerüche unter den Blättern, aber der Muskatellersalbei (*Salvia sclarea turkestanica*), der hohe zweijährige Salbei mit weißen und rosavioletten Blüten, der eine so wichtige dekorative Rolle in großen Staudenrabatten spielt, und *Phuopsis stylosa,* eine kriechende Staude mit leuchtendrosa Blüten, haben beide ein sehr unangenehmes süßliches Aroma. Auch den Geruch nach Fuchs von Kaiserkronen (*Fritillaria imperialis*) empfinde ich als wenig attraktiv. Der fleischige Geruch der Blätter von *Clerodendrum* ist ekelerregend, und auch seine Blüten entfalten manchmal diesen Duft. Der Geruch nach Roastbeef von *Salvia gesneriiflora* ist mir auch zu ›fettig‹, bei *Iris foetidissima* kann ich ihn dagegen ertragen.

Bei Blättern gibt es keinen Duft, der sich mit den exotischen Düften von Blüten vergleichen ließe, aber viele haben ein warmes, würziges Aroma. In diese Gruppe gehören Küchenkräuter wie Lorbeer, Thymian, Basilikum, Majoran und Rosmarin bis hin zu Sträuchern wie *Comptonia peregrina*, Fieberstrauch (*Lindera*) und Myrte. Auch die nach Curry duftende Strohblume *Helichrysum italicum* paßt in diese Kategorie. Die meisten dieser Aromen entwickeln sich bei Wärme. Bisher habe ich bei Blättern noch keinen Primelduft entdeckt, wohl aber den Geruch von Anis. Das Anisaroma ist bei Blättern sogar klarer als bei Blüten. Besonders ausdrücklich tritt es bei Fenchel, *Primula anisodora* und *Agastache foeniculum* (*A. anisata*) zutage. Auch in *Magnolia salicifolia* kann man einen Hauch von Anis entdecken. Für meine Nase ist der Lakritzduft von *Myrrhis odorata* ganz ähnlich, und deshalb schließe ich ihn auch in diese Gruppe ein. Die meisten dieser Blätter muß man zwischen den Fingern zerreiben, damit sie ihren Duft freigeben.

Ich glaube nicht, daß es Blätter gibt, die nach Vanille, Mandeln oder Erbsen oder nach französischem Parfum riechen. Aber Rosendüfte findet man bei Blättern verschiedener Mitglieder der *Geranium*-Familie. Ihre Düfte haben wenig von den charakteristischen Kopfnoten des Parfums der Rosenblüten, beinhalten aber oft ein kräftiges Aroma von Früchten, Minze und Gewürzen. Unter den Pelargonien hat *P.* 'Attar of Roses' ein besonders angenehmes Aroma, und unter den *Geranium*-Arten sind *G. macrorrhizum* und *G. endressii* besonders zu empfehlen. Einen moschusartigen Honigduft kann man bei den *Olearia*-Arten feststellen.

Fruchtige Düfte gibt es in Fülle, und bei den Blättern sind die Düfte im allgemeinen strenger als bei den Blüten. Zitronenstrauch *Aloysia triphylla* (*Lippia citriodora*) und *Pelargonium* 'Citronella' duften bitterlich wie Sorbet; bei Zitronenthymian und Monarden (Indianernesseln) ist das Zitronenaroma mit Gewürzen vermischt; und bei Zitronenmelisse und *Eucalyptus citriodora* kommt ein frischer Zug hinzu. *Houttuynia cordata* duftet nach bitterer Orangenschale, *Pelargonium graveolens* hat dagegen ein wärmeres Orangenaroma. Einen angenehmen Duft nach schwarzen Johannisbeeren verströmen Salbei-Arten wie *S. discolor* und *S. microphylla*, und auch Zedern entsenden an heißen Tagen nach schwarzen Johannisbeeren riechende Duftwolken. Der Lebensbaum (*Thuja plicata*) hat einen süßlich-harzigen Birnenduft, und die Riesentanne (*Abies grandis*) duftet nach Grapefruit. *Salvia rutilans* verbreitet einen köstlichen Ananasduft, und einen Geruch von Äpfeln findet man bei *Rosa eglanteria* (*R. rubiginosa*), Kamille und, vermischt mit Minze, bei Apfelminze. Wahre Duftwolken geben die fruchtigen Walnußblätter an die Luft ab, und auch das Obstkuchenaroma der klebrigen Blätter von *Helichrysum ledifolium* ist sehr intensiv. Den fruchtigen Geruch der Johanniskrautblätter empfinde ich eher als unangenehm, der Duft nach Orangenschale bei der Raute ist sehr durchdringend, und die fruchtigen Düfte von *Ledum groenlandicum* und Katzenminze *Nepeta* 'Souvenir d'André Chaudron' sind ausgesprochen faulig. Die Mischung aus Ananas- und Rosenduft bei *Salvia dorisiana* riecht überraschend unangenehm.

Andere Blattdüfte erinnern nur entfernt an Blütendüfte. Zunächst gibt es die kampferartigen und strengen Düfte von Pflanzen wie Schafgarben, den meisten Artemisien, Rainfarn und Heiligenkraut. Ich bin kein Freund dieser Gerüche, aber ich habe schon erlebt, daß sie als weniger unangenehm empfunden werden. Zu dieser Duftkategorie zählen einige der besten graulaubigen Pflanzen, die in Farbkompositionen nicht zu ersetzen sind, und auch ich kann nicht auf sie verzichten. Die meisten dieser Pflanzen müssen zwischen den Fingern zerrieben werden, damit sie ihren Duft freigeben.

Harzige Düfte sind bei Blättern häufig zu finden. Die Duftpalette reicht vom Terpentin der Kiefern und anderer Koniferen über Zedernholz der *Hebe cupressoides*, Gummiharz der Zistrosen *Cistus*, Weihrauch bei *Rosa primula*, Tabak bei *Calomeria amaranthoides* (*Humea elegans*), fruchtigem Harz bei Lebensbäumen, Tannen und *Dictamnus albus*, Kürbiskuchen bei *Nothofagus antarctica* bis hin zu dem aufdringlich süßen Harz der Knospen von Balsampappeln. Die meisten dieser Pflanzen geben ihren Duft an warmen Tagen frei, vor allem im Frühjahr, und an warmen Sommerabenden sind die Blütenähren der Diptamstaude (*Dictamnus*) so stark mit ätherischen Ölen bedeckt, daß sie sich entzünden lassen und ein würziges Zitronenaroma freigeben.

Minze- und Eukalyptusdüfte ähneln sich sehr. Sie haben alle die gleiche vorherrschende Note, weisen aber bei vielen Blättern unterschiedliche Schattierungen auf. Minzearoma entdeckt man auch bei einigen Eukalyptus-Arten, so etwa bei *E. coccifera*, der einen scharfen Pfefferminzgeruch abgibt. Mit den meisten Eukalyptus-Arten assoziiert man etwas Medizinisches, Erkältetes (ähnlich ist es auch mit Lavendel, obgleich dieser etwas strenge Geruch durch Süße und fruchtiges Aroma gemildert ist). Minzedüfte sind sehr häufig mit einem Fruchtaroma oder dem süßen Duft der Scheinbeere (*Gaultheria*) vermischt, wie zum Beispiel die *Prostanthera*-Arten, Katzenminzen, Steinquendel (*Calamintha*) und *Elsholtzia stauntonii*. Sie sind am kühlsten und erfrischendsten bei grünen Minzen und Pfefferminzen der *Mentha*-Arten und bei *Pelargonium tomentosum*.

Zu den Düften der ›gemischten‹ Kategorie gehören die frischen, grünen Düfte von Petersilie und Sellerie, der modrige Geruch von Farnen, der Heuduft des Wurmfarns *Dryopteris aemula* (syn. *Lastraea a.*) und der Duft der Scheinbeere *Gaultheria procumbens*.

Auch unscheinbare Pflanzenteile können Düfte ausströmen. Es gibt zum Beispiel viele duftende Wurzeln. Am bekanntesten sind wohl die Wurzeln von *Iris* 'Florentina', die nach Veilchen duften. Die Wurzeln von *Rhodiola rosea* (*Sedum rhodiola*) duften nach Rosen; auch Angelika und Magnolien haben duftende Wurzeln, und die Wurzeln von Nelkenwurz riechen erwartungsgemäß nach Nelken. Es ist immer eine Freude, beim Umgraben der Rabatte oder beim Schneiden von Stecklingen auf sie zu stoßen; aber da man nicht leicht mit ihnen in Berührung kommt, können sie in einem Duftschema nur eine unbedeutende Rolle spielen. Das gleiche gilt für die duftenden Rinden von Pflanzen wie Winterrinde (*Drimys winteri*), Gewürzstrauch (*Calycanthus floridus*) und Taubenbaum (*Davidia involucrata*). Das duftende Holz läßt sich

21

am besten genießen, wenn man es bei Freudenfeuern im Herbst oder bei Kaminfeuern im Winter verbrennt.

Duftende Samen kann man mitunter beim Vorübergehen genießen. Aber gleich den Blüten und Blättern haben auch nicht alle Samen einen angenehmen Duft. Der fleischige Mantel von Gingko-Samen zum Beispiel riecht ausgesprochen abstoßend. Die Düfte von Früchten genießt man besser im warmen Haus; am intensivsten duften natürlich die tropischen Früchte. In Mengen beieinander oder voll ausgereift können Früchte ihren Duft am besten entfalten. Andere Früchte, bei denen das Fleisch am stärksten duftet, müssen eingeritzt oder aufgeschnitten werden, damit sie ihren Duft abgeben können.

Neben all den speziellen Düften der Blüten, Blätter, Wurzeln, Rinden und Früchte haftet dem Garten insgesamt immer eine wohltuende Mischung aus erdigen und ›grünen‹ Gerüchen an. Dazu gehört der Duft von feuchtem Boden und regennassem Laub, von sonnenge-trockneten Gräsern, von frisch gemähtem Rasen und einer ländlichen Umgebung. Vor diesem harmonischen Hintergrund können sich dann die individuellen Duftnoten und Duftkompositionen entfalten.

Standorte für Duftpflanzen

Bei der Suche nach geeigneten Plätzen für Duftpflanzen sollte man drei Dinge berücksichtigen: wie und wann sich der Duft entfaltet und um welche Art von Duft es sich handelt. Alle angenehm duftenden Blüten sollten nach Möglichkeit in Reich- bzw. Riechweite der Nase sein, und die wohlriechenden Blätter sollte man mit den Fingern oder Füßen erreichen können, da sie im allgemeinen gestreift oder zerrieben werden müssen, um ihren Duft freizusetzen. Daher sollten Duft-

pflanzen niemals weitab von Wegen plaziert werden – auf keinen Fall in den Hintergrund von breiten Rabatten oder an Standorte, wo sie schlecht zu erreichen sind. Dies gilt nicht für jene duftblättrigen Pflanzen, deren Duftschwaden durch die Luft ziehen, die aber in der Nähe fast geruchlos erscheinen (wie Zistrosen und *Rosa primula*).

Blüten, die freigebig ihren Duft ausschenken, etwa Jasmin, Geißblatt und Rugosa-Rosen, müssen nicht unmittelbar am Weg stehen; ich würde sie aber trotzdem möglichst in die Nähe pflanzen, um mich nicht der Freude zu berauben, ihren Duft in vollen Zügen genießen zu können. Im Botanischen Garten von Oxford lockt man die Besucher mit den Düften von Mahonien und *Sarcococca* in den hinter dem Steingarten versteckten Wintergarten. Entsprechend könnte ein Gast in Ihrem Garten von einer Duftblüte vielleicht zu einem verborgenen Winkel mit frühjahrsblühenden Zwiebelpflanzen, von einem Sommerjasmin zu einem Iris- und Paeoniengarten oder von Rugosa-Rosen zu einem Sommergarten mit einjährigen Pflanzen geführt werden.

Sehr kleine Duftspender wie Steingartenpflanzen und Zwergzüchtungen von Zwiebelgewächsen sollte man etwas erhöht plazieren, indem man sie in Tröge, erhöhte Beete oder auf Fensterbretter setzt. Topfpflanzen können auf Ziegelsteine oder Stufen gestellt werden. Eine andere Möglichkeit besteht darin, die niedrigen Pflanzen in den an eine Treppe angrenzenden Boden zu pflanzen: entweder auf die obere Terrasse, auf die oberste Ebene der Böschung oder oben auf die Stützmauer, je nachdem wie Ihr Garten aussieht. Sie können dann darunter stehen und den Duft der Pflanzen in aufgerichteter Haltung einatmen, was viel bequemer ist, als sich zu den Pflanzen hinabbeugen zu müssen. Ein kriechendes Geißblatt oder eine Kletterrose, die kaskadenartig von einer Böschung herabhängt, läßt sich auch bequem von Stufen aus erreichen. Nur wenige Leute denken daran, duftende Kletterpflanzen auf diese Art zu ziehen.

Düfte kommen und gehen im Einklang mit dem Lebenszyklus der Pflanze und den atmosphärischen Bedingungen. Um sie wirkungsvoll einsetzen zu können, sind Kenntnisse dieser zyklischen Veränderungen notwendig. Wenn es die Blüten einer Pflanze sind, die den Duft verströmen, ist es erforderlich, deren Blütezeit zu kennen. Nur so kann eine Komposition aus verschiedenen Farben und Düften das ganze Jahr über reizvoll bleiben. Die Blütezeit beeinflußt mitunter auch die Standortwahl einer Pflanze, denn Gewächse, die in den kältesten Monaten ihre Blüten öffnen, sollte man vielleicht in der Nähe des Hauses und neben den regelmäßig benutzten Wegen plazieren. In einer Zeit, in der man sich weniger oft im Garten aufhält, kann ihr Duft leicht unbemerkt vergehen, wenn sich die Pflanze in einer abgelegenen Ecke des Gartens befindet.

Auch die Blätter verbreiten ihren Duft oft nur zu bestimmten Jahreszeiten. Die meisten würzigen Düfte entfalten sich an heißen Sommertagen. Obgleich die Zistrosen immergrün sind, bedürfen auch sie der Hitze, um ihren harzigen Duft freizusetzen, und ihre jungen Blätter enthalten das stärkste Aroma. Folglich ist an milden Frühsommertagen die Luft schwer von ihrem Duft, während an einem kalten Herbst-,

Links: Ein eindrucksvolles Exemplar der Wolfsmilch *Euphorbia mellifera* schafft mit seinen gelben Blüten einen Farbkontrast in einem Schema aus Grau- und Rosatönen, das hier Rosen, Goldlack *Cheiranthus* 'Bowles Mauve' und Seidelbast *Daphne* × *burkwoodii* liefern. Die Wolfsmilch duftet intensiv nach Honig, der Seidelbast nach Nelken.

Oben: Treppenstufen bieten sich zum Aufstellen duftender Topfpflanzen geradezu an. Hier in Barnsley House, Gloucestershire, sorgen intensiv duftende Narzissen zwischen dem immergrünen Laub des panaschierten Spindelstrauchs und dem in Töpfen gezogenen Buchsbaum für eine willkommene Frühjahrsfarbe.

Winter- oder Frühjahrstag kein Dufthauch zu spüren ist. *Nothofagus antarctica* duftet am kräftigsten im Frühjahr. Und der Katsurabaum (*Cercidiphyllum japonicum*) bringt nur im Herbst, wenn er seine Blätter fallen läßt, seinen süßen Karamelduft hervor.

Wir können das Wetter nicht beeinflussen, aber es ist gut zu wissen, daß sich viele Düfte am besten nach einem Regenschauer entfalten. Zu keinem anderen Zeitpunkt ist der Duft des Laubs von Rosen wie *R. primula, R. serafinii* und *R. eglanteria* so wunderbar wie nach einem Regen. Man könnte sie also vielleicht in die Nähe eines Springbrunnens pflanzen, wo sie an einem windigen Tag gelegentlich einen kleinen Schauer abbekommen, obgleich sie es eigentlich gar nicht gern haben, wenn sie ständig durchnäßt werden.

Manche Blüten offenbaren ihren Duft am Abend, wenn sich die Temperatur abkühlt. Zu diesen in der Nacht duftenden Pflanzen gehören Jasmin, Ziertabak, Geißblatt, Levkojen, Phlox, Nachtviolen, *Cestrum parqui*, Engelstrompeten, Nachtkerzen, *Abronia umbellata*, Verbenen, Wunderblumen *Mirabilis jalapa*, Petunien und der Seidelbast *Daphne laureola*. Die Düfte haben großenteils einen exotischen oder würzigen Charakter, obgleich den Aromen von Geißblatt, Nachtkerze und Wunderblume ein fruchtiger Hauch beigemischt ist. Natürlich müssen diese Pflanzen rings um die Fenster, im Innenhof oder in der Nähe einer romantischen Gartenbank plaziert werden.

Auch unterschiedliche Duftnoten eines Pflanzendufts sollten berücksichtigt werden. Ebenso wie man in einem gut angelegten Garten eine Abfolge visueller Reize erlebt, die jeweils eine andere Stimmung wecken, so könnte man auch eine Abfolge reizvoller Duftmomente schaffen. Wie von einem Farbschema zum nächsten schritte man dann von einer Duftzone zur anderen.

Natürlich ist es besonders eindrucksvoll, einzelne Pflanzen wie Linden, Schneebälle, Lavendel und *Sarcococca* in großen Mengen als breite Bänder oder als Alleen in geeigneten Bereichen des Gartens anzupflanzen. Jede Pflanze, deren Duft durch die Luft getragen wird, ist für eine Pflanzung in größeren Mengen geeignet. Da die Düfte so komplex sind, können sie niemals monoton werden, und es ist immer eine Freude, sich dem Zauber eines einzigen Duftes zu überlassen. Erstaunlicherweise wird man darin immer wieder Nuancen entdecken, die man vorher nicht bemerkt hat.

Die Vielschichtigkeit eines Duftes und die Tatsache, daß viele Düfte gemeinsame Komponenten enthalten, erleichtert die Komposition, denn ernsthafte Mißklänge zwischen einzelnen Noten sind kaum zu befürchten. Dennoch sollte man sich bemühen, zu krasse Übergänge von einer Duftgruppe zur anderen zu vermeiden. Aber selbst bei sorgfältigster Planung kann man niemals völlig ausschließen, daß ein Duft einen anderen zu stark dominiert. Wenn zum Beispiel die Luft schwer ist vom Duft des Jasmin, läßt sich der zarte Geruch von Reseden kaum noch wahrnehmen. Gleichwohl macht es mitunter Spaß, Düfte etwas risikofreudiger miteinander zu kombinieren und dabei solche auszuwählen, von denen wir erwarten, sie könnten sich gegenseitig in ihrer Wirkung steigern. Man wird lernen müssen, in einem Duft-

schema genauso mit Harmonien und Kontrasten zu arbeiten wie in einer Farbkomposition. Für harmonische Duftklänge bieten sich Düfte aus der gleichen Gruppe an. So könnten Sie sich vielleicht für einen ›Korb‹ voller Fruchtdüfte entscheiden – aus *Cytisus battandieri*, einer nach Äpfeln duftenden Rose, einem nach schwarzen Johannisbeeren duftenden Salbei und einem Zitronenstrauch – oder für einen Nelkenpomander – aus Nelken, Nachtviolen und *Lonicera × americana*.

Statt einer Auswahl von Pflanzen, die gleichzeitig duften, ist auch ein Schema aus einem einzigen Duft denkbar, der über mehrere Monate anhält. Wir könnten zum Beispiel einen Bereich mit *Mahonia aquifolium*, Meerkohl (*Crambe*), Steinkraut (*Alyssum*) und *Sarcococca* bepflanzen, um einen dauerhaften Honigduft im Garten zu haben. Als Kontrast dazu böte sich in einem anderen Bereich eine Bepflanzung mit *Azara, Clematis montana*, Heliotrop und Knöterich *Polygonum polystachyum* an, damit wir das ganze Jahr über den Duft nach Vanille und Mandeln genießen können.

Die Farbe der Blüten kann uns zu einem passenden Duft führen. Falls wir uns irgendwo für ein gelbes Farbschema entscheiden, warum sollten wir dann nicht Zitronendüfte hinzufügen; und zu einem Farbschema in Weiß und Bronze paßten vorzüglich Düfte nach Schokolade und Pfefferminze. Viele Pflanzen haben genau den Duft, der ihrem äußeren Erscheinungsbild entspricht – nehmen wir zum Beispiel die nach Himbeeren duftende himbeerfarbene *Rosa* 'Ferdinand Pichard' oder die goldbraune, nach Honig duftende Wolfsmilch *Euphorbia mellifera*. Es ist wunderbar, wenn die äußere Erscheinung und der Duft so perfekt übereinstimmen wie bei diesen Pflanzen.

Sobald wir damit beginnen, Düfte aus verschiedenen Gruppen miteinander zu kombinieren, begeben wir uns auf das Gebiet der Parfümerie. Ich wünschte mir, die großen Parfümhersteller könnten uns helfen, aber die professionellen Parfümeure beschäftigen sich mit extrahierten ätherischen Ölen, die ganz anders riechen als die Düfte in unseren Gärten. Auch die Hersteller von Potpourris sind keine überzeugenden Ratgeber, so daß wir uns auf unser eigenes Gefühl verlassen müssen. Bestimmte Duftgruppen scheinen auf ganz natürliche Weise miteinander zu harmonieren – zum Beispiel Früchte und Honig, Mandeln und Nelken. So macht es immer wieder Spaß, Primeln *Primula florindae* und Steinkraut, Heliotrop und Levkojen zusammenzupflanzen.

Andere Düfte bilden ganz natürlich wohltuende Kontraste. Die Kombination von süßen und würzigen oder harzigen Düften wird zur Grundlage für viele gelungene Duftkonzepte. So ließe sich der Zitronenduft von Nachtkerzen durch einen Hauch von Thymian oder der Apfelduft der *Rosa wichuraiana* durch eine nahe Kiefer betonen. Auch Rosen mit Lavendel sind sehr beliebt.

Die Kombination dreier miteinander vereinbarer Duftnoten – zum Beispiel Rosen, Lavendel und Jasmin – bildet ein noch raffinierteres ›Bukett. Und ein ummauerter Rosengarten, voll von Düften aller Art – von Früchten und Gewürzen bis hin zu Tee und Myrrhe – berauscht unsere Sinne und beweist, daß das Ergebnis um so köstlicher ist, je mehr harmonische Düfte ›zusammenfließen‹.

Duft-
pflanzen

Strukturierende Bepflanzung mit Bäumen und Sträuchern

Bäume bieten eine Vielfalt von herrlichen Düften, und es ist bedauerlich, daß ihre Anzahl im Garten nur begrenzt sein kann, denn kaum jemand hat genug Land zur Verfügung, um alle sich bietenden Möglichkeiten auszuschöpfen. In den meisten Lagen wird man sich für ein oder zwei Düfte entscheiden müssen.

Der Schutz vor Wind, unschöner Umgebung und neugierigen Blicken trägt entscheidend zu unserer duftenden Idylle bei, und neben Mauern und Hecken sind Bäume die wichtigsten Elemente dieses Schutzwalls. Zu den duftenden Bäumen, die sich als Sichtschutz und als Windbrecher eignen, gehören Balsampappeln, Goldregen, Linden und Weiden sowie eine Menge Koniferen. Dabei bietet eine ausgewogene Mischung aus immergrünen und laubabwerfenden Bäumen einen besseren Windschutz als eine kompakte immergrüne Mauer. Was die Intensität des Duftes betrifft, sind Balsampappeln und Linden kaum zu übertreffen. Die erstgenannten duften am stärksten im Frühjahr, wenn die klebrigen Knospen ihren zuckrigen, harzigen Duft absondern; im Sommer entsenden dann die Blüten der Linden ihre wunderbaren Duftwolken.

In milden Klimazonen ist der schnellwüchsige Eukalyptus der geeignete Gartenbaum, wenn man in kurzer Zeit einen vertikalen Akzent setzen möchte. Inzwischen sind winterhärtere Sorten erhältlich, die aus in den kältesten Regionen Australiens gesammelten Samen gezogen wurden. Ihr silbrig blaues Laub bietet eine Vielfalt an fruchtigen, minzeartigen und medizinischen Düften, die zuzeiten um den süßen Honigduft ihrer Blüten bereichert werden.

Mit ihrer Größe tragen Bäume entscheidend zum Eindruck eines Gartens bei. Es wäre deshalb ungeschickt, wollte man einen Baum nur nach seinem Duft auswählen. Alle anderen Merkmale wie Höhe, Breite, Dichte, Form und Charakter müssen bei der Auswahl berücksichtigt werden. Hochaufragende Bäume zum Beispiel wirken dynamisch. Als Solitärpflanzen bilden sie imposante Blickpunkte; pflanzt man sie aber in geraden Linien oder rahmt mit ihnen symmetrisch ein Tor oder eine Einfahrt ein, erzielt man eine eher architektonische Wirkung. Viele Koniferen, insbesondere Zypressen, Wacholder und die nach Grapefruit duftenden Riesentannen (*Abies grandis*), bilden Säulen und Pyramiden. Eine Gruppe davon, wie zum Beispiel die berühmte Phalanx der Weihrauchzedern (sie duften übrigens mehr nach Terpentin als nach Weihrauch!) im Westonbirt Arboretum in Gloucestershire (England), kann äußerst beeindruckend sein.

Auch alle Bäume mit einer ausdrücklich horizontalen Wuchsform wirken wie Skulpturen, zum Beispiel die blaue Atlaszeder und die Libanonzeder, die an heißen Sonnentagen von einem Duft nach schwarzen Johannisbeeren umgeben sind. Aber ihre Formen sind weniger imposant. In England kennzeichnen sie gewöhnlich ein ansehnliches Landhaus; sie machen einen so unerschütterlichen, konservativen und gelassenen Eindruck, daß sie für eine parkartige Anlage mit geschorenen Rasenflächen und breiten, geschwungenen Wegen besonders geeignet scheinen. Schottische Kiefern – in der ›sozialen Rangordnung‹ eine Stufe unter den Zedern – zeichnen sich ebenfalls durch eine kräftig horizontale Wuchsform aus.

Die Trauerformen wirken eleganter; für einen Duftgarten sind die Silberlinde *Tilia* 'Petiolaris' und der Katsurabaum *Cercidiphyllum japonicum* 'Pendulum' zu empfehlen sowie eine Reihe von Koniferen, von denen die Trauerform der Fichte *Picea breweriana* sicher die eindrucksvollste ist. Der Schmetterlingsstrauch *Buddleja alternifolia* (beschrieben im Kapitel »Sträucher«) mit seinen nach Honig duftenden Blüten ist besonders geeignet, wenn der Garten für einen ausladenden Baum zu klein ist. Die optische Wirkung eines Gehölzes mit Trauerform kommt im Kontrast mit aufrechten Wuchsformen noch besser zur Geltung.

Bäume mit runden Kronen fallen im allgemeinen als Solitär weniger ins Auge, es sei denn, sie stünden ganz isoliert gegen den Horizont oder zeichneten sich durch eine kräftige Farbe aus. Ihre unregelmäßig geschwungenen Umrißformen verlieren sich unmerklich im Hintergrund. Sie verleihen dem Garten aber eine entspannte Atmosphäre, und viele dieser Bäume haben einen ausgeprägten Charakter. *Malus-*

Rechts: Für schattige Rabatten und lichte Waldgärten gibt es eine reiche Auswahl an duftenden Sträuchern. Auf saurem Boden spenden Rhododendren berauschende Düfte. Die Blüten von einigen größeren Spezies und Hybriden entfalten einen fruchtig-würzigen Lilienduft.

Arten und Weißdorne geben dem Garten ein ländliches Aussehen; ebenso knorrige Obstbäume, die mit wunderbar duftenden Blüten – zum Beispiel von Äpfeln und Birnen – aufwarten. Das Flair eines Cottage-Gartens erzeugt man wohl am treffendsten, wenn man entlang eines Weges eine lockere Reihe von Obstbäumen pflanzt oder an jede Ecke einer kleinen Rasenfläche einen *Malus* setzt.

Bäume mit auffallenden Blättern oder eindrucksvoller Rinde eignen sich gleichfalls für markante Standorte, da sie für lange Zeit reizvoll sind. Die großblättrige Paulownie, der exotisch duftende Trompetenbaum (*Catalpa*), das nach Vanille duftende Gelbholz (*Cladastris*), die Hickorynuß mit ihrem harzigen Laub und in milden Gegenden die *Magnolia grandiflora* mit ihren glänzenden Blättern und nach Zitrone duftenden Blüten eignen sich vorzüglich als Solitärpflanzen auf Rasenflächen. Das gleiche gilt für die Kiefer *Pinus bungeana*, die Scheinkamelie (*Stewartia*) und viele Eukalyptus-Arten mit ihren schneeweißen und wie Pythonschlangen gemusterten Stämmen. Andere Bäume mit runden Kronen, die sich vor allem durch ein schnell vergängliches Blütenschauspiel oder eine schöne Herbstfärbung auszeichnen, sollten, zumindest in einem kleinen Garten, im Hintergrund stehen. Sie werden zu einem Blickfang, sobald sie ihren Höhepunkt erreichen, verschwinden danach aber wieder in der Unauffälligkeit. Zu dieser Gruppe gehören die meisten Magnolien, Goldregen, Linden, Schneeglöckchenbäume (*Halesia*) und Zierkirschen; auch der Katsurabaum (*Cercidiphyllum*) kann dazugerechnet werden, der, obwohl er schönes Laub hat, erst im Herbst zu voller Pracht gelangt, wenn er seine Blätter abwirft und die Luft mit einem Duft nach Karamel erfüllt.

Wo Sie sich in Ihrem Garten für einen duftlosen Baum entschieden haben, oder falls schon ein duftloser Baum da ist, können Sie ihm noch nachträglich Duft verleihen, indem Sie ihn als Stütze für eine Kletterpflanze verwenden. Geißblätter und Kletterrosen sind hierfür besonders geeignet; sie lassen sich gut mit Obstbäumen kombinieren. Man kann sie so aussuchen, daß sie ihren Duft gleichzeitig oder zu zwei verschiedenen Jahreszeiten entfalten.

Baumalleen tragen entscheidend zur Strukturierung eines Gartenentwurfs bei, und wenn sie obendrein noch duften, schaffen sie zusätzliche Freude. Linden und Walnußbäume sind für diese Rolle gut geeignet, Voraussetzung ist nur ein großer Garten. Der fruchtige Duft von den Blättern der gewöhnlichen Walnuß kann an einem windstillen, feuchten Tag sehr streng sein. Wer weniger Platz zur Verfügung hat, wird vielleicht auf Flieder zurückgreifen. Die farbenprächtigen, schaumigen Blütenköpfe (die voll erblüht einen süßen, später einen unangenehmen Duft verbreiten) sind im Frühsommer unwiderstehlich; nach der Blüte wirken die Sträucher aber traurig, und ihre wilden Triebe werden schnell zum Problem. Eine Allee aus Robinien ist dagegen immer ein Glanzpunkt; wie die Linden haben sie die angenehme Eigenschaft, nicht regelmäßig beschnitten werden zu müssen. Aber für den kleinen Garten ist der Goldregen die beste Wahl. Sein reizvolles duftiges Laub wirft einen lichten Schatten, und ob er nun einzeln steht oder in Form

einer Laube oder eines Tunnels gezogen wird, in voller Blüte bietet er immer einen hinreißenden Anblick.

Hecken dienen als Einfassung und zur Unterteilung des Gartens. Sie können sorgfältig beschnitten und in eine exakte Form gebracht werden, um auf diese Weise dem Grundriß des Gartens eine bestimmte Ordnung zu verleihen und den freien, zufällig gewachsenen Formen und Mustern der Sträucher und Rabattenpflanzen entgegenzuwirken. Oder sie bleiben unbeeinflußt von formalen Überlegungen und können in ihrer natürlichen Wuchsform dazu beitragen, den Garten unmerklich mit der ihn umgebenden Landschaft zu verbinden.

Für eine hohe, formal strenge Hecke bietet sich zunächst die Eibe an. Sie ist schön, immergrün, dicht und dunkel, und sie wächst in einer angemessenen Geschwindigkeit. Aber wo ist ihr Duft? Die Scheinzypressen *Chamaecyparis lawsoniana* und *Cupressocyparis leylandii* sind da besser ausgestattet, obwohl sie so schnell wachsen, daß sie zweimal im Jahr beschnitten werden müssen, um dicht zu bleiben. Aber die beste Note für einen wirklich angenehmen Duft verdient wohl der Lebensbaum (*Thuja plicata*). Seine Blätter riechen nach Birnenkonfekt und fordern geradezu dazu heraus, jedesmal beim Vorübergehen abgezwickt zu werden. Er hat eine frische grüne Farbe, dichten Wuchs und ist winterhart. Die dunkle Sorte 'Atrovirens' bildet die schönste Folie für Blumen.

Für eine kleine geformte Hecke gibt es nichts Besseres als Buchs. Manche Leute behaupten zwar, er rieche nach Katzen; aber andere erinnert er nur an wunderbare Gärten, Sommerwetter und glückliche Stunden des Müßiggangs. Buchseinfassungen verleihen Rabatten immer eine vornehme Note, selbst wenn im Innern – wie bei einem Kräutergarten – Chaos herrscht. Der Buchsrahmen hilft, unordentlich wachsende Pflanzen im Zaum zu halten. Buchs nimmt es nicht übel, wenn er den ganzen Sommer unter Blumen und Laub begraben bleibt, und im Winter ist er mit seinen Formen besonders willkommen. Die kunstvollste Verwendungsart für Buchs ist der Knotengarten. Wer den Duft von Buchs nicht mag, kann das Geißblatt *Lonicera nitida* wählen; es hat fruchtig süß duftende cremefarbene Blüten.

Freiwachsende Blütenhecken bilden nur selten einen geeigneten Hintergrund für gemischte Blumenrabatten. Wirkungsvoller ist der Kontrast zwischen einer formal strengen und einer ungezwungenen Behandlung von Pflanzen, und so kommen derartige Hecken als Abschluß einer samtigen Rasenfläche, vor einer hügeligen Landschaft oder hinter einheitlich bepflanzten Blumenbeeten (zum Beispiel mit einem monochromen Bepflanzungsschema aus Goldlack oder Teehybriden) sehr viel besser zur Geltung. Es gibt viele duftende Pflanzen, die man für Hecken verwenden kann. Für höhere Hecken bieten sich immergrüne, nach Honig duftende Berberitzen, süß duftender *Osmanthus,* Ölweiden und Steinlinden (*Phillyrea*) an, und für mildere Klimate eignen sich harzige *Escallonia*, nach Moschus riechende *Olearia* und Rosmarin. Auch laubabwerfende Pfeifensträucher und Strauchrosen sind wunderschön. Der Duft einer Reihe Rugosa-Rosen ist sehr intensiv, und in Kiftsgate Court, Gloucestershire (England), gibt es eine eindrucksvolle Hecke aus gestreiften Rosa Mundi. Weitere geeignete immergrüne blühende Pflanzen für niedrige Hecken und Beeteinfassungen sind Lavendel, Heiligenkraut und Gamander.

Gemischte Hecken aus Sträuchern, die man zum Teil beschneidet und zum Teil in die Höhe wachsen läßt, wirken immer weniger streng. Für diesen Zweck eignen sich zwar Weißdorn, Holunder und Liguster, ihr schwerer Duft ist aber nicht allseits beliebt. Mit Geißblättern (Varietäten von *Lonicera periclymenum* und immergrünem *L. japonica* 'Halliana'), Hundsrosen und vielleicht der nach Vanille duftenden *Clematis flammula* lassen sich süße Düfte hinzufügen. Vögel und Insekten werden für eine solche Hecke danken.

Aber es muß nicht gleich eine ganze Hecke sein. Auch einzeln oder in Gruppen gezogen verleihen immergrüne Gehölze dem Garten Struktur. Solche mit auffallenden Formen, zum Beispiel bleistiftdünne Zypressen und Wacholder, spitze Yuccas, pyramidenförmige Lebensbäume und in Form geschnittener Buchsbaum, setzen Akzente und verleihen der Anlage Geschlossenheit. Immergrüne Gehölze bilden Hügel, Kissen und Wolken und verhelfen dem Garten zu einer auch im Winter ansehnlichen Ausstattung. Die Entscheidung über die angemessene Anzahl solcher Gehölze im Garten ist nicht leicht: Pflanzt man zu wenige, wirkt der Garten im Winter wie Flickwerk; pflanzt man dagegen zu viele, stellt sich im Sommer ein Gefühl von Schwere ein. Es geht darum, jedem Ausblick ein ausgewogenes Muster an Winterformen zu verleihen und zu gewährleisten, daß auch dann noch für reizvolle Blickpunkte und Akzente an den Ecken und Ausbuchtungen der Blumenbeete gesorgt ist, wenn die meisten Pflanzen in den Winterschlaf gegangen sind.

Laubabwerfende Sträucher leisten ihren Beitrag im Frühjahr, Sommer und Herbst. Sie sorgen für Volumen, verleihen den Rabattenschemen Höhe und Charakter, und mit ihrem immer wiederkehrenden Entfaltungsprozeß – vom frischen Grün über Blüten, reifes Laub bis hin zur Herbstfärbung und dem Maßwerk der nackten Zweige – bringen sie in allen Gartenbereichen die besondere Schönheit jeder Jahreszeit zum Ausdruck.

Im Winter, wenn der größte Teil der Stauden wohlgeborgen in der Erde ruht, spielen Bäume und Sträucher eine überaus wichtige Rolle. Jetzt treten die immergrünen Pflanzen in den Vordergrund. Plötzlich nehmen wir ihre Formen wahr und bemerken die Farben und Texturen ihrer Stämme und Zweige. Die meisten im Winter blühenden Sträucher tolerieren Schatten, aber ihre Blüten kommen in dieser düsteren Jahreszeit erst richtig zur Geltung, wenn sie von einem Sonnenstrahl getroffen werden. Eine Zaubernuß, die ihre Zweige in der Nachmittagssonne ausbreitet, bietet einen ganz anderen Anblick als eine, die sich im Schatten verbirgt. Vielleicht findet sich für sie ein Platz, wo sie im Sommer von einem Laubdach beschattet wird, das im Herbst seine Blätter fallen läßt.

Die Schneebälle sind vielleicht die wertvollsten laubabwerfenden Sträucher der kalten Jahreszeit. Sie bringen vom Herbst bis zum Frühlingsanfang ihre nach Honig duftenden rosafarbenen und weißen Blü-

ten hervor. Ein Strauch mit aufrecht wachsenden Zweigen wirkt eindrucksvoll, wenn sich seine Silhouette gegen immergrüne Gehölze, eine Rasenfläche oder gegen einen klaren Himmel abheben kann. Die Zierkirsche *Prunus × subhirtella* 'Autumnalis' könnte in der Ferne den rosa Farbton wunderbar aufnehmen; und große Mengen Schneeglöckchen zu Füßen des Schneeballs würden das Bild noch abrunden.

Nach Honig duften auch die verschiedenen Arten der *Sarcococca*. Diese hochwertigen niedrigen immergrünen Gehölze verdienten es, bekannter zu sein. Ihr süßer Duft weht verschwenderisch durch die kalte Winterluft, und wenn sie wie im Botanischen Garten von Oxford die Vorderfront eines Beets mit verschiedenfarbigen – aber duftlosen – Nieswurz-Arten bilden, dann haben Nase und Augen gleichermaßen ihre Freude daran. Steht in unmittelbarer Nähe noch eine *Mahonia japonica,* so erhält der dominante Honigduft eine zusätzliche zarte Maiglöckchennote. Sobald der Frühling naht, beginnen die *Sarcococca*-Blüten zu welken, und der Mahonienduft gewinnt die Oberhand.

Die verschiedenen Zaubernuß-Arten, die wie die Schneebälle an kahlen Zweigen blühen, bescheren uns von der Mitte des Winters an fortgesetzt eine Reihe warmer Farbtöne. Die gelbblühenden Arten haben einen besonders süßen Duft, während die roten und orangefarbenen einen etwas muffigen Duft nach Obst und Gewürzen ausschenken, der dem Geruch von Papageien gleicht. Die gelbblühenden Arten sehen besonders schön aus, wenn sie mit grüner Stinkender Nieswurz (*Helleborus foetidus*) und Horsten von *Iris foetidissima* unterpflanzt werden, die sich mit orangefarbenen Beeren schmücken und deren Blätter nach Roastbeef riechen.

In einer rauhen Ecke des Gartens findet sich vielleicht Platz für eine Kornelkirsche (*Cornus mas*) und für Weiden wie *Salix aegyptiaca, S. triandra* und *S. pentandra,* die vom Spätwinter bis zum Frühjahr für verschiedene Düfte nach Gewürzen, Honig und Mandeln sorgen. Unter Bäumen auf kalkfreiem Boden stellt dann die Scheinhasel (*Corylopsis*) ihre nach Zitrone und Primeln duftenden Blütenquasten zur Schau, und immergrüne *Pieris* öffnet ihre cremefarbenen Blütenrispen, die nach Maiglöckchen und Vanille duften.

Im Frühjahr erreichen die meisten Sträucher ihren Höhepunkt und bieten ein breites Spektrum an Farben und Düften. Die meisten der frühjahrsblühenden Sträucher ertragen auch Halbschatten, so daß sich zu dieser Zeit die schönsten Gartenbilder unter Bäumen, im Schatten von Mauern und an den Rändern des Gartens entfalten und die freien Plätze den sich später entwickelnden Pflanzen vorbehalten bleiben, die wirklich viel Sonnenlicht benötigen. *Mahonia aquifolium* gehört zu den Gehölzen, die zu Beginn des Frühjahrs den stärksten Honigduft ausströmen. Ich kann nur empfehlen, diese sonderbare Pflanze an verschiedene unauffällige Plätze zu setzen (sie gibt sich mit tiefem Schatten und trockenem Boden zufrieden), und der ganze Garten wird aus allen verborgenen Ecken von einem süßen, warmen Duft eingehüllt sein. Viele winter- und frühjahrsblühende Pflanzen zeichnen sich durch einen mehr oder weniger intensiven Honigduft aus, der alle übrigen Aromen im Garten zu stützen vermag. Als Nachbarpflanzen zu Mahonien eignen sich Skimmien, Federbuschsträucher (*Fothergilla*) und orangefarbene und gelbe Berberitzen; als Unterpflanzung bieten sich Primeln und frühe Narzissen an.

In ein in Weiß- und Rosatönen gehaltenes Farbschema, das sich vor allem durch Mandeldüfte und würzige Gerüche empfiehlt, passen *Magnolia × loebneri* 'Merrill', duftende Zierkirschen wie *Prunus × yedoensis* und 'Jo-nioi' und, nicht zu vergessen, Schneebälle. Die weißblühenden *Viburnum*-Arten, die uns durch das ganze Frühjahr begleiten, haben einen anderen Duft als die früher blühenden Varietäten. Ihr volles, meist durchdringend süßes Nelkenaroma, das an die Stelle des Honig- und Mandelduftes tritt, ist mein Lieblingsduft in dieser Jahreszeit. Die wertvollsten Schneebälle sind *Viburnum × burkwoodii* und seine Klone; sie sind immergrün, blühen über eine lange Zeit und nehmen obendrein noch eine schöne Herbstfärbung an. Aber auch für *V. carlesii* und *V. × juddii* sollten Sie einen Platz in Ihrem Garten bereithalten. Ideal wäre eine kurze Allee aus diesen Sträuchern – Sie werden das Schauspiel, das sie bietet, jedes Jahr mit Ungeduld erwarten.

Viele nach Nelken duftende Seidelbast-Arten stehen jetzt in Blüte, einschließlich des wunderbaren *Daphne × burkwoodii* 'Somerset'. Sie könnten ihn dazu verwenden, die Farbe der Holzäpfel aufzugreifen, deren rosafarbene, weiße und rote Blüten uns oft mit einem Veilchen- und Rosenduft überraschen. Auch die zwergförmigen rosafarbenen Flieder wie *Syringa microphylla* 'Superba' könnten dazu passen. Bei saurem Boden könnte der sonnenliebende *Rhododendron trichostomum* den gleichen Zweck erfüllen. Dieser kleine, zarte Strauch hat große Ähnlichkeit mit einem Seidelbast, und seine rosafarbenen Blüten haben einen kräftigen, aber nicht süßen Nelkenduft.

Ein andersartiges fruchtiges Aroma kennzeichnet die Rhododendren. Mir erscheint *Rhododendron luteum* unvergleichlich sowohl in seinem Anblick als auch in seinem intensiven Duft nach Früchtecocktail. Seine gelben Blüten und limettengrünen jungen Blätter wirken wie Sonnenflecken im dunklen Schatten des Waldes, und er besitzt einen natürlichen Charme, der bei vielen leuchtendfarbigen Hybriden verlorengegangen ist. Ich habe eine Gruppe davon vor zwei große kupferfarbene Buchen gepflanzt und ermutige die Hasenglöckchen (*Hyacinthoides non-scripta/Scilla non-scripta*), sich aus dem angrenzenden Steingarten (wo sie eigentlich nicht stehen sollten) dorthin auszubreiten. In milden Klimaten gehören die frostempfindlichen weißen Rhododendren 'Fragrantissimum' und 'Lady Alice Fitzwilliam' zu den Frühjahrsfreuden des Waldgartens. Ihr fruchtiger Duft enthält einen Hauch von Muskatnuß. Leichter kann man sich an den winterhärteren Klonen von R. 'Loderi' erfreuen, der schwere Büschel rosafarbener und weißer, nach Lilien duftender Blüten trägt. Diese Sträucher sind so dekorativ, daß eventuelle Begleitpflanzen mit Vorsicht ausgewählt werden müssen. *Cardiocrinum* läßt sich gut mit den großen Rhododendren des Frühsommers wie 'Albatross' und *R. arborescens* kombinieren.

Wenn das Frühjahr allmählich in den Sommer übergeht, beginnen die sonnenliebenden Sträucher die schattentolerierenden abzulösen. Ginster, Flieder und Goldregen wirken zusammen, die Staudenrabatte zum Leben zu erwecken. Frühblühende Rosen wie 'Frühlingsgold' und *R. pimpinellifolia* (*R. spinosissima*) stehen in Blüte, und die Luft ist schwer vom Duft des Sommerjasmins *Philadelphus coronarius*, der so typisch ist für den Cottage-Garten. Da sein Duft alle anderen überdecken kann, gehört dieser Strauch an den Rand des Gartens, damit uns nur hin und wieder ein Dufthauch zugetragen wird.

Die anderen Sommerjasmine sind weniger aufdringlich und können ohne Bedenken gepflanzt werden. Ihr fruchtiger Jasminduft verbindet sich wunderbar mit den raffinierten Düften der Strauchrosen, und ihre reinweißen und kastanienfarben gefleckten Blüten passen gut zu dem karminroten Samt, dem weißen Damast und den rosa Seidenkokarden der Rosen. Der Schmetterlingsstrauch *Buddleja alternifolia* fügt sich mit seinen lila Blütenbändern harmonisch ein, und eine Auswahl an purpurfarbenen, violetten und blaßgelben Stauden bildet den passenden Teppich dazu.

In geschützten, vollsonnigen Rabatten blühen die Zistrosen. Ihre immergrünen Blätter setzen das ganze Jahr über ihre angenehmen gummiartigen Düfte frei, aber in der Sommerhitze, wenn viele Varietäten überreich mit dem klebrigen jungen Grün bedeckt sind, ist ihr Duft am intensivsten. Die Blätter von Rosmarin und Thymian tragen ihren Gewürzduft bei, *Olearia* hat in seinem Aroma einen Hauch von Moschus, und der Berglorbeer *Umbellularia californica* duftet zart nach Früchten. Von Zeit zu Zeit gehen neue Blüten auf und setzen weitere Akzente: nach Honig duftende Baumheiden (*Erica arborea* und ihre Verwandten) und *Helichrysum ledifolium* (*Ozothamnus ledifolius*); nach Mandeln duftende *Colletia armata* und nach Vanille duftender Binsenginster *Spartium junceum*.

Als Ergänzung zu den Stauden des Hochsommers bieten sich einige ausgezeichnete duftende Sträucher mit reizvollen Wuchsformen an. Der Ginster *Genista aetnensis* und die Wolfsbohne *Lupinus arboreus* sind ideal für die Staudenrabatte. Obgleich der Ginster hoch wird, wirft er wegen seiner binsenartigen Zweige und seiner meist fehlenden Belaubung nur leichte Schatten, während die Wolfsbohne ununterbrochen bis zum Herbst blüht. Ihre gelben Blüten duften nach Wicken – eine Art Duft, der uns im Sommer häufig begegnet. Auch Schmetterlingssträucher, die wie die Stauden im Frühjahr bis auf den Boden zurückgeschnitten werden, fühlen sich in der Rabatte recht wohl. *Buddleja davidii* und *B. fallowiana* schmücken sich mit blauen, purpurfarbenen und weißen Blüten, während *B. × weyeriana* 'Golden Glow' aprikosengelbe Blüten trägt. Sie entfalten einen blumigen Honigduft. Und für vorspringende Ecken der Rabatte bieten sich die aufsehenerregenden Blütenkandelaber der Yucca an.

Auch die Blüten des Losbaumes *Clerodendrum bungei* verströmen ein wenig von dem fleischigen Geruch, der für die Blätter so charakteristisch ist. Aber ihre überwältigende Süße, ihre Größe und die Leuchtkraft ihres Rosatons wiegen diesen Nachteil wieder auf und rechtfertigen ihren exponierten Standort in meiner Spätsommerrabatte. Leuchtende Rosatöne sind in einer Zeit sehr willkommen, in der der Garten allmählich gelbbraune und dunklere Farbtöne auflegt. Der verwandte

C. trichotomum fargesii fühlt sich in lichtem Schatten wohler. Sein Duft, der zwar etwas weniger süß ist und an den Geruch welkender Jasminblüten erinnert, ist genauso intensiv und hält sich lange in der Luft. Er ist eine wertvolle Pflanze, die im herbstlichen Waldgarten reizvolle Akzente setzt. Mit seinen weißen Blüten und türkisfarbenen Früchten, die in karminroten Blütenkelchen sitzen, zieht er immer bewundernde Blicke auf sich.

Der süße Duft der Ölweide *Elaeagnus × ebbingei* ('Salcombe Seedling' ist eine besonders gute Sorte) entfaltet sich intensiv an warmen Herbstabenden. Pflanzt man diesen immergrünen Strauch, der häufig als langweiliges Gehölz geschmäht wird, in die Sonne und schneidet ihn im Frühjahr kräftig zurück, dann bilden die silbrigen jungen Triebe einen schönen Kontrast zu dem Goldton der absterbenden alten Blätter, und der Strauch schmückt sich mit einer Fülle weißer Blüten.

Oben: Ein sonniger ummauerter Winkel wird zum duftenden Refugium. Hier vermischen sich im Frühjahr die Aromen von Lavendel, Sal- bei und Artemisien mit den nelkenartigen Blütendüften von Schneeball- und Seidelbast-Arten. Ein Rosmarin blüht nahe der Gartenbank.

Sobald der Herbst naht, entwickeln die frühen Mahonien ihre aufrechten gelben Blütentrauben. Diese Varietäten duften nicht so intensiv wie die später blühenden Spezies, aber ihr zarter Maiglöckchenduft ist ebenso angenehm. Auch die Duftblüte *Osmanthus armatus* spendet jetzt ihren süßen Kaugummiduft. Aber der Duft, den ich kaum erwarten kann, sobald sich die Blätter färben, ist der Karamelgeruch des Katsurabaums *Cercidiphyllum japonicum,* der sich, wenn alle Voraussetzungen stimmen, harmonisch in das herrliche Schauspiel der Herbstfarben einfügt.

Bäume

Abies (Tanne)

Wie die meisten Koniferen verströmen die Tannen einen harzigen oder fruchtigen Duft, wenn man ihre Nadeln zerreibt. Auch ihre Rinde ist häufig harzig. Tannen wachsen oft verhältnismäßig langsam. Für kleinere Gärten ist die Koreatanne *Abies koreana* (Z 5) eine gute Wahl. In ihren ersten 20 Jahren wird sie nicht höher als 3 m, kann aber im Laufe der Zeit eine Höhe von bis zu 12 m erreichen. Schon in frühen Jahren schmückt sie sich mit rötlichen Zapfen. Für große Gärten ist die Nordmannstanne *A. nordmanniana* (Z 5) besonders zu empfehlen. Sie hat leuchtendgrüne, fruchtig duftende Nadeln und grüne Zapfen, wächst dreimal so schnell und wird dreimal so hoch wie die Koreatanne. Die beiden folgenden Spezies zeichnen sich durch einen besonders kräftigen Duft aus:

A. balsamea, die Balsamtanne, hat dunkelgrüne, glänzende Nadeln, die intensiv nach Balsam duften. Die jungen Nadeln und die Unterseiten der Nadeln schimmern dagegen in einem schönen Grauton. In milderen Klimazonen als ihrem kalten Heimatland Nordamerika wächst sie zu einem hohen Baum heran, ist aber in jugendlichem Alter am schönsten. Ihre Zapfen sind purpurfarben. Es gibt von ihr eine Zwergform, *A. hudsonia,* die 60 cm hoch wird.
Kalkfreier oder neutraler Boden; Z 3

A. grandis hat gleichfalls dunkle Nadeln, die einen kräftigen, süßlich-harzigen Duft nach Grapefruit verbreiten. Besonders dekorativ sind ihre olivgrünen jungen Triebe und leuchtendgrünen Zapfen. Sie verträgt mehr Schatten und alkalischeren Boden als viele andere Tannen.
Sonne oder lichter Schatten; feuchter, gut durchlässiger Boden; 15 m in 20 Jahren; Z 6

Aesculus (Roßkastanie)

A. californica. Einige Roßkastanien haben duftende Blüten, darunter auch die Gemeine Roßkastanie (*A. hippocastanum*). Was den Duft betrifft, so ist *A. californica* für den Garten am besten geeignet. Dieser in die Breite wachsende kleine Baum oder große Strauch schmückt sich den ganzen Sommer über mit dichten, aufrechten, weiß bis rosafarbenen Blütenköpfen. Er eignet sich vorzüglich als niedrige Solitärpflanze auf dem Rasen. Auch außerhalb seines sonnigen Heimatstaats ist er recht winterhart.
Sonne oder lichter Schatten; 3–9 m; Z 7

Betula (Birke)

B. lenta (Zuckerbirke), im östlichen Teil der USA heimisch, ist in England selten und weniger starkwüchsig. Der aufrecht wachsende Baum trägt die typischen ovalen, gezähnten Blätter, die im Herbst einen hellen Gelbton annehmen. In ihrer Jugend hat die Birke eine glatte schwarze Rinde, die im Alter schuppig wird. Zerreibt man ihre Triebe, so verströmen sie einen Duft, der an den Geruch der Scheinbeere (*Gaultheria procumbens*) erinnert. Im Frühjahr schmückt sie sich mit Kätzchen.
Sonne; 9 m in 20 Jahren; in den USA erreicht sie eine maximale Höhe von 24 m, wird aber in Europa nicht so hoch; Z 3

Carya (Hickorynuß)

C. tomentosa wird, wie die meisten Hickorynüsse, nur selten kultiviert. Das liegt daran, daß diese Pflanzengruppe eine Störung ihrer Wurzeln schlecht verträgt und sich deshalb schwer verpflanzen läßt. *In situ* ausgesäte Samen oder sehr jung verpflanzte Sämlinge entwickeln sich jedoch gut. *C. tomentosa* ist ein sehr schöner Baum, der von allen Hickorynüssen am intensivsten duftet. Sein Laub verbreitet einen süßen, harzigen Duft, der sich manchmal frei entfaltet, aber mitunter auch durch Reiben der sieben- oder mehrfach gefiederten Blätter hervorgerufen werden muß. Im Herbst färben sie sich gelb. Die Knospen bieten im Winter einen reizvollen Anblick.
Sonne; guter, lehmiger Boden; 6 m in 20 Jahren; maximale Höhe 24 m; Z 4

Catalpa (Trompetenbaum)

C. bignonioides ist einer der eindrucksvollsten Bäume und zur Einzelstellung auf der Rasenfläche eines großen Gartens geeignet. Er hat eine ausladende rundliche Form, und seine sehr großen, herzförmigen Blätter haben einen frischen hellgrünen Farbton. Im Sommer schmückt er sich mit prächtigen aufrechten Rispen aus süß duftenden weißen Blüten mit gelben und purpurfarbenen Markierungen, die in heißen Jahreszeiten von schlanken Samenkapseln abgelöst werden. Hybriden zwischen dieser Spezies und *C. ovata* mit der botanischen Bezeichnung *C. × erubescens* zeichnen sich durch einen herrlichen Lilienduft aus.
Sonne; feuchter, tiefgründiger Boden; 15 m; Z 4

Ganz links: *Abies koreana*
Links: *Aesculus californica*

Cedrus (Zeder)

Die Zedern würzen an heißen Tagen die Luft mit einem warmen, harzigen Duft nach Brombeeren, aber das Aroma ihrer Nadeln ist in der Regel nicht so intensiv wie bei anderen Koniferen. Die drei folgenden sehr großen, immergrünen Bäume sind die wichtigsten Spezies. Sie wachsen zunächst pyramidenförmig und entwickeln sich später zu ausladenden Bäumen.

Sonne; feuchter, tiefgründiger, gut durchlässiger Boden

C. deodara, die Himalajazeder, zeichnet sich durch ihre besonders elegante hängende Wuchsform aus, die sie von ihren Verwandten unterscheidet. Die beliebte Sorte 'Aurea', die kleiner ist und langsamer wächst, färbt sich im Frühjahr goldgelb. Für den Steingarten gibt es noch eine halbkriechende goldende Sorte, genannt 'Golden Horizon'. Die Spezies selbst wird wegen ihres reizvollen Erscheinungsbildes in jungen Jahren häufig in kleine Gärten gepflanzt, wächst aber schnell über den ihr zugewiesenen Platz hinaus.

14 m in 20 Jahren; maximale Höhe 60 m; Z 7

C. libani (Libanonzeder) ist der uns allen vertraute majestätische Baum großer Parks und stattlicher Gartenanlagen; er zeichnet sich durch seine horizontalen, weitausladenden Zweige aus. Er wächst langsamer als die Atlaszeder.

9 m in 20 Jahren; maximale Höhe 36 m; Z 6

C. libani ssp. *atlantica* (Atlaszeder) ist fast identisch mit der Libanonzeder. In jugendlichem Alter wächst sie schnell, ihre Zweige brauchen aber einige Jahre, bis sie eine horizontale Haltung einnehmen. Die graublaue Sorte 'Glauca' ist sehr beliebt und als blaue Atlaszeder bekannt.

12 m in 20 Jahren; maximale Höhe 36 m; Z 6

Cercidiphyllum (Katsurabaum)

C. japonicum aus dem Fernen Osten ist wegen seiner atemberaubenden Herbstfärbung und seines wunderbaren Karameldüftes, der sich beim Abfallen der Blätter entfaltet, einer der aufregendsten Bäume. Seine Blätter sind herzförmig und bläulichgrün. Am häufigsten sieht man ihn als mehrstämmigen Baum, aber durch geschicktes Beschneiden kann er auch einstämmig gezogen werden. Da seine jungen Blätter unter Frühjahrsfrösten leiden, sollte der Baum in kälteren Gegenden unbedingt einen geschützten Standort haben. Auch die Trauerform *C. japonicum* 'Pendulum' ist aufsehenerregend.

Lichter Schatten; reichhaltiger, tiefgründiger, feuchter Boden; 12 m in 20 Jahren; 30 m in der freien Natur; Z 5

Cercidiphyllum japonicum

Crataegus laevigata und *C. l.* 'Paul's Scarlet'

Chamaecyparis (Scheinzypresse)

Die Scheinzypressen gehören zu den am meisten kultivierten Koniferen. Sobald man ihre Nadeln zerreibt, entströmt ihnen ein scharfer harziger Geruch. Als Bäume wachsen sie kegelförmig, werden im Alter aber meist ausladender. Viele Arten lassen sich zu schönen Sicht- oder Windschutzwänden und als hohe Hecken ziehen; da sie aber sehr starkwüchsig sind, müssen die meisten zweimal im Jahr beschnitten werden.
Feuchter, lehmiger Boden
C. lawsoniana ist ein großer Baum mit kurzen, waagerecht abstehenden Ästen und enganliegenden Nadeln an flachen, in einer Ebene angeordneten Zweigen. Sie ist eine der besten Scheinzypressen für hohe Sichtschutzwände und Hecken. Aus ihr sind viele ausgezeichnete Klone hervorgegangen, wie zum Beispiel 'Columnaris', eine schmale graublaue Säule, 7,5 m; 'Ellwoodii', eine niedrigwachsende Säule in dunklem Blaugrün, dicht und kompakt, 7,5 m; 'Erecta Viridis', eine dunkelgrüne, kompakte Säule von strenger Eleganz, aber am schönsten in verhältnismäßig jugendlichem Alter, 9–27 m; 'Fletcheri', ein wacholderartiger, blaugrauer, buschiger Kegel, niedrigwachsend, 6–12 m; 'Green Pillar', eine herrliche sattgrüne Säule, 7,5 m;

'Kilmacurragh', eine bleistiftdünne dunkelgrüne Säule, 7,5–12 m; 'Lane', eine goldfarbene Pyramide, 7,5 m; 'Pembury Blue' zeigt ein bläuliches Grüngrau und niedrigen, kegelförmigen Wuchs, 3,5–9 m; und 'Pottenii' wächst zu einem graugrünen Kegel heran, 9 m. Z 5
C. obtusa, die Hinoki-Scheinzypresse, ist ein ebenfalls kegelförmig wachsender Baum mit horizontal ansetzenden Nadeln an gefiederten Zweigen. ('Crippsii' ist eine gute goldgelbe Sorte, die um ein Drittel kleiner ist.)
Feuchter, kalkfreier Boden; 7,5 m in 20 Jahren; maximale Höhe 23 m; Z 5
C. thyoides hat blaugrüne Nadeln mit einem scharfen würzigen Duft. Dichter Wuchs.
Kalkfreier Boden; 7,5 m in 20 Jahren; maximale Höhe 6–15 m, in der freien Natur 24 m; Z 5

Cladastris (Gelbholz)

C. lutea ist ein dekorativer laubabwerfender Baum mit runder Krone aus dem Südosten der USA. Er hat schöne gefiederte hellgrüne Blätter, die sich im Herbst goldgelb färben. Die weißen Erbsenblüten, die einen süßen Vanilleduft verströmen, öffnen sich im Frühsommer wie die Glyzinen an langen

hängenden Trauben. Sie scheinen sich aber nur an den älteren Pflanzen zu entwickeln.
Sonne; saurer Boden; 9 m in 20 Jahren; maximale Höhe 12 m oder mehr; Z 3

Crataegus (Weißdorn)

Ich kann nicht von Weißdorn sprechen, ohne seinen Duft zu erwähnen, der im Spätfrühjahr in ländlichen Regionen Englands überall schwer in der Luft hängt. Ein süßer, muffiger Geruch zählt noch zu den besten Weißdorndüften, während der Geruch nach verwesendem Fisch wohl der unerträglichste ist. *C. monogyna* verbreitet den unangenehmsten Duft. In der Luft kann er süß riechen, kommt man dem Strauch aber näher, schreckt man vor seinem ekelerregenden Geruch zurück. Eine andere Spezies, *C. laevigata* (*C. oxyacantha*) (Z 6), ist auch nicht besser im Geruch, aber die intensiv farbigen Sorten dieser Art wie 'Paul's Scarlet' sind mehr oder weniger duftlos. Die Spezies mit süßerem Duft sind im äußeren Erscheinungsbild am wenigsten reizvoll und deshalb wohl auch viel weniger bekannt.

Cupressus (Zypresse)

Die Zypressen geben einen fruchtigen, harzigen Duft ab, wenn man ihre nadelförmigen Blätter zwischen den Fingern zerreibt. In wärmeren Gegenden und in Meeresnähe ist *C. macrocarpa* (Z 7) ein wertvoller schnellwachsender Baum, der sich gut als Windschutz und für Hecken eignet. Von dieser Art gibt es viele gute goldfarbene Sorten. In 20 Jahren erreicht er eine Höhe von 14 m oder mehr; seine maximale Höhe beträgt 18–30 m. Auch die schlanke dunkelgrüne Echte Zypresse (*C. sempervirens*) gedeiht am besten in wärmeren Gegenden, und für einen Garten gibt es wohl keine schönere Säule. 11 m in 20 Jahren; maximale Höhe 24 m.
Sonne; alle Böden, außer sumpfige
C. arizonica (*C. glabra*) ist eine der winterhärtesten Arten. Es ist ein schöner, etwas geisterhaft wirkender Baum mit waagerecht abstehenden Zweigen, einer kegelförmigen Krone und einer reizvollen rötlichbraunen Rinde, die sich in langen Streifen ablöst. Die Sorte 'Pyramidalis' zeichnet sich durch blaue Färbung und kompakten Wuchs aus. Sie duftet leicht nach Grapefruit.
7,5 m in 20 Jahren; maximale Höhe 9 m und mehr; Z 6

Cydonia (Quitte)

C. oblonga, die Gewöhnliche Quitte, trägt Früchte mit dem köstlichsten und eigentümlichsten Aroma überhaupt. Dieser kleine, rundliche, laubabwerfende Baum eignet sich mit seinem ausdrucksvollen, etwas ungelenken Äußeren zur Einzelstellung auf dem Rasen. Die dunkelgrünen Blätter haben graufilzige Unterseiten, und die großen zartrosafarbenen Blütenkelche erscheinen im Frühjahr. Aus den gelben, birnenförmigen Früchten, die im Frühherbst herangewachsen sind, läßt sich Quittengelee zubereiten. 'Vranja' ist eine besonders gute Sorte. Wie die meisten Obstbäume ist sie ziemlich anfällig für Krankheiten und Ungeziefer.
Sonne; guter, fruchtbarer Boden; 7,5 m; Z 5

Eucalyptus

Eukalyptusbäume erfreuen sich außerhalb ihrer australischen Heimat immer größer Beliebtheit. Die wenigsten sind jedoch ausreichend winterhart, weshalb man schon seit einiger Zeit winterhärtere Arten zu finden sucht. Abgesehen von ihrem auffallenden Erscheinungsbild ist ihr Hauptvorzug ein unglaublich schnelles Wachstum. Das immergrüne Laub zeigt eine Jugend- und eine Altersform. Die Blätter sind zu Beginn gewöhnlich kürzer und rundlicher und werden später schlank und spitz. Sie geben einen medizinischen Duft ab, wenn man sie zwischen den Fingern zerreibt. Die Bäume lassen sich leicht aus Samen ziehen und gehen am besten an, wenn sie noch sehr klein sind. Im allgemeinen sind es aufrechte, schmale, spärlich belaubte Exemplare. Die Blüten duften meist intensiv nach Honig.
Sonne; ein gut durchlässiger Boden ist zu empfehlen
Folgende Arten sind verhältnismäßig winterhart:
E. coccifera hat graugrüne Blätter, die zunächst herzförmig sind und später schmal und sichelförmig werden. Zwischen den Fingern zerrieben, verströmen sie einen Duft nach Pfefferminze. Der glatte Stamm ist zunächst weiß und verblaßt allmählich zu einem Grauton.
17 m in 20 Jahren; maximale Höhe 21 m; Z 9
E. dalrympleana empfiehlt sich als eine besonders ansehnliche und wertvolle Spezies für den Garten. Er hat größere Blätter als E. coccifera und einen wunderbaren glatten Stamm, der cremefarben, grau und hellbraun gefleckt ist.
17 m in 20 Jahren; maximale Höhe 24–36 m; Z 9
E. glaucescens trägt Blätter mit einem köstlichen fruchtigen Aroma, die in jugendlichem Alter von silbrig blauer Färbung sind und mit zunehmendem Alter einen schönen blaugrünen Farbton annehmen. Seine cremefarbene Rinde schält sich ab.
12 m in 20 Jahren; Z 9
E. gunnii ist die bekannteste Spezies. Seine jungen Blätter sind rundlich und schimmern in silbrigem

Blaugrün; in fortgeschrittenem Alter nehmen sie einen grünen Farbton an und werden sichelförmig. Die Rinde verblaßt von hellen Grün- und Creme- zu Braun- und Grautönen. Das junge Laub dieser Spezies bietet einen prachtvollen Anblick, besonders in dichter Buschpflanzung.
23 m in 20 Jahren; maximale Höhe 30 m; Z 9
E. niphophila ist die prächtigste und obendrein auch winterhärteste unter den Eukalyptus-Arten. Die Blätter, in der Jugendform rund und grün, werden im Alter ledrig und färben sich graugrün. Sein glatter Stamm zählt wirklich zu den Wundern in der Pflanzenwelt – in schimmernd reinem Weiß mit grünen und grauen Mustern. Er hat einen milden, fruchtigen Duft.
6 m in der freien Natur; im Garten erreicht er in 20 Jahren eine Höhe von bis zu 15 m; Z 8

Fraxinus (Esche)

F. ornus, die Manna-Esche, ist ein interessantes Gehölz für den Garten. Sie ist nicht die beste Art unter den blühenden Eschen – diese Auszeichnung verdient F. sieboldiana (F. mariesii) –, aber der Duft ihrer im Frühjahr aufbrechenden schaumigen cremefarbenen Blütenköpfe verdient wohl einen Preis. Sie riecht intensiv – wenn auch nicht immer ganz angenehm – nach Honig. Dieser laubabwerfende Baum hat gefiederte Blätter und eine runde Krone.
Sonne; 12 m in 20 Jahren; maximale Höhe 15 m; Z 5

Eucalyptus dalrympleana

Halesia (Schneeglöckchenbaum)

H. carolina ist ein schönes Gehölz für den größeren Garten. Der Baum kommt besonders gut vor einem dunklen Hintergrund in einer Waldlichtung zur Geltung. Im Frühjahr hängen die Zweige voller reinweißer Blütenglocken, die zart, aber süß duften. Die Blätter sind mehr oder weniger oval und nehmen im Herbst, wenn auch die kleinen geflügelten Früchte erscheinen, einen gelben Farbton an. Häufig sieht man ihn als mehrstämmigen Baum.
Sonne und Halbschatten; feuchter, gut durchlässiger, möglichst saurer Boden; 4,5 m in Europa in 20 Jahren; entwickelt sich in den USA zu einem 9 m hohen Baum mit runder Krone; Z 5
H. monticola ist insgesamt größer und noch eindrucksvoller in der Blüte und in den Früchten als H. carolina. Auch ihn sieht man am häufigsten als mehrstämmigen Baum.
Sonne oder lichter Schatten; 7,5 m in 20 Jahren; Z 5

Fraxinus ornus

Juglans nigra

Juglans (Walnuß)

Besonders im Herbst riecht die Luft häufig nach dem fruchtig-harzigen Aroma der großen, gefiederten Walnußblätter. Der Duft ist noch intensiver, wenn man die Blätter mit den Händen zerreibt. Da die zwei am häufigsten kultivierten Spezies für Wind und Spätfröste anfällig sind, sollten sie möglichst einen geschützten Standort haben, und da sie nicht unnötig gestört werden wollen, sollte man sie frühzeitig an ihrem endgültigen Platz oder sogar aus Samen ziehen. Beide Spezies sind laubabwerfend.
Sonne oder lichter Schatten; guter lehmiger, saurer oder alkalischer Boden
J. nigra (Schwarznuß) ist zwar die dekorativere der beiden beliebten Spezies, duftet aber dafür weniger. Als Solitärpflanze auf dem Rasen ist sie mit ihren besonders langen Blättern sehr eindrucksvoll. Sie sollte in einer gemischten Bepflanzung nicht verwendet werden, da sie Giftstoffe produziert, die andere Pflanzen beeinträchtigen können. Sie entwickelt sich schnell zu einem großen, pyramidenförmigen Baum mit runder Krone. Ihre Nüsse sind sehr wohlschmeckend.
11 m in 20 Jahren; maximale Höhe 24 m oder mehr; Z 4

J. regia wird großenteils wegen ihrer Nüsse und weichen Früchte gezogen. Besonders gute Klone erhält man in Baumschulen, die sich auf Obstbäume spezialisiert haben. Der starke fruchtige Duft dieses kleineren Baumes hängt oft schwer in der Luft.
7,5 m in 20 Jahren; maximale Höhe 18 m oder mehr; Z 6

Juniperus (Wacholder)

Die Wacholder haben immergrüne, nadelförmige Blätter, die ein scharfes harziges Aroma absondern. Die interessanten Varietäten sind zum großen Teil zu kleinwüchsig, um in diese Rubrik zu passen. Sie werden in der Rubrik »Sträucher« geführt.
Sonne oder lichter Schatten; alle Böden, außer sumpfige

Laburnum (Goldregen)

Zu den elegantesten Gartenbäumen gehören die Goldregen mit ihren hängenden goldgelben Blütentrauben. Der Duft ihrer frühsommerlichen Blüten ist süß, aber wie bei vielen Mitgliedern der Hülsenfrüchtler ziemlich schwer.
Sonne oder lichter Schatten; jeder Boden
L. alpinum 'Pendulum' eignet sich vorzüglich als Solitärpflanze auf dem Rasen. Er ist mit seinem ausgeprägt hängenden Wuchs eine besonders edle Form des schottischen Goldregens. Er wächst langsam (wenn er nicht durch Pfropfen veredelt wurde), ist klein und schlank und für Vorstadtgärten besser geeignet als eine riesige Trauerweide. Seine Blütentrauben sind gut 30 cm lang, und die dreizähligen Blätter zeigen eine intensiv dunkelgrüne Färbung.
3 m; 6 m, falls gepfropft; Z 5
L. × *watereri* 'Vossii' ist wegen seiner überlangen Blütentrauben die beliebteste Sorte. Über eine Pergola gezogen, wirkt er besonders dekorativ. Als frei stehender Baum hat er eine eher rundliche Form. Wenn er auch ohne Blüten weniger auffällt, so ist er doch keinesfalls reizlos.
7,5 m in 20 Jahren; Z 6

Magnolia

Die meisten duftenden Magnolien werden in der Rubrik »Sträucher«, *M. grandiflora* im Kapitel »Mauersträucher« behandelt.
M. denudata entwickelt sich zu einem großen Strauch oder kleinen Baum von rundlicher Form. Sie schmückt sich mit großen reinweißen Blüten mit fleischigen Blütenblättern, die sich zu Beginn des Frühjahrs öffnen und einen Zitronenduft verbreiten. Wie alle frühjahrsblühenden Magnolien pflanzt man sie am besten an einen Ort, wo die

Laburnum × *watereri* 'Vossii', *Wisteria sinensis* und *Allium aflatunense*

frühe Morgensonne ihre überfrorenen Knospen nicht erreichen kann. Ein offener oder leicht beschatteter Standort, nach Westen oder Südwesten ausgerichtet, ist ideal. Sie gehört zweifellos zu den Schönheiten des Frühlingsgartens.
Neutraler oder kalkfreier Boden; maximale Höhe durchschnittlich 9 m; Z 6

M. hypoleuca schmückt sich im Frühsommer mit großen cremefarbenen Blütenkelchen, die in der Mitte einen hervorstehenden Fruchtknoten mit karminroten Staubfäden haben und einen sehr fruchtigen Duft entfalten, der stark an das Aroma reifer Melonen erinnert. Im Herbst folgen scharlachrote Früchte. Ihre überaus langen, ledrigen blaugrünen Blätter verliert sie im Herbst. Sie wächst schnell, ist winterhart, hat einen aufrechten Wuchs und bietet in einem Waldgarten einen prachtvollen Anblick. Ihr Duft wird mit dem Wind davongetragen, und man riecht ihn noch in weiter Entfernung.
Sonne; reichhaltiger, feuchter, saurer oder neutraler Boden; 9 m in 20 Jahren; maximale Höhe 15 m oder mehr; Z 5

M. kobus ist eine winterharte, laubabwerfende Japanische Magnolie, die sich zu einem ein- oder mehrstämmigen mittelgroßen Baum entwickelt. Sie braucht lange, bis sie zu blühen beginnt, aber das Blütenschauspiel einer ausgewachsenen Pflanze ist so atemberaubend, daß sich die Wartezeit lohnt. Im Frühjahr erscheinen ihre duftenden, zarten weißen Blüten, die anschließend von kleinen Blättern abgelöst werden.
Sonne (Schatten ist zu vermeiden); 9 m oder mehr; Z 5

M. × loebneri 'Merrill' trägt zu Beginn des Frühlings eine Fülle wunderbar duftender, spinnenförmiger weißer Blüten. 'Leonard Messel' ist eine rosafarbene Sorte. Beide entwickeln sich zu prachtvollen Sträuchern.
Sonne; verträgt etwas Kalk; 8 m; Z 5

M. salicifolia ist ein kleiner Baum mit charakteristischen weidenartigen Blättern. Nicht nur ihre weißen Blüten, die im Frühjahr erscheinen, verströmen einen angenehmen Duft, auch ihre Blätter und die Rinde geben einen scharfen würzigen Duft nach Zitrone und Anis ab, sobald man sie zwischen den Fingern zerreibt. Die kleinwüchsige Sorte 'Jermyns' hat größere Blüten und breitere Blätter.
Sonne oder lichter Schatten; neutraler oder kalkfreier Boden; 6 m oder mehr; Z 6

Magnolia × loebneri 'Merrill'

Zierapfel-Hybride

Pinus nigra

Malus (Apfel)

Zieräpfel haben oft duftende Blüten und sind sehr charaktervolle Bäume, die besonders gut in den Cottage-Garten passen. Sorten mit zweifarbigen Blüten – d. h. mit weißen Blüten, die sich aus dunkelrosa Knospen entfalten – gehören zu den schönsten frühjahrsblühenden Bäumen. Die Blätter dieser laubabwerfenden Bäume duften erst, wenn man sie zwischen den Fingern reibt. Viele Zieräpfel sind anfällig für die gleichen Krankheiten, die auch Apfelbäume befallen.

Sonne oder lichter Schatten; feuchter, gut durchlässiger Boden

M. coronaria '**Charlottae**' hat große, halbgefüllte zartrosa Blüten mit einem ungewöhnlich intensiven Veilchenduft. Sie öffnen sich im Frühsommer. Der breite, ausladende Baum trägt ovale Blätter, die im Herbst oft schöne Farbtöne annehmen.
7,5 m in 20 Jahren; maximale Höhe 9 m; Z 4

M. '**Golden Hornet**' ist wegen der goldfarbenen Früchte, die sich den ganzen Winter über an den Zweigen halten, beliebt. Aber auch ihre weißen Blüten, die sich aus rosafarbenen Knospen entfalten, sind auffallend schön und intensiv duftend. Es ist ein aufrecht wachsender, etwas steifer Baum. Der rotfrüchtige 'John Downie' hat gleichfalls duftende weiße Blüten.
7,5 m in 20 Jahren; maximale Höhe 9 m

M. hupehensis ist ebenfalls ein aufrechter Baum, der dem Japanischen Zierapfel *M. floribunda* nur in der Schönheit seiner Blüten nachsteht. Im Frühjahr öffnen sich rosafarbene Knospen zu Wolken

weißer Blüten, deren Duft den des Japanischen Zierapfels noch übertrifft.
7,5 m in 20 Jahren; maximale Höhe 9 m oder mehr; Z 4

Nothofagus (Scheinbuche)

N. antarctica. Dieser schnellwachsende, laubabwerfende Baum aus Chile, dessen kleine, rundliche Blätter vor allem im Frühjahr intensiv duften, ist eine der winterhärtesten Arten. Sein harziger Duft hat ein Grapefruitaroma. Im Herbst färben sich die Blätter gelb. Auch die Blüten, die im Spätfrühjahr erscheinen, sind aromatisch. Es ist ein reizvoller Baum, der sich durch seinen lockeren, ungewöhnlich ausladenden Wuchs auszeichnet. Um sich optimal entwickeln zu können, braucht er einen windgeschützten Standort.
Sonne; saurer, gut durchlässiger Boden; 10,5 m in 20 Jahren; maximale Höhe 15 m; Z 8

Paulownia

P. fargesii ist weniger bekannt als *P. tomentosa* (rechts). Sie hat große, runde Blätter und schmückt sich im Frühsommer mit langen, aufrechten Blütentrauben. Die röhrenförmigen lilafarbenen Blüten sind im Innern gelb gefleckt und duften nach Früchten und Honig. Dieses ausladende, laubabwerfende Gehölz eignet sich vorzüglich als Solitärpflanze auf dem Rasen, obgleich es einen geschützten Standort benötigt.

Sonne; gut durchlässiger Boden, kein Kalk; 12 m in 20 Jahren; maximale Höhe 18 m; Z 7–8

P. tomentosa hat dunklere Blüten und gelappte Blätter; ansonsten gleicht sie *P. fargesii*. Sie sieht immer exotisch aus, wohin man sie auch pflanzt, und wird oft nur wegen ihrer üppigen Blätter gezogen. Manchmal werden auch mehrere Exemplare als Gruppe zusammengestellt und jedes Frühjahr bis auf 5 cm des alten Holzes zurückgeschnitten. Aber diese Routine ist für den dufteliebenden Gärtner uninteressant. Abgesehen von den ersten Jahren ist der Baum winterhart. Leider fallen aber die Blüten häufig Spätfrösten zum Opfer, und so kann ein jährliches Fest der Frucht- und Honigdüfte nicht garantiert werden.
Sonne; gut durchlässiger, etwas saurer Boden; 12 m in 20 Jahren; maximale Höhe 15 m; Z 6

Picea (Fichte)

Fichten und Tannen, die einander stark ähneln, kann der Fachmann nur dann sofort unterscheiden, wenn sie Zapfen tragen, denn die Zapfen der Tannen stehen aufrecht, während die der Fichten herabhängen. Fichten sind immergrün, und ihr Laub hat den charakteristischen harzigen Duft der Koniferen. Sie eignen sich nicht für flache oder alkalische Böden und gedeihen auch nicht in heißen und trockenen Klimaten.
Sonne; feuchter, tiefgründiger Boden

Pinus (Kiefer)

Die Kiefern haben harzig duftende Blätter und Zapfen und bieten ein zusätzliches Spektrum an wertvollen immergrünen Gehölzen für den Garten. Sie zeichnen sich durch nadelförmige Blätter aus, die in zwei- bis fünfzähligen Bündeln erscheinen. Von den großen, weniger dekorativen Spezies sind die Drehkiefer *P. contorta* und die Strandkiefer *P. pinaster* besonders gut für sandige Böden geeignet. Die letztere vermag sogar Sanddünen zu befestigen. Die Schwarzkiefer *P. nigra* ist selbst auf kalkhaltigen Böden und in großen Höhenlagen einer der besten Windbrecher. Ebenso die schnellwachsende *P. radiata*, die sich in Seeklimaten und auf sauren Böden besonders wohl fühlt.

Viele Kiefern vertragen alkalische Böden; volle Sonne; gut durchlässiger Boden

P. ayacahuite ist ein ›stiller‹ Baum von ausladendem Wuchs für wärmere Gärten. Er hat lange blaugrüne Blätter und herabhängende, harzige Zapfen.

9 m in 20 Jahren; maximale Höhe 30 m; Z 7

P. bungeana hat unter den Bäumen eine der schönsten Rinden – ein sich abschälendes Patchwork aus Farben, die an die Haut einer Pythonschlange erinnern. Diese Rinde zeigt sich aber erst nach vielen Wachstumsjahren. Es ist ein kompakter, aufrechter, ovaler Baum. Da er nur selten in Baumschulen angeboten wird und außerdem langsam wächst, ist er immer ein Außenseiter geblieben.

7 m in 20 Jahren; maximale Höhe 12 m oder mehr; Z 5

Populus (Pappel)

Nur wenige Bäume duften so stark wie die Balsampappeln. Im Frühjahr und hin und wieder auch später füllt sich die Luft mit einem sehr süßen Balsamduft, den die klebrig-harzigen Pappelknospen verströmen. Da der Duft nur in kleinen Mengen angenehm und wohlriechend ist, sollten die Pappeln möglichst an die Gartengrenze gepflanzt werden.

Sonne oder Schatten; jeder Boden

P. balsamifera ist im heimischen Nordamerika ein sehr hoher, Schößlinge treibender Baum, der in Europa nicht so gut gedeiht wie *P. trichocarpa*. Seine ovalen Blätter haben grüne Ober- und weißliche Unterseiten.

15 m in 20 Jahren; maximale Höhe 30 m; Z 2

P. 'Balsam Spire' (Tacatricho 32). Diese Hybride ist eine ausgezeichnete schnellwachsende Balsampappel von schlankem Wuchs und mit herrlichem Duft. Sie ist nicht so anfällig für Pappelrost wie ihre Verwandten.

18 m oder mehr in 20 Jahren; maximale Höhe 60 m

Populus balsamifera

P. × candicans 'Aurora' ist eine Form des 'Balm of Gilead' (steriler Klon von var. *subcordata*), deren junge Blätter weiß und rosafarben gefleckt sind. Sie ist ausgesprochen beliebt, aber ich empfinde ihre seltsam gefärbten Blätter als Nachteil. 15 m in 20 Jahren; maximale Höhe 30 m; Z 2

P. trichocarpa, ein schnellwüchsiger, pyramidenförmiger Baum, ist eine der schönsten Balsampappeln. Sie duftet so intensiv wie *P. balsamifera* oder *P.* 'Balsam Spire' und eignet sich vorzüglich für den größeren Duftgarten.

18 m oder mehr in 20 Jahren; maximale Höhe 60 m; Z 5

Prunus (Pflaume, Kirsche, Pfirsich, Mandel)

Die Blüten vieler Mitglieder dieser Pflanzengruppe duften nach Honig oder Mandeln; ihr Duft ist aber in der Regel äußerst schwach. Ich führe nur die intensivst duftenden Varietäten auf, obwohl selbst ihr Duft zurückhaltend ist. Es sind alles Zierkirschen, die für die meisten Gärten klein genug sind. Vor einem dunklen immergrünen Hintergrund oder einem leuchtenden blauen Himmel kommen ihre zarten weißen Blüten am besten zur Geltung.

Sonne oder lichter Schatten; alle Böden, außer sumpfige oder sehr trockene

P. conradinae 'Semiplena' ist in Baumschulen kaum erhältlich. Außerdem ist dieser *Prunus* recht anfällig für Spätfröste, und die Vögel berauben ihn

Prunus 'Jo-nioi'

mit Vorliebe seiner Knospen. Ich führe ihn nur deshalb hier auf, weil es sich unbestreitbar um eine der bezauberndsten frühblühenden wilden Zierkirschen handelt. Die weißen Blüten, die angenehm nach Mandeln duften, öffnen sich gewöhnlich bereits im Winter und halten sich über einen langen Zeitraum. Der Baum zeichnet sich durch seinen eleganten, ausladenden Wuchs aus.

7,5 m in 20 Jahren; maximale Höhe 11 m; Z 6

P. padus (Traubenkirsche) ist ein in Europa heimischer Baum mit auffallenden Blüten. Seine weißen, nach Mandeln duftenden Blüten entfalten sich im Gegensatz zu vielen *Prunus*-Arten, die große schaumige Blütenwolken bilden, an einzelnen langen, schlanken, herabhängenden Trauben. Die Rinde hat einen säuerlichen Geruch. Die Spezies selbst paßt gut in wilde Gärten oder Waldgärten, während die Sorte 'Watereri', die sich mit längeren Blütentrauben schmückt, für strenger angelegte Gärten empfehlenswerter ist. Die Traubenkirsche hat einen lockeren, ausladenden Wuchs.

9 m in 20 Jahren; maximale Höhe 15 m; Z 4

P. × yedoensis ist eine schöne ausladende Zierkirsche, die zu Beginn des Frühlings, bevor sich ihre Blätter entfalten, Büschel weißer, nach Mandeln duftender Blüten hervorbringt.

9 m in 20 Jahren; maximale Höhe 12 m; Z 6

Japanische Zierkirschen. Eine Reihe dieser beliebten dekorativen Zierkirschen duftet köstlich nach Mandeln. Zu den am stärksten duftenden gehören 'Amanogawa', eine schlanke, säulenförmige Varietät mit halbgefüllten rosafarbenen Blüten im Frühjahr (7,5 m), und 'Mount Fuji' ('Shirotae'), ein ausladender Baum mit großen, halbgefüllten weißen Blüten, die sich am Frühlingsanfang öffnen (7,5 m). Aber der Preis für den wunderbarsten Duft geht an 'Jo-nioi', eine herrliche Kirsche von breitem Wuchs (11 m). Z 6

Pseudotsuga (Douglasfichte)

P. menziesii (Douglasfichte oder Douglasie), ein schnellwachsender Nutzholzbaum, ist für die meisten Gärten zu groß. Er verströmt aber einen intensiven, fruchtig-harzigen Duft. Er hat eine breite Kegelform und eine reizvolle korkige, tiefrissige Rinde. Auf alkalischen Böden fühlt er sich nicht wohl.

Sonne; feuchter, gut durchlässiger Boden; maximale Höhe bis 30 m; 90 m in den USA; Z 4–6

Ptelea (Lederstrauch)

P. trifoliata ist ein ausgefallener und äußerst empfehlenswerter Baum für den Duftgarten. Seine Büschel aus kleinen grünlichen Blüten, die sich im

Prunus padus

Ptelea trifoliata

Sommer öffnen, haben einen sehr süßen, geißblattartigen Duft. Nach Auskunft eines Experten sollen sie von allen winterharten Bäumen am stärksten duften. Auch die hellgrünen Blättchen sind mit Öldrüsen bedeckt, die einen scharfen hopfenartigen Duft abgeben, sobald man die Blättchen zwischen den Fingern zerreibt. Auf die Blüten folgen geflügelte grüne Früchte, und im Herbst nehmen die Blätter einen schönen Gelbton an. *Ptelea* wächst schnell und entwickelt sich zu einem niedrigen, ausladenden, runden Baum oder großen Strauch.

Sonne oder Schatten; jeder Boden; maximale Höhe 6 m; Z 5

Pterostyrax (Flügelstorax)

P. hispida ist ein ungewöhnlicher laubabwerfender Baum oder großer Strauch, der es verdiente, häufiger gezogen zu werden. Er hat ovale, gezähnte Blätter mit weißlichen Unterseiten und schmückt

sich im Spätfrühjahr oder Frühsommer mit weißen, süß duftenden Blütenrispen. Sie werden von walzenförmigen Früchten abgelöst. Er wächst schnell und ist winterhart.

Sonne und Hitze; alle Böden, außer flachgründige und kalkhaltige; 4,5–9 m; Z 6

Robinia (Scheinakazie)

R. pseudoacacia hat so schönes Laub in frischem Grün wie kein anderer Gartenbaum, und ich wünschte mir, daß mehr Leute sie statt der goldfarbenen Sorte 'Frisia' pflanzten. Ihre weißen, glyzinenartigen Blütentrauben, die einen zarten süßen Duft nach Wicken verströmen, öffnen sich im Frühsommer. Dieser laubabwerfende Baum kann Startschwierigkeiten haben, aber wenn er einmal Wurzeln geschlagen hat, ist er ausgesprochen starkwüchsig. Da er Wind schlecht verträgt, sollte sein Standort geschützt sein.

Sonne oder lichter Schatten; feuchte Böden; 12 m in 20 Jahren; maximale Höhe 24 m; Z 3

Stewartia sinensis

Tilia × euchlora

Salix (Weide)

S. pentandra (Lorbeerweide) hat breite, glänzende, lorbeerartige Blätter, die zwischen den Fingern zerrieben ein süßes Aroma abgeben und deren Duft im Frühjahr schwer in der Luft hängt. Von allen Weiden schmückt sie sich am spätesten im Jahr – erst zu Beginn des Sommers – mit Kätzchen, von denen die männlichen leuchtend gelb sind. Diese ansehnliche und wertvolle Weide wächst verhältnismäßig langsam.
Sonne; alle Böden, außer trockene; 13,5 m in 20 Jahren; maximale Höhe 18 m

Stewartia (Scheinkamelie)

S. sinensis ist das am stärksten duftende Mitglied einer wertvollen Gruppe von Bäumen und Sträuchern für saure Waldböden. Im Spätsommer öffnet sie zwischen den ovalen leuchtendgrünen Blättern einzelne süß duftende, schalenförmige weiße Blüten. Im Herbst nimmt sie feurige Farbtöne an. Am großartigsten ist aber die Rinde, die ihren sommerlichen zart orangebraunen Farbton im Herbst in ein Purpur verändert und sich dann im Winter in langen Streifen abschält. Das Gehölz wächst pyramidenförmig und gedeiht am besten an einem geschützten Standort.
Sonne; tiefer, feuchter Torfboden; 9 m in 20 Jahren; maximale Höhe 15 m; Z 6

Styrax (Storaxbaum)

S. japonica gehört zu den elegantesten Blütenbäumen für kleine Gärten. Im Frühjahr öffnen sich an dünnen Zweigen zart duftende weiße Blüten, die an langen Stielen hängen. Zusammen mit den leuchtendgrünen, ovalen Blättern wirken sie frisch und elegant. Der Storaxbaum wächst in die Breite und ist laubabwerfend. Da er für Spätfröste anfällig ist, bevorzugt er einen Standort, wo er vor der Morgensonne geschützt ist.
Lichter Schatten; leichter, feuchter, lehmiger, neutraler oder saurer Boden; 6 m in 20 Jahren; maximale Höhe 7,5 m
S. obassia ist eine stärker duftende, aber weniger bekannte Spezies. Es ist ein schmaler, aufrecht wachsender Baum mit größeren Blättern und weißen, herabhängenden Blütentrauben. Diese Spezies ist nicht weniger schön und ebenso empfehlenswert wie *S. japonica*. Sie fühlt sich unter den gleichen Bedingungen wohl.
9 m in 20 Jahren; maximale Höhe 11 m; Z 5

Thuja (Lebensbaum)

T. koraiensis wächst in der freien Natur ganz unterschiedlich. In Gärten kann man ihn entweder als Strauch oder als kleinen Baum bewundern. Er läßt sich an den silbrigen Unterseiten der Blätter und an seinem Duft erkennen, den manche Leute mit dem Aroma eines englischen Teekuchens vergleichen.
Bis zu 7,5 m; Z 5
T. plicata ist ein herrlicher immergrüner Baum für ganz große Gärten, er eignet sich aber auch vorzüglich als Hecke, die mit ihren nadelförmigen Blättern äußerst duftig und elegant wirkt. Wenn man die dunkelgrünen Blätter zerdrückt, geben sie einen köstlich fruchtigen Duft ab, der an Birnenkonfekt erinnert. Als Solitärpflanzen wachsen die Bäume gleichmäßig kegelförmig, und ihre rotbraune Rinde ist von großer Wirkung.
Sonne oder Schatten; alle Böden, außer trockene; 14 m in 20 Jahren; maximale Höhe 30 m oder mehr; Z 5
T. standishii ist wenig bekannt, aber wegen des scharfen Zitronengeruchs seiner Blätter ausgesprochen bemerkenswert. Dieser ausladende, kegelförmige Baum hat gelblichgrüne Blätter und eine dunkelrotbraune Rinde.
5,5 m in 20 Jahren; maximale Höhe 18 m oder mehr; Z 6

Tilia (Linde)

Die Linden zeichnen sich durch den ausgesprochen intensiven Duft ihrer Blüten aus. Sie würden häufiger gepflanzt, ließen sie keinen Honigtau herabtropfen (er entsteht bei Befall von Blattläusen) und enthielten ihre Pollen kein Narkotikum, das die Bienen betäubt. Die Wege werden dadurch klebrig, die Pflanzen bekommen schwarze Schimmelflecken, und die Bienen werden zu einer ernsthaften Gefahr. Aber ihr zuckrig süßer Duft, der durch die Luft zieht, ist einfach köstlich. Linden sind laubabwerfend.
Sonne oder lichter Schatten; jeder Boden
T. cordata (Winterlinde) schmückt sich im Hochsommer mit kleinen Blättern und stark duftenden gelben Blütenbüscheln. Sie ist ein ansehnlicher pyramidenförmiger Baum.
9 m in 20 Jahren; maximale Höhe 30 m; Z 4
T. × euchlora (Krimlinde) zählt zu den wertvollsten Linden, da sie wunderbar duftet und keinen Honigtau herabtropfen läßt. Die Bienen sind aber trotzdem ein Problem. Sie hat reizvolle grünglänzende, herzförmige Blätter und entwickelt sich in Einzelstellung zu einem ansehnlichen Baum mit runder Krone und leicht herabhängenden Zweigen.
6 m in 20 Jahren; maximale Höhe 15 m oder mehr; Z 6
T. petiolaris, die ›Trauerlinde‹, ist ein beliebter, sehr reizvoller Baum mit überhängenden Zweigen. Seine Blätter haben weißfilzige Unterseiten, und seine Blüten verbreiten einen intensiven Duft. Auch bei dieser Art sind Honigtau und Bienen ein Problem.
11 m in 20 Jahren; maximale Höhe 24 m; Z 6

Sträucher

Aesculus (Roßkastanie)

A. parviflora ist eine strauchige Art unter den Roßkastanien. Sie hat die typischen gefingerten Blätter und aufrecht stehenden cremeweißen Blütenrispen. Ihr schwerer süßer Duft, der manchmal etwas aufdringlich ist, kann mitunter auch in weiterer Entfernung wahrgenommen werden. Dieser Strauch ist den ganzen Spätsommer über zusammen mit Hortensien sehr attraktiv.
Sonne oder lichter Schatten; 2,5–4,5 m; Z 5

Berberis

Viele Berberitzen überraschen mit ihrem Honigduft. Sie bilden dichte, schöne Sträucher, und einige unter ihnen können als duftende immergrüne Hecken dienen. Ihre Blüten, deren Duft an warmen Tagen in der Luft hängt, öffnen sich im Frühjahr.
Sonne oder Schatten

B. candidula ist ein niedriger, leicht überhängender Strauch, der sich für den Vordergrund einer Rabatte oder für den Steingarten eignet. Seine kleinen, glänzenden, immergrünen Blätter haben weiße Unterseiten und werden von Dornen geschützt. Die einzelnen leuchtendgelben Blüten hängen an kurzen Zweigen.
1–1,2 m; Z 6

B. julianae, eine der winterhärtesten immergrünen Berberitzen, ist ein aufrecht wachsender Strauch mit langen, ovalen Blättern. Die blaßgelben Blüten sind in dichten Büscheln entlang den Zweigen angeordnet. *B. sargentiana* gleicht *B. julianae,* hat aber etwas kleinere Blätter, und die jungen Triebe sind rötlich. 3 m; Z 6

B. verruculosa ist mit *B. candidula* eng verwandt, aber größer, und ihre Blätter haben blaugrüne statt weiße Unterseiten. Sie blüht mitten im Frühjahr, und ihre goldgelben Blüten duften nach Honig. Z 5

Buddleja (Schmetterlingsstrauch)

Schmetterlingssträucher sorgen dafür, daß der Sommergarten köstlich nach Honig duftet. Da man den Duft dieses laubabwerfenden Gehölzes aber nur aus nächster Nähe wahrnimmt, sollte man es so pflanzen, daß man nahe genug herantreten kann. Sonne

B. alternifolia ist ein eleganter Strauch, der durch seine schmalen graugrünen Blätter und überhängenden Zweige stark an Weiden erinnert. Aber im Frühsommer, wenn sie dicht mit lilafarbenen Blütenbüscheln besetzt sind, verwandeln sich die hän-

Buddleja alternifolia und *Allium schoenoprasum*

genden Zweige in farbenprächtige Bänder. *B. alternifolia* kann als Trauerbaum oder fächerartig an einer Mauer gezogen werden. Er muß nur wenig beschnitten werden. Es gibt noch eine kleinere Sorte mit silbernen Blättern, genannt 'Argentea'. 3–4,5 m; Z 6

B. davidii ist der vertraute Schmetterlingsstrauch, der im Spätsommer blüht. Da er starkwüchsig ist und am einjährigen Holz blüht, sollte man ihn jedes Frühjahr kräftig beschneiden. In der Rabatte kann er mit Narzissen und Tulpen unterpflanzt werden, deren absterbendes Laub er schnell unter

Buddleja globosa

Buxus sempervirens

seinen Zweigen verbirgt. 'Black Knight' ist dunkelpurpurfarben; 'Empire Blue' ist violettblau; 'Ile de France' zeigt ein klares Violett; und 'Royal Red' zeichnet sich durch warmes Purpur aus. 'Harlequin' hat purpurfarbene Blüten bei weißgerandeten Blättern. Die blauen, purpurfarbenen und weißen Formen des *B. nanhoenensis* 'Nanho' werden nur 1,5 m hoch.
3 m; Z 6

B. fallowiana 'Alba' zeichnet sich durch weiße Blüten aus. Sie heben sich wunderbar gegen die grauen Blätter und weißen Zweige ab. Im äußeren Erscheinungsbild ähnelt er *B. davidii*, ist aber leider nicht so winterhart. Eine freie Plazierung sollte man nur dann riskieren, wenn der Standort geschützt und sonnig ist. Andernfalls kann er wie ein Mauerstrauch gezogen werden. Er wird 2,5 m hoch. *B. fallowiana* 'Lochinch' hat nicht nur den Vorzug der Winterhärte, er bezaubert durch die pastellfarbene Schönheit seiner grauen Blätter mit den zartvioletten Blütenrispen.
3 m; Z 9

B. globosa ist ein außergewöhnlicher Schmetterlingsstrauch, der sich im Sommer mit Rispen aus kugelförmigen orangefarbenen Blütenköpfen schmückt. Im Verhältnis zu seinen Blüten wirkt sein derbes Laub recht enttäuschend. Wenn sein Duft auch angenehm ist, würde ich ihn für den kleinen Garten nicht empfehlen. Er wächst verhältnismäßig langsam und braucht kaum beschnitten zu werden.
3 m; Z 8

B. × *weyeriana* 'Golden Glow', eine später blühende Version von *B. globosa,* ist der bessere goldgelb blühende Schmetterlingsstrauch. Die kugelköpfigen Blüten sind lockerer und sanfter in der Farbe. Er blüht vom Hochsommer bis zu den ersten Frösten und ist ideal für spätsommerliche Bepflanzungsschemen in warmen Farbtönen.
3 m; Z 8

Buxus sempervirens (Buchsbaum)

Der gewöhnliche Buchsbaum ist eine Hauptstütze des geometrischen Gartens. Als immergrüner Strauch mit einer dichten, kompakten Wuchsform ist er ein wertvolles strukturierendes Element, das sich vorzüglich als Hecke, für einen Knotengarten, als Einfassung und für den figürlichen Formschnitt eignet. Man kann ihn auch in einer Strauchrabatte frei wachsen lassen. Allerdings wächst er sehr langsam. Den strengen Geruch seiner Blätter, der manche Leute an den Geruch von Katzen erinnert, empfinde ich als ausgesprochen angenehm. Queen Anne soll Befehl gegeben haben, in Hampton Court die Buchs-Parterres zu entfernen, da sie deren Geruch nicht ertragen konnte. Die unscheinbaren Blüten, die er im Frühjahr hervorbringt, duften nach Honig.

Es gibt viele Sorten mit unterschiedlichen Vorzügen. 'Handsworthensis' ist die beste große Sorte, die sich zur Solitär- wie zur Heckenpflanzung eignet. 'Suffruticosa' ist ein zwergwüchsiger Buchs, der sich für Beeteinfassungen empfiehlt. Und 'Elegantissima' ist eine schöne cremefarben panaschierte Sorte.
Sonne oder Schatten; gibt sich mit armen Böden zufrieden, wächst aber in fruchtbaren Böden schneller; 1,2–2 m; Z 6

Calycanthus (Gewürzstrauch)

C. floridus ist der wertvollste von allen amerikanischen Gewürzsträuchern. Dieses laubabwerfende Gehölz sieht zwar unscheinbar aus, verströmt aber aus allen seinen Teilen einen charakteristischen Duft. Seine ovalen Blätter, deren Oberseiten rauh und dunkel, die Unterseiten dagegen blaß und flaumig sind, riechen nach Kampfer, wenn man sie zwischen den Fingern zerreibt. Ebenso seine Wurzeln und sein Holz. Die winzigen karminroten Blüten, die sich im Sommer entfalten, erinnern an kleine Seerosen und duften köstlich fruchtig nach Obstsalat.
Sonne oder lichter Schatten; 2,5 m; Z 5

Camphorosma

C. monspeliaca, ein kleiner, immergrüner Strauch, wirkt mit seinen schmalen, wolligen Blättern und unscheinbaren Blüten wie graues Heidekraut. Wenn man seine jungen Triebe zerreibt, geben sie einen kampferartigen Duft ab. Diese Pflanze eignet sich für heiße, trockene Rabatten und für Küstengärten.
Sonne; 60 cm; Z 8

Caryopteris (Bartblume)

C. × *clandonensis* ist die Sammelbezeichnung für eine Gruppe von *Caryopteris*-Hybriden, die in Surrey (England) entstanden sind. Ihre Blüten in violettblauen Farbtönen eignen sich vorzüglich als Nachbarn für die Gelbtöne spätsommerlicher Rabatten. Zerreibt man ihre grauen Blätter, geben sie einen Geruch nach Terpentin ab. 'Arthur Simmonds', der Stammklon, ist blaßviolettblau. 'Heavenly Blue' ist ähnlich, aber kompakter. 'Ferndown' und 'Kew Blue' sind intensiver in der Farbe. Alle Sorten müssen im Frühjahr zurückgeschnitten werden.
Sonne; 1 m; Z 8

Chionanthus (Schneeflockenstrauch)

C. virginicus, ein laubabwerfender Strauch oder kleiner Baum, ist im Osten der USA heimisch. Er

trägt schmale, ovale Blätter und schmückt sich im Sommer mit duftenden reinweißen Blüten, die büschelartig an langen, überhängenden Rispen wachsen. Dieser seltsame und reizvolle Strauch verdiente es, häufiger kultiviert zu werden.
Sonne; feuchter, lehmiger Boden; 3–9 m; Z 4

Cistus (Zistrose)

Kein Duft weckt stärkere Assoziationen an das Mittelmeer als das Aroma der Zistrosen. Besonders aus jungen Trieben und Blättern tritt das duftende, als Laudanum bekannte und bereits in der antiken Medizin geschätzte Harz aus. Die wertvollsten *Cistus*-Arten glitzern geradezu von klebrigen Harztropfen, und auch wenn der Strauch keine Blüten hervorbringen würde, könnte ich nicht auf ihn verzichten. Die prächtigen großen weißen und rosafarbenen Blütenkelche haben oft gelbe, karminrote oder schokoladenbraune Flecken. Die einzelnen Blüten halten nicht länger als einen Tag, öffnen sich aber den Sommer über in großer Zahl. Die *Cistus*-Arten gehören nicht zu den winterhärtesten Sträuchern, lassen sich aber leicht und schnell aus Stecklingen ziehen, weshalb Verluste durch Frost relativ einfach auszugleichen sind. Sie sind immergrün und müssen vor Wind geschützt werden.
Volle Sonne; gut durchlässiger Boden
C. × aguilari und die auffallend gefleckte Sorte dieser Art 'Maculatus' bringen an aufrecht wachsenden Zweigen große weiße Blüten hervor und sind in ihrem äußeren Erscheinungsbild die wohl eindrucksvollsten Zistrosen überhaupt. Indes erfrieren sie in kalten Wintern unweigerlich.
1,2 m; Z 8
C. × cyprius ist eine der verhältnismäßig winterharten Zistrosen. Sie entwickelt sich zu einem besonders schönen, stattlichen Strauch. Die weißen Blüten haben karminrote Flecken, und die grünen Blätter nehmen im Winter einen schönen blaugrauen Farbton an.
1,2 m oder mehr; Z 8
C. ladanifer ist besonders stark mit Harz bedeckt und deshalb als ›Gummi-Histus‹ bekannt. Das sattgrüne Laub bildet einen schönen Hintergrund für die gefleckten weißen Blüten, die in der Farbe noch etwas frischer wirken als *C. × cyprius.*
1,2 m oder mehr; Z 8
C. laurifolius, eine verhältnismäßig winterharte Zistrose, bringt den ganzen Sommer weiße Blüten hervor. Eine schöne Begleitpflanze.
1,2 m oder mehr; Z 8
C. palhinhae ist ein kleiner, kompakter Strauch mit auffallend großen reinweißen Blüten, die vor dem Hintergrund des glänzenden, dunklen Laubs prachtvoll wirken. Diese Zistrose ist aber nicht sehr winterhart.
60 cm; Z 8

Calycanthus floridus

Cistus × aguilari

Cistus × purpureus 'Alan Fradd'

Cistus 'Peggy Sammons'

Clerodendrum bungei

C. **'Peggy Sammons'** ist ein immergrüner Strauch mit rosa Blüten und graugrünem Laub.
1 m; Z 7–9

C. × *purpureus* eignet sich vorzüglich, einer mediterranen Rabatte Farbe zu verleihen. Sie ist eine Hybride aus zwei sehr harzigen Spezies, die mit ihrem Duft nicht enttäuscht. 'Alan Fradd' ist eine weißblühende Version.
1,2 m oder mehr; Z 8

C. **'Silver Pink'** ist eine winterharte Hybride mit rosavioletten Blüten und graugrünem Laub.
60 cm; Z 7

Clerodendrum (Losbaum)

C. *bungei* bringt eine erstaunliche Fülle reizvoller purpurfarbener Zweige hervor und muß mit Bedacht plaziert werden. Seine großen, herzförmigen Blätter haben einen fauligen Geruch, so daß man ihnen nicht zu nahe kommen sollte. Aber seine zuckrig rosafarbenen Blüten, die breite, kopfige Trugdolden bilden, verbreiten einen wunderbaren Duft. Sie entwickeln sich aus rosigen Knospen und beleben den spätsommerlichen Garten mit reinen, sanften Farbtönen. Der Losbaum bevorzugt einen windgeschützten Standort.
Sonne; 1–2 m; Z 7

C. *trichotomum*, eine laubabwerfende Spezies, bildet einen kräftigen Strauch oder einen kleinen Baum von eher spärlichem Wuchs, bedeckt mit pelzigen, eiförmigen Blättern. Wenn man sein Laub zwischen den Fingern zerreibt, gibt es einen fauligen Geruch ab. Seine weißen Blüten, die in lockeren Trugdolden angeordnet sind und sich im Spätsommer öffnen, duften nach Jasmin. Da die Blüten vorspringende karminrote Blütenkelche haben, entsteht eine schöne zweifarbige Wirkung. Nach der Blüte erscheinen türkisblaue (später schwarze) Früchte, die sich auffallend gegen die dauerhaften karminroten Blütenkelche abheben. Nachteile dieser Spezies sind ihr äußerst langsamer Wuchs und die Empfindlichkeit, mit der sie auf kalte Winde reagiert. Dennoch ist sie ein wertvoller Spätblüher für die Strauchrabatte oder den Waldgarten. Die Varietät *fargesii* ist winterhärter und starkwüchsiger.
Lichter Schatten; 3,5 m oder mehr; Z 6

Clethra (Scheineller)

C. *alnifolia* ist ein interessanter laubabwerfender Strauch für den Wald- oder Sumpfgarten. Seine schlanken Rispen aus flockigen weißen Blüten, die sich im Hochsommer öffnen, verströmen einen süßen, an Schneeball erinnernden Duft. Dieser aufrecht wachsende, Schößlinge treibende Strauch mit den reizvollen gezähnten Blättern ist nicht

nur wegen seiner späten Blüte bemerkenswert, sondern auch aufgrund der bescheidenen Standortansprüche, die auch nasse Böden tolerieren.
Sonne oder Schatten; saurer Boden; 2,5 m; Z 4

Colletia

C. armata ist ein seltsames, durchaus immergrünes Dorngestrüpp, gut geeignet für heiße, trockene Rabatten. Es erinnert an Stechginster, aber seine Blüten sind weiß und wachsartig. Sie öffnen sich in verschwenderischer Fülle den ganzen Herbst hindurch und duften nach Mandeln.
Sonne; 1,2–2,5 m; Z 8
C. paradoxa (*C. cruciata*) ist noch ungewöhnlicher als *C. armata*. Seine graugrünen Dornen verleihen der Pflanze ein einzigartiges Aussehen. Die winzigen cremeweißen Blüten verbreiten einen süßen Duft, erscheinen aber im Freien nur sehr spärlich.
Sonne; 1,2–2,5 m; Z 8

Comptonia (Farnmyrte)

C. peregrina ist ein eigenartiger laubabwerfender kleiner Strauch für den Wald- und Sumpfgarten. Er treibt Schößlinge und bringt flaumige farnartige Blätter hervor. Im Frühjahr schmückt er sich mit braunen Kätzchen. Den würzigen Duft, den die Blätter an heißen Tagen abgeben, kann man einfangen, wenn man sie trocknet.
Sonne; 60 cm–1,2 m; Z 2

Cornus (Hartriegel)

C. mas (Kornelkirsche) läßt ihre durchdringend würzigen Duftwolken im Spätwinter durch den ganzen Garten ziehen. Bedauerlicherweise sieht dieser sehr große Strauch oder kleine Baum den größten Teil des Jahres recht unscheinbar aus. Die gelben Blütenbüschel, die sich an kahlen Zweigen öffnen, sind von ähnlicher Wirkung wie der Blütenzauber der Zaubernüsse.
Sonne oder lichter Schatten; 6–12 m; Z 5

Corylopsis (Scheinhasel)

Der wunderbar zarte Blütenflor dieser Sträucher bliebe wahrscheinlich unbemerkt, wenn er sich erst im Sommer zeigen würde. Da sich die Blüten aber schon zu Beginn des Frühjahrs öffnen und zusammen mit blaublühenden Zwiebelpflanzen und Stauden einen zauberhaften Anblick bieten, verdient die Scheinhasel einen Platz im Garten. Sie schmückt ihre kahlen, ausladenden Zweige mit hängenden blaßgelben Blütentrauben, die köstlich nach Schlüsselblumen duften.
Lichter Schatten oder Halbschatten; saurer Boden

C. calvescens veitchiana (*C. veitchiana*) hat Blüten mit auffallenden rötlichen Staubbeuteln.
2 m; Z 7
C. pauciflora bleibt niedrig und treibt von allen Scheinhaseln die schönsten Blüten.
1,2–2 m; Z 6
C. sinensis sinensis (*C. willmottiae*) ist eine sehr empfehlenswerte größere Sorte, deren junge Blätter purpurfarben getönt sind. Die Sorte 'Spring Purple' besitzt purpurfarbene Zweige.
Bis zu 3,5 m; Z 6
C. spicata, ein mittelgroßer Strauch, ist die am häufigsten gezogene Spezies. 2 m oder mehr; Z 6

Cytisus (Geißklee)

C. × praecox **'Warminster'** duftet am stärksten von allen großen, winterharten Geißklee-Arten. Sein schwerer betäubender Duft, den viele Leute als unangenehm empfinden, ist für mich untrennbar mit dem Spätfrühjahrsgarten verbunden. Dieser Strauch schmückt sich mit einer solchen Fülle cremefarbener Erbsenblüten, daß der Anblick atemberaubend ist. Es gibt eine schöne dunkelgelbe Sorte von *C. × praecox*, genannt 'Allgold', und eine weiße mit Namen 'Albus'. Alle sind laubabwerfende, schnellwachsende Sträucher von kurzer Lebensdauer.
Sonne; saurer oder neutraler Boden; 1,2 m; Z 6

Corylopsis pauciflora

Cytisus × praecox 'Warminster'

Daphne bholua

Daphne odora 'Aureomarginata'

Daphne × burkwoodii 'Somerset'

Daphne pontica

Daphne (Seidelbast)

Die Seidelbast-Arten verleihen dem Garten einen Duft von ganz besonderer Raffinesse, ein wunderbar süßes Aroma mit einem Hauch von Nelke. Wenn ihnen auch nachgesagt wird, sie seien schwer zu ziehen und unberechenbar, sollte man sich nicht davon abhalten lassen, ihnen einen Platz im Garten einzuräumen.

Lichter Schatten; gut durchlässiger (aber nicht trockener), saurer oder neutraler Boden

D. bholua, ein variabler Strauch, der sein Laub abwirft oder immergrün ist, trägt Blüten in Farbtönen von Purpurrosa bis hin zu einem rosigen Weiß. 'Gurkha' ist eine schöne laubabwerfende Sorte mit purpurgefleckten weißen Blüten, und 'Jacqueline Postill' ist eine herrliche immergrüne Sorte. Da diese Seidelbast-Art den ganzen Winter über blüht, haben die immergrünen und laubabwerfenden Sorten ganz unterschiedliche dekorative Wirkungen.
2,5 m oder mehr; Z 8

D. × burkwoodii 'Somerset', ein aufrecht wachsender, halbimmergrüner Strauch, dessen sternförmige rosa Blüten köstlich nach Nelken duften, ist ebenso schön anzusehen wie problemlos zu kultivieren. Neben der einfarbig belaubten – ihre bläulichgrünen jungen Triebe harmonieren wunderbar mit der Blütenfarbe – gibt es auch gold- und silberfarben panaschierte Formen.
1,2 m; Z 6

D. laureola ist ein wertvoller kleiner, immergrüner Strauch mit winzigen gelben Blüten, die sich im Laub verbergen und deshalb kaum zur Geltung kommen. Sie öffnen sich im Spätwinter und zu Beginn des Frühlings und necken einen mit ihrem Parfum. Manchmal füllen sie die kühle Abendluft mit ihrem süßen Duft, aber häufiger sind sie duftlos.
Schatten; feuchter, fruchtbarer Boden; 1 m
Die Varietät *philippi* ist 30 cm kleiner. Z 7

D. mezereum, der uns vertraute Seidelbast, scheint alkalischen Boden zu tolerieren. Im Spätwinter sind seine kahlen Zweige mit sternförmigen purpurroten Blüten bedeckt. 'Alba' ist eine gute weiße Sorte; 'Bowles White' ist vielleicht sogar noch besser.
1–1,2 m; Z 5

D. odora 'Aureomarginata', eine winterharte Form von *D. odora,* hat goldgerandete, immergrüne Blätter und ist einer der beliebteren, zuverlässigen Seidelbaste. Er wächst zu einem hübschen Busch, ist aber gewöhnlich recht unauffällig in der Blüte, da er zwar hübsche, aber nur vereinzelte Büschel aus purpurrosa Sternblüten hervorbringt. Sie erscheinen im Spätfrühjahr.
Alle gut durchlässigen Böden; 1,2 m; Z 7

D. pontica gleicht *D. laureola,* hat aber schmalere Blätter und blüht etwa einen Monat später.
1–1,5 m; Z 7

Deutzia × elegantissima 'Fasciculata'

Deutzia

Die Deutzien sind eine farbenprächtige Gruppe laubabwerfender Sträucher, die im Frühsommer blühen. Nach der Blüte wirken sie etwas trist, aber voll erblüht bieten sie einen bezaubernden Anblick. Sie sind reizvoll in der Rabatte zusammen mit Strauchrosen und Storchschnabel-Arten oder in den weniger streng gestalteten Gartenbereichen.

Sonne oder lichter Schatten; feuchter, fruchtbarer Boden

D. compacta öffnet im Hochsommer rosafarbene Knospen zu kleinen, sternförmigen weißen Blüten, die in großen Trugdolden beieinandersitzen und einen Mandelduft verbreiten.
1,5 m; Z 6

D. × elegantissima trägt im Frühsommer süß duftende rosarote Blütendolden. Es gibt noch die Sorte 'Rosealind' in einem dunkleren sowie 'Fasciculata' in einem blasseren Rosa.
1,5 m; Z 6

Dipelta

D. floribunda ist ein laubabwerfender Strauch, der in seinem Laub und seinen trichterförmigen Blüten an Weigelien erinnert, von denen er sich aber durch den aufrechteren Wuchs unterscheidet. Die üppigen Blütenbüschel, die sich aus blaßrosa- und gelbgetönten weißen Blüten zusammensetzen, erscheinen im Frühjahr. Dieser Strauch gedeiht am besten in Waldgärten.
Lichter Schatten; 3–4,5 m; Z 6

Dipelta floribunda

Erica arborea alpina

Elaeagnus (Ölweide)

E. angustifolia caspica ist eine besonders hochwertige Art und der vielleicht beste silberblättrige Strauch, der kultiviert wird. Diese Ölweide hat schmale, silbrig schimmernde Blätter und zeichnet sich durch ausgesprochen eleganten Wuchs aus. Ihr durchdringend süßer Duft entströmt den winzigen gelblichen Blüten, die sich im Frühsommer unter dem Laub verstecken. Als Mittelpunkt einer grauen Rabatte oder als leuchtender Kontrast zu einem purpurblättrigen Strauch ist sie nicht zu übertreffen.
Sonne; 4,5 m; Z 4

*E. commutata (*syn. *E. argentea),* die häufiger angeboten wird, ist sehr ähnlich und fast ebenso empfehlenswert.
3 m; Z 2

E. × *ebbingei* ist weniger elegant im Wuchs, hat aber den Vorteil, immergrün zu sein und schnell zu wachsen, weshalb sie auch als Heckenpflanze geeignet ist. Sie verträgt Schatten, blüht aber in der Sonne reichlicher. An warmen Herbstabenden zieht der fruchtig süße Duft der verborgenen winzigen weißen Blüten durch die Luft. Ihre ledrigen Blätter zeigen metallisch silberne Unterseiten. Die jungen Blätter haben einen ausgeprägten sandigen Grauton. Die mit ihr verwandte *E. macrophylla* (Z 8), ein eleganterer und köstlich duftender Strauch, ist weniger starkwüchsig und schwerer zu bekommen. Es gibt auch hervorragende gelb panaschierte Formen von *E.* × *ebbingei* mit den Namen 'Gilt Edge' und 'Limelight'.
3 m; Z 7

E. pungens ist ein weiterer schnellwachsender, immergrüner Strauch. Er ist nicht so steif im Wuchs wie *E.* × *ebbingei,* und seine kleineren Blätter haben gewellte Ränder und mattere Unterseiten. Die ebenfalls weißen, süß duftenden Blüten erscheinen im Herbst. Diese Spezies wird selten gezogen, da ihr die panaschierten Formen – einschließlich des Bestsellers 'Maculata' – immer die Schau stehlen.
Sonne oder Schatten; 3,5 m; Z 7

Elsholtzia

E. stauntonii bietet im Herbst ein prächtiges Bild, wenn sie ihre mauvefarbenen Blütenquirle öffnet. Sie wird nur selten gezogen, ist aber ein reizvoller spätblühender Strauch für den ›unberührten‹ Garten, wo sie mit ihrem natürlichen Aussehen gut untergebracht ist. Ihren Blättern entströmt ein minziger Geruch, wenn man sie zwischen den Fingern zerreibt. In der Regel friert sie jeden Winter bis zum Boden zurück, sie sollte aber in jedem Fall im Frühjahr bis auf das unterste Knospenpaar an jedem Zweig zurückgeschnitten werden.
Volle Sonne; guter Boden; 1–1,5 m; Z 5

Elaeagnus × ebbingei

Eurcryphia lucida

Erica (Heide)

E. arborea, die Baumheide, verleiht dem Heidegarten Statur und bildet mit ihrer Form einen willkommenen Kontrast zu mediterranen Gewächsen wie Zistrosen und Lavendel; auch die Kombination mit einem buschigen Rosmarin ist sehr attraktiv. Im Frühjahr schmückt sie sich mit einer Vielzahl weißer Blüten, deren Honigduft weit fortgetragen wird. Sie ist recht winterhart. Es gibt noch eine niedrigere, härtere Varietät mit Namen *alpina* (Z 7).
Sonne; saurer Boden; 2 m in kalten Gegenden, über 6 m in milden Klimaten; Z 9
E. erigena (syn. *E. mediterranea)* ist eine weitere empfehlenswerte frühlingsblühende Heide. Ihre Blüten sind rosarot und duften nach Honig. Sie toleriert Kalkböden.
Sonne; 2–3 m

Es gibt eine bezaubernde rosablühende Sorte, genannt 'Superba'. Darüber hinaus sind zahlreiche zwergförmige, kompakte Varietäten für den Steingarten im Handel, von denen die rosafarbene 'Brightness' und die weiße 'W. T. Rackliff' besonders schön sind.
60 cm–1,2 m; Z 8
E. × *veitchii* 'Exeter' ist eine starkwüchsige Heide für Gärten in milderen Klimaten. Im Frühjahr bringt sie auffallende weiße Blütenrispen hervor, die köstlich nach Honig duften.
Sonne; saurer Boden; 2–3 m; Z 9

Escallonia

Diese wertvollen Sträucher tragen den ganzen Sommer über in gewissen Zeitabständen weiße, rosafarbene oder rote Blüten. Sie sind immergrün und haben glänzende Blätter und junge, klebrige Triebe, die einen angenehmen süß-harzigen Duft abgeben. Sie sind empfindlich gegen Kälte und verlangen einen geschützten Standort, vertragen aber salzhaltige Winde recht gut und werden daher hauptsächlich in Küstenregionen häufig als Heckenpflanzen verwendet.
Sonne oder lichter Schatten; 3 m; Z 8

Das stechende Aroma von *E. illinita* ist mit dem Geruch nach Schweinestall verglichen worden.

'C. F. Ball' beeindruckt durch ihre Fülle großer karminroter Blüten, die sie den ganzen Sommer über hervorbringt. Sie ist starkwüchsig, bildet einen leicht überhängenden Strauch und hat einen angenehmen Duft. 'Donard Beauty' trägt ziemlich große Blätter und schmückt sich mit einer Vielzahl rosaroter Blüten. 'Donard Gem' besitzt nicht nur aromatische Blätter, sondern auch duftende Blüten. Sie sind blaßrosafarben und duften köstlich süß. Es ist ein eleganter kleinblättriger Strauch. 'Ingramii' ist eine schöne dunkelrosa Sorte mit großen Blättern.
Sonne oder lichter Schatten; 3 m
E. rosea ist ohne schützende Mauer zwar nicht zuverlässig winterhart, aber wegen ihrer weißen, süß duftenden Blüten dennoch zu empfehlen.

E. rubra macrantha (syn. *E. macrantha)* ist als Heckenpflanze noch nicht verdrängt worden. Sie hat rosarote Blüten und reizvolle, duftende Blätter. Z 9
E. rubra glutinosa ist ein niedriger Strauch mit roten Blüten und dem klebrigsten, aromatischsten Laub von allen *Escallonia*-Arten.

Eucryphia

Die *Eucryphia*-Arten gehören zu den aufregendsten großen Sträuchern oder kleinen Bäumen für den spätsommerlichen Garten. Sie sind beliebt bei Besitzern von Waldgärten mit Rhododendronpflanzungen, die nach Sträuchern mit späteren Blütezeiten suchen. Die einzelnen großen weißen Blüten mit ihren schimmernden Staubbeuteln duften nach Honig. Es dauert aber einige Jahre, ehe die Pflanzen zu blühen beginnen. Sie wachsen säulen- oder pyramidenförmig und benötigen einen windgeschützten Standort. In sehr kalten Gärten fühlen sie sich nicht wohl.
Lichter Schatten; kühler, feuchter, saurer Boden
E. glutinosa ist die härteste Spezies. Sie sieht sehr dekorativ aus, duftet aber nicht so stark wie andere *Eucryphia*-Arten. Die Blätter nehmen im Herbst, bevor sie abfallen, feurige Farbtöne an. Im Hochsommer öffnet sie ihre Blüten.
6 m oder mehr; Z 8
E. × *intermedia* 'Rostrevor' ist eine starkwüchsige, recht winterharte, immergrüne Hybride, die im Spätsommer blüht. Wenn auch ihre Blüten mit gelber Mitte kleiner sind als bei *E. glutinosa*, so bietet sie voll erblüht doch einen herrlichen Anblick und verbreitet einen wunderbaren Duft.
6 m oder mehr; Z 9
E. lucida ist zwar nur in milderen Klimaten zuverlässig, dafür aber eine der schönsten immergrünen *Eucryphia*-Arten. Ihre hängenden weißen Blüten duften besonders intensiv.
Maximale Höhe 12 m; Z 9
E. × *nymansensis* 'Nymansay' ist die beliebteste *Eucryphia* in England und wäre für mich immer die erste Wahl. Als schnellwachsender, ziemlich winterharter und immergrüner Strauch hat sie gegenüber 'Rostrevor' noch den Vorteil, Kalkböden zu vertragen. Im Hochsommer öffnet sie ihre herrlichen weißen, nach Honig duftenden Blüten.
Maximale Höhe 12 m; Z 8

Fothergilla (Federbuschstrauch)

Diese laubabwerfenden Gehölze erwecken den Waldgarten im Frühjahr zu neuem Leben. Während ihre Blätter sprießen, öffnen sich ihre kleinen cremefarbenen Blüten, die in ihrer Form an Flaschenbürsten erinnern. Sie geben einen süßen, hopfenartigen Geruch ab. Ihre ovalen Blätter sind unauffällig bis zum Herbst, doch dann nehmen sie eine Vielfalt prachtvoller satter Farbtöne an.
Lichter Schatten; saurer Boden
F. gardenii ist ein frühjahrsblühender, zwergwüchsiger Strauch, der in die Vorderfront einer Schattenrabatte paßt.
1 m; Z 5
F. major, ein niedriger Strauch, ist die beste Spezies. Mit ihrem kompakten, aufrechten Wuchs paßt sie vorzüglich zwischen farbenprächtige Rhododendren. Sie hat schönes, glänzendes Laub, das sich im Herbst gelb färbt, und schmückt sich im Frühjahr mit einer Fülle duftender Blüten.
2–3 m
F. moticola ist ausladender und lockerer im Wuchs als *F. major*. Im Herbst leuchtet das Laub dieses Federbuschstrauches wie ein Feuer in Scharlachrot, Orange und Gold.
Z 5

Gaultheria (Scheinbeere)

Die Scheinbeeren sind eine Reihe immergrüner, bodendeckender Pflanzen für den zu allem entschlossenen Gärtner. Die besten Arten sind von unauffälligem Reiz, und die schlechtesten (*G. shallon*) haben den Nachteil, sich wüst auszubreiten.
Sonne oder Schatten; torfhaltiger, saurer Boden
G. forrestii besitzt dunkle, ledrige, längliche Blätter und breitet sich durch Ausläufer aus. Ihr Reiz beruht auf ihren duftenden wachsweißen Blüten, die sich im Frühjahr öffnen.
30 cm–1,5 m; Z 6
G. procumbens ist eine bodendeckende Pflanze, die gut unter Rhododendren und Azaleen paßt. Dieses hübsche zwergwüchsige Sträuchlein schmückt sich im Hochsommer mit winzigen rosig-weißen, lampenschirmartigen Blüten, die von roten Früchten abgelöst werden. In kleinen Gärten wirkt sie ein wenig langweilig, aber für große Waldgärten ist sie ideal. Die ganze Pflanze verbreitet einen aromatischen Duft.
15 cm; Z 3

Genista (Ginster)

G. aetnensis, ein baumartiges Gehölz, bildet mit seinen elegant überhängenden Zweigen einen schönen Blickfang inmitten einer Staudenrabatte. Sein goldgelber Blütenflor, der sich wie ein Wasserfall über den Strauch ergießt, paßt wunderbar in ein Bepflanzungsschema in warmen Farbtönen, und der süße Blütenduft füllt die Luft. Der Strauch wächst schnell und ist im Gegensatz zu anderen Ginster-Arten langlebig. Er ist absolut winterhart.
Sonne; alle Böden, außer sumpfige; 4,5 m oder mehr; Z 8
G. cinerea bringt im Hochsommer eine Fülle goldgelber Blüten mit dem typischen Duft der Hülsenfrüchtler hervor. Der Name der Spezies bezieht sich auf den Grauton ihres Laubs.
Sonne; gut durchlässiger Boden; 2–3 m; Z 7

Hamamelis (Zaubernuß)

Die Zaubernüsse bringen im Winter ihre an Seeanemonen erinnernden Blüten an nackten Zweigen hervor und sind vielleicht die reizvollsten Sträucher in dieser Jahreszeit. Der Blütenduft der gelben Varietäten ist fruchtig bis würzig süß, bei den Arten in wärmeren Farben zunehmend strenger. Die Sträucher neigen dazu, in die Breite zu wachsen, und es ist ratsam, einen der Haupttriebe in vertikale Richtung zu lenken, damit sie früh eine gewisse Höhe erreichen. Die ovalen, haselnußartigen Blätter färben sich im Herbst gelb.
Sonne oder lichter Schatten; torfhaltiger, saurer oder neutraler Boden; maximale Höhe 4,5 m
H. × intermedia und ihre Varietäten haben entzückende rote und orangefarbene Blüten (vor allem 'Diane' und 'Jelena'), die aber meist duftlos sind. Die sehr seltene Varietät 'Moonlight' stellt eine Ausnahme dar.
Z 5
H. japonica **'Zuccariniana'** ist eine herrliche spätblühende Zaubernuß mit kleinen blaßzitronengelben Blüten und starkem Duft. In jungen Jahren wächst sie besonders aufrecht, und im Herbst nimmt sie einen schönen Gelbton an.
Z 6
H. mollis ist die bekannteste und beliebteste Spezies. Sie ist ein sehr schöner, üppig blühender Strauch, der den ganzen Winter über und noch zu Beginn des Frühjahrs große goldgelbe Blütenbüschel trägt. Ihren charakteristischen starken Duft hat sie an ihre Klone weitergegeben. 'Brevipetala' ist eine starkwüchsige, aufrecht wachsende Sorte mit orangegelben Blüten; 'Coombe Wood' ist ein seltener Strauch, der sich im Vergleich zur Spezies durch etwas größere sattgelbe Blüten und einen etwas ausladenderen Wuchs auszeichnet; die ebenfalls seltene Varietät 'Goldcrest' hat rötlich angehauchte gelbe Blüten.
Z 6
H. mollis **'Pallida'** ist meine Lieblingszaubernuß. Sie wächst in die Breite und schmückt sich mit großen schwefelgelben Blüten, die vor einem dunklen Hintergrund wunderbar leuchten.
Z 6

Fothergilla monticola

Hamamelis japonica 'Zuccariniana'

Hamamelis mollis 'Pallida'

H. vernalis bringt einige kleinblütige Varietäten in Kupfer-, Orange- und Orangegelbtönen in die Gartenpalette. Leider ist nur eine dieser Sorten problemlos erhältlich. 'Sandra' hat kadmiumgelbe Blüten, die wie jene ihrer Verwandten mit einem besonders scharfen Geruch behaftet sind. Ihr Laub, das im Frühjahr purpurgetönt und im Herbst feurig orangefarben und scharlachrot leuchtet, ist wesentlich reizvoller als das der meisten Varietäten. Z 5

Hebe (Strauchveronika)

Wie die Chrysanthemen und Dahlien haben die großen Strauchveroniken einen unverwechselbaren Geruch. Trotzdem würde ich sie nicht unbedingt als Duftpflanzen bezeichnen. Ihr Geruch, der besonders Besitzern von Küstengärten vertraut ist, wo diese immergrünen Sträucher häufig als lockere Hecken verwendet werden, läßt sich schwer beschreiben. Aber er ist warm und wohltuend, ähnlich jenem, den man zuweilen in den Blüten der Skimmien entdeckt. Einen charakteristischen – sehr süßen – Blütenduft besitzen nur wenige großwüchsige Strauchveroniken.

H. cupressoides ist eine Spezies unter einer Reihe von Strauchveroniken, die in ihrem Aussehen ganz untypisch für diese Pflanzengruppe ist und mit ihren graugrünen Zweigen an eine Miniaturzypresse erinnert. Die Ähnlichkeit ist um so frappie-

render, als ihr Laub sogar einen harzigen Zedernduft ausströmt. Es ist ein hübscher kleiner immergrüner Strauch, der sich gut an der Vorderfront einer Rabatte oder im Steingarten mit Heidekraut und Koniferen kombinieren läßt. Die winzigen blaßblauen Blütenköpfe, die im Hochsommer erscheinen, sind eher unauffällig.
Volle Sonne; fruchtbarer, gut durchlässiger Boden; 60 cm–1,2 m; Z 8

H. 'Midsummer Beauty', eine beliebte Strauchveronika, schmückt sich den ganzen Sommer und Herbst über mit süß duftenden mauvefarbenen Blütentrauben. Sie wirkt wie ein Hügel aus langen, schlanken, immergrünen Blättern und ist weitgehend winterhart.
Volle Sonne; gut durchlässiger Boden; 1,2 m; Z 8

H. 'Spender's Seedling', eine winterharte Strauchveronika, trägt im Sommer weiße, süß duftende Blütentrauben.
Sonne; 1,2 m; Z 8

Helichrysum (Strohblume)

H. ledifolium (Ozothamnus ledifolius) ist ein interessanter kleiner, dichter, immergrüner Strauch für eine geschützte, sonnige Rabatte. Die jungen Triebe und die Unterseiten der kleinen, ledrigen Blätter haben einen klebrigen gelben Überzug, der intensiv nach Obstkuchen riecht. Da man ihn sogar anzünden kann, wird er in seinem Heimat-

Hebe cupressoides

land Tasmanien ›Kerosinbusch‹ genannt. Seine hellbeigefarbenen Blütenköpfe duften im Hochsommer intensiv nach Honig.

Sonne; gut durchlässiger Boden; 1 m; Z 9

Illicium (Sternanis)

I. anisatum ist ein immergrüner Strauch, dessen fleischige Blätter den würzigen Duft von Anis verströmen, wenn man sie zwischen den Fingern zerreibt. Er kann Kälte nicht vertragen, gedeiht aber gut an einem geschützten Standort in mildem Klima und in torfigem Waldboden. Seine merkwürdigen spinnenförmigen grünlichgelben Blüten erscheinen im Frühjahr. Er wächst langsam.

Lichter Schatten; 2–6 m je nach Standort; Z 8

I. floridanum hat einen fruchtigeren Geruch und ist kleiner und kompakter. Seine kastanienbraunpurpurfarbenen Blüten erscheinen im Frühsommer. Diese amerikanische Spezies ist noch anfälliger für Kälte als ihre japanische Cousine, aber sie ist unbedingt den Versuch wert, an einer warmen Mauer in milden Klimaten gezogen zu werden.

Sonne; saurer Boden; 2–2,5 m; Z 9

Juniperus (Wacholder)

Die Wacholder haben einen besonders scharfen fruchtigen Geruch. Sie sind vorzüglich als immergrüner Hintergrund im Garten geeignet, denn sie sind nicht nur vielseitiger und toleranter als andere Koniferen, sondern es gibt sie auch in allen Formen und Größen sowie in einer großen Farbpalette.

Sonne oder lichter Schatten; saurer oder alkalischer Boden

J. chinensis hat schöne säulen- oder kegelförmige Sorten. 'Pyramidalis' ist eine reizvolle blaugrüne Sorte, die über 2 m hoch wird.

J. communis, der Gemeine Wacholder, hat eine Reihe immergrüner Varietäten mit ganz unterschiedlichen Wuchsformen: 'Compressa' ist ein kompakter, kegelförmiger Miniaturwacholder für den Steingarten oder einen ›Minigarten‹ im Steintrog; 'Depressa' und 'Depressa Aurea' sind kriechende Bodendecker in Grün beziehungsweise Gold; 'Hibernica', der Lieblingswacholder des Gartengestalters, ist eine dichte, dunkle Säule, die im Laufe der Zeit eine Höhe von 3 m oder mehr erreicht; und 'Hornibrookii' ist ein ausgezeichneter Bodendecker. Z 3

J. 'Grey Owl' ist ein halbkriechender Wacholder mit ausladenden graugrünen Zweigen.

J. horizontalis umfaßt mehr kriechende Sorten in verschiedenen Farbtönen. Z 3

J. × *media* hat interessante Formen mit ausladendem Wuchs und mit ansteigenden Ästen, die sich daher vorzüglich zum Verbergen häßlicher Ecken und ungeschickter Verbindungsstellen im Gartenplan verwenden lassen. 'Pfitzeriana' ist die bekannteste grüne Sorte; 'Old Gold' ist einer der besten gelben Wacholder.

1 m oder mehr; Z 3

J. procumbens 'Nana', ein schöner kriechender Wacholder in frischem Grün, ist zum Begrünen von Böschungen gut geeignet.

J. sabina, der Sadebaum, hat den schärfsten Geruch von allen Wacholdern. Die Spezies selbst ist ein reizvoller niedriger, ausladender Strauch, der bis zu 1,2 m hoch wird; 'Hicksii' hat aufstrebende graublaue Äste; und 'Tamariscifolia' ist eine wertvolle blaugrüne kriechende Form. Z 3–7

J. scopulorum 'Skyrocket' ist ein schlanker, aufrecht wachsender Wacholder, der sich wie ein Pinselstrich in der Landschaft ausnimmt. Er wird 3 m hoch. Z 6

Helichrysum ledifolium

Illicium anisatum

J. squamata 'Meyeri' ist ein beliebter halbaufrecht wachsender blauer Wacholder.
4,5 m oder mehr; Z 5

Ledum (Porst)

L. groenlandicum ist ein wertvoller zwergwüchsiger, immergrüner Strauch für feuchte Standorte. Seine dunklen, ovalen Blätter, deren Unterseiten mit einem rostbraunen Filz bedeckt sind, verströmen einen intensiven Duft nach fauligem Obst. Dennoch ist dieses Gehölz mit seinen im Spätfrühjahr erscheinenden Blütenbüscheln ein sehr reizvoller Strauch.
Sonne; kalkfreier Boden; 60–90 cm; Z 2

Ligustrum

Der schwere, modrig-süße Duft der Ligusterblüten gehört nicht unbedingt zu den Hauptattraktionen dieser Sträucher. Wenn sie als Hecken gezogen werden, kommen sie durch den Sommerschnitt zum Glück gar nicht zur Blüte. Büsche, die sich frei entfalten sollen, können abseits der Wege und an Plätze gepflanzt werden, wo der Wind in der Regel ihren Duft von uns wegträgt. Die panaschierten und goldfarbenen Formen von *L. ovalifolium*, *L. lucidum* und *L. sinense* sind als Laubgehölze ausgesprochen dekorativ. Der grünlaubige *L. quihoui* ist ein wertvoller im Herbst blühender Strauch mit eindrucksvollen lockeren Blütenrispen.

Lindera (Fieberstrauch)

L. benzoin ist vor allem wegen seines starken würzigen Duftes bemerkenswert, den seine Blätter beim Zerreiben abgeben. Auch in seinem äußeren Erscheinungsbild ist er ausgesprochen dekorativ. Er trägt große, runde Blätter, die sich im Herbst gelb färben, und seine unscheinbaren grünlichen Blüten werden im Herbst von roten Früchten abgelöst. Er wächst am besten im Waldgarten unter Bäumen.
Sonne oder Schatten; kalkfreier Boden; bis zu 3,5 m; Z 5

Lomatia

L. myricoides ist eines der winterhärteren Mitglieder einer schönen Gruppe duftender immergrüner Sträucher der südlichen Hemisphäre. Der zierliche, in die Breite wachsende Strauch, der sparsam mit langen, schmalen Blättern bedeckt ist, trägt im Hochsommer cremefarbene, an Jasmin erinnernde Blütenbüschel, die wunderbar süß duften. Er muß geschützt stehen und ist für kalte Klimate nicht geeignet. Dieser in seinem äußeren Erscheinungsbild ausgefallene Strauch bildet einen schönen Kontrast zu lederblättrigen immergrünen Gehöl-

Ledum groenlandicum

zen. Er wird aber nur selten gezogen oder im Handel angeboten.
Sonne; saurer Boden; 1,8 m oder mehr; Z 9
L. tinctoria ist ein zwergwüchsiger, Schößlinge treibender Strauch mit gefiederten Blättern, der am Ende des Sommers cremefarbene, nach Heliotrop duftende Blüten hervorbringt. Er fühlt sich unter den gleichen Bedingungen wie *L. myricoides* wohl und ist fast genauso winterhart.
60 cm–1 m; Z 9

Lonicera (Geißblatt)

Die strauchigen Geißblätter sind nur selten so intensiv in ihrem Duft wie die kletternden Arten, und auch in ihrem äußeren Erscheinungsbild sind sie nicht so spektakulär. Aber viele haben duftende Blüten. Das immergrüne Heckengeißblatt *L. nitida* (die Sorte 'Fertilis' ist besonders wertvoll) und die bodendeckende Spezies *L. pileata* überraschen mit fruchtig-süßem Duft. Am dekorativsten für den Garten sind die winterblühenden Sorten und solche, die sich durch ungewöhnliches Laub auszeichnen.
L. fragrantissima, L. standishii und ihre Hybride *L. × purpusii* sind sich alle sehr ähnlich. Es ist schwer zu entscheiden, welche von ihnen die beste Art ist. Sie bringen den ganzen Winter über an mehr oder weniger unbelaubten Zweigen winzige Büschel aus kleinen cremefarbenen Blüten hervor. Obwohl *L. fragrantissima* am reichsten blüht, kommen ihre Blüten nicht so sehr zur Geltung, da diese Art ihre Blätter den Winter über behält. Mit ihren großen, plumpen Blättern wirken sie im Sommer eher unelegant und schmälern nur das Aussehen ihrer Nachbarpflanzen in der Rabatte. Dennoch ziehe ich immer eine strauchige Art im Garten, um für den Winter einen duftenden Vasenschmuck zu haben. In der Regel wähle ich *L. × purpusii*.
Sonne oder Schatten; 2 m
L. syringantha ist das anziehendste duftende strauchige Geißblatt, das im Sommer blüht. Mit seinen blaugrünen Blättern an purpurrötlichen, überhängenden Zweigen bildet es einen wunderbaren Hintergrund für Blumen in einer sonnigen Rabatte, und im Frühling trägt es seine eigenen Büschel aus kleinen violetten Trichterblüten. Sie fallen zwar nicht so sehr ins Auge, duften aber köstlich nach Hyazinthen. Damit der Strauch ausreichend frisches Laub hervorbringt, sollte er immer kräftig beschnitten werden.
Volle Sonne; bis zu 2 m; Z 5

Lupinus

L. arboreus, die Baumlupine, ist ein stark vernach-
lässigter Strauch. Er läßt sich leicht aus Samen ziehen, wächst schnell und verhilft dem Sommergarten
zu einem wunderbaren Formkontrast. Das
Gehölz gleicht einem immergrünen Hügel aus
gefingerten Blättern und schmückt sich über vier
Monate lang mit aufgerichteten gelben Blütentrauben, die nach Erbsen duften. Das Aroma ist noch
in größerer Entfernung wahrzunehmen. Die Baumlupine empfiehlt sich in der Strauchrabatte oder
als Silhouette vor einer Grasfläche. Leider ist sie
sehr kurzlebig.
Sonne; gut durchlässiger, fruchtbarer Boden; 2 m;
Z 8

Magnolia

Der Duft der Magnolienblüten ist genauso exotisch wie ihr Aussehen. Viele verströmen einen
Duft nach tropischen Früchten, der ein feines
Aroma von orientalischen Gewürzen enthält, aber
er variiert von einer Magnolien-Art zur anderen.
Die häufig gezogene Sternmagnolie *M. stellata*
(Z 4), die zu Beginn des Frühlings spinnenförmige
weiße Blüten an kahlen Zweigen hervorbringt,
duftet verhältnismäßig schwach. Das gleiche gilt
für die tulpen- und lilienförmigen Arten *M. ×
soulangiana* (Z 5) und *M. liliiflora* (Z 6). Es gibt
aber auch einige stark duftende Hybriden:

M. 'Charles Coates' ist eine herrliche Hybride.
Sie schmückt sich mit Blüten, die mit denen von
M. sieboldii große Ähnlichkeit haben. Der einzige
Unterschied besteht darin, daß ihre Blütenköpfe
aufrecht stehen, während sie *M. sieboldii* zu Boden
neigt. Sie haben einen fruchtigen Duft.
9 m oder mehr; Z 6
M. 'Jane', eine aufrecht wachsende Hybride, trägt
im Spätfrühling purpurrötliche, sternförmige Blü-
ten, deren Blütenblätter auf den Innenseiten weiß
sind. Sie duften sehr intensiv.
Sonne; saurer, feuchtigkeitsspeichernder Boden;
Z 5
M. 'Maryland', eine immergrüne Hybride von
M. grandiflora und *M. virginiana,* schmückt sich
im Spätsommer mit cremefarbenen Blüten, die
nach Zitrone duften.
Sonne; Z 6
M. 'Picture' ist eine starkwüchsige Hybride der
M. soulangiana mit einem angenehmen Duft. Ihre
weißen, becherförmigen Blüten sind rosafarben
angehaucht.
Sonne; Z 5
M. 'Sundew'. Dieser Sämling der Sorte 'Picture'
hat duftende cremeweiße Blüten.
M. 'Susan' trägt im Frühjahr an kahlen Zweigen
duftende rosafarbene Sternenblüten.
Sonne; saurer, feuchtigkeitsspeichernder Boden;
Z 5
M. sieboldii ist eine reizvolle in die Breite wachsende Magnolie, deren duftende weiße Blütenschalen den ganzen Sommer über in gewissen Abständen erscheinen. Sie haben vorspringende dunkelrosa Staubbeutel und nicken an langen Stielen.
Auch die karminroten Früchte sind sehr auffällig.
Sonne oder lichter Schatten; neutraler oder kalkfreier Boden; 3,5–4,5 m; Z 6
M. sieboldii sinensis habe ich am liebsten von
allen sommerblühenden Magnolien. Es ist ein
besonderes Vergnügen, durch ihre Zweige hindurch
in ihre nickenden schneeweißen Blütenschalen mit
den karminroten Staubbeuteln zu schauen. Sie
entfalten einen köstlich fruchtigen Duft, in dem
das Aroma von Zitrone vorherrscht. *M. wilsonii*
sieht ähnlich aus, hat aber schmalere Blätter und
kleinere Blüten.
Sonne oder lichter Schatten; alle Böden, außer
sehr alkalische; 6 m; Z 6
M. virginiana liebt Hitze und gedeiht in warmen
Gegenden am besten, wo sie im Spätsommer über
viele Wochen hinweg prachtvolle duftende Blüten
hervorbringt.
Volle Sonne; feuchtigkeitsspeichernder, nicht allzu
alkalischer Boden; 18 m oder mehr im Südosten
der USA; bis zu 9 m hoch in Europa; Z 5–10
M. × wieseneri (M. × watsonii), eine weitere
Magnolie für wärmere Gegenden, besitzt den
stärksten Duft von allen – ein herrliches Aroma
nach tropischen Früchten. Ihre großen, nach oben
gerichteten cremeweißen Blüten mit karminroten
Staubfäden öffnen sich im Hochsommer zwischen
den ansehnlichen, ledrigen Blättern.
Sonne oder lichter Schatten; alle Böden, außer
sehr alkalische; 6 m; Z 6

Mahonia

M. aquifolium ist ein wertvoller immergrüner
Bodendecker für den Schatten, obgleich ich immer
die bronzefarbene Sorte 'Atropurpurea' oder die
Hybride 'Undulata' vorziehen würde, da sie mir
noch dekorativer erscheinen. Ihre glänzenden, ilexartigen Blättchen nehmen im Winter einen Purpurton an, und ihre dichten Trauben aus gelben
Glocken bilden einen leuchtenden Kontrast. Ihr
süßer Honigduft wird durch die Luft getragen.
Blauschwarze Beeren folgen auf die Blüten.
Sonne oder Schatten; jeder Boden; 1–2 m; 'Undulata' ist höher; Z 5
M. japonica schmückt sich vom Spätherbst bis zum
Beginn des Frühlings mit gelben Blüten in rispen-
förmigen, aufrechten Trauben, die nach Maiglöckchen duften. Sie ist einer der besten Winterblüher
mit immergrünem, ilexartigem Laub. In der Form
und in der Blüte unterscheidet sie sich von der
Sorte 'Charity'. Sie ist eher dicht und ausladend
als hager und aufrecht. Die mit *M. japonica* verwandte *Bealei*-Gruppe ähnelt dieser Spezies, hat
aber kürzere und weniger aufrechte Blütentrauben.
Sonne oder Schatten; 3 m; Z 7

Magnolia × wieseneri

Lupinus arboreus

Osmanthus × burkwoodii

M. lomariifolia ist trotz ihres schwachen Duftes zweifellos die Aristokratin unter den Mahonien. Sie wächst aufrecht und trägt zu Beginn des Winters Blüten in aufrechten kerzenartigen Ähren. Ihr besonderer Reiz beruht aber auf ihrem immergrünen Laub, das zierlicher ist als bei anderen Spezies. Leider ist sie nicht absolut winterhart, daher wird sie in kälteren Gegenden häufig als Mauerstrauch gezogen. *MM. × media* 'Lionel Fortescue' und 'Buckland', die in ihrem ganzen Habitus etwas gröber sind, können in kälteren Gärten recht gut als Ersatz verwendet werden.
Sonne oder Schatten; bis zu 3,5 m; Z 9
M. × media 'Charity' ist in England unter den Mahonien, die zum Winterbeginn blühen, die weitaus beliebteste. Auch sie schmückt sich mit meist aufrechten Blütentrauben, die nach Maiglöckchen duften. Sie ist ein aufrechter, strukturgebender Strauch, und obgleich sie im Laub nicht so elegant ist wie *M. lomariifolia*, *M. × media* 'Lionel Fortescue' und *M. × media* 'Buckland', ist sie ein wertvolles immergrünes Element im Garten.
Sonne oder Schatten; 3 m oder mehr; Z 8

Myrica (Gagel)

M. cerifera ist ein großer, vorwiegend immergrüner Strauch mit schmalen, glänzenden, aromatischen Blättern. Seine weißen Winterfrüchte sind mit Wachs überzogen, das zur Herstellung von Duftkerzen verwendet wird. Sonne; feuchter, saurer Boden; 9 m oder mehr; Z 6
M. gale, der Gagelstrauch, das bekannteste Mitglied dieser Pflanzenfamilie, eignet sich für feuchte Standorte mit saurem, vorzugsweise torfhaltigem Boden. Alle Teile der Pflanze geben ein süßlichharziges Aroma ab, wenn man sie zwischen den Fingern zerreibt. Der laubabwerfende Strauch hat schmale, spitz zulaufende Blätter. Winzige goldbraune Kätzchen – männliche und weibliche an getrennten Pflanzen – erscheinen im Frühjahr an den kahlen Zweigen.
Sonne; 1–1,2 m; Z 4
M. pensylvanica ist ein sehr wertvoller Strauch für eine andersgeartete Problemzone, nämlich für einen trockenen Boden, insbesondere in Küstengebieten. Er wird größer als der Gagelstrauch, ist gleichfalls laubabwerfend, trägt längliche, aromatische Blätter und schmückt sich im Winter mit grauen Früchten.
Sonne; saurer Boden; 2 m; Z 3

Olearia

Die meisten *Olearia*-Arten sind zu empfindlich, um im Freien gezogen zu werden, ausgenommen in den mildesten Klimaten. Die hier aufgeführten Arten gehören zu den winterhärteren, die für geschützte, sonnige Rabatten oder in Küstengegenden für Hecken vorzüglich geeignet sind. Das immergrüne Laub duftet in der Regel nach Moschus, aber die Blüten haben oft einen süßen, weißdornartigen Geruch.
O. × haastii ist die härteste Art, weshalb sie auch in England am häufigsten gezogen wird. Dieser buschige, immergrüne Strauch hat kleine, dunkle, ledrige Blätter, die auf den Unterseiten mit einem weißen Filz bedeckt sind. Im Hochsommer öffnet er seine duftenden weißen Blütenköpfe. An der Küste bietet er sich als Heckenpflanze an.
Sonne; gut durchlässiger Boden; 1,2–2,7 m; Z 8
O. ilicifolia ist eine reizvolle Spezies mit graugrünen, gezähnten Blättern, die unterseits mit einem weißen Filz bedeckt sind. Im Hochsommer trägt dieser Busch duftende weiße Blütenköpfe. Sein Laub riecht intensiv nach Moschus. In vielen Gegenden ist er zuverlässig winterhart und darüber hinaus eindrucksvoller als die gewöhnlichere Spezies *O. × haastii*.
Sonne; gut durchlässiger Boden; 3 m; Z 9
O. macrodonta, ein starkwüchsiger Strauch aus Neuseeland, trägt glänzende, silbrig grüne, ilexartige Blätter, die nach Moschus duften, und schmückt sich im Sommer mit einer Fülle duftender weißer Blütenköpfe. In Küstengebieten eignet er sich vorzüglich als Windschutz.
Sonne; gut durchlässiger Boden; 2,7 m; Z 9
O. nummulariifolia ist eine besondere Spezies mit kleinen, dicken, gelbgrünen Blättern. Die weißen Blüten, die im Hochsommer erscheinen, sind zwar nicht so auffällig wie bei den anderen Spezies, duften aber köstlich nach Heliotrop.
Sonne; gut durchlässiger Boden; 2,7 m; Z 9

Orixa

O. japonica ist ein ungewöhnlicher laubabwerfender Strauch von ausladendem Wuchs, dessen leuchtendgrüne Blätter einen würzigen Orangenduft abgeben, wenn man sie zwischen den Fingern zerdrückt. Er ist am schönsten im Herbst, wenn seine Blätter einen ganz blassen Gelbton annehmen. Seine grünen Blüten, die sich im Frühjahr entfalten, sind weniger eindrucksvoll.
Sonne oder lichter Schatten; jeder gut durchlässige Boden; 2,5 m; Z 6

Osmanthus (Duftblüte)

Die Duftblüten sind sehr vielseitige immergrüne Sträucher. Die kleinblättrige Spezies kann in recht strenge Formen geschnitten und auch als Heckenpflanze verwendet werden. Diese Sträucher gedeihen in nahezu allen Böden und an jedem Standort, und einige Arten sind winterhart bis Zone 6. Ihre weißen, jasminartigen Blütenbüschel spenden einen Duft, der meist durchdringend süß ist.

O. armatus, der längliche, dunkle, ledrige Blätter mit auffallend gezähnten Rändern trägt, unterscheidet sich ziemlich stark von den anderen Arten. Diese herbstblühende Spezies wird leider nur selten gezogen, angeboten oder diskutiert. Sie ist aber ein ausgesprochen reizvoller Strauch, der nach Kaugummi duftet.
Sonne oder Schatten; 2,5–4,5 m; Z 7
O. × burkwoodii (früher × *Osmarea burkwoodii*), eine beliebte Hybride, zeichnet sich durch dichten Wuchs und kleine, dunkle Blätter aus. Ihre Blüten öffnen sich im Frühjahr und entwickeln einen köstlichen Duft – eine Mischung aus Honig und Vanille, die an einem warmen, windstillen Tag in der Luft hängt. Dieser Strauch wächst zwar nur langsam, läßt sich aber leicht ziehen und ist auch auf stark kalkhaltigen Böden zuverlässig.
Sonne oder Schatten; bis zu 3 m; Z 7
O. decorus (früher *Phillyrea decora*), ein ausgezeichneter frühjahrsblühender Strauch, schmückt sich mit großen, ungezähnten Blättern.
Sonne oder Schatten; 3 m; Z 7
O. delavayi hat große Ähnlichkeit mit der mit ihr verwandten Duftblüte *O. × burkwoodii.* Sie bringt eine Fülle weißer Blüten mit einem unverwechselbaren Geruch nach Sonnenbräunungscreme hervor.
Sonne oder Schatten; 3 m; Z 8

O. heterophyllus hat ilexartige Blätter. Es gibt zahlreiche farbige Sorten dieser Spezies, die im Herbst ihre Blüten öffnen. Da sie schön, dicht und langsam wächst, eignet sie sich gut als Heckenpflanze.
Sonne oder Schatten; 3 m; Z 7
O. yunnanensis, die im Spätwinter blüht, zeichnet sich in erster Linie durch ihr herrliches Laub aus; die exotisch wirkenden Blätter sind lang und gezähnt. Sie ist zwar nicht so winterhart wie die mit ihr verwandten Arten, wächst aber schneller.
Sonne oder Schatten; oft 9 m oder mehr; Z 9

Perovskia

P. atriplicifolia wird gern wie eine Staude behandelt, d. h., man schneidet sie zu Beginn des Frühjahrs bis auf den Boden zurück. Auf diese Weise erhält man frische weiße, aufrechte Triebe, die mit grauen, nach Terpentin duftenden, fein eingeschnittenen Blättern bedeckt sind. Im Spätsommer erheben sich darüber lange, dünne, violette Blütenähren. Diese Pflanze wirkt erst richtig eindrucksvoll, wenn sie zu mehreren gezogen wird. Außerdem sollte man sie immer etwas abstützen. Sie verdient es durchaus, aufmerksam behandelt zu werden, da sie verhältnismäßig spät ein wunderbares Schauspiel bietet. Es gibt kaum bessere Begleitpflanzen für rote und purpurfarbene Fuchsien, z. B. die winterharte 'Mrs Popple'. 'Blue Spire' ist eine besonders gute Hybride.
Volle Sonne; guter Boden; 1 m; Z 6

Philadelphus (Pfeifenstrauch, Sommerjasmin)

Der betäubende, fruchtige Duft der Sommerjasmine gehört zu den Höhepunkten des Jahres. Es gibt eine solche Vielfalt an wünschenswerten Spezies und Varietäten, daß uns die Auswahl mitunter schwerfällt, aber in die Überlegungen hinsichtlich der jeweiligen Höhen und Blütenmuster sollte man auch die Intensität der Duftnoten miteinbeziehen. In der Tat ist der Duft mancher Arten für die sensible Nase zu beherrschend, während er bei anderen viel feiner ausfällt. Sie blühen alle ungefähr im Hochsommer. Für den Rest des Jahres wirken sie mit ihrem lockeren Wuchs und ihren wenig bemerkenswerten Blättern eher uninteressant (die goldfarbenen und panaschierten Formen von *P. coronarius* ausgenommen). Alte Blütentriebe sollten sofort nach der Blüte bis auf 2,5 cm des alten Holzes zurückgeschnitten werden.
Sonne oder Halbschatten; alle Böden, sogar kalkhaltige
P. 'Avalanche' schmückt sich mit einer Fülle einzelner weißer, stark duftender Blüten. Dieser halbaufrecht wachsende Strauch hat kleine Blätter.
1,5 m

Perovskia atriplicifolia

Philadelphus 'Manteau d'Hermine'

P. 'Beauclerk' bringt einzelne große Blüten hervor, deren weiße Blütenblätter in der Mitte rosafarben getönt sind. Sie verbreiten einen köstlichen, nicht zu starken Duft. Diese Sorte wächst in die Breite.
2,5 m
P. 'Belle Etoile' ist eine der besten Varietäten. Sie hat einen maßvollen Duft und schmückt sich mit einer Fülle karminrot getönter weißer Blüten.
1,5 m
P. coronarius, der typische Sommerjasmin des Cottage-Gartens, duftet so überwältigend fruchtig-süß, daß der große Strauch am Rand des Gartens besser aufgehoben scheint. Er wächst aufrecht (3,5 m) und trägt einzelne cremeweiße Blüten. Die goldfarbenen ('Aureus') und weiß panaschierten ('Variegatus') Sorten zählen zu den besten farbigen Laubgehölzen. Sie sind kleiner, nicht so intensiv im Duft und gedeihen am besten in lichtem Schatten. Z 5
P. 'Manteau d'Hermine' ist ein niedriger, kompakter Sommerjasmin für die Vorderfront der Rabatte. Mit seinen kleinen Blättern und reinweißen Blüten gehört er mit Recht zu den beliebtesten Varietäten.
1–1,2 m

Philadelphus 'Beauclerk'

P. microphyllus ist eine reizvolle Spezies mit kleinen Blättern und einzelnen intensiv duftenden weißen Blüten, die sich zu Beginn des Sommers entfalten. Er ist kompakt und buschig.
Volle Sonne; 1 m; Z 6

P. 'Sybille' hat nahezu viereckige Blätter, überhängende Zweige und karminrot gefleckte weiße Blüten. Sein Duft ist köstlich.
1,5 m

P. 'Virginal' trägt gefüllte reinweiße Blüten, die wunderbar duften. Er wächst aufrecht und entwickelt sich zu einem großen Strauch.
2,7 m

Phillyrea (Steinlinde)

Die wertvollste Spezies in bezug auf den Duft, *P. decora,* wird heute unter *Osmanthus* geführt; aber auch die beiden anderen Spezies verdienen es, näher bekannt zu werden. Es sind große, reizvolle, mehr oder weniger winterharte, immergrüne Sträucher, die sich auch gut in Form schneiden lassen. In Barnsley House, Goucestershire (England), hat Rosemary Verey mit Halbkugeln aus *P. angustifolia* ihren komplizierten Knotengarten akzentuiert.
Sonne oder Schatten; alle Böden

P. angustifolia, ein kompakter, kuppelförmiger Strauch, trägt schmale, dunkle Blätter und süß duftende Blütenbüschel, die sich im Frühsommer öffnen.
3 m; Z 8

P. latifolia hat mattweiße, weniger duftende Blüten. Mit ihren kleinen, glänzenden Blättern an überhängenden Zweigen ist sie aber eine wertvolle kleinwüchsige Laubpflanze.
4,5 m oder mehr; Z 8

Pieris

Diese Gattung reizvoller, kalkunverträglicher, immergrüner Sträucher eignet sich vorzüglich für schattige Rabatten. Mit ihren Rispen aus krugförmigen Blüten, die im Frühjahr erscheinen und wie Maiglöckchenblüten aussehen, passen sie wunderbar zu Rhododendren in Waldgärten. Die Blüten duften nach Maiglöckchen und Vanille. Die Blätter sind schmal, dunkel und ledrig und bei vielen Varietäten nach dem Austrieb zunächst leuchtend rot. Sie brauchen einen Standort, wo sie vor kalten Frühjahrswinden geschützt stehen.
Lichter Schatten; torfhaltiger Boden

P. 'Forest Flame' ist eine der härtesten und starkwüchsigsten Varietäten mit auffallend roten jungen Blättern im Frühjahr. Sie schmückt sich mit langen, herabhängenden Rispen duftender Blüten.
3 m oder mehr; Z 7

Pieris japonica 'Christmas Cheer'

Pieris japonica 'Fire Crest'

P. formosa forrestii ist mit ihrem leuchtenden frischen Laub und ihren langen Blütenrispen wahrscheinlich die beste Spezies. Sie gedeiht aber nicht in kalten Klimazonen. Von dieser Art gibt es zwei ausgezeichnete Selektionen: 'Jermyns' mit besonders farbenprächtigem jungen Laub und üppiger Blüte sowie 'Wakehurst' mit breiteren Blättern. 3 m oder mehr; Z 8

P. japonica ist ein schöner Strauch mit glänzenden Blättern, die nach dem Austrieb kupferfarben getönt sind. Seine Blüten hängen in eleganten Rispen herab. Die jungen Triebe sind aber recht empfindlich gegen Frost, und deshalb sollten sich Gärtner in kalten Gegenden für die Varietät 'Christmas Cheer' entscheiden, deren Blüten rosa getönt sind. 'Fire Crest' ist eine weitere ausgezeichnete Varietät.

1,5 m; Z 6

Poncirus

P. trifoliata ist ein dorniger, laubabwerfender Strauch, der im Frühjahr seinen Höhepunkt erreicht, wenn er seine nackten, grünen Zweige mit großen, sternförmigen weißen Blüten schmückt. Der Duft der Blüten enthält das süße Kaugummi-Aroma der Zitrus-Arten. In milden Klimazonen folgen auf die Blüten kleine, behaarte Orangen. Dieser interessante winterharte Strauch kann beschnitten und als undurchdringliche Hecke gezogen werden.

Volle Sonne; fruchtbarer, gut durchlässiger Boden; 2,4 m hoher Strauch bis 6 m hoher Baum; Z 8

Rhododendron

Diese wichtige Gattung bereichert den Garten mit einigen wunderbar süßen, würzigen und aromatischen Düften. Was die Farbgebung im Frühjahr und die Vielfalt der Größen und Formen betrifft, hat sie keine Konkurrenten. Die großen Hybriden aber mit ihren riesigen, exotischen Blütenköpfen und auch die farbintensiven Spezies sind meistens duftlos. Bis auf wenige Ausnahmen bleibt der Duft den laubabwerfenden Azaleen und einer Reihe weißblühender Spezies vorbehalten. Da viele der letzteren frostempfindlich sind, werden sie im Kapitel über Gewächshauspflanzen aufgeführt. Lichter Schatten; feuchtigkeitsspeichernder, aber gut durchlässiger, kalkfreier, torfhaltiger Boden

R. arborescens ist eine große, laubabwerfende Azalee, die angenehm spät, ungefähr zu Beginn des Hochsommers, blüht. Ihre trichterförmigen weißen Blüten, die rosa angehaucht sind und vorspringende rote Staubfäden haben, duften lieblich nach Früchten. Ihr glänzendes Laub zeigt oft eine schöne Herbstfärbung. Obwohl sie ausgesprochen reizvoll ist, wird sie nur selten gezogen.

6 m; Z 5

R. atlanticum ist eine interessante, laubabwerfende Azalee aus dem Osten der USA. Im Frühjahr bringt sie kleine, oftmals rosa getönte weiße Blüten hervor, die einen intensiven würzigen Rosenduft verbreiten. Sie treibt Ausläufer und bildet unter idealen Bedingungen einen großen Horst. Sonne oder lichter Schatten; tiefgründiger, feuchter Boden; bis zu 1,5 m; Z 6

R. auriculatum blüht im Hochsommer. Dieser immergrüne Rhododendron trägt sehr große, dunkle, ledrige Blätter und große kugelige Doldentrauben aus weißen Blüten. Sie entfalten einen würzig süßen Duft. Der Strauch muß vor kräftigem Sonnenschein geschützt werden und gedeiht am besten in milden Klimazonen, wo eine lange Wachstumsperiode dafür sorgt, daß die jungen Triebe genügend ausreifen können, bevor die ersten Fröste einsetzen. Die fabelhafte weißblütige Hybride 'Polar Bear' ist der Spezies sogar noch vorzuziehen. Auch 'Argosy' mit ihren weißen Blüten und karminroten Basalflecken ist eine wertvolle Sorte. 4,5 m oder mehr; Z 6

R. ciliatum ist ein schöner Rhododendron mit behaarten, ovalen Blättern und Büscheln aus glockenförmigen Blüten, die sich im Frühjahr öffnen. Die rosa Blüten mit ihrem würzigen Duft brechen aus rosaroten Knospen hervor. Dieser zierliche, immergrüne, rundliche Strauch, der in die Vorderfront einer Rabatte paßt, muß vor kalten Winden und frühen Frösten geschützt werden.

1–1,2 m; Z 8

R. decorum, ein herrlicher, großer, immergrüner Rhododendron mit ledrigen Blättern, bringt im Frühsommer eindrucksvolle lockere Büschel aus fruchtig duftenden weißen oder blaßrosafarbenen Blüten hervor. Einige der besten Formen dieser vielfältigen Spezies sind ziemlich frostempfindlich. Bis zu 7,5 m; Z 7

R. fortunei trägt im Frühjahr Büschel blaßrosavioletter, duftender, glockenförmiger Blüten. Es lohnt sich, diesen reizvollen Rhododendron zu kultivieren; für südliche Gärten ist aber die Subspezies *discolor* noch geeigneter. Sie schmückt sich im Frühsommer mit großen Büscheln rötlich angehauchter rosa Blüten. Aus beiden Arten sind herrliche Hybriden hervorgegangen, die den Duft ihrer Eltern geerbt haben. Zu den besten gehören 'Albatross', ein wunderbarer großer Strauch mit lockeren Bündeln intensiv duftender weißer Trompetenblüten, und die Loderi-Klone, die weiter unten aufgeführt sind. 3 m oder mehr; Z 7

R. glaucophyllum ist interessant wegen seines harzig duftenden Laubs, das im Geruch an Lederfett erinnert, gehört aber nicht zu den allerersten Rhododendron-Arten. Dieser buschige, immergrüne Strauch mit seinen schmalen, dunklen, unterseits weißen Blättern bringt zur Frühlingszeit rosafarbene Blütenköpfe hervor.

1–2 m; Z 8

R. heliolepis hat sehr aromatische, immergrüne, glänzende Blätter, aber duftlose rosaviolette Blüten mit karminroter Zeichnung. Sie entfalten sich im Frühsommer in kleinen Büscheln. *R. heliolepis* ähnelt der Subspezies *brevistylum*, blüht aber etwas später.
3 m; Z 8

R. × 'Loderi' ist die aufregendste Spezies unter den großen, duftenden Rhododendren, und der daraus hervorgegangene Klon 'Loderi King George' ist wohl die allerschönste Sorte. Dieser kompakte, starkwüchsige, immergrüne Strauch, der mit großen mittelgrünen Blättern bedeckt ist, trägt im Frühjahr üppige Büschel trompetenförmiger weißer Blüten. Sie öffnen sich aus rötlich getönten rosa Knospen und verbreiten einen wunderbaren würzig fruchtigen Duft. 'Loderi Pink Diamond' ist eine ausgezeichnete blaßrosafarbene Sorte. Die Loderi-Hybriden sollten möglichst an den Rand eines Weges gepflanzt werden, damit man an die duftenden Blüten und die überhängenden Zweige nah genug herankommt. Die kahlen, abblätternden Zweige zeigen schöne Farben.
Lichter Schatten; vor kalten Winden geschützter Standort; bis zu 7,5 m; Z 8

R. luteum ist die gelbe, laubabwerfende Azalee, die man gewöhnlich in englischen Waldgärten findet. Der fruchtige, geißblattartige Duft, den ihre schönen Blütenköpfe, die sich aus röhrenförmigen leuchtendgelben Blüten zusammensetzen, verströmen, durchzieht die Frühjahrsluft. Die schmalen Blätter nehmen im Herbst karminrote und orangefarbene Töne an, bevor sie abfallen. Trotz einer Flut von konkurrierenden Hybriden bleibt diese Azalee einer der Glanzpunkte des Frühjahrsgartens.
Sonne oder lichter Schatten; 2,5 m; Z 5

Oben und rechts: *Rhododendron luteum*

Rhododendron trichostomum

R. moupinense, ein reizvoller niedriger, immergrüner Rhododendron, ist vorzüglich für die Vorderfront einer Rabatte oder für den Steingarten geeignet. Er trägt im Spätwinter einzelne oder in kleinen Bündeln zusammengefaßte süß duftende weiße oder rosafarbene Blüten, und wenn sie auch häufig vom Frost beschädigt werden, so sehen sie doch in einem milden Winter entzückend aus. Seine Blätter sind ledrig und oval.
Bis zu 1,2 m; Z 7

R. mucronatum ist ein kleiner, in die Breite wachsender, immergrüner Rhododendron, der im Frühjahr süß duftende weiße, trichterförmige Blüten hervorbringt.
Bis zu 1,2 m; Z 6

R. occidentale ist ein laubabwerfender Strauch, der den Vorzug hat, die Azaleenzeit bis in den Frühsommer hinein auszudehnen. Er hat cremefarbene oder blaßrosa Blüten mit gelben Flecken, die köstlich nach Geißblatt duften. Daneben zeichnet er sich durch eine schöne Herbstfärbung aus. Aus dieser Spezies sind ausgezeichnete Sorten und Kreuzungen hervorgegangen.
2,5 m; Z 6

R. prinophyllum (R. roseum) ist eine weitere empfehlenswerte laubabwerfende Spezies, deren dunkelrosa Blüten im Frühjahr einen angenehmen Nelkenduft verbreiten. 2,5 m; Z 3

R. rubiginosum, ein großer, aufrecht wachsender Rhododendron, hat aromatische, lanzettliche Blätter und im Spätfrühling rosa oder rosaviolette Blüten.
6 m; Z 6

R. saluenense ist ein kleiner, aromatischer, immergrüner Rhododendron mit zierlichen, dunklen, glänzenden Blättern. Er bringt im Frühjahr purpurrosa Blütenbüschel hervor.
Bis zu 1,2 m; Z 6

R. serotinum ist einer der am spätesten blühenden Rhododendren. Erst im Spätsommer schmückt er sich mit seinem Blütenkleid. Er ist immergrün, von lockerem Wuchs und bringt süß duftende, große, glockenförmige Blüten hervor, die rosafarben getönt und gefleckt sind.
3 m oder mehr; Z 8

R. trichostomum hat kleine, schmale Blätter und wird häufig fälschlicherweise für einen Seidelbast gehalten. Im Frühjahr schmückt er sich mit kompakten Blütenköpfen, die sich aus röhrenförmigen Blüten zusammensetzen. Sie können weiß, blaß- und dunkelrosa sein und duften intensiv nach Nelken. Dieser immergrüne Strauch, der ein sonniges Fleckchen liebt, ist so zart und einem Rhododendron so unähnlich, daß er problemlos in gemischten Bepflanzungen untergebracht werden kann. Bis zu 1,2 m; Z 7

R. viscosum ist eine buschige, laubabwerfende Azalee mit einem wunderbaren würzig-süßen Duft. Sie blüht erst im Frühsommer und bringt dann Büschel rosagefleckter weißer, trichterförmiger Blüten hervor. Im Herbst nehmen ihre Blätter gewöhnlich eine schöne Färbung an. Sie gedeiht auf feuchtem Boden, benötigt ihn aber nicht.
2,5 m; Z 6

R. yedoense poukhanense ist ein ausladender, laubabwerfender Strauch, der im Frühjahr kleine Büschel aus süß duftenden purpurrosa Blüten trägt. Auch er zeichnet sich durch eine schöne Herbstfärbung aus.
1,2 m; Z 5

Azaleen-Hybriden

Es gibt eine große Anzahl farbenprächtiger Azaleen-Hybriden, von denen viele einen köstlich süßen Geißblattduft verströmen. Die Ghent-Hybriden haben in der Regel elegante, lange, trichterförmige Blüten, ein schönes Herbstlaub und einen kräftigen Duft: 'Daviesii' hat weiße Blüten mit gelber Mitte; 'Nancy Waterer' hat goldgelbe Blüten; und 'Narcissiflorum' ist eine erstklassige, kompakte Pflanze mit gefüllten reingelben Blüten. Alle Sorten sind winterhart.
1,5 m

Die Knaphill-Hybriden haben eindrucksvolle trompetenförmige Blüten und ein schönes Herbstlaub. Die Blütenfarben sind im allgemeinen kräftiger als bei den Ghent-Hybriden, aber ihr Duft ist in der Regel schwächer oder gar nicht vorhanden: 'Lapwing' mit ihren rosagefleckten cremegelben Blüten und 'Whitethroat' mit ihrem kompakten Wuchs und ihren gefüllten weißen Blüten sind bemerkenswerte Ausnahmen.
1,5 m; Z 5

Die Mollis-Gruppe (Selektionen von *R. japonicum*) trägt im Spätfrühjahr auffallend große, trompetenförmige Blüten. Sie sind aber alle duftlos und können außerdem Spätfröste nicht vertragen.
1,2 m

Die Occidentale-Hybriden bringen runde, volle Blütenbüschel in Pastellfarben hervor und duften außerordentlich gut. Sie blühen über eine lange Zeit im Frühsommer und zeichnen sich durch ein schönes Herbstlaub aus: 'Exquisitum' trägt fleischfarbene Blüten, die orangefarben geflammt sind; 'Irene Koster', die beste Varietät, hat kleinere Blüten in rosageflammtem Weiß.
1,5 m; Z 7

Azaleodendren sind Hybriden zwischen laubabwerfenden Azaleen und immergrünen Rhododendren. Sie haben den Habitus von Azaleen, sind aber halbimmergrün. Einige entfalten einen guten Duft, insbesondere 'Govenianum', ein aufrecht wachsender, kompakter Strauch mit rotvioletten Blüten, und 'Odoratum', ein kleiner, buschiger Strauch mit blaßlila Blüten, der heute ausgesprochen selten ist. Sie blühen im Sommer.
1,2–1,5 m

Eine neue Rasse spätblühender Azaleen-Hybriden kommt jetzt in den Handel. Sie wurden von Mr Denny Pratt in Cheshire, England, gezüchtet. Einige haben den kräftigen Duft von *R. viscosum* und *R. occidentale* geerbt, während ihre Farbe von *R. bakeri* und den Knaphill-Hybriden stammt. Bis jetzt habe ich nur 'Anneke' in Gold und Gelb und 'Summer Fragrance' in Creme und Gelb gesehen, die beide einen intensiven fruchtigen Duft ausströmen. Sie blühen im Hochsommer.
2–2,5 m

Rhus (Sumach, Essigbaum)

R. aromatica wird in seinem Heimatland, dem Osten der USA, manchmal in Gärten gezogen, ist in England aber selten. Sein Hauptvorzug sind seine schönen, dreizähligen Blätter, die einen betörenden harzigen Duft abgeben, wenn man sie zwischen den Fingern zerreibt. Aber auch seine dichten gelblichen Blütenbüschel, die im Frühjahr erscheinen, sind von großem Reiz. Dieser laubabwerfende Strauch wächst in die Breite.
Sonne; 1–1,5 m; Z 3

Ribes (Johannisbeere, Stachelbeere)

R. odoratum hat mit der gewöhnlichen Blutjohannisbeere, die anschließend beschrieben wird, wenig Ähnlichkeit. Sie ist von lockerem, aufrechtem Wuchs und mit glänzenden, frischgrünen, gelappten Blättern bedeckt, die im Herbst feurige Farbtöne annehmen. Ihre goldgelben Blüten, die im Frühjahr in kurzen Trauben erscheinen, duften wunderbar nach Nelken. Diese reizvolle, außergewöhnliche Pflanze ist eine Bereicherung für die gemischte Rabatte.
Sonne oder lichter Schatten; 2–2,5 m; Z 5

R. sanguineum, die Blutjohannisbeere, ist in jeder alten Strauchrabatte zu finden. Ihren minzig süßen, schweißigen Blattgeruch, der schwer in der Luft hängt, empfinde ich als ausgesprochen unan-

Rhus aromatica

Ribes odoratum

genehm. Ich kann mir kaum vorstellen, daß irgend jemand diesen Strauch wegen seines Duftes auswählt. Seine hängenden Blütentrauben aber, die im Frühjahr in Rosa, Rot, Karminrot oder Weiß erscheinen, sind höchst dekorativ. Sie haben im Gegensatz zu den Blättern keinen Duft. Dieser laubabwerfende Strauch fühlt sich auch im Schatten wohl.
2–2,5 m; Z 6

Rubus (Brombeere, Himbeere)

R. odoratus leidet etwas darunter, daß sie im Verhältnis zu ihren Blütenköpfen ein Übermaß an großen, weinartigen Blättern hervorbringt. Darüber hinaus breitet sie sich durch Ausläufer stark aus. Aber für einen Wildgarten ist dieser laubabwerfende Strauch durchaus zu empfehlen. Seine einzelnen leuchtendrosa Blüten, die über eine lange Zeit im Sommer die Zweige zieren, verbreiten einen zarten Duft, während seine jungen Triebe ein harziges Aroma absondern.
Sonne oder Schatten; 2,5 m; Z 4

Salix (Weide)

S. aegyptiaca (S. medemii). Bei Weiden denkt man wohl weniger daran, daß sie auch für einen schönen Gartenduft sorgen können, aber es gibt durchaus einige mit aromatischen Blättern (zum Beispiel die Lorbeerweide *S. pentandra* – in der Rubrik »Bäume« beschrieben – und die seltene *S. pyrifolia*) und andere mit duftenden Kätzchen (einschließlich der mandelblättrigen Weide *S. triandra,* aus der Körbe hergestellt werden). Von den letztgenannten hat *S. aegyptiaca* den stärksten Duft. Mit den männlichen Kätzchen wurden Getränke aromatisiert, und sie wurden sogar als Konfekt verzehrt. Die auffällig großen leuchtendgelben Kätzchen erscheinen im Spätwinter an graugetönten, kahlen Zweigen. Dieser hohe, starkwüchsige Strauch trägt längliche Blätter.
Sonne oder lichter Schatten; alle Böden, außer trockene; 4,5 m; Z 6

Sambucus (Holunder)

Die Holunderblüten haben einen schweren, moschusartigen Duft, der nicht jedermann zusagt. Holunder sind sehr nützliche, rasch wachsende, laubabwerfende Sträucher, die überall gedeihen. In einem ›unberührten‹ Garten ist der gewöhnliche Holunder eine wichtige Solitär- oder Heckenpflanze, beliebt bei Insekten, wenn er Blüten trägt, und willkommen bei Vögeln, wenn er sich mit Beeren schmückt. In einer anderen Umgebung sind die farbigen Varietäten mit eingeschnittenen Blättern besonders wertvoll.
Sonne oder Schatten; alle Böden

S. nigra, der Schwarze Holunder, trägt im Frühsommer große, flache, cremefarbene Blütenköpfe, die von Bündeln schwarzer Beeren abgelöst werden. Diese Spezies gibt es in vielen verschiedenen Blattfarben, einschließlich einer bezaubernden dunkelpurpurnen und einer eindrucksvoll goldfarben panaschierten Form sowie der Sorte 'Laciniata' mit tief eingeschnittenen Blättern.
Von 3 m bis zu einer kleinen Baumgröße; Z 6

S. racemosa 'Plumosa Aurea' ist der schönste unter den goldlaubigen Holundern und zweifellos auch der beste goldlaubige Strauch, der kultiviert wird. Er hat reizvolle eingeschnittene Blätter, die direkt nach dem Austrieb lohfarben sind, und er schmückt sich im Frühsommer mit gelben Blüten in dichten, kompakten Rispen. Ihnen folgt gelegentlich ein herrliches Schauspiel scharlachroter Beeren. Da das Laub bei starker Sonneneinstrahlung verbrennt, sollte der Strauch einen etwas schattigen Standort haben.
2,5 m; Z 5

Sarcococca hookeriana digyna

Sarcococca humilis

Skimmia japonica

Sarcococca

Diese zwergwüchsigen oder kleinen, immergrünen Sträucher, die im Spätwinter unscheinbare, aber intensiv nach Honig duftende Blüten hervorbringen, sollten in keinem Garten fehlen. Sie sind schöne Begleiter zu gleichzeitig blühenden Christrosen und Mahonien, und sie lassen sich geschickt in schmalen Beeten unterbringen.

Schatten; alle Böden, außer sehr trockene

S. confusa ist ein buschiger, in die Breite wachsender Strauch. Er hat dunkle, glänzende, lanzettliche Blätter und schmückt sich mit cremefarbenen Blüten, die von kleinen schwarzen Früchten abgelöst werden.

1,5 m; Z 6

S. hookeriana digyna ist eine der häufiger angebotenen Arten. Sie trägt schmale, blaßgrüne Blätter an aufrechten Zweigen. Ihre rosafarbenen Blüten werden von schwarzen Früchten abgelöst.

Bis zu 1,2 m; Z 6

S. humilis, eine weitere beliebte Art, ist ein zwergwüchsiger, Ausläufer treibender Strauch mit dunklem, glänzendem Laub, das schöne grüne Kissen für die Vorderfront einer Schattenrabatte bildet. Seine cremefarbenen Blüten werden von schwarzen Beeren abgelöst.

Bis zu 60 cm; Z 6

Staphylea colchica

Skimmia japonica 'Rubella'

S. ruscifolia. Da die Varietät *chinensis* starkwüchsiger ist, ist sie der Spezies selbst vorzuziehen. Im äußeren Erscheinungsbild gleicht sie *S. confusa,* trägt aber rote Beeren. 1,5 m; Z 8

Skimmia

Diese Gruppe kleiner, immergrüner Sträucher ist für schattige Rabatten und Kübel besonders gut geeignet. Sie können aber keine stark alkalischen Böden vertragen. In Gärten mit Kalkböden können sie in Heideerde gezogen und mit Regenwasser gewässert werden. Die (zweihäusigen) Skimmien, die hübsche, dichte, rundliche Sträucher bilden, tragen länglich ovale bis elliptische, ledrige Blätter. Ihre Blütenrispen, die im Frühjahr erscheinen, strömen Düfte in unterschiedlichen Nuancen aus – vom Maiglöckchenduft bis hin zu einem Geruch, der an Strauchveroniken erinnert. Bei weiblichen Pflanzen werden die Blüten im Herbst von vorspringenden Bündeln scharlachroter Beeren abgelöst, vorausgesetzt, die Anpflanzung enthält auch männliche Exemplare.

S. japonica hat eine Reihe ausgezeichneter Pflanzen hervorgebracht. *S. japonica* 'Veitchii' (in der Regel als *S.* 'Foremanii' verkauft) ist eine starkwüchsige weibliche Pflanze mit schönen Früchten; auch 'Nymans' ist eine gute Sorte. Die männlichen Pflanzen bringen die schönsten Blüten hervor, und was die Süße des Duftes betrifft, so sollte man die

Sorte 'Fragrans' auswählen; 'Rubella' mit ihren rotknospigen Blüten ist eine interessante Farbvariante. 1 m; Z 8

S. laureola trägt in der männlichen Form duftende, grünlich schimmernde cremefarbene Blüten. Die Blätter geben ein scharfes Aroma ab, wenn man sie zwischen den Fingern zerreibt.

Gewöhnlich unter 1 m; Z 8

S. reevesiana ist zwittrig, so daß nach cremefarbenen Blüten immer karminrote Beeren erscheinen. Sie wird nicht höher als etwa 60 cm. Z 9

Spartium (Binsenginster)

S. junceum ist beliebt wegen seiner ausgedehnten Sommerblüte und seiner Duldsamkeit, was heiße, trockene Klimate betrifft. Dieser Strauch behält eine buschige Form, wenn man ihn im Frühjahr zurückschneidet. Sein gelber, nach Vanille duftender Blütenflor entfaltet sich im Sommer.

Sonne; 2,5 m oder mehr; Z 8

Staphylea (Pimpernuß)

S. colchica ist ein aufrechter, laubabwerfender Strauch, der sich im Frühjahr mit weißen Blütenrispen schmückt. Die Blüten werden von auffälligen, aufgeblasenen Samenkapseln abgelöst.

Sonne oder lichter Schatten; lehmiger Boden; 3 m oder mehr; Z 6

Syringa (Flieder)

Die Flieder, die Vorboten des Sommers, gehören zur Grundausstattung des Spätfrühjahrsgartens. Die größeren Formen, die den Umfang kleiner Bäume haben und große Blütenrispen tragen, sind laubabwerfende Hintergrundpflanzen für die sonnigeren Teile von Strauchrabatten oder ›unberührten‹ Gärten. Die kleineren Formen dagegen, die sich durch weniger aufdringliche Blätter und häufig durch eine längere Blütezeit auszeichnen, können in gemischte Staudenrabatten eingefügt werden, um für frühe Blüten zu sorgen. Ihr Blütenduft ist so charakteristisch, daß er hinreichend als Fliederduft beschrieben werden kann. Aber innerhalb dieses Duftes gibt es Variationen von ›sehr süß‹ bis hin zu ›unangenehm schwer‹.

Sonne oder lichter Schatten; alle Böden, außer sehr alkalische

S. × chinensis ist ein schöner, aber ungewöhnlicher Strauch mit überhängenden blaßlila Blütenrispen, die einen angenehmen Duft verströmen. Er ist eine buschige, häufig etwas locker wachsende Pflanze.
3 m; Z 3

S. × hyacinthiflora ist eine vielfältige Hybride, aus der viele reizvolle Klone selektiert worden sind. Sie ähnelt dem gewöhnlichen Flieder, wächst aber mehr in die Breite und trägt lockere Blütenköpfe. Sie blüht auch zu einem früheren Zeitpunkt im Frühjahr. 'Clarke's Giant' ist eine ausgezeichnete Sorte mit großen blauvioletten Blütenköpfen; auch 'Esther Staley' ist eine herrliche Sorte, deren rotknospige Blüten sich rosa entfalten.
3,5 m; Z 3

S. × josiflexa 'Bellicent', ein außergewöhnlich schöner, großer Flieder, bringt lange Rispen mit hängenden, blassen, reinrosa Blüten hervor, die lieblich duften. Sobald er seinen Höhepunkt erreicht, bietet er einen famosen Anblick, und falls der Platz nur für einen einzigen verhältnismäßig großen Flieder reicht, ist er die beste Wahl.
3 m oder mehr; Z 5

S. meyeri 'Palibin' ist ein häufig gezogener, niedriger Flieder mit kleinen Blättern und lockeren Rispen aus süß duftenden rosavioletten Blüten, die im Frühsommer erscheinen.
Bis zu 1,5 m; Z 5

S. microphylla 'Superba' ist die beste Spezies unter den kleinen Fliedern und einer der empfehlenswertesten duftenden Sträucher. Er blüht ausdauernd vom Frühjahr bis zum Herbst. Seine Blüten, die sich aus rosaroten Knospen entfalten, sind reinrosa und sitzen in 7 cm langen Rispen beieinander. Ich würde nur ungern auf diesen hübschen Strauch verzichten.
1,2 m; Z 4

Syringa microphylla 'Superba'

Syringa × persica 'Alba'

S. × persica ist mit seinen eleganten Blütenrispen und seinen schmalen Blättern von zarteter Gestalt. Seine blaßlilafarbenen Blüten haben einen angenehmen Duft. Es gibt eine sogar noch schönere weiße Sorte, genannt 'Alba'.
2 m; Z 5

S. × prestoniae ist eine weitere vielfältige Hybride, aus der eine Reihe großer Fliedersorten hervorgegangen ist. Sie dehnen die Fliedersaison bis in den Sommer hinein aus. Viele entwickeln dekorative Blütenköpfe, zusammengesetzt aus hängenden Blüten, und alle verbreiten einen angenehmen Duft. 'Elinor' mit rosavioletten Blüten ist am leichtesten erhältlich, aber auch 'Audrey' mit dunkelrosa Blüten und 'Isabella' mit lila-purpurfarbenen Blüten sind gute Sorten.
4,5 m; Z 2

S. sweginzowii ist mit seinen eleganten, überhängenden Zweigen und seinen langen Rispen, an denen süß duftende blaßrosa Blüten herabhängen, zweifellos die Art, die sich der Kenner aussucht.
3,5 m; Z 6

S. vulgaris, der Gewöhnliche Flieder, ist in so vielen unterschiedlichen Sorten – mit gefüllten und ungefüllten Blüten in allen Farben – erhältlich, daß die Auswahl schwerfällt. Hier eine Auslese: 'Charles Joly' mit gefüllten Blüten in einem dunklen rötlichen Purpur; 'Firmament' mit ungefüllten Blüten in einem reinen Blauviolett; 'Katherine

Havemeyer' mit gefüllten Blüten in einem Lavendel-Purpur; 'Madame Lemoine' mit gefüllten weißen Blüten; und 'Andenken an Ludwig Späth' ('Souvenir de Louis Spaeth') mit ungefüllten Blüten in Weinrot.
4,5 m; Z 4

Thuja (Lebensbaum)

Mit ihrem fruchtig duftenden Laub sind die Lebensbäume attraktive Koniferen für den Duftgarten. Sie eignen sich als Solitärpflanzen in verschiedenen Größen oder bieten sich als immergrüner Hintergrund, Wind- oder Sichtschutz und als Hecke an. *T. plicata* (in der Rubrik »Bäume« beschrieben) läßt sich zu einer der schönsten und am besten duftenden immergrünen Hecken ziehen.

T. occidentalis, der Abendländische Lebensbaum, bietet eine Reihe von Koniferen in allen Formen und Größen, am häufigsten jedoch dicht und kegelförmig wachsende. Die bekanntesten Sorten sind 'Danica', eine zwergwüchsige, dunkelgrüne Kugel, die im Winter einen Bronzeton annimmt; 'Ericoides', ein zwergwüchsiger, graugrüner Kegel, ebenfalls mit Winterfärbung; 'Holmstrup', eine gefällige, dunkelgrüne Pyramide, die langsam eine Höhe von 2–3 m erreicht; 'Rheingold', eine 1,2 m hohe Kuppel, die jedes Jahr ihren Goldton verändert; 'Smaragd' ('Emerald'), eine leuchtendgrüne, 3 m hohe Pyramide, die besonders gut für eine Hecke geeignet ist; und 'Sunkist', eine goldfarbene Pyramide, die langsam eine Höhe von 1,2 m erreicht.
Sonne; Z 3

T. orientalis hat im Vergleich zu der obengenannten Spezies zwar weniger, aber gleichwohl gute Gartenkoniferen hervorgebracht. Leider haben sie jedoch alle einen schwächeren Duft.
Sonne; Z 5

T. plicata hat seinen Duft an seine Klone weitergegeben, von denen die folgenden farbigen Sorten die bekanntesten sind: 'Rogersii', eine zwergwüchsige, goldfarbene Kugel, die im Winter schöne Bronzetöne annimmt; 'Stoneham Gold', ein breiter, goldfarbener Kegel, der langsam die Höhe von 1 m erreicht; und 'Zebrina', eine breite, goldfarben panaschierte Pyramide, die maximal Baumhöhe erreicht.
Sonne; Z 5

Umbellularia (Berglorbeer)

U. californica ist ein großer, aromatischer, immergrüner Strauch oder kleiner Baum, dessen ovale, ledrige Blätter einen scharfen fruchtigen Duft verströmen, wenn man sie zwischen den Fingern zerreibt. Es wird behauptet, daß ein zu langes Einatmen des beißenden Aromas Kopfschmerzen und Niesen verursache und einen Menschen sogar

bewußtlos machen könne! Im Frühjahr erscheinen kleine Dolden aus gelblichen Blüten, die gelegentlich von Früchten abgelöst werden. Dieser Strauch benötigt einen warmen Standort, wo er vor frühen Frösten geschützt ist.
Sonne; gut durchlässiger Boden; Z 9

Viburnum (Schneeball)

Diese Strauchgruppe bereichert den Garten mit einem der wunderbarsten Düfte. Die duftenden Varietäten (nicht alle Schneebälle duften!) lassen sich in zwei Kategorien unterteilen: solche, die im Spätherbst, Winter und zu Beginn des Frühlings blühen, und solche, die im Frühjahr ihre Blüten öffnen. Alle sollten so plaziert sein, daß ihr Duft gut zur Geltung kommt. Sie passen am besten in eine Strauchrabatte vor laubabwerfende Bäume.
Sonne oder lichter Schatten; feuchte Böden

V. × bodnantense ist, wenn es sich um eine gute Sorte handelt, der schönste winterblühende Schneeball. In gewissen Abständen bringt er vom Herbst bis zum Frühjahr rosarote Blütenbüschel

Viburnum × bodnantense 'Dawn'

Viburnum carlesii 'Diana'

Viburnum × juddii

Viburnum × burkwoodii

hervor, die erstaunlich widerstandsfähig gegen Frost sind. Ihr süßer Honigduft, der ein feines Mandelaroma enthält, wird an warmen Tagen durch die Luft getragen. 'Dawn' ist eine herrliche starkwüchsige Selektion mit großen rosa Blüten und großen Blättern; 'Deben' hat rosa Knospen und weiße Blüten, die aber leicht durch schlechtes Wetter beschädigt werden. Die Sträucher wachsen aufrecht und sind laubabwerfend.
3 m; Z 7

V. × burkwoodii ist ein halbimmergrüner Strauch mit wunderbar glänzenden Blättern, von denen einige lebhafte Herbstfarben annehmen. Seine dichten, runden Büschel aus reinweißen Blüten erscheinen vor allem im Frühjahr. Ihr süßer Nelkenduft wird weit durch die Luft getragen. Dieser Schneeball bietet sich als Hintergrund einer Blumenrabatte an. Verschiedene ausgezeichnete Sorten und Hybriden sind erhältlich, insbesondere 'Anne Russell' mit blaßrosa Blüten; 'Fulbrook' mit größeren, weißen Blüten, charakteristischen Blättern und elegantem Wuchs; und mit 'Park Farm' eine herrliche, starkwüchsige Pflanze mit größeren Blättern und großen weißen Blüten.
2,5 m; Z 5

V. × carlcephalum, ein geschätzter frühjahrsblühender, laubabwerfender Duftschneeball, ist im ganzen etwas derber als *V. carlesii* und meines Erachtens weniger empfehlenswert. Seine Blätter sind größer und seine Blütenköpfe schwerer und weniger elegant. Sein Duft ist jedoch süß und intensiv.
2,5 m; Z 5

V. carlesii hat den angenehmsten Duft von allen frühjahrsblühenden, laubabwerfenden Schneeball-Arten: einen süßen Nelkenduft, den man noch in weiter Entfernung wahrnehmen kann. Dieser runde Strauch trägt Blätter in mattem Graugrün und weiße Blüten. Die drei daraus hervorgegangenen Klone sind sogar noch besser als die Spezies selbst: 'Aurora' hat rote Knospen, die sich zu blaßrosa Blüten öffnen; 'Charis', eine besonders starkwüchsige Form, hat ebenfalls rote Knospen, dafür aber weiße Blüten; und 'Diana' hat rote Knospen und rötlichere Blüten als 'Aurora'.
1,2–2,5 m; Z 5

V. farreri (V. fragrans), eine beliebte Pflanze des englischen Cottage-Gartens, blüht den ganzen Winter über in gewissen Abständen an kahlen Zweigen. Seine rosagetönten weißen Blüten duften nach Mandeln. Im Vergleich zu *V. × bodnantense* wächst dieser laubabwerfende Schneeball zunächst genauso aufrecht, im Alter aber mehr in die Breite.
3 m; Z 6

V. × juddii ist ein weiterer hervorragender frühjahrsblühender, laubabwerfender Strauch. Er ähnelt *V. carlesii*, hat aber einen schöneren, buschigeren Wuchs. Auch seine weißen Blütenköpfe sind in der Regel etwas größer. Sein Duft ist zwar süß, erhält aber durch ein leichtes Gewürznelkenaroma Charakter.
1,2 m; Z 5

V. odoratissimum wird hier nur der Ordnung halber aufgeführt, da er eigentlich nur in milderen Gegenden gedeiht. Er wäre eine reizvolle Pflanze für ein großes Gewächshaus oder einen großen Wintergarten; eventuell läßt er sich auch an einer vollbesonnten Mauer ziehen. Dieser immergrüne Strauch trägt große, ledrige Blätter, die im Herbst manchmal einen Bronzeton annehmen. Die kegelförmigen Rispen aus reinweißen Blüten erscheinen bereits im Spätsommer.
3–7,5 m; Z 8

V. tinus ist ein häufig gezogener immergrüner Strauch, mit dem mich eine Haßliebe verbindet. Seine Vorzüge sind sein buschiger Wuchs, der ihn zu einem idealen Gehölz für den Hintergrund oder für lockere Hecken macht, seine geringen Ansprüche an Sonne und seine Winterblüte. Als Nachteil empfinde ich, daß er in keinem Moment des Jahres wirklich beeindruckt, es sei denn durch eine Woge seines süßen Honigduftes, doch das ist kaum vorhersehbar, weil die Intensität dieses Duftes starken Schwankungen unterliegt. Vom Herbst bis zum Beginn des Frühjahrs öffnen sich immer wieder neue weiße Blüten aus rosafarbenen Knospen. In manchen Jahren werden sie von blauen Früchten abgelöst. 'Eve Price' ist eine kompakte, kleinere Sorte mit leuchtendrosa Knospen und rosa getönten Blüten.
Schatten; 2–3,5 m; Z 8

Weigela

Ein paar Weigelien überraschen uns mit ihrem Honigduft, da die meisten Arten dieser Familie keinen oder nur einen sehr schwachen Duft haben. Weigelien sind beliebte laubabwerfende Sträucher für den Frühsommer, die an kurzen Seitentrieben des Vorjahres eine Fülle röhrenförmiger Blüten hervorbringen. Nach der Blüte sollten die Blütentriebe kräftig zurückgeschnitten werden. Da die Sträucher ein ziemlich reizloses Laub besitzen (die Sorten mit farbigem Laub ausgenommen), sollte man sie so plazieren, daß sie nach der Blüte nicht mehr ins Auge fallen.
Sonne oder lichter Schatten; jeder Boden

W. **'Mont Blanc'** ist eine der besten weißen Weigelien. Sie ist starkwüchsig, trägt große Blüten und hat einen guten Duft. Sie wird aber nur selten angeboten.
2,3 m

W. praecox **'Variegata'** ist eine cremefarben panaschierte Hybride der stark duftenden *W. praecox*. Sie schmückt sich mit rosaroten Blüten. Die *Praecox*-Sorten blühen bereits Mitte Mai.
2,3 m

Yucca (Palmlilie)

Die meisten von uns denken bei Palmlilien an Rabattenstauden; da sie aber genaugenommen Sträucher sind, werden sie hier aufgeführt. Ihre spitzen Horste aus schwertförmigen, immergrünen Blättern geben jedem Bepflanzungsschema ein leicht tropisches Aussehen, und ihre langen Stiele, an denen cremefarbene Glocken hängen, verbinden sich wunderbar mit gelben Fackellilien und blauem *Agapanthus*. Als architektonisch wirkungsvolle Akzente an Rabattenecken oder in Spalten zwischen Steinplatten sind sie nahezu unübertroffen. Denken Sie aber daran, daß sich ihre gefährlichen, messerscharfen Blattspitzen genau in Augenhöhe von Kindern und Hunden befinden. Ihre Blüten haben einen süßen Duft.
Sonne; gut durchlässiger Boden

Y. filamentosa hat überwiegend steif aufrechte, graugrüne Blätter mit langen, krausen Fäden an den Rändern. Ihre lockeren, breiten Blütenrispen erscheinen im Hochsommer.
Bis zu 2 m; Z 5

Y. flaccida hat schmalere, grauere Blätter, die lockerer wachsen und deren oberer Teil sich zum Boden neigt. Ihre Blüten öffnen sich an kürzeren Rispen. 'Ivory' ist eine herrliche, üppig blühende Selektion.
1–1,2 m; Z 5

Y. gloriosa blüht weniger reich, manchmal sogar überhaupt nicht. Wenn aber die Blütenglocken erscheinen, sitzen sie an dicken, schmalen Rispen. Ihr Laub ist steif und gefährlich.
Bis zu 2,5 m; Z 7

Zenobia

Z. pulverulenta ist ein reizvoller laubabwerfender, kleiner Strauch, der gut zu Rhododendren paßt. Seine nach Anis duftenden Blütenbüschel aus glockenförmigen weißen Blüten erscheinen im Sommer. Die eiförmigen Blätter sind nach dem Austrieb bläulich bereift und nehmen im Herbst schöne Rottöne an. Eine sehr attraktive, empfehlenswerte Pflanze.
Sonne oder Schatten; feuchter, saurer Boden;
1,2–2 m; Z 6

Yucca gloriosa

Staudenrabatten und bodendeckende Pflanzen

In der Winterzeit lassen sich die Düfte von Rabattenpflanzen, Knollen- und Zwiebelgewächsen besser im Haus genießen. Gewöhnlich sind die Blüten dieser Pflanzen weniger widerstandsfähig als die von Sträuchern. Im Freien werden sie nicht nur von Wind, Frost und Regen in Mitleidenschaft gezogen, sondern auch ihr Duft verliert sich in der kalten Luft. Es lohnt sich, einige Zwiebelpflanzen in Töpfen zu ziehen und sie draußen unter Glas oder bis zum Topfrand in ein Sandbeet eingesetzt zu halten und sie nach drinnen in die Wärme zu holen, sobald die Blütenknospen sichtbar werden. Im Herbst pflanze ich immer Töpfe voll mit Krokussen, Narzissen, nach Veilchen duftenden *Iris reticulata* (für mich ist diese Iris sowieso keine zuverlässige Pflanze im Freien) und vorgezogenen Hyazinthen, um sie von Weihnachten an in der Nähe meines Schreibtisches zu genießen.

Andere Pflanzen kann man schneiden, sobald sie zu blühen beginnen. Schneeglöckchen, insbesondere die große Sorte 'S. Arnott', verschwenderisch in Krügen arrangiert, überraschen mit ihrem starken Honigduft, und verschiedene Sorten der *Iris unguicularis* strömen süße Düfte von besonderer Raffinesse aus. Die blaßlavendelfarbene Sorte 'Walter Butt' duftet bezaubernd nach Schlüsselblumen. Der berühmte englische Pflanzenkenner E. A. Bowles gibt in seinem Buch »My Garden in Spring« (1914) detaillierte Hinweise, wie und wann man diese Iris-Sorten pflücken sollte. Bei frostigem Wetter rät er, die 30 cm langen Stiele, die eigentlich die Blütenrohre sind, herauszuziehen, wenn sich die Knospen färben, und sie sofort bis zum Hals in Wasser zu stellen, damit sie nicht schlaff werden und herunterhängen. Beginnen sie dann ihre großen himmelblauen Blüten mit der goldenen Zeichnung zu öffnen, sollte man sie in einer schönen Vase arrangieren.

Sobald sich der Winter verabschiedet und die ernsthafte Gartenarbeit wieder beginnt, können wir mehr Düfte im Freien genießen. Eine Fülle von Schneeglöckchen und Märzbecher, zusammen mit Krokussen (*Crocus tomasinianus*), die für Farbe sorgen, stellt sich unter Sträuchern mit kahlen Stämmen, etwa der würzig duftenden Kornelkirsche (*Cornus mas*) und süß duftenden Weiden, zur Schau. Auch die Stinkende Nieswurz (*Helleborus foetidus*) steht in Blüte. Sie stinkt nur, wenn man sie zwischen den Fingern zerreibt, und auch dann nur in Maßen.

Bei einigen Sorten, insbesondere 'Jekyll's Form', duften die Blüten sogar nach Maiglöckchen. *H. foetidus* bildet mit ihren immergrünen, gefingerten Blättern eine ideale Folie für Schneeglöckchen, zwischen denen sie sich auch noch selbst aussät. Und auf schattigen Böschungen wird sie zum idealen Begleiter für Primeln. Die purpurgetönten Winterblätter der *Tellima grandiflora rubra* passen ebenfalls ausgezeichnet zu Schneeglöckchen und Primeln, aber ihre süß duftenden Blüten erscheinen erst im Frühsommer.

Wenn der Frühling naht, kommt der Garten richtig in Schwung. Die Jahreszeit der Sträucher hat begonnen, und die Hauptaufgabe der frühen Zwiebelpflanzen und Stauden besteht darin, einen farbigen Untergrund zu schaffen. Duftveilchen, Primeln, Traubenhyazinthen und Narzissen gehören zu den duftenden Kandidaten, die eine gewisse Menge Schatten benötigen oder tolerieren und die in großen Gruppen unter Magnolien, Zierkirschen und Scheinquitten (*Chaenomeles*) sowie unter den saure Böden schätzenden Waldgartenpflanzen wie Scheinhasel (*Corylopsis*) und Federbuschsträuchern (*Fothergilla*) versammelt werden können. Aber die stärker duftenden Narzissen, die Jonquillen und Tazetten, gedeihen besser, wenn sie an sonnigen, geschützten Plätzen gezogen werden. Sobald die Blüten ihren Höhepunkt erreichen, verströmen sie ihre fast stechend süßen Düfte. Der etwas finster wirkende Wolfsschwertel (*Hermodactylus tuberosus*) ist für sie ein reizvoller Begleiter. Sein samtiges Schwarz und Limettengrün verbindet sich gut mit den verschiedenen Gelb-, Orange- und Weißtönen. Darüber hinaus duftet er köstlich nach Nelken. Auch zwergwüchsige, nach Honig duftende Tulpen sind passende Begleitpflanzen.

Im Spätfrühjahr, wenn blühende Sträucher und Bäume ihr Schauspiel für Augen und Nase fortsetzen, übernehmen allmählich Stauden und zweijährige Pflanzen die Rolle der Zwiebelgewächse. In schattigen

Rechts: Eine mit traditionellen Pflanzen gefüllte hochsommerliche Staudenrabatte ist nicht allzu reich an Düften. Sträucher, Lilien, einjährige und andere Pflanzen sollten deshalb in die Komposition einbezogen werden. Hier liefern Kletterpflanzen und Buschrosen süße Düfte, während eine Buchseinfassung ein würziges Aroma spendet.

und oft auch sonnigen Rabatten stellen jetzt die Maiglöckchen ihre winzigen weißen Glockenblüten zur Schau. Sie haben die Angewohnheit, genau dort zu gedeihen, wo man es niemals vermuten würde, und gerade an den Plätzen zu verkümmern, die man für ausgesprochen passend gehalten hätte. Die Konsequenz ist, daß man es überall im Garten mit ein paar Pflanzen versuchen sollte. Im Freien ist ihr Duft nur selten zu genießen, so daß es lohnender ist, sich alle paar Tage einige Blütenstiele ins Haus zu holen.

Goldlack ist ein Luxus, auf den ich nicht verzichten möchte. Ich sage Luxus, weil ich mir jeden Herbst ein paar Pflanzen kaufe. Mein Gartencenter um die Ecke zieht so gute Pflanzen, daß sich mir die Mühe nicht zu lohnen scheint, sie selbst anzuziehen. Ihr warmer, würziger Duft weckt die gleichen orientalischen Assoziationen, die ihre geheimnisvollen Farben heraufbeschwören, und ich wünschte, ich hätte genug Platz, um ganze Goldlackteppiche zu pflanzen. In meinen überfüllten Rabatten muß ich mich auf kleine Gruppen – sowohl bunte als auch einfarbige – beschränken. Die Gruppen von einer Farbe werden begleitet von bläulicher Katzenminze oder, was noch außergewöhnlicher ist, von Fenchel. Im Duft des Goldlacks ist mehr als nur ein Hauch von Anis, und da auch der grüne und bronzefarbene Fenchel nach Anis duftet, bilden beide eine glückliche Gemeinschaft. Sonnigen Rabatten, die in erster Linie mit Stauden bepflanzt sind, fehlt es zu dieser Jahreszeit wahrscheinlich etwas an Farben, es sei denn, Tulpen und Goldlack sind dazwischengepflanzt. Auch andere duftende Pflanzen können die Rabatten beleben, so zum Beispiel Iris 'Florentina', Levkojen, mehrjähriger Silberling (*Lunaria rediviva*) und Schattenblumen (*Smilacina racemosa*). Die auffallenden cremefarbenen Blütenrispen der Schattenblumen bilden eine schöne Gemeinschaft mit limettengrüner Wolfsmilch und Tulpen. Man erwartet den schweren Duft von Mädesüß und ist dann überrascht, wenn sie frisch nach Zitrone riechen.

Im Hochsommer ist der Garten in Pastellfarben getaucht. Das ist die Jahreszeit, in der alle Lieblingsblumen des Cottage-Gärtners blühen – zum Beispiel Pfingstrosen, Iris, Lupinen und Nelken – und in der die Luft angefüllt ist von Duftschwaden der Rosen, des Geißblatts und des Sommerjasmins. Nelken duften von allen Stauden am stärksten, und falls der Boden ausreichend trocken und kalkhaltig ist, kann man damit Wege einfassen, sie von erhöhten Beeten überhängen und aus Pflasterspalten hervorquillen lassen.

Bei den verschiedenen Sorten der Bartiris kann man alle Arten von fruchtigen und Vanilledüften entdecken. Die lavendelblaue *I. pallida pallida* (*I. p. dalmatica*) ist eine der besten Arten. Auch *I. hoogiana* und *I. graminea* lohnen die Mühe. Die erstere mit ihren lavendelblauen und die letztere mit ihren blauvioletten und purpurrosa Blüten sind nicht nur ausgesprochen schön, sie duften auch wunderbar. *I. hoogiana* duftet nach Rosen, während *I. graminea* nach gedämpften Pflaumen und Reineclauden riecht.

Da Pfingstrosen und Lupinen in lichtem Schatten gedeihen, sollten wir sie möglichst in den Schatten unserer Strauchrosen pflanzen. Pfingstrosen und Rosen sind wie füreinander gemacht. Sie haben beide

runde, üppige Blüten, eine ganze Palette von Rosatönen und einen süßen Duft. Die Lupinen mit ihren aufrechten Blütenständen bilden dazu einen interessanten Formkontrast. Nach Lilien duftende Taglilien wie die gelbe *Hemerocallis lilioasphodelus* (*H. flava*) sorgen im Frühsommer für passende Farbakzente, und im Hochsommer bieten ihre binsenartigen Blätter einen reizvollen Anblick.

Wenn man an warmen Frühsommerabenden durch den Garten schlendert, kommt man in den Genuß der Düfte jener Pflanzen, die ihre Duftstoffe erst abends freisetzen. Die Nachtviole (*Hesperis matronalis*) beschenkt uns mit einem der köstlichsten Düfte. Der wunderbare Nelkenduft der weißen und blaßlila Blütenköpfe dieser hohen, sich selbst aussäenden zweijährigen Pflanze, die in der Dämmerung leuchten, weht durch die Luft und wird in weite Ferne getragen.

Auch der einjährige Ziertabak sollte im Garten nicht fehlen. Besonders wertvoll ist der weiße, dessen betäubender exotischer Duft, der sich erst am Abend entfaltet, uns in tropische Regionen entführt, wo die Luft schwer ist vom Geruch nach Jasmin und Mandeln. Den Augen so angenehm wie der Nase ist der dekorative Ziertabak *Nicotiana sylvestris* mit seinen hängenden, röhrenförmigen Blüten. Dieses Jahr habe ich mich auch sehr an dem Duft weißer Verbenen erfreut, die ich mit dunkelpurpurfarbenem Heliotrop und *Argyranthemum frutescens* zusammengepflanzt habe. Letztere ist eine duftlose, frostempfindliche, mehrjährige Pflanze, die sich mit einem grünlichblauen Schleier schmückt und immer mit einer Fülle weißer ›Gänseblümchen‹ bedeckt ist. Ich konnte am Abend nicht an dem betäubenden süßen Duft der Verbenen vorübergehen, ohne stehenzubleiben und ihn tief einzuatmen. In der Nacht duftende Levkojen und das Mandelaroma von *Schizopetalon walkeri* sorgen für weitere Duftnuancen.

Eine Komposition aus fruchtigeren Düften, die sich in der Nacht entfalten, sollte folgende Pflanzen berücksichtigen: nach Zitrone duftende einjährige *Mirabilis jalapa*, zweijährige Nachtkerzen – die blaßgelbe *Oenothera stricta* (*O. odorata*) liebe ich besonders – und Petunien, die der Duftmischung einen Hauch von Vanille hinzufügen.

Die Königslilie (*Lilium regale*), die auch in der Nacht wunderbar duftet, läßt sich von allen Hochsommerlilien am leichtesten kultivieren. Da sie besonders schön ist, sollte man sie nicht nur in Töpfen, sondern auch in der Rabatte ziehen. Für ein schönes Schauspiel zu einem späteren Zeitpunkt könnte man vielleicht einen Topf mit den würzig süßen Goldbandlilien *Lilium auratum* bepflanzen. Einen außergewöhnlich attraktiven Anblick bieten Königslilien in silbrigen Farbschemen zusammen mit weißen Rosen und Artemisien als Unterpflanzung karminroter und gelber Rosen, deren Farben auf die zurückgebogenen Trompetenblüten der Königslilien Reflexe zu zaubern scheinen. Falls der Boden nicht übermäßig sauer ist, sollten Sie auch die Madonnenlilie (*L. candidum*) ausprobieren. Sie genießt das Durcheinander und Gedränge der Blumenrabatte und bietet im Zwielicht in einer verstreuten Gruppe einen geradezu geisterhaften Anblick.

Die faszinierendste Pflanze an einem windstillen, warmen Sommerabend ist der Diptam *Dictamnus albus* (*D. fraxinella*). Entzündet man das duftende ätherische Öl an seinen Blütenköpfen mit einem Streichholz, steigen an allen Blütenstielen orangefarbene Flammen empor, und ein harziger Zitronenduft weht durch die Luft. Die Pflanzen erleiden dadurch keinen Schaden. Leider gibt es bei diesem Kunststück keinerlei Erfolgsgarantie – mir ist es im Beisein von Zuschauern bisher noch niemals gelungen –, denn alle Voraussetzungen müssen ganz genau stimmen.

Auch vor dem Meerkohl *Crambe cordifolia* und vor der riesigen Lilie aus dem Himalaja *Cardiocrinum giganteum* bleiben manche Leute wie betäubt stehen. Wie ein gigantisches Schleierkraut stellt der Meerkohl auf 2 m hohen Stielen eine Wolke winziger, nach Honig duftender Blüten zur Schau. Er paßt wunderbar zu Rosen und kräftigfarbenen Stauden wie die Brennende Liebe (*Lychnis chalcedonica*), aber bei mir steht ein Meerkohl einsam an der Ecke eines Gebüschs und neigt sich dort elegant über die angrenzende Rasenfläche. Vom Rasen aus gesehen, hebt er sich schimmernd gegen die dunklen Schatten einer alten kupferfarbenen Buche ab, geht man aber vom Steingarten um die Ecke, weicht man im ersten Moment betroffen vor den Blüten zurück, die sich in Kopfhöhe vor einem auftürmen. Ein weiterer Meerkohl, *Crambe maritima*, steht im gepflasterten Gartenbereich in Blüte. Sein Honigduft ist möglicherweise stärker als das Bukett von *Crambe cordifolia*, doch man muß sich weit herabbeugen, will man in diesen Genuß gelangen.

Cardiocrinum fühlt sich in Waldlichtungen und in Lücken zwischen Rhododendren wohl. »Der Duft scheint aus den großen, weißen Trompeten zu strömen; er ist fast übermächtig«, schreibt Gertrude Jekyll, »bekommt aber eine feine Note, wenn er durch die Luft weht, und ist in 50 m Entfernung schon wie ein zarter Hauch von Weihrauch.« Bedauerlicherweise habe ich niemals genügend große Gruppen in meinem Garten, um diese Duftnuancen feststellen zu können.

Duftende Stauden gibt es verhältnismäßig wenige, und deshalb müssen wir auf einjährige Pflanzen zurückgreifen, um den Duft der Staudenrabatten zu verstärken. Die vielfarbigen Züchtungen von Kornblumen und Löwenmäulchen und die außergewöhnlichen Sumpfblumen *Limnanthes douglasii* verleihen dem Garten ein fröhliches Aussehen und erinnern mich immer an Ferien an der See und an Strandpromenaden, die mit Sommerblumen in fröhlichen Farben bepflanzt sind. Löwenmäulchen und Sumpfblumen säen sich selbst reichlich aus; ebenso das besonders geschätzte Steinkraut, das mit seinem starken Honigduft überrascht.

Königin unter den duftenden Einjährigen ist die Wicke. Sie ist zwar eine arbeitsintensive Pflanze, liefert aber so viel Schnittmaterial für die Vase, daß sie nach wie vor sehr beliebt ist. Das französische Parfum der besten Varietäten hat leicht einen stechenden Charakter. Die Gitter und dreibeinigen Rankgerüste, die für Wicken errichtet werden, können nicht nur im Küchengarten, sondern auch in der Rabatte wertvolle Strukturelemente sein.

Unter den Stauden, die zu dem festen Bestand einer Hochsommerrabatte gehören, kann nur der Phlox mit Duft aufwarten. Er läßt sich zu

Oben: In einem Garten lassen sich die zarten Düfte manchmal nur schwer einfangen, besonders wenn die Luft kalt ist und dort Nachbarpflanzen mit kräftigeren Aromen dominieren, wie hier der muffige Geruch des Ginsters. Den zarten Duft der Primeln und Hasenglöckchen kann man besser im warmen Zimmer genießen.

großen Farbflächen arrangieren und bildet im Verein mit Eisenhut und Japanischen Anemonen einen ruhigen Hintergrund für auffallende Individuen wie Tigerlilien und Fuchsien. Der süße, pfeffrige Duft des Phlox' gewinnt in der Abendkühle an Intensität. Eine reizvolle Begleitpflanze für den Phlox ist die nicht-kletternde Staudenclematis *C. heracleifolia davidiana*. 'Wyevale' mit blauvioletten Blüten und einem angenehmen süßen Duft gilt bis heute als die beste Sorte. Varietäten in einem intensiveren Blau sollen aber demnächst eingeführt werden.

Wenn der Phlox allmählich vergeht, erscheinen die Riesenhyazinthen (*Galtonia*). Die duftenden weißen Glocken dieser im Spätsommer blühenden Zwiebelpflanzen passen wunderbar zu blauem *Agapanthus* und orangefarbenen und gelben Fackellilien. In sonnigen Beeten und in einem guten, tiefgründigen Boden säen sie sich selbst aus. Und vergessen wir nicht die süß duftende *Verbena bonariensis*, die ihre mauvefarbenen Blüten über Monate zur Schau stellt.

Mit frostempfindlichen Stauden, die jedes Jahr herausgenommen oder durch Stecklinge vermehrt und in einem frostfreien Gewächshaus überwintert werden, läßt sich die Saison der Sommerrabatte um ein beträchtliches ausdehnen. Viele Arten – zum Beispiel *Argyranthemum*, Fuchsien und *Osteospermum* – blühen ununterbrochen von der Zeit, in der man sie auspflanzt, bis zu den ersten Frösten. Andere, insbesondere eine Reihe von Salbei-Arten, beginnen gerade dann zu blühen, wenn viele winterharte Stauden verwelkt sind. Die Arten, die sich durch Farbe und Duft auszeichnen, sind doppelt willkommen.

Die Kosmee *Cosmos atrosanguineus* mit ihren schwarz-roten, nach Schokolade duftenden Blüten ist eine kostbare Staude, auf die wohl niemand verzichten möchte. Sie kann die kalte Jahreszeit unter einer Decke aus Torf, Farnkraut oder Rindenstückchen zwar ganz gut im Freien überstehen, zieht meines Erachtens aber ein Nomadenleben vor. Deshalb nehme ich sie im Spätherbst heraus und lasse sie im Beet in meinem unbeheizten Gewächshaus überwintern. Da die Salbei-Arten zu meinen Lieblingspflanzen zählen, ziehe ich davon so viele, daß ich oft gar nicht weiß, wo ich sie angemessen überwintern soll. Besonders wertvoll aufgrund der späten Blütezeit und der aromatischen Blätter sind der nach Fleisch duftende Salbei *S. confertiflora* mit seinen wunderbar rostigroten Blütenähren, der nach Brombeeren duftende *S. microphylla* und der minzige *S. uliginosa* in einem schönen Eisvogelblau. Auch sie überstehen in milderen Regionen den Winter im Freien unter einer schützenden Decke. Aber trotzdem empfiehlt es sich, im Frühherbst vorsichtshalber Stecklinge zu schneiden.

Mit einer Fülle duftender rosa- und weißblumiger Zwiebelpflanzen geht das Jahr allmählich zu Ende. In den sonnigen Rabatten öffnen sich die großen Trompeten der *Crinum*-Arten, und ein bißchen später folgen ihnen die rosafarbenen Sterne der *Amaryllis belladonna*, die den angenehmen, aber etwas künstlichen Duft von Pfirsichseife verströmen. Auch die spätblühenden Funkien stellen jetzt über frischgrünem Laub ihre trichterförmigen weißen Blüten zur Schau mit ihrem süßen, wenn auch etwas muffigen Duft, der an Mottenkugeln erinnert. Sie passen gut zu rosafarbenen und weißen Herbstzeitlosen.

Im Schatten unter laubabwerfenden Bäumen stehen Alpenveilchen *Cyclamen hederifolium* in Blüte. Jeder Gärtner sollte bestrebt sein, ganze Teppiche davon in seinem Garten zu haben. Sie blühen nämlich nicht nur über eine lange Zeit, sondern ihre Blätter bleiben auch bis zum Frühjahr sichtbar, um dann noch eine wunderbare Folie für Schneeglöckchen abzugeben. Damit sie sich auch noch an anderen Plätzen ansiedeln, kann man Sämlinge zu Beginn des Frühlings umpflanzen.

Links: Spätsommerrabatten setzen ihr Blütenschauspiel zum großen Teil mit einjährigen Pflanzen und frostempfindlichen Stauden fort. Hier hat man mit Kosmeen und Bartfaden ein Farbschema in Rosatönen geschaffen, während Artemisien, Buchs und reichlich Bartnelken für den Duft sorgen. Jenseits des Weges nehmen Malven und Rosen die Farben wieder auf und tragen sie hinauf bis in die Bäume.

Stauden

Adenophora (Schellenblume)

A. liliifolia, eine enge Verwandte der Glockenblumen, ist eine ungewöhnliche Staude für die Rabatte. Sie trägt im Hochsommer lockere Rispen aus köstlich duftenden blaßblauen Blütenglocken. Sie sollte aus Samen vermehrt werden, da ihre fleischigen Wurzeln nicht gestört werden wollen. Sonne oder lichter Schatten; alle Böden, außer trockene; 45 cm

Agastache

A. foeniculum (A. anisata, A. anethiodora) hat Blätter, die stark nach Anis duften, wenn man sie zwischen den Fingern zerreibt. Die jungen Triebe schimmern purpurfarben und bilden eine schöne Folie für Frühsommerblumen, insbesondere für blaßgelbe. Ihre eigenen Blüten – kompakte violette Blütenähren, die sich im Spätsommer öffnen – sind wenig bemerkenswert. Sonne; jeder fruchtbare Boden; 90 cm

A. mexicana, die sich in kalten Gegenden nicht wohl fühlt, ist eine weitere reizvolle Staude mit aromatischen Blättern. Ihre salbeiähnlichen Blüten, die im Hochsommer erscheinen, variieren in der Farbe von Rosarot bis Karminrot. Sonne; 60 cm

Anthemis (Hundskamille)

A. punctata cupaniana bildet eine feine silbrige Matte für die Vorderfront einer Rabatte. Ihr Laub riecht angenehm nach Kamille. Im Frühsommer schmückt sie sich mit weißen ›Gänseblümchen‹. Da die jungen Pflanzen am schönsten aussehen, sollte sie jedes Frühjahr geteilt werden. Sonne; gut durchlässiger Boden; 30 cm

Artemisia (Beifuß)

Die Artemisien schmücken den Garten mit einem wunderbar spitzenartigen Laub in schimmerndem Silber, doch die Blüten sind unattraktiv. Die Staude bietet einen herrlichen Anblick vor rosafarbenen Strauchrosen, zusammen mit blauen Iris und zwischen weißen Blumen. Die Blätter geben einen beißenden und, wie ich finde, unangenehmen Geruch ab, wenn man sie zwischen den Fingern zerreibt. Volle Sonne; gut durchlässiger Boden

Asphodeline (Junkerlilie)

A. lutea ist eine traditionsreiche Gartenpflanze und zählt zu den charaktervollsten Stauden. Im Frühsommer öffnet sie an ihren aufrechten Ähren köstlich duftende strohgelbe Sterne. Ihr grasartiges bläuliches Laub bildet eine perfekte Folie für die Blüten. Volle Sonne; gut durchlässiger Boden; 90 cm

Calanthe

C. discolor, eine terrestrische Orchidee aus dem Fernen Osten, ist im Freien an einem geschützten Standort winterhart, sehr kalte Klimate ausgenommen. Sie hat große, längliche Blätter und trägt im Frühsommer an langen Stielen bis zu 20 süß duftende schokoladebraune Blüten mit blaßrosafarbenen Lippen. Man sollte sie flach in ein Torfbeet pflanzen und mit einer Decke aus Blattmulche schützen. Lichter Schatten

Clematis (Waldrebe)

C. heracleifolia davidiana ist eine Staudenclematis, deren hyazinthförmige, quirlständige blaßviolettblaue Blüten einen köstlich süßen Duft verbreiten, wenn sie sich im Spätsommer öffnen. Sie hat breite, dunkle Blätter und bildet einen schönen Horst. 'Wyevale' ist eine besonders wertvolle Sorte in einer kräftigeren Farbe und mit ebenso starkem Duft. Sonne oder lichter Schatten; gut durchlässiger, fruchtbarer Boden; 1,2 m; Z 3

C. recta 'Purpurea' ist eine Staudenclematis, die man wegen ihrer herunterhängenden Stiele durch einen Strauch ziehen sollte. In meinem Garten

Ganz links: *Agastache foeniculum*
Links: *Clematis heracleifolia davidiana* 'Wyevale'

wächst sie durch die weiße Strauchrose 'Madame Hardy'. Ihre Hauptattraktion ist das purpurfarbene Laub, das aber unter den aus Samen gezogenen Pflanzen in der Intensität des Farbtons variiert. Im Hochsommer schmückt sie sich mit oft stark duftenden cremefarbenen Blüten. Nach der Blüte werden sie von silbernen Samenständen abgelöst.
Sonne oder lichter Schatten; 1,2 m; Z 7

Convallaria (Maiglöckchen)

C. majalis ist in einem Duftgarten unentbehrlich. Ihre kleinen weißen Glocken hängen im Spätfrühjahr an kurzen Trauben über den breiten Blättern. Sie füllen die Luft mit ihrem betörend süßen Duft, den man aber im Freien oft gar nicht bemerkt. Das Maiglöckchen mag nicht gestört werden und hat mitunter Schwierigkeiten, sich anzusiedeln. Wenn es aber erst einmal heimisch geworden ist, breitet es sich großzügig aus. 'Fortin's Giant' ist eine schöne großblumige Form; 'Variegata' hat cremefarbene Streifen; und die rosafarbene Varietät rosea hat anerkanntermaßen den süßesten Duft von allen.
Sonne oder Schatten; alle Böden; 25 cm

Cosmos (Schmuckkörbchen, Kosmee)

C. atrosanguineus ist eine der begehrtesten Pflanzen. Ihre kostbaren, samtig roten Blüten, die beim Öffnen nahezu schwarz sind, erscheinen im Spätsommer. Sie verströmen einen wunderbaren Duft nach bitterer Schokolade. Außerhalb der wärmeren Klimazonen sollte man sie möglichst mit einer Mulchdecke schützen oder wie Dahlien überwintern. Da sie sich im Frühjahr erst sehr spät zeigen, glaubt man mitunter zu früh, sie seien eingegangen.
Sonne; 60 cm

Crambe (Meerkohl)

C. cordifolia bringt im Frühsommer, einem riesigen Schleierkraut gleich, winzige weiße Blüten hervor, die stark nach Honig duften. Die kompakten, grünen, herzförmigen Blätter am unteren Teil der

Crambe cordifolia

Convallaria majalis

Cosmos atrosanguineus

Dictamnus albus

Pflanze machen ihr eigentliches Volumen aus, während der obere, blühende Teil zart und durchscheinend wirkt. Er paßt wunderbar in den Hintergrund einer Staudenrabatte; will man aber seinen Duft genießen, muß man näher an ihn herantreten können.
Sonne; 2 m Höhe und Breite
C. maritima wird außerhalb des Küchengartens vor allem wegen seiner breiten, blaugrünen, kohlartigen Blätter gezogen. Sie sind eine herrliche Folie für Blumen in allen Farben und zeichnen sich, solange sie jung sind, durch schöne Purpurtöne aus. Auch seine steifen, dichten Köpfe aus weißen Blüten duften intensiv nach Honig. Wenn man nicht dauernd von den Blättern für Blumenarrangements abschneidet, braucht der Meerkohl viel Platz, um zur Geltung zu kommen. Er läßt sich gut durch Wurzelstecklinge vermehren.
Sonne; 60 cm

Delphinium (Rittersporn)

D. brunonianum hat im Verhältnis zu seiner kleinen Gestalt recht große Blüten. Sie sind blaßblaurot und erscheinen im Frühsommer an verzweigten Trauben. Seine nierenförmigen, haarigen Blätter duften nach Moschus. Er paßt vorzüglich in die Vorderfront einer Rabatte oder in den Steingarten.
Sonne; 45 cm
D. leroyi (D. wellbyi) ist ein seltener und ziemlich frostempfindlicher Rittersporn mit grünlichblauen Blüten, die sich durch besonders elegante Sporne auszeichnen. Wenn sie sich im Hochsommer öff-

nen, verbreiten sie sofort ihren süßen Duft. Dieser Rittersporn läßt sich auch in kälteren Regionen ziehen. Sonne; 90 cm

Dictamnus (Diptam)

D. albus ist eine ungewöhnliche Staude, deren Blütenköpfe man an warmen, windstillen Sommerabenden mit einem Streichholz anzünden kann. Sie sind mit einem ätherischen Öl überzogen, das nach Zitrone duftet. Mit seinen Blütentrauben und gefiederten Blättern ist Diptam sehr attraktiv. Bei dieser Spezies sind die Blüten weiß, bei *D. a. purpureus* purpurfarben. Die Staude läßt sich recht schwer ziehen. Fühlt sie sich einmal an ihrem Standort wohl, sollte man sie ungestört lassen. Volle Sonne; gut durchlässiger oder trockener Boden; 60 cm; Z 3

Dryopteris (Wurmfarn)

D. aemula, ein in England heimischer, nach Heu duftender Farn, wird selten gezogen oder angeboten. Der angenehme Duft – er ist besonders markant, wenn die Wedel absterben – lohnt in jedem Fall ein wenig Mühe bei der Beschaffung dieses reizvollen immergrünen Farns.
Lichter Schatten; feuchter, gut durchlässiger, torfhaltiger Boden; 60 cm

Geranium (Storchschnabel)

G. endressii ist eine schöne bodendeckende Pflanze, die sich den ganzen Sommer und Herbst

über in ein fröhliches leuchtendrosa Blütenkleid hüllt. Wenn man ihre Blätter zwischen den Fingern zerdrückt, geben sie einen deutlichen Rosenduft ab. Als schwacher Hauch ist er angenehm, in konzentrierter Form aber penetrant. Es gibt mehrere Sorten in verschiedenen Rosatönen, von denen die lachsrosa 'Wargrave Pink' vielleicht die beste ist; *G. × oxonianum* und seine Sorten haben noch mehr rosa Blüten und duftende Blätter an noch größeren, starkwüchsigeren Pflanzen. Diese Sorten eignen sich gut als Unterpflanzung von Strauchrosen.
Sonne oder Schatten; alle Böden; 50–80 cm; Z 3
G. macrorrhizum ist eine liebreizende Randpflanze, deren Toleranz gegenüber trockenen, schattigen Bedingungen von Gärtnern gerühmt wird. Wenn sie auch nur im Spätfrühjahr blüht, so wird die verhältnismäßig kurze Blütezeit durch ihr feuriges Laub im Herbst wieder wettgemacht. Die Spezies selbst mit ihren hellroten Blüten wird an Schönheit noch von der blaßrosafarbenen 'Ingwersen's Variety' übertroffen, und 'Album', deren weiße Blüten sich wunderbar gegen die roten Blütenkelche abheben, ist vielleicht sogar noch attraktiver. Wenn man das Laub, das zur Herstellung von Geraniumöl dient, zerdrückt, breitet sich ein schwerer Rosenduft aus.
Schatten; 30 cm; Z 3

Helleborus (Nieswurz)

H. foetidus hat einen kaum wahrnehmbaren Duft nach Maiglöckchen, der bei der selteneren und höheren Sorte 'Miss Jekyll's Form' am ausgeprägte-

Hemerocallis lilioasphodelus (H. flava)

Hosta plantaginea

sten ist. Auch bei der ziemlich frostempfindlichen *H. lividus* kann man ihn feststellen. Die immergrüne *H. foetidus* ist mit ihren elegant gefingerten Blättern und den kontrastierenden, kastanienbraun gerandeten limettengrünen Glockenblüten eine ausgezeichnete Staude für die schattige Rabatte. Die Blüten erscheinen im Spätwinter. Sie sät sich selbst reichlich aus und bildet eine hübsche Gemeinschaft mit Schneeglöckchen.
Sonne oder Schatten; alle Böden; 45 cm; Z 6

Hemerocallis (Taglilie)

Viele Taglilien haben duftende Blüten. Für mein Empfinden hat ihr süßer Lilienduft aber häufig zu starke, unangenehm riechende Nuancen. Im Haus wird er sehr schnell penetrant. Ein kräftiger Duft ist großenteils den Spezies vorbehalten, insbesondere den gelbblumigen, sowie einigen Hybriden. Die Spezies blühen zwar nicht so lange wie die Hybriden und haben in der Regel auch kleinere Blüten, besitzen aber einen einfachen Charme, der den Hybriden häufig fehlt. Sie sind reizvolle Begleiter für frühblühende Rosen und violetten Storchschnabel.
Sonne oder lichter Schatten; alle Böden, außer trockene
H. citrina ist eine in der Nacht blühende Taglilie mit ziemlich schmalen, zitronengelben Trompetenblüten, die sich im Hochsommer über dunklen Blättern erheben.
90 cm
H. dumortieri ist eine gute frühblühende Taglilie, die im Frühsommer aprikosengelbe Trichterblüten aus braunen Knospen hervorbringt. 60 cm

H. lilioasphodelus (*H. flava*) ist mit ihren sich im Frühsommer öffnenden zitronengelben Blüten die beste Spezies.
60 cm
H. middendorfii hat orangegelbe Blüten, die sich im Frühsommer aus braunen Knospen öffnen.
60 cm
H. minor trägt im Frühsommer leuchtendgelbe Blüten, die außen braun gefleckt sind.
45 cm

Hosta (Funkie)

Diese Staudengruppe, die fast ausschließlich wegen ihrer breiten, massiven Blätter gezogen wird, ist bei Blumenbindern, Gartendesignern und natürlich Schnecken besonders beliebt. Es sind Dutzende von Varietäten in verschiedenen Blattfarben, Formen und Größen erhältlich, und da sie über einen langen Zeitraum hinweg einen schönen Anblick bieten, sind sie ideale ›Lückenfüller‹ in Rabatten. Ihre meist unbeachteten Blüten sind elegante Trompeten, die an aufrechten Stielen wachsen und einen süßen Lilienduft verbreiten.
Sonne oder Schatten; fruchtbarer, feuchtigkeitsspeichernder Boden
H. 'Honeybells' ist eine Hybride mit bemerkenswertem Duft. Sie trägt Blätter in einem frischen Grün und schmückt sich im Spätsommer mit blaßlila Blüten. 'Royal Standard' zeigt weiße, zart duftende Blüten und schöne hellgrüne Blätter. Von den neueren Varietäten besitzen 'Summer Fragrance' mit lila Blüten und cremefarben gerandeten Blättern und 'Sugar and Cream' mit weißen Blüten und cremefarben gerandeten Blättern einen

süßen Duft.
60 cm; Z 3
H. plantaginea ist eine im Spätsommer blühende Spezies, die mehr Sonne liebt als andere Funkien. Mit ihren salatgrünen Blättern und reinweißen Blüten ist sie auch eine sehr dekorative Kübelpflanze. Daneben ist die japanische Form *grandiflora* sehr zu empfehlen. Wenn Sie aus der Auseinandersetzung mit den Schnecken siegreich hervorgegangen sind, werden die Funkien zur Zierde jeder spätsommerlichen Rabatte.
60 cm; Z 3

Iris (Schwertlilie)

I. 'Florentina' schmückt sich im Mai mit süß duftenden pastellgrauen Blüten, die gut zu den graugrünen Blättern passen. Aus den nach Veilchen duftenden Rhizomen wird Veilchenwurzelpulver hergestellt.
Sonne; gut durchlässiger Boden; 60 cm
I. foetidissima wird wegen ihrer immergrünen, schwertförmigen Blätter und ihrer Duldsamkeit gegenüber trockenen, schattigen Standorten sehr geschätzt. Ihre zartlila Blüten sind weniger aufregend, ihre Samenkapseln dagegen geradezu spektakulär, wenn sie im Herbst aufplatzen und leuchtende orangefarbene Samen zum Vorschein kommen. Ihre Blätter haben einen etwas unangenehmen, fleischigen Geruch. Die Sorte 'Citrina' zeigt reizvollere blaßgelbe Blüten.
Sonne oder Schatten; jeder Boden; 60 cm; Z 5
I. germanica, die gewöhnliche purpurfarbene Bartiris, sollte neben den vielen aufsehenerregenden Hybriden nicht vergessen werden. Sie hat einen

süßen Duft, ist zuverlässig, blüht frühzeitig und kommt im Gegensatz zu den meisten neueren Züchtungen ohne Stütze aus. Viele ihrer hohen, mittelhohen und zwergwüchsigen Hybriden strömen fruchtige und vanilleartige Düfte aus, doch es ist schwierig, eine Liste dieser Sorten zusammenzustellen, denn die Varietäten scheinen schneller zu kommen und zu gehen als die Teehybriden der Rosen. Die Pflanzen sollten alle paar Jahre im Hochsommer geteilt werden.
Volle Sonne; gut durchlässiger Boden; 60–90 cm; Z 3

I. graminea wird Pflaumeniris genannt, da ihre Blüten einen fruchtigen Duft verströmen. Sie erscheinen im Frühjahr, sind klein und purpurrot. Diese schöne Iris hat auffallend grasartige Blätter. Jahrelang habe ich die breitblättrige Varietät *pseudocyperus* in dem Glauben gezogen, es handele sich um die Spezies, und mich immer gewundert, welches Aufhebens um sie gemacht wurde. Diese Varietät duftet nämlich kaum oder überhaupt nicht. Jetzt habe ich die Spezies selbst in meinem Garten und weiß, was mir gefehlt hat. Ihr Duft ist einfach köstlich.
Sonne; 45 cm

I. hoogiana ist außergewöhnlich schön in der Blüte und verbreitet einen angenehmen Rosenduft. Ihre lavendelblauen Blüten mit gelbem Bart öffnen sich im Frühsommer über bläulichgrünem Laub. Sie läßt sich leicht kultivieren und paßt gut in die Vorderfront einer Rabatte.
Sonne; gut durchlässiger Boden; 60 cm

I. pallida pallida (I. p. dalmatica), eine pastellfarbene Schönheit, ist wegen ihres grauen Laubs, das den ganzen Sommer über ansehnlich bleibt, und mit ihren blaßlavendelblauen Blüten eine besonders wertvolle Spezies. Die Blüten entfalten sich im Frühsommer und duften betäubend süß. Eine alte Gartenpflanze ersten Ranges.
Sonne; gut durchlässiger Boden; 90 cm

I. unguicularis (I. stylosa) ist eine wichtige Pflanze für den Duftgarten. Sie blüht den ganzen Winter über, und ihre Blüten entwickeln einen angenehmen Duft in der Vase. Die violetten Blüten mit goldgelben Zeichnungen erscheinen in Fülle zwischen den schmalen, immergrünen Blättern. 'Mary Barnard' ist eine weitere gute violette Sorte, und 'Walter Butt' schmückt sich mit blaßlavendelfarbenen Blüten, die stark nach Schlüsselblumen duften. Sie bildet einen stattlichen Horst und blüht reichlich, wenn sie einen vollsonnigen Standort in kargem Boden bekommt. Am Fuße einer sonnigen Mauer fühlt sie sich am wohlsten. Sie mag nicht gestört werden.
Volle Sonne; nährstoffarmer, trockener Boden; 60 cm

Iris 'Florentina'

Iris unguicularis

Bartiris und weißer Flieder

Lunaria rediviva

Lupinus polyphyllus

Lunaria (Silberling, Mondviole)

L. rediviva, der mehrjährige Silberling, schmückt sich im Frühjahr mit weißen oder blaßlilafarbenen Blüten, die nach Levkojen duften. Wie der bekanntere zweijährige Silberling (der einen ganz eigenen, schwach modrigen Geruch hat) trägt er im Herbst Fruchtschoten wie aus silberweißem Reispapier. Die reizvolle Pflanze paßt gut in eine Frühjahrsrabatte.
Sonne oder lichter Schatten; jeder Boden; 60 cm

Lupinus

L. polyphyllus ist eine Pflanze, die in keinem Cottage-Garten fehlen darf. Ihre hohen Blütenkerzen, die sich über dem gefingerten Laub erheben, gehören zu den großen Freuden des Frühsommers. Es gibt sie in allen erdenklichen Farben. Es sind einige gute, aus Samen gezogene Sorten erhältlich, möchte man aber eine ausgefallene Sorte, muß man sich an einen spezialisierten Lupinenzüchter wenden. Die Blüten haben den charakteristischen pfeffrigen Duft der Familie der Hülsenfrüchtler. Schneiden Sie die Ähren nach der Blüte ab und verbergen Sie den Rest der Pflanzen, die im Laufe der Zeit Mehltau bekommen und unansehnlich werden, hinter höheren Pflanzen, zum Beispiel winterharten Chrysanthemen.
Sonne oder lichter Schatten; 1,2 m

Melittis (Immenblatt)

M. melissophyllum, eine reizvolle Verwandte der Taubnessel, paßt gut in die Vorderfront einer Schattenrabatte oder in einen Waldgarten. Ihre haarigen Blätter haben in getrocknetem Zustand einen ausgesprochen süßen Duft. Die röhrenförmigen, quirlständigen Blüten, die sich im Frühsommer öffnen, sind weiß und haben rosafarbene Unterlippen.
Fruchtbarer, feuchtigkeitsspeichernder Boden; 45 cm

Meum (Bärwurz)

M. athamanticum mit ihrem würzig duftenden Laub und ihren weißen oder purpurfarbenen Blütendolden, die im Sommer erscheinen, ist eine neue Staude für die sonnige Rabatte.
Sonne; 45 cm

Morina (Kardendistel)

M. longifolia, eine immergrüne, distelartige Pflanze, trägt im Sommer an ihren kräftigen Stielen Quirle aus röhrenförmigen rosaroten und weißen Blüten. Ihre stacheligen Blätter duften angenehm nach Zitrone. Die dekorativen Blütenköpfe lassen sich gut trocknen.
Sonne; 90 cm

Nepeta (Katzenminze)

N. × *faassenii* ist eine der besten Randpflanzen. Sie macht sich gut als Unterpflanzung von Rosen, und auch als Band am Fuß einer Mauer gezogen, bietet sie einen prächtigen Anblick. Ihre lavendelblauen Blüten, eingehüllt in einen Schleier aus grauen, aromatischen Blättern, können viele Wochen bewundert werden. Wenn man die Pflanzen nach ihrem ersten frühsommerlichen Blütenflor kräftig zurückschneidet, warten sie bis zum Herbst immer wieder erneut mit Blüten auf. Ihr junges bläuliches Laub harmoniert im Frühjahr mit Narzissen.
Sonne; gut durchlässiger Boden; 45 cm; Z 3
N. **'Six Hills Giant'** ist eine häufiger angebotene Sorte. Sie ist größer und kräftiger und wird vor allem in kalten, feuchten Gegenden bevorzugt.
90 cm
N. sibirica hat dunkelgraue, aromatische Blätter und leuchtendblaue Blüten.
90 cm
N. **'Souvenir d'André Chaudron',** eine außergewöhnliche Katzenminze, schmückt sich mit auffallend schönen Blüten. Sie nimmt sich wie eine niedrige Version von *N. sibirica* aus. Seien Sie aber vorsichtig! Der fruchtig faulige Geruch des Laubs ist ziemlich ekelerregend.
45 cm

Paeonia (Pfingstrose)

Pfingstrosen spielen eine wichtige Rolle in der frühsommerlichen Rabatte und stellen außerdem ein wesentliches Element im Cottage-Garten dar. Am häufigsten anzutreffen sind die chinesischen Hybriden – Formen der *P. lactiflora* –, die die typischen großen Kugeln aus rosa, karminroten oder weißen Blütenblättern hervorbringen, von denen die meisten würzig süß duften. Es ist unverständlich, daß die Spezies in Gärtnereien so schwer zu bekommen sind, zeichnen sich ihre Blüten und Blätter doch durch große Schönheit aus. Außerdem blühen sie ungefähr einen Monat früher. Die gewöhnliche Bauernpfingstrose *P. officinalis* hat einen eher unangenehmen Geruch. Alle Pfingstrosen möchten möglichst nicht verpflanzt werden.
Tiefgründiger, reichhaltiger Boden
P. emodi wird zwar selten angeboten, ist aber ein echtes Schmuckstück. Ihre duftenden reinweißen Blüten, die sich im Mai öffnen, können ungefüllt oder gefüllt sein und haben goldene Staubgefäße.
Lichter Schatten; 90 cm
P. lactiflora ist trotz ihrer großen Schönheit selten. Sie trägt große gefüllte oder ungefüllte duftende weiße Blüten mit goldenen Staubgefäßen und ausgezeichnetes rötliches Laub. Unter den vielen Hybriden die richtige Auswahl zu treffen, fällt schwer; hinsichtlich des Duftes würde ich unter den gefüllten Sorten die folgenden empfehlen:

Paeonia emodi

Paeonia lactiflora 'Sarah Bernhardt'

Paeonia lactiflora 'Duchesse de Nemours'

'Duchesse de Nemours' mit cremeweißen Blüten, 'Baronesse Schroeder' mit bläulich schimmernden weißen Blüten, 'Sarah Bernhardt' und 'Claire Dubois' mit blaßrosa Blüten, 'Laura Dessert' in einem blassen Zitronengelb, 'Président Poincaré' in dunklem Karminrot und 'Philippe Rivoire' in Karminrot. Von den ungefüllten Sorten sind 'White Wings' und 'Pink Delight' eine gute Wahl.

Die riesigen, halbgefüllten Blütenteller der Japanischen Pfingstrosen, die innen mit kleineren Blütenblättern gefüllt sind, haben ihren eigenen Reiz, obwohl mir auch schon Pflanzenliebhaber begegnet sind, die sie als zu gewöhnlich ablehnen. 'Calypso' in Karminrot und Gold und 'Crimson Glory' in Rubinrot duften sehr angenehm. Sonne oder Schatten; 90 cm

Petasites (Pestwurz)

P. fragrans, der ›Winterheliotrop‹, ist nur für sehr mutige oder unbekümmerte Gärtner geeignet. Sie ist nämlich eine ausgesprochen starkwüchsige, üppig wuchernde Pflanze, aber es macht Spaß, sie in einem begrenzten Beet in einem Wildgarten, möglichst am Rande eines Wassers, zu ziehen. Sie hat große, runde Blätter – wenn auch kleiner als bei der bekannteren *P. japonicus* –, aber ihre weißen Blütenköpfe, die kräftig nach Vanille duften, erscheinen im Spätwinter, kurz bevor sich die Blätter entfalten.
Feuchtigkeitsspeichernder Boden; 30 cm

Phlox (Flammenblume)

P. maculata ist etwas niedriger als der bekanntere *P. paniculata*. Außerdem hat er mehr zylindrische als pyramidenförmige Blütenköpfe. Am häufigsten sieht man die blaßrotviolette Sorte 'Alpha' und die lilaäugige weiße Sorte 'Omega', beide mit dem süßen, pfeffrigen Phloxduft. Sie bilden eine hübsche Abwechslung zu anderen Phlox-Arten. Sonne oder lichter Schatten; fruchtbarer, feuchtigkeitsspeichernder Boden; 90 cm

P. paniculata – das Rückgrat einer Hochsommer-rabatte – stellt sich in Farbtönen von Rosa und Violett über Karminrot-Purpur bis hin zu Lachs und Weiß zur Schau. Sein pfeffrig süßer Duft zieht durch die Abendluft. 'White Admiral' und 'Fujiyama' zeigen sich in schönem Weiß; 'Sandringham' und 'Balmoral' haben rosafarbene Blüten. In der Regel duften sie besser als die Sorten mit den kräftigeren Farben. Sie leiden unter Älchenbefall (das läßt sich verhindern, indem man sie durch Wurzelstecklinge vermehrt) und Mehltau und sollten regelmäßig geteilt werden. Sonne oder lichter Schatten; fruchtbarer, feuchtigkeitsspeichernder Boden; bis zu 1,2 m; Z 4

Polygonatum (Salomonssiegel)

P. × hybridum zählt zu meinen Lieblingsstauden im Frühjahr, auch wenn sein Duft sehr schwach ist. An überhängenden Stielen trägt er weiße Glokkenblüten mit grünen Spitzen. Er ist eine dekorative Staude für die Schattenrabatte oder den ›unberührten‹ Garten.
Schatten; feuchtigkeitsspeichernder Boden; 90 cm; Z 4

Polygonum (Knöterich)

P. polystachyum ist eine hohe, wuchernde Staude für den Wildgarten oder den Teichrand. Er wird vor allem wegen seiner weißen, nach Vanille duftenden Blütenrispen im Herbst geschätzt, obwohl auch seine spitzen Blätter mit ihren roten Adern und Stielen den ganzen Sommer über reizvoll sind. Ein guter Bodendecker, aber nur dort, wo er nicht lästig werden kann.
2 m

Primula

P. veris, die Schlüsselblume, kommt am besten in einer Wildblumenwiese zur Geltung. Wenn Sämlinge im Herbst ins Gras gepflanzt werden, muß man mit dem jährlichen Mähen bis zum Hochsommer warten. Ihre sattgelben Blütenglocken verströmen den charakteristischen süßen Duft.
Lehmiger, feuchtigkeitsspeichernder Boden; 15 cm; Z 5

P. vialii ist eine aufsehenerregende kleine Primel mit aufrechten scharlachroten Schäften, von denen violette Glocken herabhängen, die zuweilen sehr angenehm duften. Ihr Laub erscheint verhältnismäßig spät im Jahr, und obgleich sich die Pflanzen leicht aus Samen ziehen lassen, siedeln sie sich nur schwer an. Wenn sie aber in Blüte stehen, werden sie stets zum Gesprächsthema.
Lichter Schatten; feuchtigkeitsspeichernder Boden; 30 cm

P. vulgaris, die Kissenprimel, sieht sowohl an schattigen Böschungen als auch im Gras entzükkend aus. Sie ist zu bekannt, als daß sie beschrieben werden müßte, aber erstaunlicherweise scheint kaum jemand jemals an ihren blaßgelben Blüten zu riechen. Ihren zarten Duft hat sie an viele gefüllte Sorten weitergegeben, und auch bei zahlreichen Gartenprimeln kann man ihn entdecken.
Lichter Schatten; feuchtigkeitsspeichernder Boden; 5 cm; Z 5

Salvia (Salbei)

Die Salbei-Arten sind eine faszinierende Pflanzengruppe für duftliebende Gärtner. Der Duft entströmt den Blättern, und die Vielfalt der Duftnoten bei den verschiedenen Spezies ist geradezu überwältigend. Sie duften nach Ananas, Brombeeren, ›Salbei‹, Rosen und sogar nach gebratenem

Phlox maculata 'Alpha'

Primula vulgaris

Lamm. Ich habe Salbei-Arten auch unter »Kräuter« aufgeführt, und einige frostempfindliche Spezies, die besser in Töpfen gezogen werden, finden sich im Kapitel »Frostempfindliche Pflanzen«. Auch von den Salbei-Arten, die als Rabattenpflanzen Erwähnung finden, sind einige zu anfällig, um den Winter im Freien zu überstehen. Von diesen Pflanzen sollte man im Spätsommer Stecklinge schneiden und in einem frostfreien Raum oder im Glashaus überwintern. Die Mühe lohnt nicht nur wegen des Duftes, sondern auch wegen der aufregenden Blütenfarben.
Sonne; gut durchlässiger Boden

S. confertiflora ist eine aufregende Pflanze, die zu Beginn des Herbstes blüht. Sie schmückt sich mit dünnen, samtigen orangebraunen Blütenähren und großen, spitzen Blättern, die nach gebratenem Lamm riechen, wenn man sie zerdrückt. An einer warmen Mauer, wo sie sich besonders wohl fühlt, blüht sie bis zum Frost.
Volle Sonne; 1,5 m

S. glutinosa, der Klebrige Salbei, ist eine winterharte Pflanze mit schwefelgelben Blüten an rispig verzweigten Scheintrauben, die im Spätsommer erscheinen. Ihre groben, herzförmigen Blätter haben ein fruchtiges, aber etwas schweißiges Aroma. Eine interessante, aber wenig spektakuläre Pflanze, die allerdings für Wildgärten besonders gut geeignet ist.
90 cm

S. microphylla ist ein strauchartiger Salbei mit kleinen, fruchtig duftenden Blättern und karminroten Blütenköpfen. *S. grahamii* mit scharlachroten Blüten ist eng mit ihm verwandt. Diese Spezies hat viele Jahre in meinem Garten an einer sonnigen Mauer ausgehalten, obwohl ihr wie *S. microphylla* nachgesagt wird, sie sei in kalten Gegenden nicht zuverlässig winterhart. Beide Spezies blühen den ganzen Sommer und Herbst über.
60 cm–2 m

S. uliginosa ist eine aufsehenerregende Herbststaude mit verzweigten Blütenähren in Eisvogelblau. Die Blätter haben einen so starken Minzegeruch, daß die unangenehm riechenden Untertöne davon verdeckt werden. In kalten Gegenden ist dieser Salbei nicht zuverlässig winterhart.
Sonne; feuchtigkeitsspeichernder Boden; 1,5 m

Smilacina (Schattenblume)

S. racemosa ähnelt dem Salomonssiegel, hat aber cremefarbene Blütenrispen statt hängender Glokken. Sie ist eine der höheren Frühjahrsstauden und deshalb besonders wertvoll. Ihre Blüten, die einen überraschend süßen Zitronenduft verströmen, erscheinen im Frühjahr an 90 cm langen Stielen. Die Schattenblume paßt gut zu frühblühendem Türkenmohn und Tulpen. Ich habe auch schon die niedrigere *S. stellata* gezogen. Für die

Smilacina racemosa

Rabatte scheint sie mir aber ungeeignet, da sie sich fast wie Unkraut ausbreitet.
Lichter Schatten; fruchtbarer, kalkfreier, feuchtigkeitsspeichernder Boden; Z 3

Tellima

T. grandiflora rubra gehört zu meinen Lieblingspflanzen in der Vorderfront einer schattigen Rabatte. Sie bildet schöne Horste aus muschelförmigen Blättern, die sich im Winter karminrot färben. Sie sind eine ideale Folie für Schneeglöckchen. Winzige weißliche bis grünliche Blütenglokken in endständigen Trauben öffnen sich im Frühsommer und duften durchdringend süß.
Sonne oder Schatten; jeder Boden; 60 cm

Verbena (Eisenkraut)

V. bonariensis ist eine ausgezeichnete Staude für die Sommerrabatte. Ihre flachen mauvefarbenen Blütenköpfe, die sich in Nasenhöhe an verzweigten, drahtigen Stielen öffnen, duften nach Phlox. Sie sät sich reichlich selbst aus.
Sonne; gut durchlässiger Boden; 1,5 m; Z 10

Viola (Veilchen, Stiefmütterchen)

Viele *Viola*-Sorten, insbesondere die kleineren, ausdauernderen Gegenstücke zu den Stiefmütterchen,

Viola 'Maggie Mott'

verbreiten einen zarten Duft. Es gibt sie in allen Farben, einfarbig und mit mehrfarbigen Gesichtern, und sie blühen ununterbrochen über viele Monate. 'Aspasia' in Gelb und Creme, 'Little David' in Creme, 'Inverurie Beauty' in Violett, 'Maggie Mott' in Mauve mit cremefarbener Mitte und 'Mrs Lancaster' in Weiß sind alle deutlich duftend. Will man aber den typischen Veilchenduft in vollen Zügen genießen, muß man verschiedene Sorten von Duftveilchen ziehen.

V. odorata, das in England heimische Duftveilchen, ist eine Pflanze, die sich leicht ziehen läßt und sich selbst reichlich aussät. Sie blüht in allen Farben, von Purpur und Rosa bis hin zu Gelb und Weiß, und einige von ihnen tragen einen Namen. 'Cœur d'Alsace' zum Beispiel ist eine besonders schöne dunkelrosa Sorte. Ihre Hauptblütezeit ist das Frühjahr, aber viele blühen auch im Herbst und in milden Wintern.
Schatten oder Sonne, wenn der Boden feucht genug ist; fruchtbarer Boden; 15 cm

Duftveilchen sind auch aus *V. odorata* und der nordamerikanischen Spezies *V. obliqua* entstanden. Sie gelten zwar als winterhart, aber da die Blüten insbesondere bei den gefüllten Varietäten leicht durch nasses und frostiges Wetter beschädigt werden, sollte man sie lieber unter Glas ziehen. Sobald man dann das Glasdach öffnet, kann man ihren süßen Duft in vollen Zügen genießen.
Fruchtbarer, feuchter Boden; 15 cm

Zwiebel- und Knollengewächse

Amaryllis

A. belladonna blüht in der Regel erst im Herbst. Ihre Büschel aus rosa-weißen, sternförmigen Blüten, die nach Pfirsichseife duften, werden von purpurfarbenen Stielen getragen. Die Blätter, die erst später erscheinen, bleiben den Winter über an den Stengeln. Die Amaryllis liebt einen gut durchlässigen, aber nicht zu trockenen Boden. Es gibt auch rosa und weiße Sorten. Sonne; 60 cm

Arisaema (Feuerkolben)

A. candidissimum ist eine winterharte chinesische Pflanze, die zu ziehen sich lohnt. Ihre Blüten haben die Form von Hüllblättern (Spathen), sind reinweiß, innen rosa und außen grün gestreift. Die Kolben sind grünlich gelb. Die schwach duftenden Blüten erscheinen im Frühsommer. Große, dreilappige Blätter folgen den Blüten.
Sonne oder lichter Schatten; torfhaltiger, feuchtigkeitsspeichernder Boden; 30 cm

Cardiocrinum

C. giganteum, die Riesenlilie, gehört zu den imposantesten Gartenpflanzen. An den oberen Enden ihrer langen Stiele sitzen an die 20 große reinweiße Trompetenblüten, deren Innenseiten karminrot gestreift sind. Sie verströmen einen kühlen, süßen Duft. Diese Pflanze paßt wunderbar in einen Waldgarten, möglichst in eine offene Lichtung zwischen Rhododendren. Die Zwiebeln, die im Hochsommer blühen, sterben nach der Blüte ab. Sie hinterlassen Ableger, die im folgenden Frühjahr herausgenommen und wieder eingepflanzt werden sollten. Dabei ist zu beachten, daß die Zwiebelspitzen aus dem Boden herausragen müssen. Ableger brauchen drei bis vier Jahre, ehe sie blühen. Samen dagegen, die nach zwölf Monaten zu keimen beginnen, brauchen bis zu acht Jahren, bis sich neue Zwiebeln entwickelt haben, die groß genug sind, um neue Blüten hervorzubringen. Trotz langer Wartezeit lohnt sich diese Mühe. *C. g. yunnanense* hat dunkelbraune Stiele, limettengrüne Blüten und einen kräftigeren Duft. Lichter Schatten; tiefgründiger, reichhaltiger, feuchtigkeitsspeichernder Boden; 2–3 m

Crinum (Hakenlilie)

C. × powellii bringt im Spätsommer an kräftigen Stielen trichterförmige rosarote Blüten hervor, die nach Lilien duften. Die Blüten sind sehr eindrucksvoll, verlieren aber an Wirkung durch die groben, oft beschädigten gelblichen riemenförmigen Blätter. Sie müssen so gepflanzt werden, daß ihre langen Zwiebelhälse knapp über die Erdoberfläche schauen. Sie vertragen keinen Wind und benötigen in kalten Gegenden im Winter eine Mulchdecke. 'Album' ist eine gute weiße Sorte. Volle Sonne; fruchtbarer, nicht zu trockener Boden; 90 cm

Crocus

Krokusse können im Herbst, Winter und zu Beginn des Frühjahrs die Rabatten mit Farbe beleben. Will man in den Genuß ihres Duftes kommen, muß man einige erhöht pflanzen, zum Beispiel auf Böschungen oder in Hochbeete. Da die Winterkrokusse häufig durch schlechtes Wetter beschädigt werden, ist es ratsam, sie mit einer Glasscheibe zu schützen, wenn sie zu blühen beginnen. Es lohnt auch die Mühe, sie in Töpfen unter Glas zu ziehen und zur Blütezeit ins Haus zu holen. Solange sie ihre Blätter zeigen, schätzen sie viel Feuchtigkeit.
Sonne; gut durchlässiger Boden
C. chrysanthus ist die wichtigste duftende Spezies mit einer Reihe von Varietäten in Farbtönen von Lavendel über Violett und Purpur bis hin zu Gelb und Weiß. 'Cream Beauty', die butterfarbene 'E. A. Bowles', die kastanienbraungestreifte gelbe *fuscotinctus* und die weiße 'Snowbunting' sind schöne Varietäten, die sich durch einen besonders kräftigen Honigduft auszeichnen. Sie blühen im Winter.
C. imperati, eine ockergelbe und lavendelfarbene Spezies, blüht mitten im Winter. Sie bildet einen reizvollen Teppich, verbreitet aber einen ziemlich unangenehmen, säuerlichen Duft.
C. laevigatus, der mitten im Winter blüht, hat lilafarbene, gefiederte Blütenschalen, die einen kräftig süßen Duft verströmen. Die Blüten der Varietät *fontenayi* haben ockergelbe Außenseiten.
C. longiflorus bringt im Herbst blauviolette Blüten mit blasseren Außenseiten hervor, die angenehm süß duften.

Amaryllis belladonna

Cyclamen hederifolium

Cardiocrinum giganteum yunnanense

Crocus chrysanthus 'Snowbunting' und 'Blue Pearl'

C. speciosus ist die Spezies unter den herbstblü-
henden Krokussen, die sich am leichtesten ziehen
läßt. Sie siedelt sich gern in Rabatten, unter Bäumen und in feinem Gras an. Ihre duftenden Blüten gibt es in verschiedenen Schattierungen von
Blauviolett und Weiß. Außerdem ist eine Reihe
benannter Varietäten erhältlich.
Sonne oder lichter Schatten; 10 cm
C. versicolor öffnet im Winter purpurgeäderte lila
Blüten. Sie und die purpurgestreiften weißen Blüten der Sorte 'Picturatus' verströmen einen angenehm feinen Duft.

Cyclamen (Alpenveilchen)

Es gibt zwei Spezies von winterharten Alpenveilchen, die sich durch einen kräftigen Duft auszeichnen: *C. hederifolium* und *C. purpurascens*. *C.
coum* und seine Verwandten, die im Spätwintergar-
ten für karminrote, rosafarbene und weiße Farbflecken sorgen, sind völlig duftlos. Zu den anderen Alpenveilchen, die wegen ihres Maiglöckchen-
oder Honigduftes gezogen werden sollten, gehören
das herbstblühende *C. cilicium* und die frühjahrsblühenden *C. balearicum* und *C. pseudoibericum*.
Die frostempfindlichen *C. cyprium* und *C. persicum*
benötigen etwas Wärme, um gedeihen zu können.
Beide haben einen köstlichen Duft.
Schatten; gut durchlässiger Boden

C. hederifolium (C. neapolitanum) bringt im Spätsommer kurz vor dem Blattaustrieb Blüten in
allen Schattierungen von Rosa und Weiß hervor.
Ihr süßer, moschusartiger Duft ist oft sehr
schwach. Es wird aber noch eine andere Züchtung
mit einem kräftigeren Duft angeboten. Ihr Laub,
das eine Vielfalt an Formen und silbernen Marmo-
rierungen aufweist, bietet vom Herbst bis zum
Frühjahr einen schönen Anblick. Diese Spezies siedelt sich gern im Schatten rings um die Stämme
laubabwerfender Bäume an. Während des Sommers sollte sie mit Laub gemulcht werden.
C. purpurascens (C. europaeum) ist eine kalklie-
bende Spezies, die den Sommer und Herbst über
blüht. Diese in der Regel immergrüne Pflanze
trägt gemusterte, kreisrunde Blätter. Auch in den
kältesten Gegenden ist sie winterhart.
Gut durchlässiger Boden

Galanthus (Schneeglöckchen)

Viele Schneeglöckchen haben einen ausgeprägten
Duft, der sich am besten im Haus entfaltet. Das
gewöhnliche Schneeglöckchen *G. nivalis* ist leider
nur zurückhaltend mit Duft ausgestattet; die
gefüllte Form duftet etwas mehr. Wünscht man

Rechts: *Galanthus nivalis*

aber einen kräftigen Honigduft, muß man Varietäten wie 'S. Arnott' und 'Straffan', ein prächtiges spätblühendes Schneeglöckchen, wählen. Statt sie im Herbst als trockene Zwiebeln zu setzen, sollten sie wie alle Schneeglöckchen unmittelbar nach der Blüte gepflanzt und geteilt werden.
Lichter Schatten; fruchtbarer, feuchtigkeitsspeichernder Boden

Galtonia (Sommerhyazinthe)

G. candicans schmückt sich im Hochsommer mit Trauben, von denen köstlich duftende weiße Glokken mit grünen Spitzen herabhängen. Diese wertvolle Rabattenpflanze läßt sich herrlich mit *Agapanthus* und Fackellilien kombinieren.
Sonne; gut durchlässiger, fruchtbarer, aber nicht zu trockener Boden; 90 cm–1,2 m

Gladiolus (Siegwurz)

G. tristis kann man in wärmeren Gegenden im Freien ziehen, in kälteren Regionen benötigt sie den Schutz eines Kalthauses. Ihre großen cremefarbenen Blüten mit grünen und kastanienfarbenen Markierungen erscheinen im Frühjahr zwischen den schmalen Blättern. Sie verströmen einen süßen, würzigen Duft, der sich in der Nacht noch verstärkt. 'Christabel' ist eine schöne Hybride mit Blüten in einem dunkleren Gelbton.
Volle Sonne; fruchtbarer, gut durchlässiger Boden; 45 cm

Hermodactylus (Wolfsschwertel)

H. tuberosus ist eine empfehlenswerte frühjahrsblühende Zwiebelpflanze in ganz eigenen, geheimnisvollen Farben. Die irisartigen Blüten sind grünlich

Hyacinthoides non-scripta

Hyacinthus 'Delft Blue' und 'L'Innocence'

Gladiolus 'Christabel'

gelb und die unteren Kronblätter samtig schwarz. Sie erscheinen im Frühjahr und duften köstlich nach Nelken. Der Wolfsschwertel verlangt einen geschützten Standort.
Sonne; gut durchlässiger, lehmiger Boden; 30 cm

Hyacinthoides

H. non-scripta (Scilla non-scripta), das Hasenglöckchen, füllt im Frühjahr ganze Wälder mit seinem wohltuenden Duft, aber nur wenige Gärtner sind bereit, das Erlebnis auch im eigenen Garten zu wiederholen, denn die Pflanze breitet sich so üppig aus, daß sie schnell außer Kontrolle gerät. Hat man aber seinen eigenen Wald- oder Wildgarten, sieht die Sache schon anders aus. Das Spanische Hasenglöckchen *H. hispanica* ist kräftiger, ebenso ausbreitend, aber nahezu duftlos.
20–40 cm

Hyacinthus

H. orientalis, unsere vertraute Gartenhyazinthe, kann sowohl im Freien als auch im Haus in Schalen gezogen werden. Damit sie zu Weihnachten blühen, setzt man die vorbehandelten Zwiebeln im Spätsommer in speziell dafür vorgesehene Gläser und stellt sie in einen kühlen Raum, bis die Blütenköpfe 5 cm hoch sind. Danach gewöhnt man sie langsam an die Wärme. Sie sind in nahezu allen Farben erhältlich. Je größer die Blüten der neuen Varietäten, um so schwächer ist leider ihr Duft. Die alten Römischen Hyazinthen mit ihrem besonders süßen Duft vermisse ich schon lange.
Sonne; gut durchlässiger Boden; 10–20 cm

Iris (Schwertlilie)

I. bakeriana ist eine seltene, nicht allzu kräftige zwergwüchsige Iris von besonderer Schönheit. Sie duftet nicht nur nach Veilchen, sondern hat auch violett- und purpurfarbene Blüten und weiße Markierungen auf den unteren Kronblättern. Im Freien sollte man sie in ein erhöhtes Beet pflanzen, aber sie kann auch gut in Töpfen unter Glas gezogen werden.
Sonne; gut durchlässiger Boden; 15 cm
I. reticulata fühlt sich im Freien unter den gleichen Bedingungen wohl wie die *I. bakeriana,* und auch ihr Veilchenduft ist in einem erhöhten Beet bequemer zu genießen. Es sind noch weitere Zwiebeliris im Handel, die man in Töpfen ziehen und zur Blütezeit ins Haus bringen kann. Die Blüten sind violettblau, und die äußeren Perigonblätter tragen auffallende orangegelbe Streifen. Sie erscheinen mitten im Winter. Für meine Nase duftet aber keine der genannten Farbvarianten so stark wie die Spezies selbst.
15 cm

Leucojum (Knotenblume)

L. vernum, der Märzbecher, ähnelt sehr dem Schneeglöckchen, hat aber riemenförmige Blätter und innere und äußere Blütenblätter von gleicher Länge. Die kleine, winterblühende Spezies duftet nach Veilchen, während die größere, dekorativere Sommerknotenblume *L. aestivum,* die im Frühjahr blüht, vollkommen duftlos ist.
Sonne oder Schatten; feuchter oder nasser Boden; 15 cm

Lilium

L. auratum, die Goldbandlilie aus Japan, trägt während des Sommers große, geöffnete Blüten. Sie sind wachsweiß, und jedes Blütenblatt ist mit einem goldenen Mittelstreifen und karminroten Tupfen akzentuiert. Ein Blütenstiel trägt manchmal bis an die zwölf Blüten, die einen würzig süßen Duft verströmen. Leider ist diese eindrucksvolle Lilie sehr empfänglich für Viren und läßt sich nicht leicht kultivieren. Sie möchte gern geschützt stehen und ist auch in Töpfen vielversprechend.
L. a. platyphyllum, eine niedrigere, untersetzte Spezies mit größeren Blüten, ist vielleicht etwas einfacher zu handhaben.
Gedämpftes Sonnenlicht; gut durchlässiger, kalkfreier, humusreicher Boden; 1,5–2,5 m
L. candidum, die Madonnenlilie, die schon jahrhundertelang kultiviert wird, läßt sich von allen

Iris reticulata

Leucojum vernum

Lilium auratum platyphyllum

Lilien am leichtesten ziehen. Ihre hohen Stiele tragen im Hochsommer zahlreiche reinweiße, stark nach Honig duftende offene Trompetenblüten. Sie ist eine traditionsreiche Pflanze des Cottage-Gartens, ideal in einer sonnigen Rabatte zwischen Stauden, die ihre unteren Blätter beschatten. Im Spätsommer bringt sie neue Blätter hervor, so daß sie am besten direkt nach der Blüte umgepflanzt werden sollte. Pflanzen Sie sie so ein, daß ihre Nasen direkt unter der Erdoberfläche sitzen. Da die Madonnenlilie häufig von Viren befallen wird, ziehen viele Lilienzüchter sie isoliert oder haben inzwischen ganz auf sie verzichtet.
Sonne; lehmiger oder neutraler Boden; 90 cm–1,8 m

L. cernuum ist eine zarte Lilie, deren kleine rosaviolett gefleckte Blüten in Türkenbundform süßlich duften. Sie ist nicht einfach zu kultivieren und auch nicht sehr langlebig, aber sie ist eine reizvolle Pflanze für offene Standorte mit gut durchlässigem, humusreichem Boden. Sie blüht im Hochsommer.
Sonne; gut durchlässiger, humusreicher Boden; 60–90 cm

L. duchartrei, der Marmortürkenbund, ist eine schöne Lilie mit Dolden aus duftenden kleinen weißen Blüten, die purpurfarben gefleckt sind und mit zunehmendem Alter einen rötlichen Purperton annehmen. Die austreibenden Stengel wandern unter idealen Bedingungen weiter und können große Kolonien bilden.
Schatten; feuchter, torfhaltiger Boden; 90 cm

L. formosanum pricei, eine winterharte, zwergförmige Varietät der frostempfindlichen *L. formosanum,* kann problemlos in den kältesten Gegenden gezogen werden. Sie bringt im Spätsommer lange reinweiße, süßduftende Trompetenblüten hervor. Tief gepflanzt, fühlt sie sich zwischen zwergwüchsigen Sträuchern wohl. Obgleich sie nur kurzlebig ist, läßt sie sich gut aus Samen ziehen und blüht schon im ersten Jahr.
Sonne oder lichter Schatten; gut durchlässiger, humusreicher Boden; 30–60 cm

L. hansonii trägt im Frühsommer zart duftende orangegelbe Blüten in Türkenbundform. Sie gehört zu den Lilien, die sich besonders leicht kultivieren lassen. Die Blüten sind braun gefleckt und die Blütenblätter nicht so zurückgebogen wie bei anderen Spezies in Türkenbundform. Fühlt sie sich an ihrem Standort wohl, lebt sie viele Jahre.
Lichter Schatten; tiefgründiger, fruchtbarer Boden; 1,2–1,5 m

L. kelloggii ist eine reizvolle Lilie in Türkenbundform aus Nordwestkalifornien mit hängenden kastanienbraun gefleckten rosafarbenen Blüten, die im Hochsommer erscheinen.

Lilium regale

Lilium 'Pink Perfection'

Lilium monadelphum

Lilium hansonii

Lichter Schatten; feuchtigkeitsspeichernder Boden; 30 cm–1,2 m

L. leucanthum var. centifolium hat Trompetenblüten mit weißen Innen- und wunderbar gefärbten Außenseiten in einer Mischung aus Grün und Purpurrosa. Sie verbreiten einen süßen, fruchtigen Duft. Es lohnt sich, nach dieser ungewöhnlichen Lilie Ausschau zu halten, da sie in Blüte einen eindrucksvollen Anblick bietet.

Sonne; gut durchlässiger Boden; 1,8–2,7 m

L. monadelphum bringt im Hochsommer ihre hängenden, trichterförmigen cremegelben Blüten hervor, die rotviolett getönt und manchmal auch gesprenkelt sind. Ihr an sich süßlicher Duft riecht aus nächster Nähe etwas unangenehm. Sie ist eine erfreulich anpassungsfähige Pflanze.

Lichter Schatten; fast alle Böden; 90 cm–1,5 m

L. parryi ist eine außergewöhnlich schöne Lilie von der Westküste der USA. Die leicht zurückgebogenen Trompetenblüten in reinem Zitronengelb erscheinen im Hochsommer. Sie verströmen einen kräftigen, süßen Duft. Diese Lilie läßt sich aber nicht leicht ziehen. Sie verlangt zwar einen feuchten Boden, möchte aber oberhalb des Bodens trocken stehen. Sie hat auch schon offene Standorte im Waldgarten toleriert.

60 cm–1,8 m

L. regale ist zusammen mit der Madonnenlilie **L. candidum** die bekannteste unter den duftenden

Gartenlilien. Ihre weißen Trompeten, die leicht nach außen gebogen sind, haben einen gelben Schlund und sind außen rosapurpurfarben überlaufen. Eine Pflanze trägt im Hochsommer manchmal bis an die 30 Blüten, die einen köstlich fruchtigen Duft verströmen. Besonders wohl fühlen sie sich zwischen niedrigen Sträuchern, da ihre jungen Triebe Fröste schlecht vertragen können. Sie lassen sich aus Samen ziehen und blühen im zweiten oder dritten Jahr. Eine schöne weiße Form 'Album' ist erhältlich.

Volle Sonne; fast alle Böden; 90 cm–1,8 m

L × testaceum hat duftende Blüten in Türkenbundform in einer zarten, cremigen Aprikosenfarbe. Sie blüht im Hochsommer, ist leicht zu ziehen und wird dennoch immer seltener.

Volle Sonne; tiefgründiger, fruchtbarer, saurer oder alkalischer Boden; 1,2–1,8 m

Winterharte Lilien-Hybriden

Viele Lilien-Hybriden sind aus duftenden Lilien-Spezies gezüchtet worden. Die Orientalischen Hybriden (O), die Züchtungen und Klone von *L. × parkmannii* umfassen, gedeihen gewöhnlich gut im Waldgarten an offenen Standorten in saurem, sandigem, humusreichem Boden, wo sie ihre Köpfe in der Sonne und ihre Wurzeln im Schatten haben. Die Aurelian-Hybriden (T) bevorzugen in der Regel volle Sonne und einen trockeneren

Boden. Die folgenden gehören zu den am besten duftenden Varietäten.

'Black Dragon' (T) ist eine kräftige, starkwüchsige Lilie, deren große weiße Trichterblüten außen rötlichbraun getönt sind. Sie blüht im Hochsommer. 1,2–1,8 m

'Green Dragon' (T) ähnelt, abgesehen von der grünen Außenseite ihrer Blüten, der 'Black Dragon'. Beide Lilien sind sehr zu empfehlen.

'Imperial Crimson' (O) ist eine Gruppe geflämmter Lilien mit offenen weißen Blüten, die rosarot überlaufen und gesprenkelt sind. Sie blühen im Hochsommer. 1,2–1,5 m

'Imperial Gold' (O) ist eine Gruppe von Lilien mit offenen strahlend weißen Blüten mit breitem goldenen Mittelstreifen und dunkelroten Punkten. Sie blühen im Hochsommer. 1,2–1,5 m

'Imperial Silver' (O) gleicht der 'Imperial Gold', nur fehlt ihr der breite Streifen.

'Limelight' (T) trägt im Hochsommer ungewöhnliche grünlichgelbe Trichterblüten. Sie ist eine zuverlässige, eindrucksvolle Varietät, die etwas Schatten toleriert. 1,2–1,8 m

'Olympic Hybrids' (T) umfaßt eine Reihe herrlich duftender Trompetenlilien in einem Farbspiel von Creme über Rosa bis hin zu Gelb. 1,2–1,5 m

'Pink Perfection' (T) ist eine Gruppe leuchtendrosa Trompetenlilien, die im Juli blühen. 1,5–1,8 m

Muscari armeniacum

Muscari (Traubenhyazinthen)

M. armeniacum ist eine der bekanntesten Traubenhyazinthen. Ihre auffälligen azurblauen Blütentrauben, die im Frühjahr erscheinen, duften köstlich nach Honig. Die starkwüchsige Pflanze eignet sich gut für die Vorderfront einer Rabatte, nicht zuletzt, weil ihr grasartiges Laub den Winter überdauert. Sie paßt vortrefflich zu Primeln.
Sonne oder lichter Schatten; fast alle Böden; 20 cm

M. botryoides ist weniger starkwüchsig als *M. armeniacum* und sogar im Steingarten ausgesprochen zuverlässig. Ihre porzellanblauen Blüten duften angenehm nach Honig. Die weiße Form *album* ist überall erhältlich.
Sonne; 15 cm

M. muscarimi (M. moschatum) stellt wegen ihrer Blüten, die im Laufe der Zeit ihre Farbe von Purpur zu einem gelblichen Grün wandeln, eine Rarität dar. Sie verströmt den besten Duft von allen Traubenhyazinthen – einen süßen Moschusduft, der an warmen Tagen durch die Luft getragen wird. *M. macrocarpum* mit leuchtendgelben Blüten ist eng mit ihr verwandt.
Sonne; 20 cm

Narcissus

Diese vielfältige Pflanzengruppe sorgt das ganze Frühjahr über für Farbe. Die größeren Narzissen passen am besten in den Hintergrund einer Rabatte, wo ihre absterbenden Blätter von dem Laub anderer Pflanzen verdeckt werden. Auch in einer Wiese sind sie sehr dekorativ, doch wenn sie dort heimisch werden sollen, darf erst sechs Wochen nach der Blüte gemäht werden. Die kleineren Narzissen eignen sich sogar für Töpfe, die man zur Blütezeit ins Haus nehmen kann. Einige Sorten können auch auf Grasflächen gezogen werden. Duftend sind sie fast alle, die meisten riechen angenehm moosig, einige verbreiten jedoch einen äußerst unangenehmen Geruch. Arten, die einen ausgesprochen süßen Duft abgeben, sind hier aufgeführt.

N. assoanus (N. juncifolius) ist eine Miniaturjonquille mit schmalen Blättern und kleinen dottergelben Blüten, die zu Beginn des Frühjahrs erscheinen. Sie kann im Freien an einem geschützten Plätzchen gezogen werden, eignet sich aber am besten als Topfpflanze.
Sonne; gut durchlässiger Boden; 15 cm

N. jonquilla duftet vielleicht am süßesten. Sie hat kleine, binsenartige Blätter und leuchtendgelbe Blüten mit tassenförmigen Kronen. 'Queen Anne's Double Jonquil' und 'Pencrebar' sind gefüllte Sorten mit ausgezeichneten Duftnoten. Es gibt viele gute, stark duftende, ungefüllte Jonquillen, die aus der einen oder anderen Jonquillen-Spezies entstanden sind, so zum Beispiel: 'Baby Moon', eine

Muscari macrocarpum

Narcissus poeticus var. *recurvus*

Narcissus jonquilla

zwergwüchsige gelbe Sorte; 'Bobbysoxer', gelb mit orangefarbener Krone; 'Lintie', reingelb mit orangefarbener Krone; 'Orange Queen', dunkelorange; 'Sugar Bush', weiß mit rosagetönter Krone; 'Sundial', blaßgelb mit orangefarbener Krone; 'Suzy', leuchtend gelb mit orangefarbener Krone; und 'Trevithian' in Zitronengelb. Im Freien benötigen sie einen geschützten Standort. Sie sind ausgezeichnete Topfpflanzen. Sonne; 30 cm

N. × *odorus rugulosus* hat hellgelbe Blüten und ist höher und großblütiger als *N. jonquilla.* 30 cm

N. *poeticus* var. *recurvus* ist eine liebreizende, unprätentiöse Narzisse, die man im Gras heimisch werden lassen sollte. Sie blüht am Ende der Nar-

zissenzeit und schmückt ihre weißen Blüten mit einer winzigen gelben, orangefarben gerandeten Krone. Es gibt noch eine seltene reinweiße, gefüllte Form mit der Bezeichnung 'Plenus'. 'Actaea', eine ungefüllte Sorte, trägt große Blüten, hat eine elegantere Form und ist kräftiger im Wuchs. 'Cantabile' schmückt sich mit ungefüllten Blüten von makelloser Schönheit.
Sonne oder lichter Schatten; feuchtigkeitsspeichernder Boden; 38 cm

N. *rupicola* ähnelt *N. assoanus,* hat aber einzelne größere Blüten und graugrüne Blätter. Sie duftet stärker und ist eine bessere Gartenpflanze.
Sonne; gut durchlässiger Boden; 15 cm

N. *tazetta* ist eine süß duftende Narzisse, die Blütenbüschel trägt und einen sehr sonnigen, trockenen, geschützten Standort benötigt, um gut zu gedeihen. Die mit ihr eng verwandte *N. canaliculatus* wird häufiger angeboten. Sie hat weiße Blüten mit goldfarbenen Kronen. Zu den schönen Hybriden der *N. tazetta* gehören 'Minnow', eine zwergwüchsige zitronengelbe Sorte; 'Geranium' mit orangefarbener Krone; 'Silver Chimes' mit cremeweißer Krone und die weiße 'Cheerfulness' bzw. 'Yellow Cheerfulness', beide gefüllt. Wenn sie einen geschützten, sonnigen Standort haben, fühlen sie sich im Freien wohl. Sie sind aber auch gute Topfpflanzen. Die zu Weihnachten so beliebte Topf-

91

Tazette 'Paper White' gedeiht im Freien nur in milden Klimaten.
45 cm

Notholirion

N. thomsonianum ist eine seltene Liebhaberpflanze. Sie trägt trichterförmige blaßrosaviolette Blüten, deren Spitzen wie bei einer Lilie etwas zurückgebogen sind. Wenn sie sich im Frühjahr an hohen Stielen öffnen, verbreiten sie einen süßen Duft. Die Blätter sind lang und schmal. Diese seltene Pflanze verlangt einen geschützten Standort. In kälteren Gegenden kann sie nur in einem Kalthaus gezogen werden.
Volle Sonne; gut durchlässiger Boden; 90 cm

Scilla (Blaustern)

S. mischtschenkoana (S. tubergeniana) ist eine Miniaturpflanze, die zu Beginn des Frühjahrs ihre blassen, schalenförmigen Blüten und ihre riemenförmigen Blätter hervorbringt. Sie haben einen süßen Duft.
Sonne oder lichter Schatten; gut durchlässiger Boden; 5–10 cm

Tulipa (Tulpe)

Man erwartet gar nicht, daß Tulpen duften, aber es gibt einige Spezies und sogar ein paar hohe Hybriden, die einen angenehm warmen, süßen Duft verströmen.
T. clusiana ist eine auffallende Spezies, die im Frühjahr duftende weiße Blüten mit rosa Streifen hervorbringt. Sie bevorzugt einen warmen, geschützten Standort.
Sonne; gut durchlässiger Boden; 30 cm
T. humilis (T. aucheriana) ist in ihrer am stärksten duftenden Form eine winzige blaßrosa Tulpe mit goldorangefarbener Mitte und grünlichgelben Streifen. Sie ist aber sehr vielfältig, und es gibt viele Züchtungen mit hellroten und purpurfarbenen Blüten. Im Freien ist sie sehr kurzlebig und sollte besser in Töpfen gezogen werden.
Sonne; gut durchlässiger Boden; 15 cm
T. sylvestris, die sich ausgesprochen leicht kultivieren läßt, gehört zu den wenigen Tulpen, die man gut im Gras ansiedeln kann. Ihre Blütenpracht ist jedoch weniger üppig. Die leuchtendgelben Blüten mit den spitzen Blütenblättern öffnen sich im Verlauf des Frühjahrs.
Sonne oder lichter Schatten; feuchtigkeitsspeichernder Boden; 30 cm

T. tarda ist eine zwergwüchsige Tulpe für sonnige Steingärten und erhöhte Beete. Sie bringt Bündel sternförmiger weißer Blüten mit gelbem Fleck hervor, deren Außenseiten grünlichgelb überlaufen sind. Sie erscheinen mitten im Frühjahr und duften angenehm. Diese Tulpe läßt sich leicht ziehen und ist ausgesprochen zuverlässig.
Sonne; gut durchlässiger Boden; 15 cm

Tulpen-Hybriden

Die bekanntesten duftenden Hybriden sind 'General de Wet' ('De Wet') in leuchtendem Goldorange, 'Bellonna' in Goldgelb und 'Prince of Austria' in leuchtendem Orangerot. Es sind gute, langstielige Pflanzen, aber 'Prince of Austria' scheint in den letzten Jahren sehr vernachlässigt zu werden. 'Oranjezon' ('Orange Sun') und 'Lighting Sun' sind Neueinführungen mit einem süßen Duft. Ich habe sie aber noch nicht gerochen. Die Papageientulpe 'Orange Favourite' duftet ebenfalls.
Sonne; 40 cm

Tulipa sylvestris

Tulipa tarda

Einjährige und zweijährige Pflanzen

Abronia (Sandverbene, Saftkrieche)

A. umbellata ist die bekannteste Art aus dieser Gruppe duftender Pflanzen aus Kalifornien. Aber auch diese Spezies ist inzwischen etwas aus der Mode gekommen. Sie ist eine halbwinterharte ein-oder mehrjährige Pflanze von kriechendem Wuchs. Ihre Doldentrauben aus rosaroten Blüten erscheinen vom Hochsommer bis zum Frühherbst zwischen nierenförmigen Blättern. Sie entwickeln einen süßen Duft, der nachts die Luft füllt.
Sonne; gut durchlässiger Boden; 15 cm

Antirrhinum (Löwenmäulchen)

A. majus ist eine süß duftende, halbwinterharte einjährige Pflanze, die in einer großen Palette leuchtender Farben, mit gefüllten oder ungefüllten Blüten und in verschiedenen Höhen erhältlich ist. Sie sät sich oft selbst aus. Rostbefall kann zum Problem werden, doch es sind auch einige gute, widerstandsfähige Varietäten im Handel. Das Löwenmäulchen paßt gut in ein Beet mit Sommerblumen.
Sonne; gut durchlässiger Boden; 25–90 cm

Asperula (Meister)

A. orientalis (A. azurea setosa) ist eine bezaubernd altmodische, winterharte einjährige Pflanze für die Vorderfront der Rabatte. Ihre schmalen, quirlständigen Blätter verleihen der Anpflanzung den Charakter feiner Spitze. Vom Hochsommer bis zum Herbst erheben sich darüber Büschel aus röhrenförmigen blauvioletten Blüten, die einen süßen Duft entfalten.
Sonne; 30 cm

Calendula (Ringelblume)

C. officinalis hat besonders scharf duftende Blätter und Blüten. Sie ist eine medizinische und eßbare Pflanze, die sich sowohl im Kräutergarten als auch in der Blumenrabatte wohl fühlt. Ihre Blüten sind leuchtend orange. Es werden viele Gartenvarietäten mit cremefarbenen und gelben Blüten angeboten, und es gibt auch Sorten mit besonders großen, gefüllten Blüten. Die Ringelblume ist absolut winterhart, kann im Herbst oder Frühjahr *in situ* ausgesät werden und sät sich danach selbst weiter aus. Sie ist eine gute Schnittblume.
Sonne oder lichter Schatten; 45 cm

Cheiranthus cheiri

Centaurea (Korn-, Flockenblume)

C. moschata ist eine winterharte einjährige Pflanze (häufig sieht man heute die noch etwas höhere *C. imperialis*) mit großen, flockigen Blüten, die vom Hochsommer bis zum Herbst an hohen Stielen erblühen. Sie eignen sich vorzüglich als Schnittblumen. Es gibt sie in den verschiedensten Farbtönen – von Rosarot über Weiß und Purpur bis hin zu Zitronengelb, und alle verströmen einen kräftigen, süßen Moschusduft.
Sonne; 60 cm

Cheiranthus (Goldlack)

C. cheiri ist mit seinen Farben, die an persische Teppichmuster erinnern, und seinem warmen Anisduft eine nahezu unentbehrliche Pflanze des Frühjahrsgartens. Sie wird wie eine Zweijährige behandelt, und ihre Samen werden im Spätfrühjahr im Freien ausgesät. Im Sommer müssen die Sämlinge dann ausgedünnt und im Herbst an ihren endgültigen Standort gepflanzt werden. Goldlack ist einfarbig oder in gemischten Farbtönen erhältlich.
Sonne; gut durchlässiger Boden; 45 cm

Dianthus (Nelke)

D. barbatus, die Bartnelke, wird in der Regel als zweijährige Pflanze gezogen. Den Samen sät man am besten um die Mitte oder gegen Ende des Frühjahrs unter Glas aus. Ihre üppigen Blütenköpfe, die im Frühsommer erscheinen, tragen viel zur Stimmung des Cottage-Gartens bei. Ungefüllte und gefüllte Blüten sind in Farbmischungen oder einfarbig erhältlich. Einige Blüten haben auffallende Augen, und die Farbpalette erstreckt sich über Lila, Mauve, Rosa und Hellrot bis hin zu Weiß und Blutrot. Im besten Falle haben sie einen herrlichen Nelkenduft, während die hochgezüchteten Sorten oft nur wenig oder gar keinen Duft verströmen. Die Bartnelke ist eine gute Schnittblume.
Sonne; 15–60 cm

D. caryophyllus kann sich als ausgezeichnete und leicht zu ziehende halbwinterharte Annuelle erweisen. Die Chabaud-Nelken gehören zu den besten Züchtungen mit großen, gefüllten und gefransten Blüten, ihre Farbtöne sind in der Regel Karminrot, Lachs und Rosarot. Die Sorte 'Knight Series Mixed' F1 Hybrid ist eine schöne Sommerbeetpflanze mit einem prächtigen Farbspektrum, einschließlich gelber, weißer und vieler gefleckter Sor-

ten. Auch zwergwüchsige und hängende Sorten dieser Spezies sind erhältlich. Sie duften alle durchdringend nach Nelken.
Sonne; gut durchlässiger Boden; 30–45 cm

Dracocephalum (Drachenkopf)

D. moldavicum ist eine ungewöhnliche winterharte einjährige Pflanze, die gern von Bienen aufgesucht wird. Den ganzen Sommer über trägt sie mit Kappen versehene breitlippige blauviolette Blüten, die quirlständig angeordnet sind. Der Duft nach Zitronenmelisse geht aber von den Blättern aus. Der Drachenkopf wächst aufrecht und buschig.
Sonne oder lichter Schatten; 45 cm

Erysimum (Schöterich, Goldlack)

E. allionii (E. perofskianum) ist Mitglied einer ziemlich verworrenen Pflanzengruppe, die eng mit *Cheiranthus* verwandt ist. Er ist eine echte einjährige Pflanze, die im Sommer orangefarbene Blütenköpfe trägt. Alle Spezies können wie Zweijährige behandelt werden; die meisten von ihnen duften zart nach Nelken.
Sonne; gut durchlässiger Boden; 45 cm

Exacum

E. affine, das Blaue Lieschen, ist eine frostempfindliche einjährige Pflanze, die im Gewächshaus oder als Zimmerpflanze gezogen werden muß. Damit sie im Sommer blüht, können die Samen zu Beginn des Frühjahrs ausgesät werden. Die lavendelfarbenen Blüten dieser kompakten, reizvollen Pflanze verbreiten einen kräftigen exotischen Duft. 15 cm

Gilia

G. tricolor ist eine außergewöhnliche, leicht zu ziehende einjährige Pflanze, die sich mit kleinen lavendelfarbenen und weißen Blüten schmückt. Die einzelnen Blüten zeigen im Schlund schöne kastanienbraune und gelbe Markierungen und duften angenehm nach Schokolade.
Sonne; gut durchlässiger Boden; 45 cm

Heliotropium

H. arborescens (H. peruvianum), eine halbwinterharte einjährige Pflanze, wird gewöhnlich als Sorte 'Marine' angeboten. Sie hat ganz dunkle Blätter, über die sich große dunkelviolette Blütenköpfe erheben. Wenn sie auch ausgesprochen schön anzuschauen ist, so kann doch ihr vanilleartiger Duft hinsichtlich der Intensität nicht mit dem der mehrjährigen Varietäten konkurrieren, die durch Stecklinge vermehrt werden. Diese Spezies werden in dem Kapitel »Frostempfindliche Pflanzen« beschrieben. Sonne; 45 cm

Hesperis (Nachtviole)

H. matronalis ist für den Cottage-Garten unentbehrlich. Ihre langen weißen oder lilafarbenen Blütenköpfe, die im Sommer erscheinen, kommen erst am Abend richtig zur Geltung, wenn sie zu leuchten beginnen und die Luft mit einem leichten, süßen Duft anreichern. Obgleich die Nachtviole mehrjährig ist, sind jüngere Pflanzen vorzuziehen. In der Regel wird sie wie eine zweijährige Pflanze behandelt. Sie sät sich reichlich selbst aus. Die gefüllten Formen, die durch Stecklinge oder auf langsamere Weise durch Teilung vermehrt werden müssen, waren lange Zeit selten, sehr begehrt und ausgesprochen anfällig für Viren. Dank der In-vitro-Vermehrung kommen aber jetzt gesunde Pflanzen auf den Markt.
Sonne oder lichter Schatten; 1,2 m

Ganz links: *Heliotropium arborescens*
Links: *Dianthus barbatus*

Hesperis matronalis und *Rosa* 'Bourbon Queen'

Iberis (Schleifenblume)

I. amara ist eine Spezies der Schleifenblume, die der duftliebende Gärtner der gewöhnlichen Spezies *I. umbellata* vorziehen wird. Verschiedene Sorten sind erhältlich, d.h., die zwergwüchsigen Pflanzen können entweder runde oder lange, aufrechte Blütenköpfe haben, wie zum Beispiel die Sorte 'Giant Hyacinth Flowered Mixed'. Sie haben alle süß duftende weiße Blüten und werden wie winterharte einjährige Pflanzen behandelt.
Sonne; 15–40 cm

Ionopsidium (Scheinveilchen)

I. acaule ist eine niedrige lilablühende Pflanze, die in einem erhöhten Beet gezogen werden sollte, damit man ihren köstlichen Duft voll genießen kann. Sie ist winterhart, kann *in situ* ausgesät werden und liebt Feuchtigkeit. Häufig sät sie sich selbst aus.
Lichter Schatten; 7,5 cm

Ipomoea (Prunkwinde)

I. alba (Calonyction aculeatum) ist ein halbwinterharte Kletterpflanze, die als Einjährige im Freien an einer geschützten Mauer oder in einem Gewächshaus gezogen werden kann. Am eindrucksvollsten ist sie am Abend und in den frühen Morgenstunden, wenn ihre riesigen weißen Blütenschalen ihren exotischen Duft ausströmen. Sie blüht ohne Unterlaß den ganzen Sommer hindurch.
Sonne; 6 m

Lathyrus odoratus

Matthiola incana, Brompton-Gruppe

Lathyrus (Platterbse, Wicke)

L. odoratus. Der wunderbare, intensive Duft der Wohlriechenden Wicke ist der Inbegriff des sommerlichen Cottage-Gartens. Leider haben die modernen Spencer-Varietäten ihren Duft zugunsten ihrer außergewöhnlichen Größe, ihrer ausgefallenen Farben und ihrer perfekten Form eingebüßt, obgleich es auch noch einige duftende Sorten gibt. Möchte man aber richtig in Wickenduft schwelgen, muß man zu den älteren Varietäten zurückkehren. Sie werden gewöhnlich als ›Grandiflora‹-Mischungen angeboten, aber hin und wieder bekommt man auch benannte Sorten wie 'Painted Lady', die älteste Varietät in Karminrot und Weiß, oder 'Matucana', ein üppige Varietät in Kastanienbraun und Mauve. Sie haben alle einen durchdringend süßen Duft. Am besten zieht man die Pflanzen im Spätwinter einzeln in kleinen Töpfen unter Glas vor und setzt sie im zeitigen Frühjahr aus. Bis man sie an Rankgittern ziehen kann, sollten sie durch mehrfach gegabeltes Zweigwerk gestützt werden. Die Pflanzen müssen regelmäßig gedüngt, gewässert und von verwelkten Blüten befreit werden.
Sonne; tiefgründiger, reichhaltiger Boden; 2–2,5 m

Limnanthes (Sumpfblume)

L. douglasii ist eine beliebte winterharte einjährige Pflanze, die sich reichlich selbst aussät und gern von Bienen aufgesucht wird. Ihre weißen Blüten-

schalen mit goldgelber Mitte, die einen köstlichen Duft verbreiten, erscheinen während des ganzen Sommers über dem schleierartigen Laub.
Sonne oder lichter Schatten; jeder Boden; 15 cm

Lobularia

L. maritima (Alyssum maritimum), der Duftsteinrich, ist eine der beliebtesten winterharten einjährigen Pflanzen, nicht zuletzt wegen seines kräftigen Honigduftes, den die spitzenartigen Blüten entfalten. Er blüht vom Frühsommer bis zum Herbst, und seine Farbpalette erstreckt sich von Weiß über Lila und Rosa bis hin zu Karminrot und Purpur. Als zwergwüchsige Pflanze eignet er sich besonders gut als Beeteinfassung, für Steingärten und erhöhte Beete. Er sät sich zwar häufig selbst aus, aber die Pflanzen verlieren ihren fülligen Wuchs, und die Blüten verblassen zu Weiß.
Sonne oder lichter Schatten; gut durchlässiger Boden

Lupinus

L. luteus, die Gelbe Lupine, trägt lange, kompakte gelbe Blütenähren, die einen süßen, bohnenartigen Duft verbreiten. Da die Pflanzen mit ihren Wurzeln Stickstoff sammeln, kann man sie im Herbst untergraben, um auf diese Weise den Boden mit Nährstoffen anzureichern. Die Gelbe Lupine wird wie eine winterharte einjährige Pflanze behandelt.
Sonne oder lichter Schatten; 60 cm

Matthiola (Levkoje)

M. bicornis, die Abendlevkoje, fällt tagsüber kaum auf, kommt aber am Abend zu großer Wirkung, wenn sie ihre violetten Blüten öffnet und ihren wunderbaren Nelkenduft abgibt. Säen Sie den Samen *in situ* an leicht zu erreichenden Stellen aus, damit Sie den Duft genießen können.
Sonne; 30 cm
M. incana. Von dieser Spezies stammen die ein- und zweijährigen Levkojen ab, ohne die ein Duftgarten unvollkommen wäre. Sie verströmt tagsüber und nachts einen köstlichen Nelkenduft. Leider ist die Pflanze anfällig für Viren. Die halbwinterharten einjährigen Levkojen werden als 10-Wochen- oder 7-Wochen-Sorten angeboten. Es sind ziemlich untersetzte Pflanzen mit gefüllten und ungefüllten Blüten. Außerdem gehören dazu noch die Sorten 'Giant Imperial', 'Excelsior' und 'Beauty of Nice', die sich durch ihre aufrechten, säulenförmigen Blüten auszeichnen. Das Farbspektrum reicht von Karminrot und Rosa über Lila und Weiß bis hin zu Aprikose und Gelb.
Sonne; 40–75 cm

Mirabilis jalapa

Von den winterharten zweijährigen Levkojen sind die beiden Sorten 'East Lothian' und 'Brompton' erhältlich. Die erstgenannte Sorte, die im Hochsommer ausgesät wird, bringt zwergwüchsige Pflanzen hervor, die im nächsten Frühjahr unter Glas blühen ('Beauty of Nice' gedeiht im Winter auch gut als Topfpflanze, wenn sie im Hochsommer ausgesät wird); sie können auch wie spätblühende einjährige Levkojen behandelt werden. Die Sorte 'Brompton' wird im Hochsommer ausgesät, damit sie im darauffolgenden Frühjahr im Freien blüht. Beide haben mittelgroße Blütenähren in gleichen Farben wie einjährige Levkojen.
Sonne; 45 cm

M. incana **'White Perennial'** hält viele Jahre. Die stark duftenden weißen Blüten heben sich wunderbar gegen das graue Laub ab. Die violette Sorte ist ebenso empfehlenswert.
Sonne; 45 cm

Mirabilis (Wunderblume)

M. jalapa war eine Lieblingspflanze in viktorianischen Gärten. Ihre trompetenförmigen Blüten, die sich den ganzen Sommer über entfalten, können rosarot, gelb oder weiß sein. Sie duften köstlich nach Zitrone. *Mirabilis* wird in der Regel als halbwinterharte einjährige Pflanze gezogen.
Sonne und Hitze; gut durchlässiger Boden; 60–90 cm

Nicotiana (Tabak, Ziertabak)

N. alata, eine halbwinterharte einjährige Pflanze, ist die Stammform verschiedener Tabaksorten mit farbigen Blüten, jener beliebten Sommerblumen, die sich mit sternförmigen Blüten in Karminrosa und Rot, Weiß und Limettengrün schmücken. Viele von ihnen verbreiten einen angenehmen Duft. Außerdem haben sie gegenüber dem stärker duftenden Tabak *N. a. grandiflora* (s. u.) den Vorteil, ihre Blüten tagsüber zu öffnen.
Sonne oder lichter Schatten; fruchtbarer Boden; 25–90 cm

N. alata grandiflora (N. affinis) ist der bekannte weißblumige Ziertabak, dessen große sternförmige Blüten die Abendluft mit exotischem Duft tränken. Am Tag erinnert er eher an ein Unkraut, aber am Abend verklärt er sich zu einer Pflanze von ätherischer Schönheit. Er wird wie eine halbwinterharte einjährige Pflanze behandelt.
Sonne oder lichter Schatten; fruchtbarer Boden; 90 cm

N. suaveolens ist eine außergewöhnliche einjährige Pflanze mit röhrenförmigen weißen Blüten, deren Außenseiten grünlich und purpurfarben getönt sind. Ihr Duft entfaltet sich nachts.
Sonne oder lichter Schatten; 60 cm

N. sylvestris ist hinsichtlich seiner Gestalt der eindrucksvollste Ziertabak, und unter den halbwinterharten einjährigen Pflanzen gibt es wohl keine dekorativere. Er ist eine stattliche, blattreiche,

Nicotiana alata

Nicotiana sylvestris

leuchtendgrüne Pflanze mit kräftigen Stielen, an deren Enden sich Rispen mit hängenden, röhrenförmigen weißen Blüten öffnen. Am Abend verströmen sie einen exotischen Duft.
Sonne oder lichter Schatten; 1,5 m

Oenothera (Nachtkerze)

O. biennis gibt am Abend einen süßen Zitronenduft frei, wenn sie ihre leuchtendgelben Blütenschalen öffnet. Sie ist eine beliebte einjährige oder zweijährige Pflanze, die sich reichlich selbst aussät. Ihr kräftiger Wuchs kann zum Problem werden.
Sonne; gut durchlässiger Boden; 90 cm
O. caespitosa ist eine ausgesprochen liebreizende zwergwüchsige Spezies mit einem herrlich süßen Duft, schmalen behaarten Blättern und besonders großen weißen Blüten, die am Morgen rosa getönt sind. Sie wird in der Regel als winterharte zweijährige Pflanze angesehen, ist aber oft mehrjährig. Am besten zieht man sie in einem erhöhten Beet.
Sonne; gut durchlässiger Boden; 15 cm
O. odorata, eine Spezies, die ich besonders ins Herz geschlossen habe, verhält sich bei mir in der Regel wie eine zweijährige Pflanze, die sich in den Spalten zwischen Pflastersteinen selbst aussät. Am

Abend öffnet sie ihre großen cremegelben Blütenschalen, die einen angenehmen Zitronenduft verströmen. Am nächsten Morgen sind sie zu einem Pfirsichrosa verdunkelt.
Sonne; gut durchlässiger Boden; 60 cm
O. trichocalyx ist eine Nachtkerze von bezaubernder Schönheit und elegantem Wuchs. Ihre großen, süß duftenden reinweißen Blüten haben den Vorzug, den ganzen Tag über geöffnet zu sein. Obgleich sie eine zwei- oder mehrjährige Pflanze ist, wird sie oft wie eine Einjährige behandelt.
Sonne; gut durchlässiger Boden; 45 cm

Petunia

Petunien gehören zu den beliebtesten einjährigen Pflanzen für Sommerbeete. Viele Leute reagieren überrascht auf den besonders abends recht ausgeprägten Vanilleduft mancher Sorten. Pflanzenzüchter konzentrieren sich bisher ausschließlich auf die Farben, und ich kann keine Sorten mit besonderen Duftnoten empfehlen. Weiße, violettblaue und purpurfarbene Petunien scheinen mir aber stärker zu duften als andere. Sie werden wie halbwinterharte einjährige Pflanzen behandelt.
Sonne; gut durchlässiger Boden; 25 cm

Phacelia (Büschelschön)

P. campanularia ist die bekannteste Spezies innerhalb dieser Gruppe winterharter einjähriger Pflanzen aus Kalifornien. Sie hat duftende Blätter, wird aber hauptsächlich wegen ihrer unzähligen enzianblauen Blüten gezogen, mit denen sie sich den ganzen Sommer über schmückt. Sie ist bei Bienen sehr beliebt. Die mit ihr verwandte Spezies *P. ciliata* hat offenbar duftende lavendelblaue Blüten. Leider habe ich noch keine gesehen.
Sonne; 15 cm

Proboscidea (Gemshorn)

P. louisianica (Martynia louisianica), eine halbwinterharte einjährige Pflanze, trägt pelzige, herzförmige, klebrige Blätter und große, gloxinienartige Blüten. Sie sind creme, rosa oder purpur, haben gelbe und purpurfarbene Markierungen und verbreiten einen süßen Duft. Die Blüten werden von seltsamen Früchten in der Form gebogener Hörner abgelöst. Gemshorn kann im Freien an einem geschützten Standort gezogen werden, gedeiht aber zuverlässiger unter Glas.
Sonne; 60–90 cm

Reseda

R. odorata ist eine der bekanntesten duftenden winterharten Einjährigen. Leider ist ihr Duft oft schwer wahrnehmbar, kommt er aber richtig zur Geltung, kann er sowohl am Tag als auch in der Nacht recht intensiv sein. Er ist dann durchdringend süß und riecht leicht nach Himbeeren. Die Reseden treiben recht unscheinbare pastellgrüne Blüten. Sie gedeiht gut im Haus als Topfpflanze – damit sie im Frühjahr blüht, können die Samen im Spätsommer ausgesät werden, dann ist für ununterbrochenen Blütenflor gesorgt. Reseden sind gute Schnittblumen, die sich lange in der Vase halten.
Sonne; 30 cm

Scabiosa (Skabiose, Witwenblume)

S. atropurpurea ist eine buschige, aufrecht wachsende Spezies, die an langen Stielen dunkelpurpurne, rosafarbene oder weiße, flache, aufgepolstert wirkende Blüten trägt, die angenehm duften. Die neueren Gartenvarietäten haben größere, gefüllte Blüten mit erhöhter Mitte. Sie werden wie winterharte einjährige Pflanzen behandelt und blühen im Spätsommer und Herbst. Sie halten sich gut in der Vase.
Sonne; 45–90 cm

Ganz links: *Oenothera biennis*
Links: *Reseda odorata*

Schizopetalon

S. walkeri ist eine reizvolle winterharte einjährige Pflanze, deren weiße, gefranste Blüten am Abend einen wunderbaren Mandelduft verströmen. Die Samen können in kleine Töpfe ausgesät und im Spätfrühjahr ausgepflanzt werden; man kann sie aber auch zu einem früheren Zeitpunkt direkt im Freien aussäen. Sonne; 30 cm

Tagetes (Studentenblume)

Ich kann mir beim besten Willen nicht vorstellen, daß irgend jemand Studentenblumen in seinem Garten zieht, weil er ihren Duft besonders liebt. Selbst weiße Fliegen verlassen beim ersten Dufthauch das Gewächshaus, und nicht ohne Grund ziehen Züchter Tagetes, um mit ihrer Hilfe das Ungeziefer zu vertreiben.

Tropaeolum (Kresse)

T. majus, die Große Kapuzinerkresse, bietet mit den 'Gleam'-Varietäten Pflanzen mit süß duftenden, halbgefüllten gelben, orangefarbenen und scharlachroten Blüten an. Sie sind buschig und halbkriechend. Die Kapuzinerkressen, winterharte einjährige Pflanzen, sind vorzüglich geeignet, vernachlässigte Teile des Gartens zu beleben. Sie wirken besonders gut auf Kieswegen und Auffahrten, wo sie sich häufig selbst aussäen.
Sonne oder Schatten; 30 cm

Verbena (Eisenkraut)

V. × hybrida, die gewöhnliche Gartenverbene, ist in vielen Sorten erhältlich und wird als halbwinterharte einjährige Pflanze gezogen. Ihr süßer, exotischer Duft, der sich am Abend ausbreitet, ist bei den weißen, rosafarbenen und violetten Sorten ausgeprägter als bei den hellroten. Diese gleichmütige Pflanze, die den ganzen Sommer dichte Blütenköpfe hervorbringt, sieht hübsch in Töpfen aus und paßt auch gut in die Rabatte. Die Sorte 'Showtime' zeichnet sich durch kompakten Wuchs und leuchtende Blüten aus.
Sonne; 25–30 cm

Zaluzianskya (Sternbalsam)

Z. capensis ist eine ungewöhnliche halbwinterharte Pflanze, die in der Nacht ihren starken Duft entfaltet. Sie trägt sternförmige weiße Blüten, die während des Tages geschlossen bleiben. *Z. villosa* duftet ebenso intensiv, ihre weißen Blüten ziert aber eine orangefarbene Mitte.
Sonne; gut durchlässiger Boden; 30 cm

Duftende Verbenen

Ummauerte Gärten und vertikale Bepflanzung

Mauern bieten sich als Stütze für eine Reihe von Kletterpflanzen und als Schutz für diverse Sträucher an, die Schwierigkeiten haben, die kalte Jahreszeit im Freien zu überstehen. Und in einem Garten voller Düfte gehören Mauern zur fast unverzichtbaren Grundausstattung, schaffen sie doch ein warmes, windgeschütztes Mikroklima, in dem sich Düfte besser entfalten und nicht so schnell verflüchtigen können. Nur wenige Gärtner nennen einen ummauerten Hortus conclusus ihr eigen, doch den meisten von uns stehen zumindest Hausmauern zur Verfügung. Am wertvollsten sind jene Mauern, die kräftig von der Sonne beschienen werden und vor kalten Winden geschützt sind.

Offene Höfe und Sitzbereiche sollten im Schutz sonniger Mauern liegen, denn dort ist es warm und windstill, so daß sich die Düfte voll entfalten und verstärken können. Und wenn die Aromen der tagsüber duftenden Blüten verweht sind, können Pflanzen zu ihrem Recht kommen, die in der Nacht zu duften beginnen. Richten Sie Ihre Aufmerksamkeit aber auch bewußt darauf, unangenehme Gerüche von Ihrem duftenden Refugium fernzuhalten. Da Sie sicher nur selten in der kalten Jahreszeit draußen sitzen werden, sollten Sie die sonnenbeschienenen Mauern an Ihrem Sitzplatz für sommerblühende Pflanzen reservieren, die sonnenliebenden duftenden Mauersträucher und Kletterpflanzen, die im Winter und zu Beginn des Frühjahrs blühen, müssen mit den weniger wertvollen Positionen im Garten vorliebnehmen.

Die Winterblüte *Chimonanthus praecox* gehört zu den großen Freuden des Winters, und schon wenige Zweige in einer Vase füllen die Luft im Raum mit würzigem Zitronenduft. Ihre inneren Blütenblätter sind dekorativ purpurfarben, die äußeren jedoch enttäuschend durchscheinend, und so sollte man die Winterblüte vielleicht mit den heiteren gelben Blüten des Winterjasmins kombinieren. Als Unterpflanzung würden sich violette Winteriris anbieten. Ihre Blüten sind ziemlich unempfindlich gegen Frost, aber ihr Holz muß im Sommer gut ausreifen können, daher empfiehlt sich ein sonniger Mauerplatz.

Ich habe lange Zeit gebraucht, um die Japanischen Aprikosen zu entdecken. Sie blühen an kahlen Zweigen im Spätwinter und genießen den Schutz und die Wärme sonniger Mauern. Ihr wunderbar feines Aroma scheint sich von einer Varietät zur nächsten völlig zu verändern. Die nach Rosen duftende Aprikose 'Beni-shidare' in einem kräftigen Rosarot, die sich vor einer weißgetünchten Mauer großartig ausnimmt, und die weißblühende 'Omoi-no-mama' ('Omoi-no-wac'), die am besten vor einer Ziegel- oder grauen Steinmauer zur Geltung kommt, sind mir die liebsten.

Der Seidelbast *Daphne bholua* sollte möglichst in einer geschützten Ecke in der Nähe einer Mauer stehen. Es lohnt sich, diese Pflanze zu ziehen, da sie den ganzen Winter über blühen kann. Laubabwerfende Sorten wie 'Gurkha' sind im allgemeinen spektakulärer als die immergrünen, und da sie winterblühenden Schneebällen sehr ähnlich sind, können sie in einem Pflanzplan als Pedant zu einem *Viburnum* eingesetzt werden. Ein Exemplar des immergrünen Seidelbastes *D. odora* 'Aureomarginata' könnte für fehlendes Laub sorgen und im Spätfrühjahr mit Duft aufwarten, wenn der andere Seidelbast verblüht ist.

Azara microphylla blüht im Spätwinter. Es ist eine Wonne, auf dem Weg zum Haus oder zum Holzschuppen einen Hauch ihres Vanilleduftes aufzufangen. Auch andere nach Vanille und Mandeln duftende Pflanzen stehen zu dieser Zeit in Blüte oder öffnen gerade ihre Knospen, und es wäre sicher lohnend, ihnen eine sonnige Ecke einzuräumen. Das Farbschema würde sich auf Grün und Weiß beschränken, und man könnte sich über viele Monate an den Blüten erfreuen. *Abeliophyllum distichum*, die ›Weiße Forsythie‹, öffnet ihre Blüten mitten im Winter, *Clematis armandii* im Spätwinter und die Orangenblume *Choisya ternata* sowie die *Clematis montana* im Frühjahr. Die üppigen immergrünen Blätter der *C. armandii* könnten das etwas dürftige Aussehen der beiden Sträucher *Azara* und *Abeliophyllum* kaschieren, und die Orangenblume würde mit ihrem glänzenden Laubhügel den Boden bedecken.

Rechts: Für Pergolen sollten Pflanzen gewählt werden, die von unten gut aussehen und angenehm duften. Glyzinen sind da ideale Kandidaten. Hier sind die Girlanden von *W. floribunda* 'Multijuga' – eine der optisch eindrucksvollsten, aber weniger stark duftenden Varietäten – farblich perfekt auf die dahinter wachsenden Bartiris abgestimmt.

Der Raum vor sonnigen Mauern scheint grundsätzlich zu eng bemessen, und es ist nicht leicht, unter den vielen aufregenden sommerblühenden Pflanzen die passende Auswahl zu treffen. Einen abgeschlossenen Innenhof abwechslungsreich zu gestalten, kann da schon eine Herausforderung werden. Für mich ist die im Spätfrühjahr blühende Säckelblume *Ceanothus* dabei unentbehrlich. Eine Wolke indigoblauer Blüten, die sich über eine Mauer oder einen Zaun ergießt, ist ein wahres Fest für die Augen. Doch obwohl einige Säckelblumen eine verschwenderische Menge süßen Honigduftes verströmen, muß ich zugeben, daß es Pflanzen mit noch verlockenderen Düften gibt.

Der Geißklee *Cytisus battandieri* zum Beispiel entwickelt einen ganz köstlichen Ananasduft, und seine aufrechten gelben Blütentrauben heben sich wunderbar gegen das silbrig schimmernde Laub ab. Er sollte allerdings an einer hohen Mauer stehen. Die Mauer, an der er bei mir steht, mißt nur zweieinhalb Meter, und ich muß ihn regelmäßig zurückschneiden, damit sich der Wind nicht in seinen oberen Zweigen verfängt und die ganze Pflanze aus ihren Halterungen reißt. Außer in kalten Regionen ist er an einem geschützten Standort im Freien erfreulich zuverlässig. Da Honigdüfte mit Ananasdüften harmonieren, ließe sich der Geißklee gut mit *Olearia macrodonta* und *Helichrysum ledifolium* (*Ozothamnus ledifolius*) kombinieren; das Farbschema würde dann aus Weiß- und Gelbtönen bestehen.

Rosen sind immer verführerisch. Ihre Farben, ihr Duft und die mit ihnen verbundenen romantischen Assozi tionen beleben jedes Bepflanzungsschema. Da man aber nicht unbedingt eine Mauer benötigt, um Rosen ziehen zu können, treten sie auf meiner Wunschliste etwas in den Hintergrund. Das gleiche gilt für Glyzinen, obgleich ich die japanische Varietät ganz besonders liebe, die sich um mein Wohnzimmerfenster gerankt hat. Andere Sträucher und Kletterpflanzen verdienen es eher, an einer Sonnenmauer gezogen zu werden. Zunächst einmal gibt es da die *Carpenteria californica*, einen schönen immergrünen Strauch mit großen, weißen, köstlich duftenden Blütenschalen. Da er zur gleichen Zeit wie der Geißklee blüht, bilden beide zusammen an einer hohen Mauer eine ausgezeichnete Gemeinschaft. Auch die Myrten sind favorisiert, wird man doch von diesen immergrünen Sträuchern mit der doppelten Dosis würzigen Duftes beschenkt, da nicht nur die Blätter, sondern auch die Blüten aromatisch sind. Einige Spezies blühen im Spätfrühjahr, während andere, darunter die Gemeine Myrte, die für die meisten Gärtner die beste Wahl ist, im Spätsommer ihre Blüten öffnen. Sie sind die idealen Pflanzen für den Innenhof, da man nicht nur die Duftwolken der Blüten in der Luft genießen, sondern gleichzeitig bequem im Sitzen die Blätter abzupfen und beschnuppern kann.

Ich hätte auch gern einen Hammerstrauch (*Cestrum parqui*), würde ihn aber nicht in die Nähe meiner Ruhebank pflanzen. In der Nacht entfalten seine winzigen grünlichen Blüten einen intensiven würzigsüßen Duft, aber während des Tages und am frühen Abend, wenn man draußen zu sitzen pflegt, hat der Duft ein unangenehm fleischiges Aroma (zum Glück breitet er sich nicht in der Luft aus). Der Schmetter-

lingsstrauch *Buddleja crispa* gehört sicherlich zu den aussichtsreichsten Anwärtern auf die besten Standorte im Garten. Seine lila Blüten und seinen süßen Duft kann man den ganzen Sommer und Herbst über genießen. In kalten Regionen muß er im Winter mit einem Drahtgeflecht – angefüllt mit Stroh oder Farnkraut –, seine Wurzeln müssen mit einem üppigen Hügel aus Rindenmulch geschützt werden. Doch wer ihn einmal in seiner vollen Schönheit bewundert hat, wird keine Mühe mehr scheuen, ihn möglichst unbeschädigt durch den Winter zu bringen. Ich würde empfehlen, purpurfarbenen Heliotrop davorzusetzen, und falls genügend Platz ist, noch eine Passionsblume durch den Strauch klettern zu lassen.

Unter den sommerblühenden Kletterpflanzen zählt der Sternjasmin *Trachelospermum jasminoides* zu meinen Favoriten. Sein exotischer Duft, der nicht so betäubend schwer ist wie der von Echtem Jasmin, enthält ein süßliches Kaugummi-Aroma. Ich kenne einen Garten, in dem ein Sternjasmin eine Temperatur von −20 °C ausgehalten hat, woraus man schließen kann, daß er winterhärter ist als allgemein angenommen. In kälteren Regionen sollte man Echten Jasmin (*Jasminum officinale*) vor eine warme Mauer pflanzen. Bevor Sie ihm aber einen Platz in Ihrem Innenhof einräumen, überlegen Sie sorgfältig, ob Sie wirklich von seinem Duft betäubt werden möchten, oder ob es nicht vielleicht besser wäre, es wehte nur eine abendliche Brise aus einem entfernteren Gartenteil herüber.

Geißblätter haben dagegen immer einen Platz in der Nähe Ihres Sitzbereiches verdient, es braucht jedoch keiner der kostbaren ›Sonnenmauerplätze‹ zu sein. Wenn sich in der Nähe weder Zaun noch Pergola befinden, lassen sie sich wie Hochstämme an Pfosten ziehen. In der abendlichen Kühle füllen sie dann die Luft mit ihrem Duft. In der Regel verbreiten sie einen fruchtigen Duft – alle Sorten von *Lonicera periclymenum* duften köstlich –, aber *Lonicera × americana* entfaltet einen charakteristischen Nelkenduft.

In den Himmel ragende Bäume der *Magnolia grandiflora* findet man in England selten; hier läßt man diese Magnolie nicht frei wachsen, sondern zieht sie gewöhnlich an einer sonnigen Mauer, da sie jeden einzelnen Sonnenstrahl braucht, damit ihr Holz ausreifen kann. Die großen cremefarbenen Blütenkelche erinnern an Seerosen, und man muß sein Gesicht förmlich hineinbetten, um den Zitronenduft in vollen Zügen genießen zu können. Meist öffnen sich ein paar Blüten auch an den unteren Zweigen, so daß man sie bequem erreichen kann, aber dieses Vergnügen ist gering, verglichen mit dem Erlebnis, am Schlafzimmerfenster von den süßen Duftschwaden sanft umhüllt zu werden. Alle unauffälligen Pflanzen wirken neben der üppigen, prunkvollen Magnolie deplaziert, deshalb empfiehlt es sich, sie nur mit ausdrucksvoll strukturierten Pflanzen zu kombinieren, etwa mit spitzen Yuccas – deren cremefarbene Blütenkandelaber vor den glänzenden Blättern der immergrünen Magnolie zu leuchten beginnen – oder mit Klebsame *Pittosporum tenuifolium*, deren winzige schokoladenfarbene Blüten im Frühjahr ihren Honigduft verschenken, bevor die Magnolien mit ihrem Duft aufwarten.

In milden Regionen gedeihen auch viele der Sträucher und Kletterpflanzen, die ich im Kapitel »Frostempfindliche Pflanzen« zusammengestellt habe, im Schutz einer sonnigen Mauer, so zum Beispiel frostempfindliche Schmetterlingssträucher, *Callistemon*-Arten (Zylinderputzer), Geißklee, *Aloysia triphylla* (Zitronenverbene) und *Prostanthera*-Arten. Es ist vielleicht ratsam, jedes Jahr Stecklinge zu schneiden, um nach einem unerwartet harten Winter Ersatz zu haben, aber diese angeblich so frostempfindlichen Pflanzen überraschen uns immer wieder mit ihrer Zähigkeit und ihrer Kraft, sich zu erneuern.

Die Auswahl an geeigneten Pflanzen für schattige und kalte Mauern ist weniger umfangreich. Aber trotzdem müssen Sie sich nicht nur auf Efeu, Feuerdorn und Kletterhortensien beschränken. Viele Geißblätter fühlen sich hier wohl; ebenso viele Clematis, einschließlich der nach Vanille duftenden Sorten der *C. montana*. Es gibt Kletterrosen, die Schatten tolerieren, etwa die weiße 'Madame Alfred Carrière' und die rosafarbene 'New Dawn'. Auch das halbimmergrüne Geißblatt *Lonicera japonica* 'Halliana' mit seinem außergewöhnlich starken, fruchtigen Duft kann an einer schattigen Mauer gedeihen. Winterblühende, strauchige Geißblätter – *Lonicera fragrantissima*, *L. standishii* und *L. × purpusii* – sind ebenfalls an Schattenmauern vielversprechend, wo ihre cremefarbenen, nach Zitrone duftenden Blüten besser zur Geltung kommen als an freien Standorten. Die Seidelbaste *Daphne laureola* und *D. pontica* sind passende niedrige immergrüne Begleitpflanzen. Im Frühjahr schmücken sie sich mit grünlichgelben Blüten, deren äußerst zarten Duft man am ehesten in den Spätabendstunden einfangen kann. Man könnte auch die nach Honig duftende *Mahonia aquifolium* dazunehmen, die sich gut an einer Mauer ziehen läßt und erstaunlich hoch klettert. Auch Berberitzen sind möglich.

Unter den Duftsträuchern für schattige Mauern fällt meine Wahl immer auf die Duftblüte *Osmanthus × burkwoodii*. Ihre weißen Blüten, die im Frühjahr erscheinen, entfalten einen köstlich süßen Duft, der weit durch die Luft getragen wird. Ihre kleinen, dunklen, immergrünen Blätter bilden eine schöne Folie für andere Pflanzen, und der sehr kompakte Strauch läßt sich gut in Form schneiden. *Pieris*, *Skimmia* und der Schneeball *Viburnum × burkwoodii*, die zur gleichen Zeit ihre weißen Blüten hervorbringen, sind weitere empfehlenswerte immergrüne, schattenverträgliche Pflanzen. *Osmanthus*-Arten schmücken noch einmal gegen Ende der Saison die Schattenmauern mit ihrem Blütenflor, und auch die Mahonien, *M. lomariifolia* und die winterhärtere *M. bealei*, bieten mit ihren stattlichen, spektakulären Blättern und ihren aufrechten Blütentrauben einen reizvollen Anblick.

Winterharte Kletterpflanzen sind jedoch nicht auf Mauern angewiesen, als Rankhilfen eignen sich ebenso Pergolen, Zäune, Gitter, Schuppen, Telegraphenmasten, Bäume oder einfach Schnüre und Drähte. Darüber hinaus sind sie ideal als Bodendecker unter Bäumen und auf Böschungen, aber auch als Bewuchs für alte Baumstümpfe. Falls Sie einen Bogen oder Laubengang planen oder in einer romantischen Laube ausruhen möchten, sollten Sie Pflanzen auswählen, deren Blüten Sie von unten genießen können. Die aufregendsten Gehölze für

Oben: Aus der Nähe wirken die Blüten der *Azara serrata* mit ihren goldenen Staubfäden wie feines Spitzenwerk. Ihr Duft ist fruchtig süß. Duftende Mauersträucher sind im Hintergrund tiefer Rabatten verschenkt. Sie sollten an Wegrändern oder Sitzbereichen plaziert werden.

derartige Zwecke sind blauviolette und weiße Glyzinen und gelber Goldregen, deren Blüten lang herabhängen.

Rosen, Geißblätter, Jasmine und Clematis sind die wichtigsten duftenden Pflanzen, die sich zum Bewachsen anderer Bereiche eignen. Die nach Schlüsselblumen duftende *Clematis rehderiana* und die nach Mädesüß duftende *C. flammula* dehnen die Saison der Düfte bis zum Spätsommer und Herbst aus; auch das Geißblatt *Lonicera periclymenum* 'Serotina' und viele Rosen blühen lange. Und die *Clematis cirrhosa balearica* begleitet uns durch den Winter.

103

Mauersträucher

Abelia

Die Abelien, kleine laubabwerfende oder immergrüne Sträucher, sind wegen ihrer langen und späten Blütezeit besonders wertvoll. Hierzulande sind selbst die härtesten Varietäten dankbar für den Schutz einer sonnigen Mauer.

Sonne oder lichter Schatten; feuchter, lehmiger Boden

A. chinensis schmückt sich mit Büscheln röhrenförmiger weißer Blüten, die sich im Sommer und Herbst aus rosa Knospen entfalten und einen feinen, süßen, geißblattartigen Duft freisetzen. Diese laubabwerfende, ausladende Abelie wird nur selten angeboten, obwohl sie hinsichtlich des Duftes zu den besten Arten zählt.

1–1,5 m; Z 7

A. × grandiflora, die bekannteste und eine der winterhärtesten Arten, ist halbimmergrün und duftet nur sehr schwach. Ihre Büschel röhrenförmiger weißer Blüten, die sich aus rosa Knospen öffnen, erscheinen im Sommer und im Herbst. Sie trägt zierliche leuchtendgrüne Blätter und ist von lockerem, überhängendem Wuchs.

1–2 m; Z 6

A. triflora hat einen deutlich süßeren Duft als A. × grandiflora. Ihre rosagetönten Blüten entfalten sich im Frühsommer aus dunkelrosa Knospen. Leider kann man nicht jedes Jahr mit einem üppigen Blütenflor rechnen. Diese laubabwerfende, starkwüchsige Spezies zeichnet sich durch aufrechten Wuchs aus. 3 m oder mehr; Z 7

Abeliophyllum

A. distichum verlangt einen sonnigen Mauerplatz, damit sein Holz ausreifen kann. Seine nach Vanille duftenden weißen Blüten öffnen sich im Winter an nackten Zweigen. Dieser Strauch ist überaus lohnend, da er wenig Platz benötigt und zu einer ausgefallenen Zeit blüht. Er wirkt wie eine kleine, weißblühende Forsythie.

Sonne; 1,2 m; Z 4

Azara

Die *Azara*-Arten sind eine Gruppe hochwertiger immergrüner Sträucher oder kleiner Bäume aus Chile, die an einer sonnigen Mauer ausprobiert

Abelia triflora

Azara serrata

Buddleja crispa

werden sollten. Sie sind nicht zuverlässig winterhart, erweisen sich zuweilen aber als unerwartet widerstandsfähig.

Sonne; feuchter, lehmiger Boden

A. lanceolata hat schmale, gezähnte leuchtendgrüne Blätter und bringt zu Beginn des Frühjahrs eine Fülle mattgelber Blüten in kleinen Doldentrauben hervor. Sie gedeiht am besten in kühlen, milden und feuchten Klimaten. Dieser außergewöhnliche immergrüne Strauch ist halbwinterhart. Bis zu 6 m; Z 9

A. microphylla, die bekannteste *Azara*, ist in allen Klimaten, mit Ausnahme der kältesten, zuverlässig winterhart. Sie trägt kleine, dunkle, runde Blätter und bringt im Spätwinter Büschel unscheinbarer gelber Blüten hervor. Zu dieser Zeit ist die Luft rings um die Pflanze mitunter schwer von ihrem Vanilleduft. Bis zu 6 m; Z 8

A. petiolaris hat vergleichsweise große, ilexartige Blätter und schmückt sich im Frühjahr mit kleinen Trauben aus blaßgelben Blüten. Was die Blüte betrifft, so ist sie die schönste Spezies; ihr Duft ist kräftig und süß. An einer warmen Mauer scheint sie recht winterhart zu sein.

Bis zu 3,5 m; Z 8

A. serrata ist ein schöner immergrüner Strauch mit glänzenden Blättern und kugeligen senfgelben Blütendolden, die im Spätfrühjahr erscheinen.

3 m; Z 8

Buddleja (Schmetterlingsstrauch)

B. crispa ist einer der schönsten laubabwerfenden Sträucher, der zu den Hauptkandidaten für eine sonnige Mauer zählt. Mit seinen wolligen grauen Blättern und seinen kurzen, dichten lila Blütenrispen, die er über einen langen Zeitraum vom Sommer bis zu den ersten Frösten hervorbringt, bietet er ein Bild pastellfarbener Schönheit. Seine Blüten verströmen den Honigduft, der für die Schmetterlingssträucher so charakteristisch ist. Jedes Frühjahr sollte man von diesem buschigen, ausladenden Strauch einen guten Teil des alten Holzes entfernen, damit er im nächsten Jahr neue Blütentriebe bildet.

Sonne; 2–3,5 m; Z 9

Carpenteria

C. californica ist an einer sonnigen Mauer ein ausgesprochen aristokratischer immergrüner Strauch mit schmalen, ledrigen Blättern. Seine einzelnen großen weißen Blüten, die von leuchtenden goldenen Staubbeuteln geschmückt sind, erscheinen im Hochsommer. Sie verbreiten einen köstlich süßen Duft. Im Frühjahr sollte man einen Teil des alten Holzes entfernen, um die Pflanze jung zu erhalten. 'Ladham's Variety' hat größere Blüten, ist aber selten. Sonne; gut durchlässiger Boden; 1,5 m

Ceanothus (Säckelblume)

Diese wunderbaren Sträucher, zu denen die einzigen wirklich stattlichen Pflanzen mit reinblauen Blüten gehören, die wir in unseren Gärten ziehen können, werden in der Regel nicht wegen ihres Duftes gepriesen. Einige überraschen aber mit einem zarten Honigaroma, andere zeichnen sich durch ein besonders würziges Laub aus. *C.* 'Puget Blue' (Z 8), die im Spätfrühjahr und im Frühsommer leuchtendblaue Blüten hervorbringt, verbindet beide Vorzüge. Sonne; 2,5 m oder mehr.

C. arboreus 'Trewithen Blue', gleichfalls immergrün, aber mit mittelblauen Blüten in ziemlich langen Rispen, duftet zurückhaltend nach Honig. Während die übrigen immergrünen Säckelblumen eher kurzlebig sind, ist diese Sorte recht ausdauernd und erreicht auch eine größere Höhe. Z 9

Cestrum (Hammerstrauch)

C. parqui beginnt am Spätabend, aus kleinen, grünlichgelben, trichterförmigen Blüten ein herrlich exotisches, würzig-süßes Parfum auszugießen. Dieser Strauch blüht zwar im Sommer viele Wochen lang, aber während des Tages riechen seine Blüten eher unangenehm. Er trägt lange, schmale Blätter und ist laubabwerfend.

Sonne; gut durchlässiger, fruchtbarer Boden; 2,5 m oder mehr, wenn er nicht immer wieder in kalten Wintern zurückfriert und kräftig beschnitten werden muß; Z 8

Carpenteria californica

Cestrum parqui

Chaenomeles (Zierquitte)

Die Zierquitten verdienen wegen ihrer köstlich duftenden Früchte mit ihrem kräftigen, beißend süßen Aroma hier aufgeführt zu werden. Die Früchte kann man im Spätsommer ernten und zu Gelees verarbeiten. Die Pflanzen gedeihen gut in offenen Rabatten, werden aber gern an sonnige oder halbschattige Mauern gesetzt. Als Spalierpflanze wirkt sie selbst ohne Blüten ausgesprochen dekorativ. Die vorjährigen Triebe sollten nach der Blüte zurückgeschnitten werden, doch auch ungeschnitten wächst das Gehölz zu einer dichten Hecke. Die Farbpalette der schalenförmigen, im Frühjahr erscheinenden Blüten erstreckt sich von Rot über Rosa und Lachs bis hin zu Weiß.
Sonne oder Schatten; 1–3 m, je nach Varietät; Z 5

Chimonanthus (Winterblüte)

C. praecox ist eine Pflanze für geduldige Gärtner, da sie fünf Jahre oder länger braucht, bis sie erstmals in der zweiten Hälfte eines Winters an kahlen Zweigen Blüten hervorbringt. Die lange Wartezeit lohnt sich aber durchaus. Ihre wachsartig durchscheinenden gelben Blüten mit purpurgetönten Innenseiten verschenken einen würzig süßen Duft, der zu den feinsten dieser Jahreszeit zählt. Schon ein paar Zweige in der Vase parfümieren die Luft eines ganzen Zimmers. Die Sorten 'Grandiflorus' und 'Luteus' schmücken sich mit schöneren Blüten, die jedoch nicht so gut duften. Schneiden Sie direkt nach der Blüte schwache Triebe heraus; ansonsten muß die Winterblüte kaum beschnitten werden. In sonnigeren Gegenden gedeiht sie auch an einem ungeschützten Standort. Sonne; 2,5 m; Z 6

Choisya (Orangenblume)

C. ternata ist ein schöner immergrüner Strauch mit glänzenden, dreizähligen Blättern und sternförmigen weißen Blütenköpfen, die im Frühjahr erscheinen. Ihrem Laub entströmt ein feines Aroma, wenn man es zwischen den Fingern zerdrückt, und ihre Blüten gewähren den Genuß des schweren Weißdornduftes ohne die fischigen Nuancen. Die Orangenblume gilt zwar als ausreichend winterhart, reagiert aber dennoch empfindlich auf kalte Winter und ist dankbar für eine geschützte Lage. Aus diesem Grund wird sie häufig als Mauerstrauch gezogen. Sie ist von gefälligem Wuchs. Jetzt ist eine neue Sorte 'Sundance' mit goldfarbenen Blättern erhältlich.
Sonne oder Schatten; 2 m; Z 8

Cytisus (Geißklee)

C. battandieri ist ein laubabwerfender Strauch, auf den der Duftliebhaber nicht verzichten sollte. Die aufrechten goldgelben Blütentrauben duften nach Ananas, und im Sommer kann niemand an einem blühenden Geißklee vorübergehen, ohne sich dem süßen Duft hinzugeben. Die runden, dreizähligen silbrigen Blätter sind ziemlich untypisch für einen Geißklee. Gewöhnlich wird er an einer sonnigen Mauer gezogen, aber falls für diesen stattlichen Strauch keine geeignete Mauer vorhanden ist, kann man ihn auch frei wachsen lassen.
Sonne; 4,5 m; Z 8

Drimys

D. winteri, die Winterrinde, ist ein hoher immergrüner Strauch, der in kälteren Gegenden auf den Schutz einer Mauer angewiesen ist. Die weißen, jasminartigen Blüten duften nach Magnesiamilch. Auch die reizvolle Rinde und die großen, graugrünen Blätter riechen aromatisch, wenn man sie zwischen den Fingern zerdrückt. Aber Vorsicht! Vermeiden Sie mit den öligen Fingern die Berührung der Schleimhäute, besonders der Augen, da das Öl Hautreizungen verursachen und sogar zu vorübergehender Erblindung führen kann!
Sonne oder lichter Schatten; saurer, torfhaltiger Boden; 4,5 m oder mehr; Z 9

Eriobotrya (Wollmispel)

E. japonica, die Japanische Mispel, ist mit ihrem großblättrigen, dunklen, auffallend strukturierten Laub bei Gartenarchitekten sehr beliebt. Die gelblichweißen Blüten, die den ganzen Herbst über an

Choisya ternata

Chimonanthus praecox

Cytisus battandieri

Drimys winteri

Rispen erscheinen, duften kräftig nach Weißdorn. Sie werden von gelben, birnenförmigen Früchten abgelöst, die aber nur in den mildesten Klimaten ausreifen. Nach dem Winter sieht der Strauch häufig recht mitgenommen aus, aber unbeschädigt ist er äußerst dekorativ. Ein Platz an einer sonnigen Mauer ist empfehlenswert.
Sonne; bis zu 9 m; Z 8

Escallonia

E. ‘Iveyi’ zählt zu den frostempfindlicheren Escallonien, die in kälteren Gegenden den Schutz und die Wärme einer sonnigen Mauer benötigen. Sie ist unter allen Spezies die schönste. Ihre glänzenden, dunklen, immergrünen Blätter haben das für die Escallonien so typische fruchtig harzige Aroma, aber auch ihre Blüten verbreiten einen süßen Duft. Sie sind reinweiß und entfalten sich an Rispen im Spätsommer und Herbst.
Sonne; gut durchlässiger Boden; 3 m; Z 8

Hoheria

H. lyallii, ein ungewöhnlicher, laubabwerfender Strauch, bedarf ebenfalls einer sonnigen Mauer. Seine herzförmigen graugrünen Blätter, die gezähnt und pelzig sind, dienen im Hochsommer

als Folie für weiße, nach Honig duftende Blütenschalen. Diese Pflanze paßt wunderbar in einen weißen Garten.
Sonne; gut durchlässiger Boden; 4,5 m; Z 9
H. sexstylosa ist ein immergrüner, schmaler, aufrecht wachsender Strauch mit langen, glänzenden, gezähnten Blättern. Seine weißen Blüten, die sich im Hochsommer öffnen, sind etwas kleiner als die von *H. lyallii,* duften aber gleichermaßen nach Honig. Eine ausgesprochen empfehlenswerte Pflanze.
Sonne; 4,5 m; Z 9

Itea

I. ilicifolia sorgt allsommerlich für Überraschung, wenn sie sich von einem bescheidenen, ilexartigen Strauch in einen blühenden ›Wasserfall‹ verwandelt. Ihre grünlichweißen Blüten sitzen in überhängenden, schmalen Trauben beieinander, die eine Länge von 30 cm erreichen können. Die dunklen, glänzenden Blätter bieten sich das ganze Jahr über als Folie für andere Pflanzen an. Sie gedeiht am besten vor einer sonnigen Mauer. *I. virginica* (Z 5), die sich mit kürzeren cremefarbenen, aber ebenfalls duftenden Blütentrauben schmückt, ist härter und für freie Standorte mit einem feuchten Boden geeignet.
Sonne; 3 m; Z 9

Eriobotrya japonica

107

Magnolia grandiflora

Myrtus communis

Jasminum

J. humile 'Revolutum' duftet zwar nicht ganz so kräftig süß wie seine kletternden Verwandten, aber durchaus zufriedenstellend. Seine leuchtendgelben Blütenbüschel öffnen sich im Hochsommer zwischen zarten Blättern. Vor einer sonnigen Mauer zuverlässig winterhart, kann dieser fast immergrüne Strauch in nahezu allen Regionen auch ohne Schutz gedeihen.
Sonne; 1,5 m oder mehr; Z 8

Laurelia

L. serrata ist ein ansehnlicher, aber seltener immergrüner Strauch. Es lohnt sich, nach ihm Ausschau zu halten, da sein Laub einen angenehm würzigen, lorbeerähnlichen Duft abgibt, wenn man es zwischen den Fingern zerdrückt. Seine langen, ledrigen, gezähnten Blätter sind leuchtend grün und werden zu Beginn des Frühlings mit gelbgrü-

nen Blütenbüscheln geschmückt. Er gedeiht am besten in einem milden Klima, verkraftet an einer sonnigen Mauer aber auch einen etwas kälteren Winter. Für ganz kalte Regionen ist er dagegen nicht geeignet.
Mehr als 15 m in milden Klimaten; Z 9

Magnolia

M. grandiflora ist die Königin unter den Mauersträuchern. Ihre üppigen, glänzenden, immergrünen Blätter, deren Unterseiten mit rötlichem Filz überzogen sind, wirken ebenso wie die großen, cremegelben, seerosenartigen Blüten, die würzig nach Zitrone duften, unübertroffen elegant. Vom Spätsommer bis zum Herbst stellen sich fast ununterbrochen Blüten zur Schau. In sonnigen Klimaten können diese Magnolien auch ohne Schutz kultiviert werden, und im Südosten der USA wachsen sie zu großen Bäumen heran. Unter

weniger günstigen Klimabedingungen sind sie jedoch auf den Wärmespeicher einer sonnigen Mauer angewiesen. Diese Spezies braucht geraume Zeit, bis sie zu blühen beginnt, daher sind ihre frühreifen Klone vorzuziehen: 'Exmouth' hat schmalere Blätter und ist am widerstandsfähigsten; 'Goliath' ist die beste Selektion von allen, gedeiht aber nicht in sehr kalten Gärten.
Sonne; fruchtbarer Boden; 7,5 m oder mehr; Z 7–9

Myrtus

Die Myrten sind erst kürzlich von den Botanikern in ein halbes Dutzend Genera aufgeteilt worden. Ich mache es aber einfach und fasse sie hier alle in einer Gruppe zusammen. Die größeren, langsam wachsenden immergrünen Spezies werden meist vor einer sonnigen Mauer in einem gut durchlässigen, lehmigen Boden gezogen. Trotzdem sind sie in kalten Gegenden nicht zuverlässig winterhart. Ihre Blätter sind aromatisch, ihre weißen Blüten würzig süß, und an warmen Abenden füllt sich die Luft mit diesen angenehmen Düften. Sonne; gut durchlässiger, lehmiger Boden

M. apiculata (Luma apiculata) mit ihrer dekorativ abblätternden zimt- und cremefarbenen Rinde kommt in milden Gegenden als frei wachsender Baum am besten zur Geltung. In voller Blüte sieht sie aber auch vor einer Mauer reizvoll aus. Sie blüht über einen langen Zeitraum im Spätsommer und im Herbst. Leider ist sie weniger winterhart als die Gemeine Myrte.

2–6 m; 18 m als Baum; Z 9

M. communis, Gemeine Myrte, die im Spätsommer ihre Blüten hervorbringt, ist sowohl mit ihrem Laub als auch mit ihren Blüten ein wahres Fest für die Nase. Sie gedeiht gut an einer Mauer, wenn sie auch manchmal im Winter zurückfriert und bis zum Boden zurückgeschnitten werden muß. Die panaschierten schmalblättrigen Sorten wie *M. c. tarentina* gedeihen im Freien weniger gut.

2–3 m; Z 8

M. lechleriana (Amomyrtus luma), die auffällige kupferfarbene junge Blätter hervorbringt und zu Beginn des Frühjahrs blüht, ist nicht zuverlässig winterhart.

2–7,5 m; Z 9

M. nummularia (Myrteola nummularia) ist die einzige wirklich winterharte Myrte. Diese am Boden kriechende Pflanze, die ein sonniges Plätzchen im Steingarten verdient, blüht im Frühsommer.

Z 8

M. ugni (Ugni molinae), ein aufrecht wachsender Strauch, treibt im Frühjahr errötende weiße Blüten und ist winterhart genug, um in nahezu allen Regionen, ganz kalte ausgenommen, kultiviert werden zu können. Daß seine roten Früchte nach Erdbeeren schmecken, kann ich nicht bestätigen, aber angeblich ist die Lieblingsmarmelade der Königin Viktoria aus den Früchten dieser Myrte zubereitet worden.

1–2 m; Z 9

Pittosporum (Klebsame)

P. tenuifolium ist die bekannteste Klebsame. Ihre dunkelpurpurfarbenen Blüten sind zwar klein und unauffällig, verbreiten aber einen intensiven Honigduft, der abends besonders konzentriert ist. Das glänzende, immergrüne Laub, das sich durch gewellte Ränder und einen frischgrünen Farbton auszeichnet, ist bei Blumenbindern sehr beliebt. Die schwarzen Zweige runden das Farbbild wunderbar ab. Zur Regulierung des Wachstums wird sie nach der Blüte beschnitten. Es sind Sorten mit panaschiertem purpurfarbenem, silbernem und goldenem Laub erhältlich.

Sonne; gut durchlässiger Boden; bis zu 12 m; Z 8

Rhaphiolepis

R. umbellata ist ein niedriger, immergrüner Strauch für eine sonnige Mauer. Er hat dicke, ledrige, ovale Blätter und entwickelt sich zu einem reizvollen rundlichen Busch. Seine sommerlichen Blütenrispen duften süß nach Kaugummi. In kalten Regionen ist er eine erfreuliche Gewächshauspflanze. Sonne; gut durchlässiger Boden; 3 m; Z 8

Romneya

R. coulteri, Kalifornischer Baummohn, hat für ein Mitglied der Mohnfamilie einen erstaunlich süßen Duft. Dieser kleine, Ausläufer treibende, aufrecht wachsende Strauch sollte zu Beginn des Frühjahrs bis zum Boden zurückgeschnitten werden, falls der Winter diese Arbeit nicht schon erledigt hat. Seine großen weißen Blütenschalen, die in der Mitte einen vorspringenden Knopf aus goldenen Staubblättern tragen, erscheinen vom Hochsommer bis zum Herbst. Sie heben sich wunderbar gegen das tief eingeschnittene blaugrüngraue Laub ab. Die Hybride 'White Cloud' hat größere Blüten. Sonne; gut durchlässiger Boden; 1,2–2,5 m; Z 8

R. trichocalyx, der nicht so hoch wird wie *R. coulteri,* zeichnet sich durch ein feineres Laub aus. Er wuchert noch üppiger und duftet angenehm. Z 8

Vitex (Mönchspfeffer)

V. agnus-castus trägt lanzettliche, unterseits graufilzige Blätter, die ein beißendes Aroma haben, seine violetten Blütenrispen duften dagegen süß. Dieser ausladende, laubabwerfende Strauch wächst sehr langsam. Sonne; gut durchlässiger Boden; 2,5 m; Z 6

Rhaphiolepis umbellata

Romneya coulteri

Kletterpflanzen

Actinidia (Strahlengriffel)

A. deliciosa (A. chinensis), eine laubabwerfende Kletterpflanze, wird in erster Linie wegen ihrer Kiwifrüchte gezogen. Die süß duftenden Blüten sind ein unerwarteter zusätzlicher Vorzug. Die Blütenbüschel, die sich im Hochsommer öffnen, sind anfangs weiß, verblassen aber allmählich zu einem Biskuitton. Die großen, behaarten, herzförmigen Blätter beeindrucken ebenso wie die Starkwüchsigkeit dieser Kletterpflanze. Damit die Pflanze Früchte ansetzt, muß man ein männliches und ein weibliches Exemplar zusammenpflanzen. 'Hayward' ist ein beliebter weiblicher, 'Tomuri' ein geschätzter männlicher Klon. Der Strahlengriffel benötigt viel Platz, und da er intensive Mittagssonne nicht vertragen kann, ist eine Mauer oder Pergola im Halbschatten der geeignete Standort.
Alle Böden, außer sehr trockene; 9 m; Z 7
A. kolomikta ist eine aufregende laubabwerfende Pflanze, deren Blätter so aussehen, als ob man sie zunächst in Tünche und anschließend in Himbeersaft getaucht hätte. Mir gefällt diese Pflanze überhaupt nicht, während andere ihr dekoratives Laub bewundern. Ihre weißen, leicht duftenden Blütenbüschel öffnen sich im Frühsommer. Sie ist weniger starkwüchsig als andere Strahlengriffel und braucht ein paar Jahre, bis sich ihre Blätter zu färben beginnen. Sie gedeiht am besten an einer sonnigen Mauer. 6 m; Z 8

Akebia

A. quinata ist eine faszinierende Kletterpflanze für eine geschützte sonnige Pergola. Ihre eleganten, fünffach gefiederten Blätter bleiben ihr in milden Wintern erhalten. Im Frühjahr bringt sie merkwürdige schokoladenbraun-purpurfarbene Blüten mit drei Blütenblättern hervor, die an warmen Tagen einen würzigen Duft abgeben. Noch seltsamer sind die länglichen purpurfarbenen Früchte, die auf die Blüten folgen. Diese starkwüchsige Kletterpflanze wird oft für schattige Mauern empfohlen, doch die besten Exemplare habe ich in voller Sonne stehen sehen. 9 m; Z 4

Billardiera

B. longiflora ist eine ungewöhnliche immergrüne Kletterpflanze für eine sonnige Mauer in einer warmen Gegend. Sie ist sehr zart, hat schmale Blätter und zierliche grünlichgelbe Trichterblüten, die sich im Hochsommer duftend öffnen. Am schönsten ist sie aber im Herbst, wenn sie sich mit herabhängenden, blauvioletten, länglichen Früchten schmückt. Sie ist neu auf dem Markt, aber keine Sensation, bestenfalls eine gute Gewächshauspflanze. Sonne; 2 m; Z 9

Clematis (Waldrebe)

Unter den kletternden Waldreben bleibt der Duft meist den kleinblumigen Spezies vorbehalten. Sie verteilen im Garten zwar keine so kräftigen Farbflecken wie die Hybriden, besitzen aber einen natürlichen Charme, der in jüngster Zeit wiederentdeckt wird. Sie sind immer attraktiv, ob sie sich durch die Zweige von Bäumen und Sträuchern winden oder ob sie Mauern und Pergolen schmücken. Clematis gedeihen besonders gut auf kalkreichen Böden, und ihre Wurzeln mögen es kühl und schattig. Die Wurzelballen von Containerpflanzen müssen 5 cm hoch mit Erde aufgeschüttet werden. Die meisten Sorten kommen ohne einen Rückschnitt aus.
Tiefgründiger, fruchtbarer, feuchter Boden
C. afoliata ist eine ungewöhnliche Clematis für eine geschützte, sonnige Mauer in wärmeren Regionen. Sie hat statt Blättern Ranken und schmückt sich im Frühjahr mit Büscheln aus spitzen strohfarbenen Blüten, die nach Seidelbast duften. Im Freien kann man ihren Duft kaum wahrnehmen, zieht man die Clematis aber im Gewächshaus, ist er überraschend intensiv.
2,5 m; Z 9
C. armandii ist eine starkwüchsige, immergrüne Pflanze mit langen, dunklen, ledrigen Blättern. Ihre cremefarbenen Blüten, die manchmal rosa getönt sind, erscheinen im Frühjahr und duften wunderbar nach Mandeln. Nach der Blüte sollte diese Clematis leicht zurückgeschnitten werden. 'Apple Blossom' mit bronzefarbenen Jungtrieben und rosa Blüten ist ebenso wie 'Snowdrift' mit reinweißen Blüten eine ausgezeichnete Selektion. Diese beliebte und empfehlenswerte Pflanze verlangt einen sonnigen Standort und Schutz vor kalten Winden. 6 m; Z 8
C. cirrhosa balearica, die farnblättrige Clematis, hat gefiederte, immergrüne Blätter, die im Herbst einen Bronzeton annehmen. Den Winter hindurch trägt sie glockenförmige cremefarbene Blüten,

Actinidia

Akebia quinata

Clematis flammula

deren Innenseiten meist karminrot gefleckt sind. Im Freien ist der Blütenduft kaum wahrzunehmen, zieht man die Clematis aber in einem Gewächshaus, kann man ihren Zitronenduft in vollen Zügen genießen.

Sonne oder Schatten; 3 m; Z 8

C. 'Fair Rosamond' ist meines Wissens die einzige großblumige Hybride mit einem ausgeprägten Duft, der in der Beschreibung als Bukett aus Schlüsselblumen und Veilchen gepriesen wird. Ihre rosig-weißen Blüten prunken mit vorspringenden purpurfarbenen Staubblättern. Diese Clematis blüht zu Beginn des Sommers; sie ist auch als Kübelpflanze verläßlich.

Sonne oder Schatten; 2 m

C. flammula, eine laubabwerfende Spezies, ähnelt der Gemeinen Waldrebe *C. vitalba*, ist aber noch besser für den Garten geeignet. Die starkwüchsige, doch willige Pflanze trägt schöne glänzende Blätter und schmückt sich im Spätsommer und Herbst mit weißen Blüten, die intensiv nach Mädesüß duften. Einen vom Wind zugetragenen Dufthauch atmet man genießerisch ein, nähert man sich aber den Blüten, so empfindet man ihren Duft als unangenehm schwer. Da sie in Südeuropa heimisch ist, liebt sie die Sonne und möchte vor kalten Winden geschützt werden. Sie eignet sich vorzüglich zum Überwuchern von Bäumen oder kleinen Nebengebäuden im Garten.

Bis zu 4,5 m; Z 6

C. forsteri, eine immergrüne Spezies aus Neuseeland, bringt sternförmige gelbgrüne Blüten hervor, die angenehm nach Zitrone duften. Die mit ihr verwandte Spezies *C. petriei* ist sehr intensiv duftend, winterhart und starkwüchsig. Im Frühjahr

Clematis armandii 'Apple Blossom'

Clematis rehderiana

schmückt sie sich mit grünen Blüten, wobei die der männlichen Pflanzen gewöhnlich größer sind, die der weiblichen dafür reizvolle Samenstände tragen. Diese Clematis verlangt einen geschützten, sonnigen Standort; andernfalls gedeiht sie in einem Kalthaus besser. Z 9

C. montana ist eine Zierde des Frühjahrsgartens, denn dann trägt sie ein Meer von vierblättrigen, weitgeöffneten Blüten. Die Spezies selbst zeigt weiße Blüten, die intensiv nach Vanille duften. Die Sorte 'Grandiflora' öffnet größere weiße Blüten ohne Duft; *C. montana rubens* hat leuchtendrosa Blüten, und 'Elizabeth' schmückt sich mit großen blaßrosa Blüten. Beide duften nach Vanille. *C. montana wilsonii* entfaltet ihre weißen, stark duftenden Blüten später im Jahr. Alle Sorten der *C. montana* gedeihen in der Sonne und im Schatten. Mit diesen starkwüchsigen, laubabwerfenden Kletterpflanzen kann man zumindest im Sommer unansehnliche Gebäude ›verschwinden lassen‹.
6 m; Z 5

C. rehderiana trägt vom Hochsommer bis zum Herbst kleine blaßgelbe Glocken, die köstlich nach Primeln duften. Ich glaube, sie ist eine der schönsten Clematis-Arten überhaupt. Diese laubabwerfende Pflanze kommt an einer Mauer oder durch einen Baum gerankt gut zur Geltung.
Sonne oder lichter Schatten; 7,5 m; sie kann aber zu Beginn des Frühjahrs kräftig zurückgeschnitten werden; Z 6

C. serratifolia lohnt wegen ihres Zitronenduftes. Diese ungewöhnliche Clematis ähnelt den gelbblühenden Arten *C. tangutica* und *C. orientalis*, hat

aber kleinere, blassere, glockenförmige Blüten, die mit braunen Staubfäden gefüllt sind. Sie blüht reichlich im Spätsommer und ist laubabwerfend. Sonne oder lichter Schatten; 3 m; Z 5

C. terniflora (C. maximowicziana, C. paniculata), die mit *C. flammula* verwandt ist, trägt weiße Blüten, die den gleichen weißdornähnlichen Duft entwickeln. Diese in den USA sehr geschätzte Clematis benötigt mehr Sonne, als das englische Klima ihr bieten kann. Sie ist ausgesprochen starkwüchsig und blüht im Herbst.
9 m; Z 9

C. × triternata 'Rubro-marginata', eine ungewöhnliche, starkwüchsige Hybride von *C. flammula* und *C. viticella*, trägt im Spätsommer und Herbst eine Fülle purpurgeränderter weißer Blüten, die ebenfalls nach Weißdorn duften.
Sonne oder lichter Schatten; 3,5 m; Z 6

Decumaria (Sternhortensie)

D. barbara ist eine halbimmergrüne Kletterpflanze, die ohne Rankhilfen auskommt. Sie ähnelt den Kletterhortensien und Spalthortensien (*Schizophragma*), mit denen sie auch verwandt ist, trägt aber weiße Blüten, die sämtlich fruchtbar sind. Sie erscheinen im Sommer an kleinen aufrechten Doldenrispen und verbreiten einen süßen Honigduft.
Sonne oder lichter Schatten; feuchter, gut durchlässiger Boden; 7,5 m oder mehr; Z 7

D. sinensis ist eine seltene immergrüne Spezies, die unter den gleichen Bedingungen gedeiht wie *D. barbara*. Sie trägt im Frühsommer cremefarbene Blüten in pyramidenförmigen Doldenrispen, die ebenfalls nach Honig duften.
3 m; Z 6

Holboellia

H. latifolia ist ein windender, immergrüner Strauch für mildere Regionen. Er treibt zu Beginn des Frühjahrs süß duftende grünlichweiße Blüten, die mitunter von länglichen purpurfarbenen Früchten abgelöst werden. Die Blätter sind lang, glänzend und üppig. In Gegenden, die von Frösten heimgesucht werden, muß dieser Strauch an einer äußerst geschützten Mauer stehen.
Sonne; 6 m; Z 7

Jasminum

Der Echte Jasmin liefert einen der intensivsten Abenddüfte. Dieser schwere, süße, exotische Duft ist wunderbar, wenn er durch die Luft getragen wird. Nähert man sich aber dem Strauch, so empfindet man den Blütenduft als unangenehm dominant. Man sollte ihn möglichst in einiger Entfernung vom Haus pflanzen. Andere Jasmin-Arten können dagegen unbedenklich neben Fenster und

Jasminum × stephanense

Lonicera × americana

Lonicera caprifolium

Türen plaziert werden.
Sonne; fruchtbarer Boden
J. beesianum trägt im Frühsommer kleine rosarote Blüten, die von glänzenden schwarzen Beeren abgelöst werden. Es ist eine interessante Pflanze, die aber nicht unbedingt zu den schönsten Jasminen zählt. In milden Gegenden ist sie immergrün.
3,5 m; Z 6
J. officinale, der Echte Jasmin, ist eine starkwüchsige, in der Regel laubabwerfende Kletterpflanze, die besonders schön ist, wenn sie über einen Schuppen, eine Pergola oder sogar einen Baumstumpf wachsen kann. In kalten Regionen ist sie auf den Schutz einer besonnten Mauer angewiesen. Ihre reinweißen Blüten öffnen sich den ganzen Sommer über aus zartrosa Knospen. Sie entwickelt sich am besten, wenn sie nicht beschnitten wird. *J. o.* 'Affine' ist eine Spitzensorte mit etwas größeren Blüten; 'Aureum' hat gelbgefleckte Blätter.
6 m oder mehr; Z 7
J. × stephanense ist eine Hybride der beiden erstgenannten Spezies. Diese schöne Pflanze öffnet im Sommer süß duftende blaßrosa Blüten. In milden

Regionen ist sie immergrün. Ihre jungen Blätter sind häufig cremefarben panaschiert.
6 m; Z 7

Lonicera (Geißblatt, Heckenkirsche)

Die Geißblätter sind eine Säule des Duftgartens. In der Kühle des Abends oder frühen Morgens ist die Luft schwer von ihrer fruchtigen oder würzigen Süße. In der Hitze des Tages sollte man an ihren Blüten schnuppern. Am schönsten sind die Pflanzen, wenn sie frei über Zäune und Pergolen oder an Bäumen hinaufklettern können und nicht senkrecht an Mauern festgebunden werden. Sie müssen dann hin und wieder beschnitten werden. An den Boden stellen sie kaum Ansprüche, schätzen aber wie die Clematis einen kühlen Wurzelbereich. Da sie anfällig für Blattläuse sind, sollten sie regelmäßig gespritzt werden.
L. × americana ist eine herrliche laubabwerfende Hybride, die intensiv nach Nelken duftet. Ihre purpurrötlich-gelben Blüten bieten im Sommer ein eindrucksvolles Schauspiel.
Sonne oder Halbschatten; 6 m; Z 6

L. caprifolium, Jelängerjelieber, schmückt sich im Hochsommer mit Blüten in einer Farbmischung aus Weiß, Gelb und gelegentlich etwas Rot. Die Blüten entfalten den typischen fruchtigen Geißblattduft. Diese herrliche Pflanze ist laubabwerfend.
Schatten; 6 m; Z 6
L. etrusca ist ein ungewöhnlich schönes, halbimmergrünes Geißblatt für eine vollsonnige Mauer, doch selbst dort ist sie im kalten Regionen nicht winterhart und zieht das Gewächshaus vor. Ihre Blüten öffnen sich in einem rötlich schimmernden Gelbton und färben sich mit zunehmendem Alter kräftig gelb. Sie erscheinen im Spätsommer und verteilen einen fruchtigen Duft.
3,5 m; Z 8
L. × heckrottii ('Gold Flame') ist eher ein schwachstämmiger Strauch als eine Kletterpflanze, der die Stütze einer Mauer benötigt. Er trägt im Spätsommer kräftig orangegelbe, in mehreren Quirlen übereinanderstehene Blüten mit purpurrötlichen Reflexen und duftet würzig süß. Er wächst ausgesprochen langsam.
Schatten; Z 5

Lonicera periclymenum

Schisandra rubriflora

L. Japonica 'Halliana' gilt als die schönste Form der Japanischen Geißblätter. Sie ist für sehr kalte Gärten besonders empfehlenswert. In wärmeren Klimaten wird dieses Geißblatt zum wuchernden Unkraut. Es ist halbimmergrün und beginnt im Frühsommer zu blühen. Seine Blüten, die sich weiß öffnen und allmählich gelb färben, haben ein kräftiges Fruchtaroma. Da dieses Geißblatt sehr starkwüchsig ist, sollte es im Frühjahr weit zurückgeschnitten werden.
Sonne oder lichter Schatten; 9 m; Z 5
L. periclymenum, das als Heckenpflanze vertraute Waldgeißblatt, ist von zwei berühmten Sorten völlig verdrängt worden: 'Belgica' bringt seine blaßgelben und purpurrötlichen Blüten im Hochsommer hervor; 'Serotina' öffnet ihre dunkleren Blüten den ganzen Sommer und Herbst über. Beide sind laubabwerfend und zeichnen sich durch einen vollen, fruchtigen Duft aus.
6 m; Z 5
L. splendida, ein immergrünes Geißblatt, sollte in allen Regionen, sehr kalte Klimate ausgenommen, ausprobiert werden. Es schmückt sich mit schönem bläulichgrünen Laub und trägt den ganzen Sommer über duftende Blüten, die innen gelblich und außen rötlich gefärbt sind. Es muß vor kalten Winden geschützt werden.
Volle Sonne; Z 9

Passiflora (Passionsblume)

P. caerulea zeigt die kunstvollsten und fesselndsten Gartenblüten, die man sich vorstellen kann. Jede Blüte stellt ein kreisförmiges Muster aus purpurfarbenen, blauen und grünlichweißen Staubfäden zur Schau, das in der Mitte von einer Säule gekrönt wird, die Staubblätter, Narben und Fruchtknoten trägt. Die Passionsblume macht eher den Eindruck, ein Produkt der industriellen Revolution als eines von Mutter Natur zu sein. Den ganzen Sommer über entfaltet sie mit ihren einzigartigen Blüten zugleich einen köstlich fruchtigen Duft. Im Herbst reifen orangefarbene, eiförmige Früchte heran. Das Gehölz gedeiht überall, die kältesten Regionen ausgenommen, an einer sonnigen Mauer, muß aber in den ersten Jahren im Winter geschützt werden. Es ist immergrün und verhältnismäßig unanfällig für Krankheiten.
4,5 m; Z 7–8

Schisandra

S. chinensis ist eine ungewöhnliche laubabwerfende Kletterpflanze mit duftenden Blüten und aromatischen Blättern. Ihre Blüten, die sich im Frühjahr öffnen, sind blaßrosarot und hängen an langen Stielen. Sie werden von scharlachroten Früchten abgelöst. Sie ist eine Neuheit für den Bewuchs von Mauern und Pergolen.
Schatten; 6 m; Z 5
S. rubriflora ist eine weniger seltene Spezies, deren herabhängende dunkelrote Glocken im Frühjahr erscheinen. Auch sie trägt reizvolle Früchte, duftende Blüten und aromatische Blätter. Der Schmuck ihrer Blüten und Blätter gereicht jeder Mauer oder Pergola zur Zier.
Schatten; 6 m; Z 8

Stauntonia

S. hexaphylla gedeiht in allen Regionen, extrem kalte ausgenommen, an einer geschützten, sonnigen Mauer. Dieser immergrüne Strauch hat ledrige Blätter und schmückt sich im Frühjahr mit kleinen Trauben aus violett getönten weißen Blüten, die einen süßen Duft verströmen. Nach einem heißen Sommer folgen ihnen eßbare purpurfarbene Früchte. Wenn diese schöne Blattpflanze nicht im Freien gezogen werden kann, sollte man ihr unbedingt einen Platz im Wintergarten oder Gewächshaus einräumen.
12 m; Z 8

Trachelospermum (Sternjasmin)

T. asiaticum gedeiht an einer sonnigen Mauer in allen Klimaten, extrem kalte Zonen ausgenommen. Seine cremegelben, jasminähnlichen Blüten verbreiten einen unwiderstehlichen Kaugummiduft, wenn sie sich im Hochsommer öffnen. Dieser immergrüne Strauch mit den kleinen, dunklen Blättern ist von dichtem, kompaktem Wuchs.
5,5 m; Z 8
T. jasminoides ist intensiver duftend und trägt üppigere Blüten und Blätter. Er gehört zu den erstklassigen Duftpflanzen. Wenn dieser immergrüne Strauch erst einmal Wurzeln geschlagen hat, kann man ihm durchaus an einer sonnigen Mauer im Freien vertrauen. Er ist aber weniger winterhart als *T. asiaticum*. In kalten Regionen sollte ihm unbedingt ein Platz im Wintergarten oder Gewächshaus zukommen. Seine reinweißen Blüten öffnen sich im Hochsommer. Da die Sternjasmine am alten Holz blühen, brauchen sie nur wenig beschnitten zu werden. Guten Boden wissen sie zu schätzen. 'Variegatum' ist eine immergrüne Sorte mit rosagefleckten weißen Blüten.
9 m; Z 9

Wisteria (Glyzine)

Die langen, herabhängenden Blütentrauben der Glyzinen schmücken im Frühsommer die Vorderfronten vieler Häuser, und obwohl sie inzwischen so alltäglich sind, erfreuen sie sich noch immer großer Beliebtheit. Sie bieten aber auch einen prachtvollen Anblick, wenn sie sich um Pergolen und über Brücken schlingen, und auch als Hochstämme haben sie ihren eigenen Charme. Sie sind ausgesprochen starkwüchsig, brauchen aber ein paar Jahre, bis sie zu blühen beginnen. Gut entwickelte Pflanzen sollte man nach der Blüte beschneiden – d. h. ihre neuen, langen Seitentriebe um 15 cm einkürzen – und im Winter noch einmal auf zwei bis drei Knospen zurückschneiden. Sonne; tiefgründiger Boden

W. floribunda bringt im Frühsommer nach dem Austrieb seines frischen Laubs lange Blütentrauben hervor. Meiner Ansicht nach ist sie deswegen der chinesischen Spezies *W. sinensis* vorzuziehen. Ihre Blüten duften köstlich nach Erbsen. Die Spezies ist im Handel von der Sorte 'Multijuga' ('Macrobotrys') mit immens langen Blütentrauben und der weißen Form 'Alba' verdrängt worden.
7,5 m; Z 4

W. sinensis hat im Vergleich zu *W. floribunda* einen besseren Duft. Ihre Blüten, die im Frühjahr die nackten Zweige zu schmücken beginnen, heben sich wunderbar gegen eine helle Mauer ab. Und eine Glyzine, die sich durch einen Baum rankt, kann zum Erlebnis werden. In einem Garten meiner Nachbarschaft hat man sie mit einem Rotdorn zusammengepflanzt – eine recht gewagte, aber eindrucksvolle Kombination (Glyzinen, die sich über Bäume schlingen, brauchen nicht beschnitten zu werden). 'Alba' ist eine gute weiße Sorte.
15 m oder mehr, wenn sie nicht beschnitten wird; Z 5

Trachelospermum asiaticum

Trachelospermum jasminoides

Wisteria sinensis

Steingärten und Feuchtbereiche

Sobald wir einen Rosenstrauch sehen, heben wir als erstes eine seiner Blüten an die Nase (zumindest ich tue es), um ihren Duft zu kosten. Vielleicht versuchen wir unser Glück auch bei einem großen blühenden Strauch oder Baum. Doch wer macht sich schon die Mühe, sich zu einer Steingartenpflanze ›herabzulassen‹, um ihren Duft zu genießen? Sie werden einwenden, daß unter den alpinen Pflanzen nur wenige duften und daß viele der beliebtesten Steingartenpflanzen – Aubrietien, Glockenblumen, Steinbrech-Arten, Ehrenpreis, Fetthennen (*Sedum*), Bitterwurz (*Lewisia*), Enzian, Storchschnabel, *Sempervivum*-Arten usw. – vollkommen geruchlos sind. Es gibt aber trotzdem genügend Duftpflanzen in der alpinen Flora, so daß die Gestaltung eines wunderbar duftenden Steingartens keinesfalls unmöglich ist.

Um in den Genuß eines Blütenduftes zu gelangen, müssen wir die Blüte mit unserer Nase erreichen können. Je kleiner eine Pflanze ist, um so höher über dem Boden muß sie also gepflanzt werden. Deshalb sollte man den alpinen Pflanzen im Steingarten einen Platz in bequemer Höhe einräumen, statt sie in den unteren Etagen oder gar im Kalksteinpflaster zu ›verstecken‹. Viele Pflanzen lassen sich anstandslos in Trögen, Pflanzschalen, ja sogar vertikal in Stützmauern ansiedeln. Eingetiefte Wege im Steingarten sind eine weitere Möglichkeit.

Sie können das Jahr mit zwergwüchsigen Zwiebelpflanzen eröffnen, zum Beispiel mit nach Veilchen duftenden *Iris reticulata* (deren purpurfarbene Blüten sich so wunderbar gegen eine kleine blaue Konifere wie *Juniperus squamata* 'Blue Star' abheben) und Krokussen wie *C. versicolor* und *C. chrysanthus*. Die letztgenannte Spezies gibt es in vielen verschiedenfarbigen Sorten. Sie alle haben einen unterschiedlich starken und im Aroma variierenden Honigduft anzubieten. Ich erinnere mich an ein Weihnachtsfest, an dem ich einen Karton mit verschiedenen Honigen aus der ganzen Welt geschenkt bekam und es mir viel Vergnügen bereitete, ihre Düfte mit denen der Krokusse zu vergleichen, die im Haus in Töpfen ihre Blüten öffneten. Manche Düfte ähnelten sich sehr, aber viel aufregender war die Erkenntnis, daß der Duft einer Spezies ganz verschiedene Aromen enthalten kann und daß die Beschreibung »duftet nach Honig« endlose Nuancen umfaßt.

Scilla mischtschenkoana ist eine weitere ausgezeichnete Zwiebelpflanze für den Steingarten. Sie breitet sich üppig aus, und ihre blassen Blüten, die vom Frühjahrsbeginn an über einen langen Zeitraum erscheinen, entwickeln einen sehr süßen Duft, der gut zu fruchtig duftenden, kleinblumigen gelben Narzissen paßt. Auch Traubenhyazinthen und zwergwüchsige Tulpen kämen in dieser Kombination vorteilhaft zur Geltung.

Sobald der Frühling naht, verwandelt sich der Steingarten in ein Blütenmeer. Für die raffiniertesten Düfte sind die Seidelbast-Arten zuständig. Der niederliegende Rosmarinseidelbast *Daphne cneorum* bedeckt eine große Fläche, wenn man seine über den Boden kriechenden Zweige dazu ermuntert, Wurzeln zu schlagen (was am sichersten durch das Beschweren mit Steinen gelingt). Eine gut entwickelte Pflanze, die über Felsen kriecht und von Mauern herabhängt, bietet mit ihren Blüten nicht nur ein prächtiges Schauspiel, sondern ist auch für die Nase ein wahres Fest. Und diese Spezies bzw. ihre beste Form 'Eximia' würde immer auf meiner Wunschliste für jede Art von Steingarten stehen. Andere Seidelbaste sind ebenso großzügig parfümiert. *D. collina* ist ein hübscher und sehr anpassungsfähiger Strauch, und *D. retusa* ist kleinwüchsig genug, um bequem in einen Trog zu passen. Beides sind auch schöne Topfpflanzen für ein Kalthaus oder Alpinenhaus. In einem größeren Steingarten sollte man auch Platz für die Seidelbaste *D. tangutica* und auch *D. × burkwoodii* 'Somerset' finden.

Die nächste wichtige Gruppe von Duftpflanzen für den Steingarten sind die Nelken. Viele Spezies und Hybriden sind für ihren warmen Duft berühmt, und da er an windstillen Tagen in der Luft hängt, kann man die Pflanzen bedenkenlos am Boden unterbringen, das heißt, man kann Wege mit ihnen einfassen oder sie aus Pflasterspalten hervorquillen lassen. Meine Lieblingshybriden sind die Sorten mit den aufwendigen spitzenartigen Blüten in Kastanienbraun, Pflaumenblau und Karminrot, die eine besonders gelungene Gemeinschaft mit Rosen wie Rosa Mundi und 'Ferdinand Pichard' bilden. Ein ähnlich betäubender, aber weniger konzentrierter Duft ist bei vielen Arten von Steingartenphlox und bei mehrjährigem Goldlack (Varietäten von *Cheiranthus* und *Erysimum*) zu finden, der unterschiedlich stark mit Anisaroma versetzt sein kann. Auch Lotwurz (*Onosma alborosea*) duftet nach Anis. Mit ihren in stattlichen Büscheln herabhängenden Blüten werden die *Onosma*-Arten im Steingarten zwischen Spalten und Mauerritzen zu ausgezeichneten Blickfängern. Auch der Duft der *Primula reidii williamsii* ist so angenehm, daß man nicht auf ihn verzichten möchte. Und anhaltend für Farbe im Garten sorgen die stärker duf-

Rechts: Steingärten müssen nicht ›gebirgig‹ sein. Flache Beete, sanfte Hügel, ein paar große Steine, Wannen und Tröge für auserlesene alpine Pflanzen sind gewöhnlich besser in den Gartenplan zu integrieren. Hier hüllen Nelken den Garten in sommerliche Düfte, während der kriechende Thymian in den Pflasterspalten darauf wartet, im Vorübergehen gestreift zu werden. Reiherschnabel (*Erodium*), Glockenblumen, Diascien und weiße Lichtnelken setzen zusätzliche farbige Akzente.

tenden Varietäten der Veilchen wie 'Mrs Lancaster' und 'Little David', die man keinesfalls vergessen sollte.

Zur Ergänzung der Blütendüfte könnten noch verschiedene Pflanzen mit aromatischen Blättern ausgewählt werden. *Micromeria*-Arten und nach Zitrone duftendes Edelweiß sorgen für fruchtige, *Origanum*- und Thymian-Arten für die würzigen Duftnoten, während der Duft des Ziests *Stachys citrina* mit einem Hauch von Pfefferminzschokolade verwöhnt. Verschiedene zwergförmige Rhododendren steuern weitere warme Aromen bei.

Die hochalpinen Pflanzen zeichnen sich selten durch Duft aus. Um diese Pflanzen, die in den Wintermonaten durch eine schwere Schneedecke trocken bleiben, erfolgreich zu kultivieren, muß man sie unter Glas vor Regen schützen. Wer dann irgendwann im Frühjahr und Frühsommer ein Alpinenhaus betritt, der wird schon bald einige duftende Ausnahmen entdecken. Die Blüten von *Dionysia aretioides* riechen wie Schlüsselblumen, und die des Mannsschilds *Androsace cylindrica* bezaubern mit kräftigem Mandelduft. Auch die Lieblingsblumen des Kenners, der Steinschmückel *Petrocallis lagasca* (*P. pyrenaica*) und das Täschelkraut *Thlaspi rotundifolium*, entfalten einen köstlichen Duft. Er ist oft so intensiv, daß ein Teil davon mit der Luft fortgetragen wird und noch außerhalb im Garten spürbar ist.

Ein Alpinenhaus ist nichts anderes als ein unbeheiztes Treibhaus oder Kalthaus mit einer zusätzlichen Belüftung. Für den Duftfreund bietet es aber eine wunderbare Gelegenheit, eine Reihe frühblühender Pflanzen unbeeinträchtigt von den Elementen in voller Schönheit betrachten zu können. Darüber hinaus hat er die Möglichkeit, solche Pflanzen zu beherbergen, die nicht ausreichend winterhart sind, und sie während der Wintermonate trocken zu halten bzw. in ganz kalten Perioden unter einem Isoliermaterial (z. B. Polypropylenfaser-Matten) zu schützen. Zu der ersten Kategorie gehören winter- und frühjahrsblühende Zwiebelpflanzen wie Krokusse und Narzissen, Iris-Arten und auch die typischen Hyazinthen der Floristen. Die kleineren Seidelbast-Arten, die in der Regel gut in Töpfe passen, sind ausgezeichnete Begleiter. In die zweite Kategorie gehören mediterrane Pflanzen wie Lavendel und Rosmarin und die nach Honig duftende Wolfsmilch *Euphorbia mellifera* (sie läßt sich gut im Topf ziehen und behält eine akzeptable Größe). Sie können vielleicht auch eine nach Zitrone duftende *Clematis forsteri* oder einige der anderen Clematis-Arten aus Neuseeland als schmales Band am Dach des Gewächshauses entlangziehen. Und wenn das Gewächshaus groß genug und das Klima nicht zu unfreundlich ist, könnten Sie auch eine duftende Kamelie wie 'Scentsation' oder Rhododendren wie 'Lady Alice Fitzwilliam' ausprobieren. Im Sommer kämen sie dann in ihren Töpfen an einen schattigen Platz im Freien. Von allen Pflanzen, die in einem Alpinenhaus gedeihen, gehören die spektakulären Aurikeln zu meinen allerliebsten. Sie sehen so bizarr aus – insbesondere solche mit den grün-, weiß- und graugerandeten Blättern-, daß ich immer von neuem über ihre komplizierten Muster und ihre sich öffnenden Knospen staune, die dick mit Mehl bestäubt sind. Hinzu kommt noch ihr durchdringender Duft

nach Primeln und Zitrone mit einem Unterton von Schokolade – für mich sind diese Pflanzen unübertrefflich.

Sonne und ein gut durchlässiger Boden sind die wichtigsten Voraussetzungen für ein gutes Gedeihen der meisten alpinen Pflanzen. Der Boden sollte zu gleichen Teilen aus Lehm, Torf und grobem Sand bestehen. Es läßt sich aber nicht vermeiden, daß der Steingarten auch schattige Bereiche hat, und vielleicht gibt es auch gepflasterte schattige Ecken hinterm Haus, die sich als Plätze für einen Trog geradezu anbieten. Hier kann man besondere Beete für schattenliebende Spezies wie Enzian, Primeln, Lilien und niedrige Heidesträucher anlegen. Sie verlangen einen feuchten, humusreichen Boden – aus Lehm und Torf zu gleichen Teilen –, bei dem aber eine gute Wasserdurchlässigkeit gewährleistet sein muß. Da fast alle diese Pflanzen sehr empfindlich auf Kalk reagieren, sollte man neutralen oder sauren Boden verwenden, und die umgebenden Felsen oder Steine müssen aus Granit oder Sandstein bestehen (Torfblöcke oder Eisenbahnschwellen sind ausgezeichnete Alternativen). In kalkreichen Gegenden müssen die Beete mindestens einige Zentimeter über dem Boden angelegt werden, damit aus dem umgebenden Erdreich ausgeschwemmter Kalk nicht einsikkern kann. Darüber hinaus sollten die Pflanzen nicht mit Leitungs-, sondern mit Regenwasser gegossen werden. Mauern, Gebäude oder Bäume können Schatten spenden, aber überhängende Zweige oder tröpfelnde Dachrinnen könnten den Pflanzen schaden. Zu den Duftpflanzen für Torfbeete zählen Sträucher wie *Daphne blagayana* und *Mitchella repens*, Zwiebelpflanzen wie *Arisaema candidissimum, Lilium cernuum, L. duchartrei* und Schneeglöckchen, außerdem Stauden wie *Anemone sylvestris*, Moosglöckchen (*Linnaea borealis*) und Dreiblatt (*Trillium luteum*).

Ein Teich am Fuße des Steingartens, in den sich möglicherweise ein Wasserfall ergießt, stellt ein zusätzliches belebendes Element dar, das sich harmonisch in die gegebene Situation einfügt. Ein Gewässer wirkt auf jedermann anziehend, und seine Pflanzen- und Tierwelt belebt das ganze Jahr über den Garten. Der sumpfige Boden rings um den Teich bietet feuchtigkeitsliebenden Stauden Platz, die für Farbe sorgen, wenn die Hauptblütezeit des Steingartens vorüber ist. Der Boden wird sumpfig, wenn man ihn in eine Art Schlammbett abfallen läßt, in dem das Wasser allmählich von selbst aufsteigen kann. Eine zweite Stufe unter Wasser verhindert, daß der Boden in die Tiefe des Teiches abrutschen kann. Das Schlammbett sollte dicht mit Uferpflanzen bestückt werden, um eine Bodenerosion zu verhindern. Natürlich passen Teiche und Wasserläufe nicht nur in Steingärten. Sie können ebensogut geometrisch angelegt sein und als Herzstück einer kurzgeschorenen Rasenfläche oder einer gepflasterten Terrasse dienen. Bäche oder Flüsse können den Garten auch durchqueren, und die Teiche ziehen sich vielleicht in weitem Bogen, von Weiden beschattet, durch den Garten.

Es gibt nicht allzu viele duftende Pflanzen für die Gestaltung eines Feuchtbereichs. Aber wie beim Steingarten lassen sich auch hier Möglichkeiten finden, ein Schema aus Duftpflanzen zu konzipieren. Zunächst einmal können auf dem Wasser duftende Seerosen schwim-

men. Im Fachhandel sind Hybriden in unterschiedlichen Farben erhältlich, und alle verbreiten einen fruchtigen Duft. Die Wasserähre *Aponogeton distachyos* verleiht der Duftkomposition einen Hauch von Vanille, während ihre weißen Blütenähren und schlanken Blätter die kompakte, rundliche Form der Seerosen hervorheben.

Zu den Pflanzen, die in mäßiger Wassertiefe am Ufer stehen können, gehören Kalmus (*Acorus calamus*), dessen schwertförmige Blätter nach Zimt duften, Fiederpolster (*Cotula coronopifolia*) und Zypergras (*Cyperus longus*). Für den feuchten Boden in Wassernähe gibt es eine größere Auswahl an Pflanzen mit duftenden Blüten. Die Weiße Scheinkalla (*Lysichiton camtschatcensis*) kann mit ihren großen Blütenscheiden die Frühjahrssaison eröffnen, aber man sollte sie mit der Nase erreichen können, damit einem ihr süßer Duft nicht entgeht. In größere Gärten mit natürlichen Teichen passen Weiden mit duftenden Kätzchen wie *Salix aegyptiaca* und *S. triandra*; auch die duftblättrige Lorbeer-Weide *S. pentandra* würde sich hier harmonisch einfügen.

Meine Lieblingsdüfte am Teichrand stammen aber von den Primeln. Im Frühsommer geben die Primeln *P. alpicola*, *P. sikkimensis* und *P. pro-*

Oben: Wasser und Mauern schaffen windstille, warme und feuchte Verhältnisse, in denen sich die Blütendüfte am besten entfalten. Hier wachsen Kalmus und nach Zitrone duftende *Primula florindae* rings um den Teich, und Rosen und Geißblätter ranken über die Mauern. Im Vordergrund steht die Gallica-Rose 'Tuscany Superb' in Blüte.

lifera von ihrem Zitronenduft ab, der so wunderbar durch das Anisaroma der *P. anisodora* ergänzt wird, vorausgesetzt ein Exemplar befindet sich in Reichweite unserer Finger. Am betörendsten aber duftet die riesige Primel aus dem Himalaja, *P. florindae*, und eine selbst ausgesäte Kolonie dieser schwefelgelben Schönheiten bietet einen faszinierenden Anblick.

Von den Sträuchern, die am Uferrand gedeihen, gehört die Scheineller *Clethra alnifolia* zu meinen Lieblingspflanzen. Der Duft ihrer hochsommerlichen weißen Blütenähren ist ebenso süß und kräftig wie der von Schneeballblüten. Für ausreichend aromatisches Laub sorgen Farnmyrte *Comptonia peregrina* und Gagelstrauch *Myrica gale*, und auch auf die Rhododendren *RR. viscosum* und *atlanticum* mit ihren fruchtigen Blütendüften kann man sich verlassen.

119

Steingartenpflanzen

Alyssum (Steinkraut)

A. montanum. Dieses bodendeckende Steinkraut trägt im Frühsommer lockere Blütenköpfe aus stark duftenden zartgelben Blüten. Seine kleinen grauen Blätter sind immergrün.
Sonne; gut durchlässiger Boden; bis zu 15 cm

Androsace (Mannsschild)

A. ciliata bildet winzige Blatthügel, die in Rosetten angeordnet sind, und bringt im Frühsommer rosarote Blüten hervor, die stark nach Mandeln duften.
Sandiger Boden im Alpinenhaus
A. cylindrica schmückt sich mit Rosetten aus pelzigen graugrünen Blättern, und auch seine weißen Blüten duften stark nach Mandeln.
Sandiger Boden im Alpinenhaus
A. pubescens wächst zu einem kleinen Hügel aus kompakten grauen Rosetten. Seine kurzstieligen weißen Blüten duften nach Honig. Da diese Spezies Nässe nicht vertragen kann, muß sie im Winter mit einer Glasplatte abgedeckt werden. Sie kann auf Kalktuff gezogen werden und gedeiht gut im Alpinenhaus.
Sonne; sandiger Boden
A. villosa, die sich leichter als *A. pubescens* ziehen läßt, bildet Matten aus pelzigen graugrünen Blättern, über die sich im Frühjahr nach Honig duftende weiße oder rosafarbene Blüten erheben, die alle ein rötliches Auge haben.
Sonne; sandiger Boden

Anemone

A. sylvestris, eine schöne Anemone, bringt im Frühjahr hängende weiße Blüten mit leuchtenden goldfarbenen Staubblättern hervor, die einen köstlichen Duft besitzen. Sie trägt tief eingeschnittene Blätter, bildet Wurzelausläufer und gedeiht in kühlen Ecken eines Steingartens oder in Waldgartenrabatten.
Lichter Schatten; humusreicher Boden; 30 cm

Aquilegia (Akelei)

A. fragrans. Auch wenn diese reizvolle Pflanze etwas höher wird als die anderen hier aufgeführten, erscheint sie mir dennoch zugehörig. Sie hat bläulichgrüne Blätter und langsporige weiße Blüten, die zart nach Äpfeln duften.
Sonne und ein geschützter Standort; 60 cm
A. viridiflora ist eine faszinierende Akelei mit spitzenartigem Laub und kleinen Blüten in Grün

und Kastanienbraun, die einen köstlichen süßen Duft ausschenken. Da diese Pflanze in der Rabatte ›untergeht‹, ziehe ich sie in einem erhöhten Beet.
30 cm

Campanula (Glockenblume)

C. thyrsoides ist eine ungewöhnlich eindrucksvolle Glockenblume mit süß duftenden gelben Blüten an 30 cm langen Ähren. Ihre Blätter sind schmal und behaart. Nach der Blüte stirbt sie ab, läßt sich aber problemlos neu aus Samen ziehen.
Sonne; gut durchlässiger Boden

Cheiranthus (Goldlack)

C. cheiri 'Harpur Crewe'. Dieser buschige, mehrjährige Goldlack hat gefüllte goldgelbe Blüten, die deutlich nach Anis duften. Mit dieser alten Lieblingspflanze für den Steingarten lassen sich im Frühsommer schöne Farbtupfer verteilen. Der gefüllte rote und gelbe Goldlack 'Bloody Warrior', der ebenfalls duftet, ist eine ausgefallene Begleitpflanze. Beide Sorten können leicht durch Sommerstecklinge vermehrt werden. Es empfiehlt sich, die Pflanzen alle paar Jahre zu erneuern, da ältere Exemplare plötzlich absterben können.
Sonne; nährstoffarmer, gut durchlässiger Boden; 30 cm

Daphne (Seidelbast)

Die niedrigen Seidelbast-Arten spielen in einem duftenden Steingarten eine wichtige Rolle. Ihr raffinierter Duft, der ein zartes Nelkenaroma enthält, ist ausgesprochen köstlich. Ihre Blüten werden häufig von glänzenden, äußerst giftigen Früchten abgelöst. Seidelbaste zählen zu den Gehölzen, und die höheren Spezies sind im Kapitel »Sträucher« aufgeführt.
D. blagayana ist ein immergrünes Sträuchlein von etwas spärlichem Wuchs, das in einem erhöhten Beet gezogen werden sollte. Es trägt im Frühjahr köstlich duftende cremefarbene Blüten und schmückt sich mit breiten Blättern. In einem kühlen, feuchten Boden läßt es sich leicht ziehen. Den Boden sollte man mit Lauberde und Torf anreichern, und jedes Frühjahr müssen die Triebe des Vorjahrs mit Steinen am Boden festgedrückt werden. Auf diese Weise wird die Pflanze dazu angeregt, flach über den Boden zu wachsen und allmählich eine große Fläche zu bedecken.
Lichter oder Halbschatten; gut durchlässiger, saurer oder alkalischer Boden; bis zu 60 cm; Z 6

D. cneorum, der Rosmarinseidelbast, ist vielleicht der bekannteste und beliebteste unter den Seidelbast-Arten für den Steingarten. Seine stark duftenden rosaroten Blüten öffnen sich aus roten Knospen, und eine gut gewachsene, voll in Blüte stehende Pflanze ist im Spätfrühjahr ein außergewöhnlich schöner Anblick. Dieser Seidelbast kann einen dichten Laubhügel bilden, vorausgesetzt, man schneidet seine Triebe in jungen Jahren zurück und senkt sie während des Wachstums ab. Die Wurzeln sollten mit Torf und Lauberde kühl gehalten werden. 'Eximia' ist eine ausgezeichnete starkwüchsige Form; 'Variegata' treibt cremefarben gerandete Blätter und ist kompakter.
Sonne oder lichter Schatten; gut durchlässiger Boden; 30 cm; Z 5
D. collina ist ein hübscher zwergwüchsiger Strauch mit immergrünen Blättern, der im Frühjahr intensiv duftende rosafarbene Blütenbüschel hervorbringt. Er sollte in kühlem, torfhaltigem Boden wurzeln.
Sonne oder lichter Schatten; gut durchlässiger, saurer oder alkalischer Boden; 60 cm; Z 7
D. retusa, eine niedrige Version des Seidelbastes
D. tangutica, gehört zu den Spezies, die sich zwar verhältnismäßig leicht ziehen lassen, aber nur sehr langsam wachsen. Er bildet einen dicht verzweig-

Aquilegia fragrans

ten Hügel aus immergrünen Blättern und trägt im
Spätfrühjahr rosagetönte weiße Blüten.
Sonne oder lichter Schatten; humusreicher, saurer
oder alkalischer Boden; 60 cm; Z 7
D. tangutica gleicht *D. retusa,* ist aber starkwüchsiger. Sein Duft entfaltet sich wie bei *D. retusa*
besonders intensiv in der Nacht.
Sonne oder lichter Schatten; humusreicher, saurer
oder alkalischer Boden; 1,2–1,5 m; Z 7

Dianthus (Nelke)

Der Duft der Nelken gehört zu den stimmungs-
vollsten Düften überhaupt, und an warmen Frühsommertagen und Abenden durchdringt er die
Luft. Die Steingartennelken fühlen sich in den
Ritzen zwischen Steinen zu Hause, während sich
die größeren Gartennelken genauso wohl fühlen,
wenn sie die Wege in einem Cottage-Garten einfassen oder die Vorderfront von Rosenrabatten
schmücken können. Alle sollten mit grobem Sand
gemulcht werden.
Sonne; gut durchlässiger, kalkhaltiger Boden
D. arenarius, die Sandnelke, paßt wunderbar in
einen duftenden Steingarten. Wie die Nelke
D. squarrosus bildet sie grüne Laubmatten, über
die sich den ganzen Sommer hindurch zerschlitzte
weiße Blüten erheben.
45 cm
D. gratianopolitanus, die Pfingstnelke, ist in England heimisch. Ihre Farbpalette erstreckt sich von
Weiß über fleischiges Rosa bis hin zu dunklem
Rosarot. Ihre kräftig duftenden Blüten mit markant gesägten Rändern öffnen sich im Frühsommer. Diese Nelke, die Matten aus schmalen blaugrünen Blättern bildet, fühlt sich in Felsspalten
ausgesprochen wohl.
10–20 cm
D. monspessulanus sternbergii ist eine ungewöhnliche Duftnelke mit gefransten rosaroten Blüten,
die sich über blaugrüne Laubmatten erheben.
30 cm
D. petraeus, die Geröllnelke, hat schmale Blätter
und winzige weiße Blüten mit sehr süßem Duft.
Daneben gibt es noch eine Sorte mit gefüllten
weißen Blüten sowie eine ebenfalls weißblumige
Subspezies, *D. p. noeanus,* und beide sind gleichermaßen empfehlenswert.
25 cm
D. squarrosus ist eine beliebte und problemlose
Steingartennelke mit schmalen grünen Blättern
und weißen Blüten. Ihr Duft ist aufreizend süß.
30 cm
D. superbus, die Prachtnelke, eine lockerrasige
Pflanze mit breiten grünen Blättern, bringt den
ganzen Sommer über rosaviolette Blüten hervor.
Sie tragen jeweils ein grünes Auge, sind tief zer-
schlitzt und duften atemberaubend.
30–60 cm

Daphne cneorum 'Variegata'

Daphne tangutica

Dianthus squarrosus

121

Dianthus 'Brympton Red'

Dianthus 'Doris'

Dianthus-Hybriden

Inzwischen ist eine große Anzahl benannter Varietäten erhältlich. Sie werden in verschiedenen Höhen und Farben angeboten, und ihre Blüten können gefüllt oder ungefüllt sein, gefleckt und mit fransigem oder spitzenartigem Rand. Da sie allzu viele Blüten hervorbringen können, müssen mitunter einige Knospen entfernt werden. Nelken lassen sich ohne Schwierigkeiten aus Stecklingen ziehen, und es ist ratsam, den Pflanzenvorrat immer wieder zu erneuern.

Unter den kleineren Nelken empfehle ich 'Little Jock', eine halbgefüllte rosarote Sorte mit einem dunkleren Auge; 'Nyewood's Cream', eine kompakte cremeweiße Sorte; und 'Waithman Beauty', eine ungefüllte karminrote Sorte mit weißen Markierungen.
15 cm oder weniger

Die größeren Nelken können in zwei Gruppen unterteilt werden. Die altmodischen Nelken mit spitzenartigem Rand blühen gewöhnlich nur im Hochsommer. Von diesen Sorten empfehle ich 'Bridal Veil', eine gefüllte weiße Nelke mit gefranstem Rand und karminroter Mitte; 'Brympton Red', eine karminrote Nelke mit dunklerer Marmorierung; 'Musgrave's Pink' ('Charles Musgrave'),

eine ungefüllte weiße Nelke mit grünem Auge; 'Dad's Favourite', eine halbgefüllte weiße Sorte mit spitzenartigem Rand und karminroter Mitte; 'Hope', eine rosa Nelke mit kastanienbraunem Spitzenrand; 'Inchmery', eine blaßrosa Nelke; 'Laced Romeo', eine rosarote Sorte mit karminrotem Spitzenrand; 'London Delight' in mauve gezeichnetem Rosa; und 'White Ladies', eine gefüllte weiße Nelke mit gefranstem Rand, die eine Verbesserung der beliebten 'Mrs Sinkins' darstellt.
25–30 cm

Von den modernen Hybriden, die mit einigen Unterbrechungen den ganzen Sommer über blühen, empfehle ich 'Doris', eine gefüllte Nelke in einem kräftigen Lachsrosa; 'Gran's Favourite', eine weiße Nelke mit mauvefarbenem Spitzenrand; und 'Haytor', eine gefüllte weiße Nelke.
25–30 cm

Die nach Gewürznelken duftenden Sorten, die sich gut als Rabattenpflanzen eignen, sind selten geworden. Das ist zu bedauern, da sie eine günstige Größe haben und im Spätsommer blühen, wenn die anderen Nelken verblüht sind oder langsam müde werden. 'Old Crimson Clove' und 'Fenbow Nutmeg Clove' werden noch am ehesten in Gärtnereien angeboten.

Dionysia

D. aretioides ist eine der problemlosesten Dionysien, muß aber in einem Alpinenhaus gezogen werden. Besonders gut gedeiht sie auf Kalktuff. Sie bildet kompakte Kissen aus pelzigen Rosetten, die im Frühjahr mit fast stengellosen gelben Blüten dicht besetzt sind, welche nach Schlüsselblumen duften. Die Dionysie sollte sparsam und sehr sorgfältig gegossen werden.
Sonne; gut durchlässiger Boden

Erysimum (Schöterich, Goldlack)

E. alpinum ist ein mehrjähriger Goldlack mit schwefelgelben Blüten und süßem Nelkenduft. Die Hybride 'Moonlight' öffnet ihre blaßgelben Blüten aus roten Knospen. Darüber hinaus sind weitere duftende Hybriden erhältlich. Sie sind wertvolle Pflanzen für den Vordergrund einer Rabatte und für den Steingarten, da sie zwischen Frühjahr und Sommer für Farbe sorgen.
Sonne; 15–30 cm

E. helveticum (E. pumilum). Dieser kleine, halbimmergrüne Schöterich trägt im Frühsommer duftende leuchtendgelbe Blütenköpfe.
Sonne; gut durchlässiger Boden; 10 cm

Leontopodium (Edelweiß)

L. haplophylloides (L. aloysiodorum) ist wegen ihrer intensiv nach Zitrone duftenden Blätter und Blüten eine wertvolle Pflanze, auf die man nicht verzichten sollte. Sie stammt aus dem Himalaja und ist eine Verwandte des Edelweiß *L. alpinum*. Sie hat pelzige silbergraue Blätter und schmückt sich im Frühsommer mit weißgrauen Blütenköpfen. Auf Feuchtigkeit im Winter reagiert sie empfindlich. Sonne; gut durchlässiger Boden; 25 cm

Linnaea (Moosglöckchen)

L. borealis ist ein kleiner, kriechender, immergrüner Strauch, der in den kälteren Regionen der nördlichen Hemisphäre heimisch ist. Seine fleischfarbenen Glocken, die nach Mandeln duften, öffnen sich paarweise im Frühsommer. Die amerikanische Varietät *L. b. americana* hat größere rosarote Blüten.
Schatten; torfhaltiger, kalkfreier Boden

Micromeria

M. chamissonis (Satureja douglasii) ist ein niederliegender kleiner Strauch, dessen ovale Blätter mit einem aromatischen Zitronenduft ausgestattet sind. In Mixgetränken auf der Basis von Gin dienen sie zuweilen als Würzmittel. Die *Micromeria* trägt im Sommer purpurfarbene Blüten.
Sonne; gut durchlässiger Boden
M. varia hat aromatische gelblichgrüne Blätter und blaßpurpurfarbene Blüten.

Mitchella (Rebhuhnbeere)

M. repens ist eine mattenbildende immergrüne Staude mit niederliegenden, wurzelnden Stengeln. Sie trägt im Hochsommer Paare kleiner weißer, aromatischer Blüten, die von scharlachroten Früchten abgelöst werden. Ihre glänzenden Blätter duften nach Heu, wenn sie trocken sind.
Schatten; saurer, torfhaltiger Boden

Onosma (Lotwurz, Goldtropfen)

Diese Arten sind ausgefallene und sehr empfehlenswerte alpine Pflanzen mit schmalen, behaarten Blättern und verzweigten, hängenden Blütenköpfen aus duftenden, röhrenförmigen Blüten, die im Sommer erscheinen. Sie können Winternässe nicht vertragen, erweisen sich aber als zuverlässig in Spalten und Mauern im Steingarten.
Sonne; gut durchlässiger Boden
O. alboroseum trägt im Frühsommer rosagetönte weiße Blüten, die nach Anis duften. 15 cm
O. tauricum schmückt sich im Sommer mit goldgelben, nach Honig duftenden Blüten. 25 cm

Origanum (Dost)

Es gibt eine Reihe guter *Origanum*-Arten für den Steingarten, die alle etwas von dem uns so vertrauten würzigen Geruch freisetzen. Die Dauerhaftigkeit ihrer hochsommerlichen Blüten ist unverzichtbares Element vieler Pflanzpläne. Da sie großenteils in der Mittelmeergegend heimisch sind, lieben sie Hitze und einen geschützten Standort, und in sehr kalten Gegenden sind sie nicht zuverlässig winterhart.
Sonne; gut durchlässiger Boden
O. dictamnus, der Diptamdost, hat runde, graue, wollige Blätter und nickende Köpfe aus grünen Brakteen, aus denen sich rosafarbene Blüten entfalten. Am besten gedeiht diese reizvolle Pflanze in einem Alpinenhaus.
25 cm
O. laevigatum bietet ein eindrucksvolles Bild, wenn er in großzügigen Gruppen gezogen wird. Als Unterpflanzung von *Verbena bonariensis* macht er sich in der Sommerrabatte vorzüglich. An drahtigen Stielen entfaltet er über einer bläulichen Laubmatte einen Schleier aus kleinen mauvefarbenen Blüten. 'Hopleys' ist eine besondere Sorte mit stattlicheren Blütenköpfen.
25 cm
O. rotundifolium hat runde bläuliche Blätter und nickende Blütenköpfe aus Brakteen und rosafarbenen Blüten. 'Kent Beauty' ist eine schöne blaugrünbelaubte Hybride, die an halbniederliegenden Stielen purpurgetönte Blüten mit runden Brakteen treibt. 25 cm

Oxalis (Sauerklee)

O. enneaphylla ist eine Miniatursteingartenpflanze mit Fächern aus runden graugrünen Blättern und verhältnismäßig großen weißen oder rosagetönten Blüten, die sich im Frühjahr öffnen. Erstaunlicherweise duften sie nach Mandeln (die meisten *Oxalis*-Arten sind nämlich duftlos). Es gibt noch eine schöne Form *rosea*. Sie gedeiht in geschützten Ecken im Steingarten.
Schatten; 7,5 cm

Papaver (Mohn)

P. alpinum, Alpenmohn. Duftender Mohn ist eine Seltenheit, und diese Spezies duftet ganz deutlich nach Moschus. Die Blüten, die den ganzen Sommer über erscheinen und sich reichlich gegenseitig bestäuben, sind orangefarben, gelb, rosa oder weiß. Sie können unvorbereitet überall im Steingarten und in Pflasterritzen auftauchen, ohne jemals zu einem lästigen Unkraut zu werden.
Sonne; nährstoffarmer, gut durchlässiger Boden; 10 cm

Paradisea (Paradieslilie, St.-Bruno-Lilie)

P. liliastrum (Anthericum liliastrum) ist eine schöne europäische alpine Pflanze mit schlanken Blättern und durchscheinenden lilienartigen weißen Blüten, die sich im Frühsommer entfalten

Linnaea borealis americana

Origanum rotundifolium 'Kent Beauty'

und ihren Duft freigeben. Sie läßt sich leicht im Steingarten oder in der Rabatte ziehen.
Sonne; 50 cm

Patrinia (Goldbaldrian)

P. triloba palmata ist eine niedrige, aufrecht wachsende Staude, problemlos zu kultivieren und winterhart. Sie bringt im Hochsommer duftende goldgelbe Blütenköpfe hervor. Ihre tief gelappten Blätter sitzen an rötlichen Stielen.
Sonne; gut durchlässiger, fruchtbarer Boden; 20 cm

Petrocallis (Steinschmückel)

P. pyrenaica, eine schöne Steingartenpflanze, treibt im Frühjahr eine Fülle lilagetönter weißer Blüten, die köstlich nach Vanille und Honig duften. Sie gedeiht gut im Alpinenhaus oder auf Schutthalden.
Sonne; sandiger Boden

Phlox (Flammenblume)

P. caespitosa gehört zu den bekannteren Arten des duftenden Steingartenphlox. Er bildet niedrige Hügel aus langen, spitzen Blättern und ist im

Frühjahr und Sommer mit weißen oder blaßlilafarbenen Blüten von betäubend süßem Duft bedeckt. Steingartenphlox ist an sich sehr problemlos, lediglich große Hitze und Trockenheit sind zu vermeiden.
Sonne oder lichter Schatten; gut durchlässiger, fruchtbarer Boden

P. 'Charles Ricardo' ist eine der vielen Hybriden, die über einen gewissen Duft verfügen. Sie hat lavendelfarbene Blüten mit purpurfarbener Mitte. 20 cm

P. hoodii bildet flache Laubmatten und trägt im Sommer duftende, nahezu stengellose weiße oder lilafarbene Blüten.
Sonne; gut durchlässiger, fruchtbarer Boden

Polygonatum (Salomonssiegel)

P. hookeri ist ein winziges Salomonssiegel mit süß duftenden, fast stengellosen rosafarbenen Blüten, die im Frühsommer erscheinen.
Schatten und Kühle

P. odoratum ist eine zwergwüchsige Version des bekannten weißen Salomonssiegels *P. × hybridum,* die sich nur als panaschierte Form zu pflanzen lohnt. 'Variegatum' ist ein Kleinod, dessen Blätter breite weiße Ränder tragen. Die Blüten sind sehr zart duftend.
Schatten

Primula

P. auricula (Alpenaurikel). Diese Spezies umfaßt eine große Zahl von Garten- und Alpinenhauspflanzen. Sie sind alle winterhart und bilden Rosetten aus fleischigen Blättern, über die sich im Frühjahr Blüten in meist außergewöhnlichen Farbkombinationen erheben. Ihr süßer Duft wird häufig mit dem typischen Geißblattduft verglichen; meine Nase empfindet ihn eher wie eine Mischung aus Zitrone und Schokolade. Was die Kultivierung betrifft, so würde ich die Spezies in drei Gruppen unterteilen.

Die erste Gruppe besteht aus den Steingartenaurikeln. Im Gegensatz zu den anderen Aurikeln haben sie keine bemehlten Blätter und Blüten. Außerdem können sie im Freien gezogen werden. Zu den beliebtesten Varietäten gehören 'Argus' mit dunkelpflaumenfarbenen Blüten mit weißer Mitte; 'Bookham Firefly' mit karminroten Blüten mit goldener Mitte; 'Gordon Douglas' mit blauvioletten Blüten mit cremeweißer Mitte; 'Joy' mit karminroten Blüten mit weißer Mitte; und 'Mrs L. Hearn' mit blauroten Blüten mit cremefarbener Mitte.
Schutz vor der Mittagssonne; gut durchlässiger, fruchtbarer Boden

Die zweite Gruppe besteht aus den Gartenaurikeln. Sie entsprechen nicht den offiziellen Standards, die von den Steingartenaurikeln und jenen Sorten verlangt werden, die nur für Ausstellungen heranwachsen. In der Regel haben sie bemehlte Blätter und Blüten, werden aber alle wegen ihrer Winterhärte und Starkwüchsigkeit im Freien gezogen. Zu den beliebtesten Varietäten gehören 'Blue Velvet', eine blaurote Sorte mit kleiner weißer Mitte; 'Old Irish Blue', eine gekräuselte violettblaue Sorte mit weißer Mitte; 'Old Red Dusty Miller' mit bemehlten roten sowie 'Old Yellow Dusty Miller' mit bemehlten gelben Blüten.
Schatten in der Mittagssonne; gut durchlässiger, fruchtbarer Boden

Die dritte Gruppe besteht aus den Aurikeln, die speziell für Ausstellungen gezogen werden. Sie gehören zu den Wundern der Pflanzenwelt. Die makellosen Blüten, die mit einer dicken Mehlschicht bedeckt sind, haben häufig außergewöhnliche Farben. Sie werden in weiten Tontöpfen in kalten, gut belüfteten Gewächshäusern gezogen und müssen vor prallem Sonnenlicht geschützt werden. Zu den beliebtesten Varietäten gehören 'C. G. Haysom', eine weißgerandete Varietät; 'Chloe', eine grüngerandete Varietät; 'Chorister', eine einfarbig gelbe Sorte; 'Fanny Meerbeck', eine einfarbig karminrote Sorte; 'Lovebird', eine graugerandete Varietät; 'Neat and Tidy', eine einfarbige Sorte in einem ganz dunklen Rot; und 'Rajah', eine raffinierte leuchtend scharlachrote Sorte mit grünem Rand. Der Duft einer unter Glas gezogenen Aurikelsammlung ist einfach atemberaubend.
Schatten in der Mittagssonne

Polygonatum hookeri

Primula × pubescens und *P. marginata*

P. latifolia (P. viscosa) ist eine abwechslungsreiche Spezies mit langen, häufig ziemlich klebrigen Blättern. Ihre Blütenköpfe erscheinen im Spätfrühjahr an kurzen Stengeln. Sie sind in der Regel purpurrosa getönt und duften süß. Es gibt aber auch schöne cremefarbene und karminrote Formen. Gut durchlässiger, torfhaltiger Boden; 15 cm
P. palinuri hat breite grüne Blätter mit gezähntem Rand und gepuderte Stengel, an deren Enden sich zu Beginn des Frühjahrs glockenförmige gelbe Blüten öffnen, die nach Schlüsselblumen duften. Sonne; gut durchlässiger, fruchtbarer Boden; 20 cm
P. × pubescens umfaßt eine Reihe von Primel-Hybriden, von denen viele einen süßen Duft entwickeln. Sie fühlen sich in Felsspalten im Steingarten wohl. Eine der Hybriden, die am frühesten blüht und am leichtesten zu ziehen ist, heißt 'Mrs J. H. Wilson' und trägt lila Blüten mit weißer Mitte. 'Faldonside' ist karminrot; 'Freedom' ist purpurfarben; 'Rufus' treibt terrakottafarbene Blüten mit biskuitfarbenem Auge; und 'The General' hat orangerote Blüten. Sonne; 7,5–15 cm
P. reidii williamsii ist eine schöne Primel aus dem Himalaja mit gezähnten Blättern und hängenden blauen oder weißen Blütenglocken, die wunderbar duften. Diese Form, sie ist robuster als die Spezies selbst, kann in einer schattigen Rabatte im Freien gezogen werden, gedeiht aber auch in einem Topf im Alpinenhaus. Leider ist sie sehr kurzlebig, doch problemlos aus Samen zu ziehen. Lichter Schatten; feuchter Boden; 15 cm

Rhodiola

R. rosea (Sedum rosea, S. rhodiola) ist eine seltsame Pflanze, die immer besondere Aufmerksamkeit findet. Sie bildet eine holzige Basis, die früh im Jahr mit rosafarbenen Knospen bedeckt ist. Diese dehnt sich dann allmählich zu fleischigen Stengeln aus, die graugrünblaue Blätter tragen und im Frühsommer von gelben Sternen geschmückt werden. Seltsamerweise duften die Wurzeln, sobald man sie zerbricht, nach Rosen. Diese attraktive Pflanze paßt in den Vordergrund einer Rabatte oder in einen Steingarten. Sonne; gut durchlässiger Boden; 30 cm

Rhododendron

Zwergrhododendren sind für alkalische Böden nicht geeignet, gehören aber zu den schönsten frühblühenden Sträuchern für Steingärten und erhöhte Beete. Sie vertragen mehr Sonne als ihre größeren Verwandten, mögen aber nicht heiß oder trocken stehen. Der Duft geht gewöhnlich weniger von ihren Blüten als von ihren Blättern aus. Da

ich immer mehr aromatische Varietäten entdecke – *R. kongboense* ist berühmt für seinen Balsamduft und *R. campylogynum* var. *myrtilloides* duftet nach Kokosnüssen –, soll die folgende Liste nur den ›Appetit‹ anregen. Lichter Schatten; gut durchlässiger, torfhaltiger, neutral oder sauer reagierender Boden
R. atlanticum ist eine starkwüchsige, laubabwerfende Azalee aus dem Osten der USA. Sie breitet sich durch Ausläufer aus und bildet Hügel aus leuchtendgrünen Blättern. Im Spätsommer entfalten sich die zartrosa getönten weißen, röhrenförmigen Blüten und geben ihren würzig süßen Duft ab. 90 cm; Z 6
R. cephalantum ist ein buschiger, immergrüner Strauch mit aromatischen, glänzenden Blättern. Er ist reizvoll im Frühjahr, wenn er seine weißen oder rosa gezeichneten Blütenköpfe hervorbringt. 30 cm–1,2 m; Z 7
R. flavidum ist ein immergrüner Zwergrhododendron mit aromatischen Blättern. Er wächst aufrecht und buschig und bringt im Frühjahr Büschel primelgelber Blüten hervor. 'Album' ist eine größere Sorte mit üppigeren Blättern und weißen Blüten. 90 cm; Z 6
R. sargentianum hat aromatische, immergrüne Blätter und Büschel blaßgelber oder cremefarbener Blüten, die im Frühjahr erscheinen. Es ist ein aufrecht wachsender, kompakter Strauch, der aber häufig nicht blühen will. 60 cm; Z 8

Sedum (Fetthenne)

S. populifolium ist ein kleiner, aufrecht wachsender Strauch mit etwas fleischigen Blättern, die in der Form an Pappelblätter erinnern. Diese interessante Pflanze öffnet im Spätsommer grünlichrosa Blüten, deren weißdornähnlicher Duft ohne den Fischgeruch angenehm ist. Sonne; gut durchlässiger Boden; 45 cm

Sisyrinchium (Binsenlilie)

S. filifolium, die auf den Falkland-Inseln heimisch ist, bringt im Frühjahr über Büscheln von Binsenblättern glockenförmige Blüten hervor. Sie sind weiß, haben purpurrötliche Adern und verbreiten einen süßen Duft. Sonne; gut durchlässiger Boden; 15 cm

Stachys (Ziest)

S. citrina ist ein kleiner Verwandter des Wollziests. Seine filzigen graugrünen Blätter duften nach Pfefferminzschokolade, wenn man sie zwischen den Fingern zerreibt. Im Frühsommer entfaltet er blaßgelbe Blüten. Sonne; gut durchlässiger Boden; 15 cm

Sisyrinchium filifolium

Thlaspi (Täschelkraut)

T. rotundifolium. Diese Steingartenpflanze – ein Kleinod für den Kenner – schmückt sich im Frühsommer mit zahlreichen Blütenköpfen aus stark duftenden rosavioletten, manchmal weißen Blüten. Die Stengel breiten sich unterirdisch aus einem fleischigen Wurzelstock aus und erscheinen als Rosetten aus dunklen, runden Blättern. Sie gedeihen gut in einem Alpinenhaus. Zuweilen kann man sie auch auf Schutthalden finden. Sonne; sandiger Boden; 5–10 cm

Trillium (Dreiblatt)

T. luteum öffnet im Frühjahr zitronengelbe Blüten, die im Gegensatz zu den Blüten des gewöhnlichen Dreiblatts *T. erectum*, die einen ziemlichen Gestank verbreiten, sehr angenehm duften. Dreiblatt läßt sich leicht ziehen und fühlt sich in einem Torfbeet besonders wohl. Kühler, humusreicher, feuchtigkeitsspeichernder Boden; Schatten; 30 cm

Wasser- und Sumpfpflanzen

Acorus (Kalmus)

A. calamus hat schwertförmige Blätter, die nach Zimt duften, wenn man sie zwischen den Fingern zerdrückt. In den Wurzeln ist der Duft sogar noch konzentrierter. Im Sommer erscheinen seine grünlichgelben Blütenkolben. Kalmus ist nicht übermäßig dekorativ, aber die cremegestreifte Version 'Variegatus' kann einen Teich durchaus beleben. Niedriges Wasser oder feuchter Boden; 90 cm

Aponogeton (Wasserähre)

A. distachyos ist eine schattenverträgliche Wasserpflanze, deren Rhizome im Schlamm ankern, während die Blätter auf der Wasseroberfläche schwimmen. Den ganzen Sommer und Herbst über tauchen neue weiße Blütenähren auf, die am Abend einen wunderbaren Vanilleduft abgeben. Die Wasserähre gehört zu den wichtigsten Teichpflanzen des Duftgartens, obgleich ihre überreichen Sämlinge mitunter etwas lästig werden.

Cotula (Fiederpolster)

C. coronopifolia ist eine niedrige, einjährige Pflanze, die sich am Teichrand und in flachem Wasser reichlich selbst aussät. Sie wird vorwiegend wegen ihrer kleinen goldfarbenen, knopfartigen Blüten gezogen. Dabei hat auch ihr intensiv nach Zitrone duftendes Laub Beachtung verdient. Es gibt ferner eine seltene cremefarbene Sorte 'Cream Buttons'. 15–30 cm

Cyperus (Zypergras)

C. longus, eine in England heimische Pflanze für den Teichrand, ist trotz ihrer Starkwüchsigkeit ausgesprochen reizvoll. Sie hat leuchtendgrüne grasartige Blätter und schmückt sich im Sommer mit verzweigten kastanienbraunen Blütenköpfen. Knickt man ihre Stengel, dann entfaltet sich ein süßer, moosiger Duft, der auch den Wurzeln eigen ist. 60 cm–1,2 m

Filipendula (Mädesüß)

F. ulmaria, die wir so häufig in Europa an den Flußufern antreffen, ist eine herrliche Gartenpflanze. Am dekorativsten ist die goldblättrige Form, aber auch die goldfarben panaschierten Sor-

Aponogeton distachyos

126

Lysichiton camtschatcensis

Lysichiton americanus

ten 'Aurea' und 'Variegata' haben ihren Reiz. Ihren cremig weißen Blüten in vielstrahligen Trugdolden, die im Sommer erscheinen, entströmt ein schwerer weißdornartiger Duft, dem aber der Fischgeruch fehlt.
Lichter Schatten; feuchter Boden; 60 cm

Hottonia (Wasserfeder)

H. palustris ist eine europäische Wasserpflanze, deren duftende lila Blütenquirle im Frühsommer 25 cm über das Wasser ragen. Der größte Teil der Pflanze bleibt unter Wasser, das sie reichlich mit Sauerstoff versorgt.

Houttuynia

H. cordata hat in der letzten Zeit mit ihrer panaschierten Sorte 'Chameleon', die sich mit grüngelb gestreiften, herzförmigen Blättern schmückt, viele Liebhaber gewonnen. Die Spezies selbst hat dunkle, metallisch grüne Blätter, die sich im Herbst wunderbar färben. Den Blättern beider Pflanzen entströmt ein scharfer Duft, wenn man sie zerdrückt. Englische Gärtner behaupten gern, er erinnere an Orangenschale, während ihre amerikanischen Kollegen den Duft eher als einen fauligen Fischgeruch bezeichnen. Im Sommer schmückt sich *Houttuynia* mit weißen Blütenähren. Die grünblättrige Sorte 'Flore Pleno', die gefüllte Blüten

trägt, ist besonders dekorativ. Da sie stark wuchert, sollte sie lieber in sehr flachem Wasser in einem Kübel gezogen werden.
Sonne oder Schatten; feuchter Boden oder flaches Wasser; 15–45 cm

Lysichiton (Scheincalla)

L. camtschatcensis ist das weiße Gegenstück der uns vertrauten und unangenehm riechenden Gelben Scheincalla *L. americanus*. Wenn sie auch in allen Teilen etwas kleiner ist, so ist sie trotzdem noch eine große, spektakuläre Pflanze. Ihre reinweißen Blütenscheiden, die zu Beginn des Frühjahrs erscheinen, sind frei von unangenehmen Duftnoten, ihr Duft ist rein und süß. Nach den Blüten wachsen bananenartige Blätter heran.
Sonne oder lichter Schatten; feuchter Boden oder Gräben; 90 cm

Mentha (Minze)

Da die Minzen häufig stark wuchern, müssen sie mit Vorsicht behandelt werden. So sehr sie auch versuchen, mit ihren erfrischenden Düften Ihr Mißtrauen zu zerstreuen, denken Sie daran, daß Behälter und abgegrenzte Beete ihr angemessener Platz sind. Viele Gärtner pflanzen sie in Eimer, die sie in den Rabatten versenken (Drainagelöcher sind natürlich unerläßlich).

M. aquatica, die in England heimische Wasserminze, hat mauvefarbene Blütenquirle und ovale, gezähnte Blätter. In nassem Boden ist sie ausgesprochen starkwüchsig.
Bis zu 1,2 m
M. longifolia, die Pferdeminze, hat wollige graue Blätter und lavendelblaue Blütenköpfe. Sie gedeiht wunderbar in einem Sumpfgarten.
Bis zu 1,2 m
M. pulegium, die Poleiminze, bildet reizvolle Matten aus glänzenden grünen Blättern. In feuchtem Boden fühlt sie sich ganz zu Hause. Im Spätsommer hüllt sie sich in einen mauvefarbenen Blütenschleier, den ein durchdringender Minzeduft umgibt. 15 cm

Nymphaea (Seerose)

Seerosen sind die Aristokraten auf dem Gartenteich. Ihre schwimmenden Inseln aus runden Blättern sind ein Symbol für Ruhe, und ihre Blütenknospen, die den ganzen Sommer über erscheinen, sind faszinierend anzuschauen, wenn sie zur Wasseroberfläche aufsteigen und ihre spitzen Blütenblätter entfalten. Viele Seerosen, zum Beispiel *N. odorata*, duften exotisch süß. Sie werden im Frühjahr direkt in den Teichboden oder in Körbe mit Erde gepflanzt, die man mit gut verrottetem Kompost angereichert hat. Wenn sie in Körben gepflanzt werden, müssen sie alle paar Jahre her-

127

Nymphaea 'Firecrest'

Nymphaea odorata

ausgenommen, geteilt und neu eingesetzt werden. Sie lieben ruhiges Wasser und gedeihen am besten in einer Wasserhöhe von 30–45 cm, tolerieren aber auch andere Wassertiefen.

Zu den am besten duftenden Hybriden gehören: 'Firecrest' in Dunkelrosa; 'Laydekeri Lilacea' in einem zarten Rosaviolett; 'Marliacea Albida', eine herrliche weiße Seerose für größere Teiche; 'Masaniello' in Dunkelrosa mit einem angenehm süßen Duft; 'Odorata Sulphurea Grandiflora' mit großen schwefelgelben Blüten; 'Odorata W. B. Shaw' in Blaßrosa; 'Rose Arey' in leuchtendem Rosarot; 'Sunrise' mit duftenden goldgelben Blüten; und *tuberosa* 'Rosea' mit stark duftenden zartrosa Blüten für größere Teiche.

Primula

P. alpicola bringt weiße, gelbe, violette und purpurfarbene Blüten hervor, die vor allem am Abend nach Schlüsselblumen duften. Die farbigen Formen sind ziemlich stabil, und man kann einfarbige Gruppen aus selektierten Samen ziehen. Sie blüht im Frühjahr und Frühsommer, und die Pflanzen entwickeln in der Regel an jedem Stiel eine Blütendolde.
Lichter Schatten; feuchter Boden; 45 cm
P. anisodora, eine mehrjährige Primel, trägt Blätter und Blüten, die intensiv nach Anis duften. Sie ist

eine der Etagenprimeln, die hohe schlanke Stiele hervorbringen, an denen im Frühsommer Dolden aus dunkelkarminroten, trichterförmigen Blüten mit grünem Auge hängen.
Lichter Schatten; feuchter Boden; 45 cm
P. chionantha. Diese liebreizende, leicht zu ziehende Primel trägt im Spätfrühjahr quirlständige, süß duftende weiße Blüten mit gelbem Auge.
Sonne oder Schatten; feuchter Boden; mind. 60 cm
P. florindae, eine wunderbare robuste Primel aus dem Himalaja, eignet sich vorzüglich für feuchte Rabatten und Teichränder. Sie blüht spät, ungefähr im Hochsommer, und bringt große gepuderte schwefelgelbe Blüten hervor, die intensiv nach Zitrone duften. Die Duftschwaden einer größeren Anpflanzung ziehen am Abend durch die Luft. Es gibt orangefarbene und rote Sorten, aber mir gefallen die gelben am besten. Ihre Blätter sind rund und glänzend. Auf Kalk fühlt sie sich besonders wohl.
Sonne oder lichter Schatten; 90 cm
P. ioessa treibt Stiele mit verhältnismäßig wenigen, dafür aber stark duftenden und in der Größe perfekten Blüten. Sie variieren in der Farbe zwischen Mauve und Dunkelviolett.
Lichter Schatten; feuchter Boden; 10–30 cm
P. prolifera (P. helodoxa) ist eine schöne Etagenprimel, die sich im Frühsommer mit leuchtendgel-

Primula alpicola violacea

Saururus cernuus

ben, nach Zitrone duftenden Blütenquirlen schmückt. Sie gedeiht auf Kalk.
Lichter Schatten; 90 cm

P. reidii williamsii ist eine entzückende, aber kurzlebige Primel, die im Spätfrühjahr stark duftende weiße oder blaßblaue Blüten hervorbringt.
Lichter Schatten; feuchter Boden; 15 cm

P. sikkimensis trägt Blüten in verschiedenen Gelbtönen mit einem feinen Zitronenaroma. Sie erscheinen im Frühsommer an den Stengelenden in ein oder zwei übereinandergesetzten Blütendolden. Eine reizvolle Spezies, die aber nicht zur allerersten Kategorie zählt.
Lichter Schatten; feuchter Boden; 45 cm

Saururus (Molchschwanz)

S. cernuus ist eine Wasserpflanze mit saftgrünen, herzförmigen Blättern und dichten, nickenden Ähren aus duftenden weißen Blüten, die sich im Frühsommer entfalten.
Flaches Wasser oder Teichrand; 60 cm

Primula florindae

Rosengärten

Rosen sind die unbestrittenen Königinnen der Duftgärten. Ihre Düfte sind vielfältig und raffiniert, mal zart, mal betäubend, aber eigentlich immer köstlich. Sie blühen üppig und setzen viele Wochen lang farbige Akzente im Garten. Es gibt eine Fülle Varietäten von ganz unterschiedlichem Charakter und in diversen Größen und Wuchsformen, die für die verschiedensten Böden und Klimaregionen geeignet sind. Tatsächlich gibt es Rosen in einer so reichen Auswahl, daß der Gärtner oft gar nicht weiß, wie er sich beschränken und wofür er sich entscheiden soll.

Bevor man eine Entscheidung trifft, sollte man zuerst darüber nachdenken, wie der vorgesehene Standort beschaffen ist, welche Umgebung die Rose haben wird und von welcher Wirkung das Arrangement sein soll, denn jede Rosenart hat andere Ansprüche und trägt andere Stimmungen. Ohne Sonne kommt keine aus, was bei der Planung stets berücksichtigt werden muß. Es ist richtig, daß einige Rosen etwas Schatten vertragen – zum Beispiel die Sorten der *Rosa × alba* und Kletterrosen wie 'Madame Alfred Carrière', 'Zéphirine Drouhin' und 'Albéric Barbier' –, aber die meisten erwarten wenigstens einige Stunden volles Sonnenlicht am Tag. Darüber hinaus müssen sie vor kalten Winden geschützt werden; an exponierten Standorten oder an sehr trockenen Plätzen fühlen sie sich nicht wohl. Mit Hecken und Mauern eingefaßte Gartenbereiche sind ideal, zumal hier auch ihr Duft wunderbar eingefangen werden kann.

In streng angelegten Gärten mit einem viereckigen Beet vor dem Haus oder in Beeten, die in geometrischen Mustern rings um eine Sonnenuhr arrangiert sind, bieten sich die Teehybriden mit ihrem einheitlichen Wuchs und ihren perfekten Blütenformen an. Strenge Gartenkompositionen aus samtigen Rasenflächen mit makellos beschnittenen Kanten, unkrautfreien Wegen und sauber gestrichenen Zäunen, Pergolen etc. sind für mein Empfinden ohne diese speziellen Rosen immer unvollkommen. Ich mag sie am liebsten in einfarbigen Gruppen – Scharlachrot gegen Smaragdgrün, Weiß vor grauem Stein oder Gelb, das sich in Seerosenteichen widerspiegelt –, aber eine Mischung aus verschiedenen Varietäten bringt Leben in einen kleinen Vorgarten oder eine monotone Stadtstraße. Einige Teehybriden sind duftlos oder geben nur einen schwachen Teegeruch ab. Wenn aber das volle Rosenbukett den Teeduft überlagert, entstehen wunderbare Duftnoten wie bei 'Alec's Red', 'Fragrant Cloud', 'Prima Ballerina', 'Whisky Mac' und den alten Teehybriden 'Ophelia', 'Lady Sylvia' und 'Madame Butterfly'.

Die Floribunda-Rosen sind sogar noch bessere Beetrosen. Keine ist wegen ihres Duftes berühmt geworden, und wahrscheinlich enttäuschen sie noch immer. Erst vor kurzem habe ich beim Durchstreifen eines Rosenfeldes wieder festgestellt, daß mehr als die Hälfte der Rosen überhaupt nicht duften oder, was noch schlimmer ist, ausgesprochen unangenehm riechen. Die gelben Rosen scheinen den abstoßendsten Geruch von sich zu geben. Einige Varietäten zeichnen sich indessen durch einen sehr vollen Duft aus, und die Rosenzüchter sind bestrebt, in dieser Richtung weiterzukommen. 'Arthur Bell', 'Chinatown' und 'Margaret Merril' (wahrscheinlich die am besten duftenden weißen Beetrosen) sind ausgezeichnete Sorten. Ihr verschwenderisches Blütenschauspiel ist vor allem in gepflasterten und in Innenhofgärten willkommen, wo sie mit kleinblütigen Polyantha-, Miniatur- und pomponblütigen Strauchrosen wie 'Cécile Brunner' und der nach Myrrhe duftenden 'Little White Pet' (ausgezeichnet als Hochstamm) kombiniert werden können. Wie die Teehybriden blühen sie alle im Sommer und Herbst und betreten die Bühne, wenn die frühblühenden Rosen sich verabschieden.

Die Mode, Beetrosen einer Grabbepflanzung ähnlich isoliert in nackte, aufgehäufte Erde zu setzen, hat sich leider bis heute hartnäckig gehalten. Abgesehen davon, daß es häßlich aussieht, wird bei dieser Methode gute Erde sinnlos verschwendet. Im Frühjahr können Sie die Rosen mit Hyazinthen, nach Honig duftenden Traubenhyazinthen und sogar mit süß duftenden Narzissen unterpflanzen, wenn Sie über ihr absterbendes Laub hinwegsehen können. Im Sommer bieten sich als Unterpflanzung Löwenmäulchen oder, was noch besser ist, nostalgisch duftendes Heliotrop an. Sie könnten die Rosen aber auch mit mehrjährigen Pflanzen wie Kamille, Katzenminze, Thymian, Bauernnelken oder Storchschnabel *Geranium macrorrhizum* einfassen.

Im zwanglosen Rahmen eines Cottage-Gartens können steife Beetrosen leicht deplaziert wirken. Hier sollten die Rosen an dem dichten Pflanzengemenge der Rabatte partizipieren und sich den Boden mit anderen Sträuchern und Staudengruppen teilen. Für einen derartigen Standort sind die Strauchrosen die beste Wahl. Strauchrosen sind einfach blühende Sträucher. Sie werden nicht jedes Jahr bis auf Stümpfe zurückgeschnitten, sondern dürfen sich frei und natürlich entfalten

Rechts: Die alten Strauchrosen tauchen den Hochsommergarten in ein prächtiges Farbenmeer aus Karminrot, Rosa und Weiß. In Mottisfont Abbey, Hampshire, werden die Rosendüfte von Mauern eingefangen und durch das warme Aroma der Nelken im Vordergrund ergänzt. Die Spitzen der weißen Fingerhüte erheben sich über *Rosa gallica* var. *officinalis,* und im Hintergrund schützt eine etwas herber nach Myrrhe duftende 'Constance Spry' die lauschige weißgestrichene Bank.

und können je nach Varietät eine Höhe und Breite von ein bis drei Metern erreichen. Die frühesten Strauchrosen, deren Blüten sich im Frühjahr zu öffnen beginnen, umfassen viele Spezies und Hybriden mit ungefüllten Blüten und kleinen Blättern, die besonders gut für wildere Gartenpartien oder Waldgartenlichtungen geeignet sind. Die meisten blühen zwar nur einmal – das kleine Juwel 'Stanwell Perpetual' mit gefüllten rosa Blüten ist eine Ausnahme –, können aber auch noch nach der Blüte durchaus zur Schönheit des Gartens beitragen. Einige von ihnen – zum Beispiel *R. eglanteria (R. rubiginosa)* und *R. primula* –

Oben: Strauchrosen müssen sich frei entfalten können und schätzen es gar nicht, jeden Winter bis auf Stümpfe zurückgeschnitten zu werden. Solange man ihre Wuchskraft nicht behindert, spielt es keine Rolle, ob man ihnen ihre natürliche Form zugesteht oder sie über Bogen zieht, sie werden immer prachtvoll aussehen. Hier breitet 'Fritz Nobis', eine moderne Strauchrose von außergewöhnlicher Qualität, ihre nach Nelken duftenden Blüten über einem Weg aus. Das fruchtige Aroma der Apfelminze zu ihren Füßen sorgt für einen angenehmen Duftkontrast.

haben duftende Blätter, während andere mit ihren Hagebutten ein prächtiges Schauspiel bieten. Die auffälligeren einfachblühenden Varietäten und die frühblühenden gefüllten Sorten (vorwiegend Abkömmlinge von *R. rugosa, R. pimpinellifolia, R. foetida* und *R. eglanteria*) behaupten sich gegen die spektakulärsten Begleitpflanzen in der Rabatte. Die großen, würzig duftenden Blütenschalen der Rosen 'Frühlingsgold' und 'Nevada' zum Beispiel wirken aufregend neben den feurig roten Blüten des Türkenmohns.

In einem Duftgarten sollten die Rugosa-Rosen nicht fehlen, denn ihre intensiven Düfte, die ein deutliches Nelkenaroma enthalten, sind in weitem Umkreis wahrnehmbar. Die ungefüllte weiße *R. rugosa* 'Alba' und die gefüllte weiße 'Blanc Double de Coubert' sind zweifellos die am stärksten duftenden Rosen, und die schwefelgelbe 'Agnes' zeichnet sich durch einen ganz eigenen Zitronenduft aus. Es gibt keine anderen Rosen, die länger blühen als die gefüllten Rugosas, und nur wenige schmücken sich nach der Blüte mit einer solchen Fülle von Hagebutten. Aber ihr größter Vorzug ist ihr üppiges, gesundes, von Ungeziefer freies Laub, das im Herbst einen prachtvollen goldgelben Farbton annimmt.

Wenn im Hochsommer die alten Strauchrosen – diese altmodischen, pausbäckigen Schönheiten, die im 19. Jahrhundert überwiegend aus französischen Gärtnereien zu uns gekommen sind – zu blühen beginnen, erreicht der Duftgarten seinen Höhepunkt. Wenn sich in den Rabatten ihre gefüllten Blüten öffnen, die es in allen Farbtönen und Farbkombinationen von Weiß, Rosa, Hellrot und Karminrot gibt, ziehen fast vier Wochen lang ihre betäubend süßen Duftschwaden durch den Garten. Die Gruppe der alten Strauchrosen ist in verschiedene Abteilungen gegliedert. Die Gallica-Sorten sind niedrig und buschig, haben einen raffinierten, vollen Duft, leuchtende Blütenfarben, dunkles Blattgrün und nahezu dornenlose Stengel. Über kräftige Schößlinge hat sich die Pflanzung bald zu einer kompakten niedrigen Hecke verdichtet, doch einzelne Pflanzengruppen lassen sich auch gut in den Vordergrund eines sonnigen Beets einfügen. Im trockenen, heißen Boden einer ›mediterranen‹ Rabatte fühlen sie sich sehr wohl. Dort verbindet sich ihr Parfum wunderbar mit den harzigen Aromen der Zistrosen und den Lavendel- und Rosmarindüften. 'Charles de Mills', 'Président de Sèze' und *R. gallica* 'Versicolor' (Rosa Mundi) sind herrliche Varietäten, deren Bukett von der Luft getragen wird.

Damaszenerrosen und Alba-Sorten, die pastellfarbene Blüten und graugrüne Blätter tragen, wachsen höher als die etwas derberen Zentifolien (Provence-Rosen) und Moosrosen. Einige von ihnen, insbesondere die Alba-Sorten, lassen sich zu schönen selbständigen Sträuchern ziehen, aber die meisten profitieren von ihren langen Trieben, die sie um Metallgerüste oder Holzpfosten schlingen.

Zu den würzig duftenden Damaszenerrosen gehört mit der Varietät 'Ispahan' eine Sorte, die länger als jede andere alte Strauchrose blüht. 'Celsiana', 'La Ville de Bruxelles' und die unvergleichliche 'Madame Hardy' sind ebenfalls sehr zu empfehlen. Unter den zarter parfümierten Alba-Sorten würde ich die *Rosa alba semiplena* hervorheben, deren

prächtiges Schauspiel aus duftenden weißen Blüten von einer Fülle orangefarbener Hagebutten abgelöst wird. Auch 'Madame Legras de Saint-Germain', 'Céleste' und 'Great Maiden's Blush' sind unwiderstehlich.

Der Duft der Zentifolien (Provence-Rosen) und Moosrosen ist in der Regel intensiv und berauschend und hält sich lange in der Luft. Unter den erstgenannten schätze ich 'Fantin-Latour' und 'Petite de Hollande' (eine niedrige Rose für die Vorderfront einer Rabatte), unter den letzteren 'William Lobb' und 'Nuits de Young'.

Diese hohen Rosen haben nur einen Nachteil. Nach ihrem prächtigen Blütenschauspiel im Hochsommer ziehen sie sich in ein unauffälliges Dasein zurück. Pflanzt man ein paar wenige Rosen, kann man darüber leicht hinwegschauen, eine ganze Sammlung im Garten wird vielleicht zum Problem. Für die Liebhaber solcher Rosen gibt es allerdings zwei Lösungen. Die erste Möglichkeit besteht darin, diese Arten auf einen abgeschlossenen Gartenbereich zu konzentrieren, wo sie nach der Blüte das Auge nicht mehr stören können. Oder man pflanzt zwischen die Rosensträucher eine größere Menge spätblühender Gehölze wie Schmetterlingssträucher und Strauchveroniken und bezieht auch mehrmals blühende Rosen in das Pflanzschema ein. In diese Kategorie gehören die Remontant-Rosen und die märchenhaft duftenden Bourbon-Rosen – alles Rosen mit altmodischen Blüten, aber in der Regel dem etwas steiferen Habitus und dem gröberen Wuchs der modernen Buschrose. Sie blühen mit einigen Unterbrechungen nach dem Hochsommer, und für mich bliebe ohne sie ein Duftgarten unvollständig. Viele entfalten kräftige, fruchtige Düfte, die häufig ein dominierendes Himbeeraroma enthalten, wie die Bourbon-Rosen 'Honorine de Brabant' und 'Adam Messerich' oder die Remontant-Rose 'Ferdinand Pichard'. Nur wenige Rosen können mit dem starken Duft der Bourbon-Rose 'Madame Isaac Pereire' konkurrieren.

So blühwillig diese Rosen auch sein mögen, in Ausdauer und Qualität selbst später Blüten werden sie von den China-Rosen noch übertroffen. 'Old Blush China' zum Beispiel hat eine so lange Blütezeit, daß sie die Monatsrose genannt wird. Das gleiche gilt für die Portland-Rosen und die remontierenden Damaszenerrosen, die im Unterschied zu ihren größeren Verwandten intensivere Farben zeigen; 'Comte de Chambord' und 'Jacques Cartier' sind ausgezeichnete Varietäten. Diese Rosen passen gut an den vorderen Rand einer Rabatte und lassen sich auch problemlos als Schmuck eines Innenhofes in Kübel pflanzen. Daneben kann man auf die Hybriden der *Rosa moschata* zurückgreifen, um die Blütezeit zu verlängern. Wie die Rugosa-Rosen verbreiten sie ein intensives, weitreichendes Parfum, das ganz charakteristische würzig fruchtige Aromen enthält. Auch ihr Erscheinungsbild ist einzigartig, tragen sie ihre floribundaartigen Blütenbüschel doch in cremigen, gelblichen und lachsfarbenen Schattierungen –, Farben, die man bei allen anderen alten Strauchrosen vergeblich sucht. Sie sind wichtig für den Duftgarten und wachsen mit wie ohne Stütze oder als Hecke.

In den letzten Jahren ist eine neue Klasse mehrmals blühender Strauchrosen auf den Markt gekommen. Von David Austin Roses in

Oben: Eine Buchsumrandung und ein unkrautfreier Kiesweg bilden einen ordentlichen Rahmen für ein pflegeleichtes Blütenschauspiel. Strauchrosen mit einem strengen Grundplan zu kombinieren, erweist sich immer wieder als glücklich, da die Anlage auch dann ihren Reiz bewahrt, wenn die Rosen verblüht sind. Der immergrüne Buchs bleibt sogar im Winter attraktiv. Die zartrosa Alba-Rose ‹Königin von Dänemark› im Vordergrund ist mit Bartnelken unterpflanzt.

Albrighton, Wolverhampton, kommen die ›Englischen Rosen‹, die Farben, Formen und Düfte alter Strauchrosen mit der Fähigkeit verbinden, den ganzen Sommer über mit kleinen Unterbrechungen zu blühen. Wie die Bourbon-Rosen und Remontant-Rosen haben auch die Englischen Rosen mehr den steiferen Habitus und derberen Wuchs der China-Rosen geerbt, sie sind aber dennoch erstklassige Pflanzen, die sich immer größerer Beliebtheit erfreuen. Sie scheinen auch in ganz heißen Klimaten zu gedeihen. Weitere moderne, öfterblühende Strauchrosen sind ‹Golden Wings›, ‹Nymphenburg› und ‹Cerise Bouquet›. Sie tragen aber keine altmodischen Rosenblüten.

Ich habe schon mehrmals Rosenhecken erwähnt. Locker wachsende, blühende Hecken können ein wunderbares Element im Garten darstellen, vor allem, wenn die Umgebung großenteils grün ist. Für diesen Zweck werden mit Vorliebe Rugosa-Rosen gewählt, denn sie sind starkwüchsig, buschig, blütenreich und gesund. ‹Sarah van Fleet›, ‹Scabrosa› und ‹Fru Dagmar Hastrup› sind besonders gute Sorten. *Rosa moschata*-Hybriden, insbesondere ‹Felicia› in einem silbernen Rosa, eignen sich gleichfalls gut für Hecken. Als niedrige Hecke sind die aufrecht wachsenden Floribunda-Rosen ‹Everest Double Fragrance› und ‹Chinatown›, Portland-Rosen, zwergwüchsige Polyantha-Rosen sowie die Rose ‹Old Blush China› zu empfehlen; auch die Ausläufer treibenden Gallica-Rosen (es gibt ein herrliches Heckenpaar aus gestreiften Rosa Mundi in Kiftsgate Court, Gloucestershire) stehen als passende Heckenpflanzen zur Verfügung. In natürlicheren Umgebungen sollten Sie sich für *R. eglanteria* und die ‹Penzance›-Hybriden mit ihren nach Äpfeln duftenden Blüten sowie für *R. canina* entscheiden und Geißblätter dazwischen pflanzen.

Strauchrosen sind so großzügig und vielfältig in ihrer Duftproduktion, daß man meint, sie könnten von duftenden Nachbarn nicht mehr profitieren. Aber probieren Sie mal eine Kombination mit fruchtig duftendem Sommerjasmin, Pfingstrosen, Iris, Diptamstauden, *Lilium regale* nebst *L. candidum* in Verbindung mit würzig duftenden Bart- und Gartennelken, um die Düfte der Hochsommerrosen zu ergänzen. Die spätblühenden Rosen wiederum lassen sich wunderbar mit Schmetterlingssträuchern, Escallonien, *Olearia*-Arten, Lilienhybriden, Salbei-Arten, strauchartig wachsenden Clematis, Lavendel und Monarden kombinieren.

Man hat niemals genug Platz für alle die Rosen, die man pflanzen möchte, und so ist es ein Glück, daß diese Pflanzenfamilie auch in die Höhe gezogen werden kann. Duftende Kletterrosen lassen sich an sonnigen Mauern, über Pergolen und Zäune oder an Holzgestellen emporziehen, die man im Hintergrund von Rabatten aufstellt. An Mauern können sie sich zu Glyzinen und Säckelblumen, Myrten, Passionsblumen, *Buddleja crispa* und *Carpenteria* gesellen, und an Pergolen lassen sie sich schön mit *Akebia*, Echtem Jasmin und Geißblatt kombinieren. Zu vielen stark duftenden Varietäten der Busch- und Strauchrosen gibt es kletternde Pendants (wie ‹Ena Harkness›, ‹Etoile de Hollande›, ‹Madame Abel Chatenay›, ‹Souvenir de la Malmaison›), und viele von ihnen können in Kletterrosen verwandelt werden, indem man sie einfach in die Höhe zieht (zum Beispiel 'Aloha', 'Madame Isaac Pereire', 'Madame Plantier'). Die Kletterrosen unterscheiden sich jedoch stark in ihrem Charakter. Einige von ihnen, darunter 'Aimée Vibert' und 'Blush Noisette', tragen Büschel aus winzigen gefüllten oder halbgefüllten Knopfblüten; andere, etwa 'Guinée' und 'Paul's Lemon Pillar', schmücken sich mit zarten Teerosenblüten; wieder andere, zum Beispiel 'Lawrence Johnston' und 'Cupid', öffnen große ungefüllte oder halbgefüllte Blüten; und Rosen wie 'Gloire de Dijon' und 'Madame Alfred Carrière' entfalten große Blüten, die überreich mit Blütenblättern gefüllt sind. Einige blühen ohne Unterlaß den ganzen Sommer über, während sich andere nur einmal ein prächtiges Blütenkleid überstreifen und vielleicht noch einmal im Herbst ein kurzes Schauspiel bieten.

Auch die Duftnoten der Rosen sind vielfältig. Die Noisette-Kletterrosen, die sich mit Büscheln aus kleinen Blüten schmücken, haben einen durchdringenden Duft, der ein fruchtig würziges Aroma enthält. 'Lady Hillingdon' duftet nach Tee, ebenso 'Gloire de Dijon', obgleich ihr Duft deutlich süßer ist. Von 'Constance Spry' wird behauptet, sie dufte nach Myrrhe; tatsächlich ist ihrem Rosenaroma eine deutlich herbere Komponente beigemischt. Das gleiche gilt für 'Félicité Perpétué'. Es gibt noch viele andere Rosen, die sich durch einen geradezu verschwenderisch vollen Duft auszeichnen – zum Beispiel 'Madame Abel Chatenay', 'Etoile de Hollande', 'Crimson Glory', 'Madame Butterfly' und 'Madame Grégoire Staechelin'.

Die einmal blühenden Rambler-Rosen lassen sich in gleicher Weise verwenden wie Kletterrosen, schätzen es aber nicht, an einer Mauer festgebunden und in die Höhe gezogen zu werden. Die kleineren Varietäten, wie die nach Äpfeln duftende *R. wichuraiana* und ihre Hybriden, fühlen sich dagegen an Pergolen, Schnüren und Maschendrahtzäunen wohl oder winden sich gern durch Obstbäume. 'Rambling Rector' ist für diese Rolle besonders geeignet. Aber die mächtigen Rambler-Rosen wie 'Bobbie James', 'Seagull' und die ausladende 'Kiftsgate' mit ihren durchdringenden, fruchtigen Düften, die das Aroma von Weihrauch enthalten, benötigen sehr große Bäume oder ein großes, gut abgestütztes Schuppendach, um sicheren Halt zu haben und sich frei entfalten zu können. Erst kürzlich hat einer meiner Freunde ein kleines Sommerhaus gesehen, das an jeder Ecke mit einer *R.* 'Kiftsgate' bepflanzt war, und wir haben uns gefragt, wie lange es noch dauern wird, bis das Haus unter ihnen zusammenbricht. Die echte 'Kiftsgate' erreicht nämlich eine Höhe von über 15 m und eine Breite von 24 m.

Rechts: Die zu den schönsten rosa Kletterrosen zählende 'New Dawn' gedeiht gut an einer Mauer. Ihr feiner, fruchtiger Duft füllt im Hochsommer angenehm unaufdringlich die Luft. Auch nach ihrer Hauptblüte öffnet sie vereinzelte Knospen. Weniger üppige Kletterrosen können mit Geißblättern oder duftenden Clematis kombiniert werden, um eine ununterbrochene Folge von Blüten zu sichern.

Rosen

Gallica-Rosen

Die Gallica-Rosen sind die ältesten Gartenrosen. Sie blühen zwar nur einmal im Hochsommer, bieten aber ein prächtiges Schauspiel in karmin- und hellroten sowie leuchtendrosa Farbtönen. Ihnen ist der traditionelle, ehrwürdige Rosenduft eigen. Sie wachsen zu niedrigen, kompakten, buschigen Sträuchern heran, treiben Schößlinge und sind ideal für halbhohe, dichte Hecken. Da sie besser als andere Rosen karge und trockene Böden tolerieren, passen sie ausgezeichnet in Rabatten mit graulaubigen Sträuchern und Stauden. Sie müssen nur wenig beschnitten werden, entwickeln sich aber besser, wenn man nach der Blüte ihre Triebe etwas ausdünnt und das schwache Holz entfernt. Z 6

'Assemblage de Beautés' hat auffallend karminrote, prall gefüllte Blüten, die allmählich einen Purpurton annehmen.
1,2 m

'Belle de Crécy' treibt stark duftende gefüllte Blüten, die beim Erblühen kirschrot sind, aber schon bald zu grauen und mauvefarbenen Tönen verblassen. Dieser überhängende Strauch trägt graugrüne Blätter. 1,2 m

'Belle Isis', die mit 'Constance Spry' verwandt ist, hat den gleichen herben Duft nach Myrrhe und Wachs. Die gefüllten Blüten in fleischfarbenem Rosa heben sich gut gegen die graugrünen Blätter ab. 1,2 m

'Camaieux' ist eine der merkwürdigen gestreiften Rosen. Ihre gefüllten weißen Blüten sind zunächst karminrot und rosa gestreift, doch allmählich färben sich die Streifen purpur und grau.
1,2 m

'Cardinal de Richelieu' trägt makellose, nahezu ballförmige gefüllte Blüten in kräftigem Purpur, die köstlich duften. Das Laub ist dunkelgrün.
1,2 m

'Charles de Mills' ist eine der besten Gallica-Rosen. Ihre leuchtend karminroten Blüten sind in halbgeöffnetem Zustand so flach, daß die Blattfülle der voll erblühten, geviertelten purpurvioletten Blüte erstaunt. Ihr lieblicher Duft ist sehr konzentriert. Eine starkwüchsige, üppige Rose.
1,5 m

'Duc de Guiche' ähnelt 'Assemblage de Beautés' mit ihren makellosen Blütenschalen in leuchtendem Karminrot. Sie haben ein grünes Auge und biegen im Alter ihre Blütenblätter so weit zurück, daß sie fast ballförmig werden. Im Wuchs weniger

kompakt als andere Gallica-Rosen, zeichnet sie sich durch wunderbaren Duft aus.
1,2 m

'Duchesse de Montebello' ist eine herrliche Gallica-Rose mit gefüllten zartrosa Blüten an überhängenden Zweigen voller leuchtendgrüner Blätter.
1,2 m

'Président de Sèze' ist eine weitere außergewöhnliche Gallica-Rose mit schön geformten gefüllten Blüten in einer Farbmischung aus Karmin, Hellrot und Lila, deren Duft ebenfalls überzeugt. Dieser elegante Strauch trägt graugrüne Blätter.
1,2 m

R. gallica var. officinalis, die Apotheker-Rose, ist ein schöner, buschiger Strauch mit stark duftenden, halbgefüllten hellkarminroten Blüten, in deren Mitten gelbe Staubblätter leuchten. Diese alte Rose zählt immer noch zu den besten.
1,2 m

R. gallica 'Versicolor' (Rosa Mundi) ist die bekannteste gestreifte Rose. Abgesehen von den deutlichen weißen Streifen, kann sie ihre Herkunft als Sport der Apotheker-Rose nicht verleugnen.
1,2 m

'Tricolore de Flandre' entfaltet duftreiche halbgefüllte rötlich-weiße Blüten, die hellrote und pur-

'Charles de Mills'

'Tuscany Superb'

'Céleste'

purne Streifen tragen. Ihre vielen Dornen sind für Gallica-Rosen untypisch.
1 m

'Tuscany Superb' gehört zu den Gallica-Rosen, die ich besonders liebe. Sie schmückt mit sich kastanienbraun bis karminroten Blüten, deren Blütenblätter in dichten Bündeln rings um die goldgelben Staubblätter angeordnet sind. Ihr Parfum ist allerdings nicht so intensiv wie das vieler anderer Gallica-Rosen.
1,2 m

Alba-Rosen

Die Alba-Rosen sind romantische Strauchrosen mit graugrünen Blättern und einer Fülle rosafarbener oder weißer Blüten, die sich im Hochsommer öffnen. Ihr Parfum ist zart und raffiniert. Sie wachsen relativ hoch und aufrecht, weshalb sie besser in den Hintergrund einer Rabatte passen. Auch Standorte, die anderen Rosen zu schattig wären, können sie noch tolerieren. Sie verlangen kaum mehr als ein gelegentliches Ausdünnen nach der Blüte, sind aber nach einem kälteren Winter dankbar für einen Rückschnitt, bei dem ihre langen Triebe um etwa 1 m eingekürzt werden sollten.
Rosa × alba **'Maxima'**, die Jakobiten-Rose, ist eine zähe, alte, nicht ganz so elegante Rose, zeichnet sich aber durch einen ausgesprochen vollen Duft aus. Ihre unordentlich gefüllten Blüten sind cremeweiß.
2 m

R. × alba **'Semiplena'**, die Weiße Rose von York, ist eine der Rosen, die zur Gewinnung von Rosenöl gezogen werden. Sie hat halbgefüllte reinweiße Blüten mit leuchtenden goldfarbenen Staubblättern und duftet sehr intensiv. Im Herbst reifen auffallende Büschel roter Hagebutten heran.
2 m

'Céleste' ('Célestial') ist eine schöne Alba-Rose mit halbgefüllten muschelrosa Blüten, die sich gegen ihr graues Laub gut abheben. Sie ist von kräftigem, aufrechtem Wuchs und überzeugt auch hinsichtlich des Duftes.
2 m

'Félicité Parmentier' wächst weniger hoch und treibt hautfarbene, flache, prall gefüllte Blüten, die sich fast zu einer Ballform zurückbiegen.
'Great Maiden's Blush' ('Cuisse de Nymphe'), meine liebste Alba-Rose, zählt zu den schönsten alten Strauchrosen. Sie entwickelt sich zu einem eleganten, ausladenden Strauch, und ihre gefüllten zartrosa Blüten duften exquisit.
1,5 m

'Königin von Dänemark' ist eine schöne Rose mit rosaroten, gefüllten, intensiv duftenden Blüten. Sie läßt sich ausgezeichnet über Pfosten oder durch Apfelbäume ziehen.
2 m

R. gallica var. *officinalis* und *R. g.* 'Versicolor'

'Madame Legras de Saint Germain' entfaltet auf herrlichem grauem Laub elfenbeinweiße Blüten mit zartgelber Mitte. Sie zählt zu den besten ihrer Art und hat außerdem noch den Vorzug, sehr wenige Dornen zu besitzen.
2 m

'Madame Plantier' schmückt sich mit großen Büscheln gefüllter cremefarbener Blüten. Diese ausgesprochen hohe, wertvolle Rose läßt sich an Pfosten und durch Apfelbäume ziehen.
3,5 m

Damaszenerrosen

Die Damaszenerrosen sind Hochsommerrosen mit grauem Laub und feinen Düften. Ihre Blüten schließen sich zu dichten Büscheln zusammen. Nach der Blüte müssen nur ihre schwachen und zu dicht stehenden Triebe leicht ausgedünnt werden. Z 5
'Celsiana' ist ein ansehnlicher graugrüner Strauch mit halbgefüllten reinrosa Blüten, deren Blütenblätter sich rings um die vorspringenden goldenen Staubbeutel legen. Ihr Duft ist voll und kräftig.
1,5 m

'Ispahan' hat eine lange Blütezeit und macht ihrem suggestiven Namen alle Ehre. Ihre gefüllten Blüten in einem romantischen Rosa verbreiten einen herrlichen Duft.
1,5 m

'La Ville de Bruxelles' ist eine faszinierende starkwüchsige Damaszenerrose mit fülligem Laub und sehr großen, dichtgedrängten Blüten. Die rosafarbenen Blütenblätter sind üppig um ein gelbes Auge angeordnet und duften einfach köstlich.
1,5 m

'Madame Hardy' (Abb. S. 138) ist die erste Strauchrose, die ich gezogen habe, und sie gehört immer noch zu meinen Lieblingen. Die zartweißen Blütenblätter ihrer flachen, gefüllten Blüten schmiegen sich rings um ein grünes Auge und heben sich wunderbar gegen das frische grüne Laub ab. Mit ihrem angenehm fruchtigen Duft sollte sie in keiner Sammlung alter Rosen fehlen.
1,5 m

'Madame Hardy'

Portland-Rosen und remontierende Damaszenerrosen

Diese Rosen sind mit den Damaszenerrosen eng verwandt, aber etwas kleiner und blühen den ganzen Sommer und Herbst über. Sie empfehlen sich für die Vorderfront einer Rabatte und für kleine Gärten, sind aber leider nur in wenigen Varietäten erhältlich. Die folgenden ausgezeichneten Sorten sollten in keiner Kollektion fehlen:

'Comte de Chambord' ('Madame Knorr') ist eine der besten Strauchrosen. Ihre großen, intensiv duftenden, leuchtendrosa Blüten öffnen sich mit Unterbrechungen viele Monate hindurch. Diese Rose wächst buschig und aufrecht.
1,2 m

'De Rescht' prunkt über eine lange Zeit mit hellroten, stark duftenden Blüten auf grünem Laub. Sie wächst zu einem kleinen, kompakten Strauch heran. 1 m

'Jacques Cartier' ('Marquise Boccella') ähnelt der Rose 'Comte de Chambord', ihre rosafarbenen Blüten sind aber weniger schalenförmig. Auch sie ist eine öfterblühende Rose.
1,2 m

Zentifolien

Die Zentifolien oder Provence-Rosen sind zwar ziemlich dornig, von lockerem Wuchs und großblättrig im Laub, tragen aber auffallende Blüten

und bieten mit der Fülle ihrer nickenden Blütenköpfe im Hochsommer einen schönen Anblick. Ihr intensiver Duft wird weit durch die Luft getragen. Sie sollten in der gleichen Weise wie die Alba-Rosen beschnitten werden und profitieren von einer Verjüngung ihrer langen Triebe im Winter. Z 6

R. × centifolia ist die Kohlrose der niederländischen Blumenstücke. Ihre gefüllten rosa Blüten, die sehr großzügig duften, hängen in Büscheln vor den graugrünen Blättern. Trotz ihres etwas auseinanderfallenden Wuchses ist sie bezaubernd.
1,5 m

'De Meaux', eine Miniaturzentifolie, bringt eine Fülle rosafarbener, prall gefüllter Blüten hervor.
60 cm

'Fantin-Latour' ist eine der schönsten unter den rosafarbenen Strauchrosen. Ihre gefüllten Blütenschalen sind von zarter Farbreinheit und auserlesenem Duft, ihre Blätter sind glatt und dunkelgrün.
1,5 m

'Petite de Hollande' ist eine kompakte kleine Zentifolie für die Vorderfront einer Rabatte. Sie schmückt sich mit zierlichen gefüllten leuchtendrosa Blüten, umgeben von herrlichem Duft.
1,2 m

'Robert le Diable' zeigt außergewöhnliche Blüten in Grau und Purpur mit rosafarbenen und roten Flecken. Dieser kleine, buschige Strauch hat einen sehr lockeren Wuchs und sieht deshalb besonders schön aus, wenn er seinen Blütenflor über eine

sonnige Stützmauer ausschütten kann.
1 m

'Tour de Malakoff' ist eine große, schmächtige Pflanze, die möglichst rings um Holzpfosten oder an einer Mauer gezogen werden sollte. Voll erblüht, ist sie atemberaubend: Ihre großen, pausbäckigen Blüten leuchten zunächst hellrot, nehmen aber später graue und violette Töne an. Ihr Duft steht hinter ihrer Erscheinung nicht zurück.
2,3 m

Moosrosen

Moosrosen sind entweder unmittelbare Mutationen oder haben sich aus Mutationen von Zentifolien oder Damaszenerrosen entwickelt. Als typisches Merkmal weisen sie Borsten oder eine weiche Bemoosung rings um die Blütenstiele und Knospen auf. Von einigen bemerkenswerten Ausnahmen abgesehen, sind sie wenig aufsehenerregend und werden eher als Kuriositäten geschätzt. Sie wirken leicht ein wenig plump, und viele von ihnen sind anfällig für Mehltau. Ihr Blütenduft besitzt aber die gleiche raffinierte und erfrischende Qualität wie der Duft der Zentifolien. Auch ihr moosiger Überzug entfaltet ein ganz eigenes, häufig stark balsamisches Parfum. Moosrosen sollten in gleicher Weise wie die Zentifolien beschnitten werden.

'Capitaine John Ingram' ist eine samtige Rose mit dunkelkarminroten, gefüllten Blüten, die einen besonders starken Duft verströmen. Ihr Farbton variiert je nach Wetter und Alter der Blüte in reizvollen Purpurtönen. Die Knospen sind mit einer zarten rötlichen Moosschicht bedeckt. Diese Rose zeichnet sich durch dichten Wuchs aus.
1,5 m

R. × centifolia 'Muscosa' (Old Pink Moss, Common Moss) ist die ursprüngliche Moosrose. Sie hat stark duftende, gefüllte Blüten in einem reinen Rosa und ist mit einer dichten grünen Moosschicht bedeckt.
1,2 m

'Comtesse de Murinais' hat wunderschöne rötlich weiße, gefüllte Blüten, und der Duft ihres leuchtendgrünen Mooses ist bemerkenswert. Diese hohe, starkwüchsige Rose kommt nicht ohne Stütze aus.
2 m

'Général Kléber' trägt flache, gefüllte Blüten in leuchtendem Rosa. Sie ist eine buschige Pflanze, hat schönes, üppiges Laub und eine grüne Bemoosung.
1,2 m

'Gloire des Mousseuses' entfaltet außergewöhnlich große, gefüllte Blüten in einem reinen Rosa, die einen zarten Duft abgeben. Sie ist mit einer dichten grünen Moosschicht bedeckt.
1,2 m

'Fantin-Latour'

'Maréchal Davoust' hat gefüllte Blüten in einer Farbmischung aus Karmin- und Purpurtönen. Sie bildet einen hübschen Strauch mit graugrünen Blättern und einer dunklen Bemoosung.
1,2 m

'Mousseline' ist eine kompakte Strauchrose, die den Sommer und Herbst über ununterbrochen blüht. Ihre halbgefüllten rosa Blüten sind rötlich getönt und duften sehr angenehm. Ein weiterer Vorzug ist ihre Resistenz gegen Krankheiten.
1,2 m

'Nuits de Young' treibt gefüllte Blüten in besonders dunklem Purpur, in deren Mitte die leuchtenden goldenen Staubblätter schimmern. Die Rose bildet einen kompakten, aber spärlich beblätterten Strauch und ist nur wenig bemoost. Voll erblüht ist sie eine Sensation.
1,2 m

'Shailer's White Moss' ('White Bath') schmückt sich mit gefüllten Blüten, die das volle, runde Rosenbukett auszeichnet. Sie hat dunkelgrünes Laub und ist stark bemoost.
1,2 m

'William Lobb' (Old Velvet Moss) hat große, halbgefüllte Blüten, deren dunkles Karminrot zu Rot, Violett und Grau verblaßt, was zu interessanten Kontrasten führt. Ihr Duft ist einwandfrei. Diese hohe, starkwüchsige, schön bemooste Rose braucht eine Stütze.
2,5 m

Bourbon-Rosen

Die Bourbon-Rosen bilden gewissermaßen die Grenze zwischen den alten und den neuen Rosen. Wie die alten Rosen schmücken sie sich mit prall gefüllten, altmodischen Blüten und besitzen gleichzeitig die Fähigkeit der neuen Rosen, auch noch nach dem Hochsommer eine Fülle von Blüten hervorzubringen. Ihr Parfum ist oft intensiv und fruchtig. Die starkwüchsigen Rosen, die manchmal mit einem üppigen, dunklen, ›modernen‹ Laub bedeckt sind, müssen regelmäßig beschnitten werden, was einen leichten Rückschnitt der Blütentriebe nach der ersten Hochsommerblüte und im Spätwinter ein Einkürzen der langen Zweige um wenigstens ein Drittel bedeutet. Z 6–8

'Adam Messerich' hat halbgefüllte leuchtendrosa Blüten mit deutlichem Himbeerduft. Dieser buschige, aufrechte Strauch blüht durch die ganze Saison.
1,5 m

'Boule de Neige' trägt den ganzen Sommer und Herbst über kleine Büschel aus duftenden reinweißen Blütenkugeln, die sich gut gegen das dunkle Laub abheben. Sie bildet einen schmalen, aufrechten Strauch.
1,2 m

'Commandant Beaurepaire' blüht nur einmal im Hochsommer, bietet aber mit ihren großen, gefüllten rosa Blüten, die karminrot, purpurfarben und scharlachrot gestreift und gefleckt sind, ein spektakuläres Bild. Ihr Duft ist angenehm. Dieser dichte Rosenstrauch ist mit recht blassen, spitzen Blättern bedeckt.
1,5 m

'Louise Odier' ist eine der besten Bourbon-Rosen. Ihre leuchtend rosavioletten Blüten erinnern in ihrer runden Form an Kamelien, und ihr Parfum ist außerordentlich konzentriert. Dieser reizvolle frischgrüne Strauch blüht die ganze Saison über.
1,5 m

'Madame Isaac Pereire' (Abb. S. 140) wird von dem großen Rosenfachmann Graham Stuart Thomas als »die wahrscheinlich am stärksten duftende Rose überhaupt« beschrieben. Ihre rosaroten Blüten sind auffallend groß und unordentlich, aber ihr Duft läßt diese Mängel vergessen. Der starkwüchsige, blattreiche Strauch blüht in Schüben die ganze Saison über.
2,3 m

'Madame Lauriol de Barny' entfaltet einen angenehmen, fruchtigen Duft. Während der ganzen Saison bringt sie immer wieder große, gefüllte silberrosa Blüten hervor, aber ihr üppigstes Blütenkleid streift sie im Hochsommer über. An einer Säule kommt sie besonders gut zur Geltung.
2 m

'Madame Pierre Oger' blüht die ganze Saison über durchscheinend pastellrosa mit zart aufgeleg-

tem Rosenrot und schwelgt im kräftig süßen Duft ihrer kugelförmigen Blüten.
1,5 m

'Reine Victoria' trägt rosaviolette, seidene Blütenschalen, die einen besonders vollen Duft ausströmen. Sie blüht die ganze Saison über.
2 m

'Souvenir de la Malmaison' ist zweifellos die bezauberndste Rose, die auf der Chelsea Flower Show in London gezeigt wird. Ihre schön geviertelten blaßrosa Blüten duften betörend. Sie blüht ohne Unterbrechung und bietet ein besonders schönes herbstliches Schauspiel.
60 cm–2 m

'Variegata di Bologna' mit ihren karminrotgestreiften weißrosa Blüten ist die wirkungsvollste unter den zartgestreiften Rosen. Ihre schönen schalenförmigen Blüten sind prall gefüllt. Nach ihrem hochsommerlichen Blütenflor trägt sie hin und wieder noch ein weiteres Mal.
1,5 m

Remontant-Rosen

Da die Remontant-Rosen den Bourbon-Rosen sehr ähnlich sind, werden sie oft zu einer Gruppe zusammengefaßt. Sie schmücken sich ebenfalls mit altmodischen Blüten. Nach ihrer Hauptblüte im Hochsommer öffnen sich gewöhnlich noch einige Knospen in der Nachsaison. Auch die Remontant-Rosen werden beschnitten.
Z 6–8

'Baron Girod de l'Ain' trägt karminrote, gefüllte Blüten mit feinen weißen Rändern. Sie hat einen herrlichen Duft und blüht den ganzen Sommer.
1,5 m

'Empereur du Maroc' schmückt sich mit dunkelkarminroten Blüten voller ausgeprägtem Duft. Sie ist recht schwachwüchsig und auch anfällig für Krankheiten, aber wenn sie sich gut entwickelt hat, bietet sie einen wunderbaren Anblick.
1,2 m

'Ferdinand Pichard' ist meine Lieblingsrose unter den gestreiften Sorten. Ihre gefüllten rosafarbenen Blüten, die kräftig karminrot und purpurfarben gestreift sind, duften intensiv nach Himbeeren. Diese attraktive, buschige Pflanze blüht mehrmals.
1,5 m

'Gloire de Ducher' mit großen purpurfarbenen Blüten ist besonders wertvoll wegen ihres außergewöhnlichen herbstlichen Blütenflors. Sie entfaltet einen durchdringenden Duft. Die langen, überhängenden Zweige bedürfen der Stütze.
2,3 m

'Mrs John Laing' ist hinsichtlich Duft und Blühwilligkeit eine der besten Remontant-Rosen. Die rosavioletten Blütenschalen heben sich schön gegen das graugrüne Laub ab.
1,2 m

'Reine des Violettes' gehört gleichfalls zu den erstklassigen Remontant-Rosen. Ihre Blüten, die sich purpurrot öffnen und zu einem sanften Violett verblassen, sind schön geviertelt und verbreiten angenehmen Duft. Dieser ausgesprochen reizvolle Strauch trägt graugrüne Blätter an nahezu dornenlosen Zweigen.
2 m

'Souvenir d'Alphonse Lavallée' wird nur selten angeboten, ist aber so hochwertig, daß man nach ihr auf die Suche gehen sollte. Ihre prächtigen gefüllten Blüten in dunklem Karminrot sind von einzigartiger Faszination und können nur noch von ihrem Duft übertroffen werden. Der hohe, locker wachsende Strauch sollte nach Möglichkeit abgestützt werden.
2,3 m

'Souvenir du Docteur Jamain' ist meine liebste dunkle Rose. Ihre kräftig dunkelblauroten Blüten verbreiten einen exzellenten Duft. Nach der Hauptblüte im Hochsommer blüht sie im Herbst ein zweites Mal. Damit sie noch besser gedeihen kann, sollte sie an ihrem Standort vor kräftiger Mittagssonne geschützt sein.
2 m

Rosa moschata-Hybriden

Die meisten Rosen dieser Art sind zu Beginn unseres Jahrhunderts von Rev. Joseph Pemberton in Essex, England, gezüchtet worden. Die einzelnen Sorten zählen zu den üppigst blühenden, intensivst duftenden, starkwüchsigsten Sträuchern und sollten in keinem Duftgarten fehlen. Sie haben nur wenig mit der Moschus-Rose *Rosa moschata* gemein, ihre kräftig fruchtigen Düfte wehen eher in Richtung von *R. multiflora*. Ihre Hauptblütezeit beginnt im Hochsommer, wenn die alten Strauchrosen müde werden, und sie setzen den ganzen Sommer lang ihr Blütenschauspiel fort, um im Herbst ein letztes großes Spektakel aufzuführen. Wie die Floribunda-Rosen tragen sie ihre Blüten in lockeren Büscheln, ihr Duft ist ungewöhnlich voll und durchdringend. Sie können zu Beginn des Frühjahrs um mindestens ein Drittel zurückgeschnitten werden.

'Buff Beauty' ist eine der schönsten *Rosa moschata*-Hybriden. Sie trägt prall gefüllte aprikosengelbe Blüten, die mit einem vollen Teerosenparfum aufwarten. Ihr ausgezeichnetes Laub ist zunächst bronzefarben und färbt sich im Verlauf des Frühjahrs allmählich dunkelgrün.
1,5 m

'Madame Isaac Pereire'

'Souvenir de la Malmaison'

'**Cornelia**' schmückt sich mit großen Büscheln aus kleinen, rosettenförmigen, süß duftenden Blüten in einer Farbmischung aus Aprikose, Sahne und Rosa. Ihr herbstliches Blütenschauspiel ist besonders eindrucksvoll.
1,5 m

'**Felicia**' ist ein dichter, buschiger Strauch, der im Hochsommer in ein Meer von gefüllten, silbrig rosafarbenen Blüten getaucht ist, das ihn auch im Spätsommer und im Herbst mit Blütenflor überflutet. Seine Blüten haben einen vollen Duft.
1,5 m

'**Francesca**' treibt halbgefüllte Blüten, die sich aprikosenfarbig öffnen und langsam zu einem warmen Gelb verblassen. Ihr kräftiger Duft enthält ein zartes Teerosenaroma. Der elegante Strauch kleidet sich in schöne glänzende Blätter.
2 m

'**Moonlight**' trägt duftende Büschel aus fast ungefüllten cremeweißen Blüten, die sich dekorativ gegen die dunklen Blätter und rotbraunen Stiele abheben.
2 m

'**Penelope**' ist eine beliebte Hybride der *Rosa moschata* mit lachsrosafarbenen Knospen, die sich zu halbgefüllten, sahnig rosa Blüten öffnen und in einen kräftigen Duft hüllen. Sie bietet im Herbst ein schönes Blütenschauspiel und beendet das Jahr im Schmuck ihrer korallenrosafarbenen Hagebutten.
2 m

'**Vanity**' trägt von Sommer bis Herbst ohne Unterlaß große, nahezu ungefüllte Blüten in einem dunklen Rosa. Ihr Duft ist kräftig und süß.
2 m

'Mrs John Laing'

Rechts: 'Felicia'

141

'Blanc Double de Coubert'

'Fru Dagmar Hastrup'

'Roseraie de l'Hay'

China-Rosen

Diese kleinen, zarten, wiederholt blühenden Rosen sind ideal für die Vorderfront einer Rabatte. Nicht übermäßig winterhart, gedeihen sie am besten an warmen, geschützten Plätzen und vor Mauern. Ein regelmäßiger Rückschnitt ist unnötig, allein das tote und schwache Holz sollte von Zeit zu Zeit entfernt werden.
Sonne; Z 7–8

'Comtesse du Cayla' hat nahezu ungefüllte Blüten in leuchtenden Farben – eine Mischung aus Lachs, Orange und Rosa – und besitzt einen außergewöhnlich vollen Teerosenduft.
1 m

'Old Blush' ('Pallida'), die Monatsrose, wird wegen ihres dauerhaften Blütenflors besonders geschätzt. Ihren silbrig rosafarbenen Blüten entweicht ein angenehmer, süßer Duft. Sie wächst aufrecht, hat fast keine Dornen und bildet einen stark verzweigten Busch.
1–2 m

Rugosa-Rosen

Die Rugosa-Rosen und ihre Hybriden sind durch ihren konzentrierten Duft besonders ausgezeichnet. An windstillen, dunstigen Tagen hängt ihr würzig süßes Parfum schwer in der Luft. Die gefüllten Varietäten blühen gewöhnlich vom Frühsommer bis zum Herbst, während die Blüte der ungefüllten Varietäten von einer reichen Ernte rundlicher Hagebutten abgelöst wird. Das grob texturierte, meist üppige Laub, das für diese Rosenart charakteristisch ist, nimmt im Herbst einen warmen Gelbton an. Die Pflanzen sind wenig anfällig für Ungeziefer und Krankheiten. Sie wachsen zu wunderbaren blühenden Hecken heran, die vielleicht zu Beginn des Frühjahrs leicht beschnitten werden sollten, damit ihr Erscheinungsbild noch dichter und geschlossener wird. Z 2

'Agnes', eine Hybride von *R. rugosa* und *R. foetida* 'Persiana', gehört zu meinen Lieblingsrosen. Ihre ungewöhnlichen bernsteingelben, gefüllten Blüten duften aromatisch nach Zitrone und Gewürzen. Ihre Hauptblüte beginnt im Frühsommer, eine Nachblüte fällt aber zuweilen leider recht sparsam aus.
2 m

'Blanc Double de Coubert' ist eine der duftreichsten Rosen. Die halbgefüllten weißen Blüten, sie leuchten geradezu vor dem Hintergrund der dunkelgrünen Blätter, öffnen sich vom Sommer bis zum Herbst ununterbrochen.
1,5 m

'Conrad Ferdinand Meyer', eine starkwüchsige Rugosa-Hybride, deren lange Stiele zu Beginn des Frühjahrs rigoros eingekürzt werden müssen, treibt gefüllte silbrig rosafarbene Blüten, die sich durch einen besonders vollen, schweren Duft auszeichnen. Der einzige Nachteil dieser ansonsten wundervollen Rose ist ihre Auffälligkeit für Rost.
2,5 m

'**Fru Dagmar Hastrup**' blüht ungefüllt reinrosa und setzt karminrote Hagebutten an. Sie wächst buschig und kompakt und bildet eine schöne blühende Hecke.
1,2 m

'**Mrs Anthony Waterer**' bringt im Frühsommer eine Fülle kräftig duftender, gefüllter karminroter Blüten hervor, blüht danach aber nur noch spärlich. Sie wächst eher breit als hoch.
1,2 m

'**Roseraie de l'Hay**' ist eine beliebte starkwüchsige Rugosa-Rose mit duftenden, halbgefüllten rotvioletten Blüten und üppigem grünem Laub.
1,2–1,5 m

R. rugosa schmückt sich mit ungefüllten Blüten, die in der Farbe zwischen Rosa und Purpur variieren und einen angenehmen Duft verströmen. Der Farbkontrast ihrer leuchtendroten Hagebutten ist eindrucksvoll.
2,3 m

R. rugosa '**Alba**' hat in jedem Garten einen Platz verdient. Sie trägt über eine lange Zeit reinweiße, intensiv duftende Blüten, auf die im Herbst große orangefarbene Hagebutten folgen.
2,3 m

'**Sarah van Fleet**' treibt unermüdlich halbgefüllte, gut duftende Blüten in einem reinen Rosa. Diese starkwüchsige, aufrecht wachsende, buschige Strauchrose bildet eine schöne Hecke.
2,5 m

'**Scabrosa**' ist eine überschwengliche Rugosa-Rose mit üppigem Laub, einer Fülle großer, ungefüllter, purpurroter Blüten und einer reichen Ernte orangefarbener Hagebutten. Ihr Duft ist voll und süß. Auch sie ist eine gute Heckenrose.
1,2 m

Wildrosen und Parkrosen

'**Dupontii**' hat ungefüllte weiße Blüten, die sich mit ihren auffallenden goldfarbenen Staubblättern reizvoll gegen das graugrüne Laub abheben. Die nach Banane duftenden Blüten erscheinen nur kurze Zeit im späten Hochsommer und reifen vereinzelt zu orangefarbenen Hagebutten heran.
2,3 m; Z 6

R. eglanteria (R. rubiginosa), die Wein-Rose oder Schottische Zaunrose, ist eine weitere unverzichtbare Spezies, die wegen des Apfeldufts ihrer Blätter sehr beliebt ist. Die Triebspitzen duften am intensivsten. Diese schöne Heckenpflanze sollte im Spätwinter beschnitten werden. Ihre ungefüllten rosa Blüten geben im Frühsommer ihren süßen Duft frei und werden von einer eindrucksvollen Fülle roter Hagebutten abgelöst. Ihr kräftig duftendes Laub hat die Spezies vielen Sorten und Hybriden vererbt, unter denen 'Lady Penzance' mit ungefüllten, nicht ganz so gut duftenden kupferfarbenen Blüten, 'Lord Penzance' mit süß duften-

'Dupontii'

den, ungefüllten rosagetönten ockergelben Blüten (beide schmücken sich im Herbst mit Hagebutten) und 'Manning's Blush', ein kompakterer Strauch mit angenehm duftenden, gefüllten rötlichweißen Blüten, besonders empfehlenswert sind.
2 m oder mehr; Z 6

R. '**Headleyensis**', eine Hybride der goldfarbenen China-Rose *R. hugonis*, blüht wie ihre Verwandte im Frühsommer. Ihre ungefüllten sahnegelben Blüten, die einen starken Duft entfalten, stellen sich an überhängenden braunen Zweigen zur Schau, die dicht mit farnartigem Laub bedeckt sind.
2,3 m; Z 6

R. macrantha ist eine starkwüchsige, ausladende Rose mit großen, ungefüllten Blüten, die von einem rötlichen Rosa zu Weiß verblassen. Ihr Duft ist angenehm voll. Im Herbst bietet sie ein schönes Schauspiel mit roten Hagebutten. 'Daisy Hill' trägt Blüten in einem kräftigeren Rosa.
1,5 m; Z 6

R. eglanteria

143

R. pimpinellifolia (R. spinosissima), die Dünenrose oder Bibernell-Rose, hat einige nachhaltig duftende, reizvolle Varietäten, darunter 'Double White' und 'Double Pink', die beide kugelförmige Blüten mit einem köstlich süßen Parfum tragen. Die gefüllte R. × harisonii 'Harison's Yellow' blüht in sanftem Buttergelb; ihr Duft ist jedoch weniger erfreulich. Es gibt aber auch gefüllte gelbe Dünenrosen mit angenehmen Duftnoten – ich habe eine im Garten, die ich aus einem Steckling von einem namenlosen Strauch gezogen habe. 'Stanwell Perpetual' ist eine ausnehmend schöne Hybride, die im Gegensatz zu den anderen noch nach der Hauptblüte im Hochsommer bis zum Ende der Saison weiterblüht. Sie zeigt gefüllte rötlichgetönte rosa Blüten auf graugrünen Blättern und duftet gefällig. Alle diese Rosen sind reich mit Dornen bestückt und tragen üppiges kleinblättriges Laub.

Sie sind in der Regel recht anspruchslos und tolerieren, wie der Name ›Dünenrose‹ vermuten läßt, sogar sandige, unfruchtbare Böden.
1,5 m; Z 5

R. primula ist eine wichtige Rose im Duftgarten. Ihre farnartigen Blätter geben nach einem Regenschauer einen weihrauchartigen Duft ab, der zu Beginn der Saison bei jungem Laub besonders markant ist. Im Frühsommer erscheinen kleine, ungefüllte primelgelbe Blüten auf mahagonifarbenen Stielen und verbreiten ihren unvergleichlich süßen Duft.
1,5 m; Z 7

R. pulverulenta (R. glutinosa) wird nur selten angeboten, ist aber wegen ihres Laubduftes – einer Mischung aus Orange und Kiefer – für den Duftgärtner von Interesse. Ihre kleinen rosafarbenen Blüten reifen zu großen, rundlichen roten Hage-

butten heran. Dieser niedrige, stachlige Strauch eignet sich besonders gut für eine trockene, sonnige Rabatte.
1 m

R. serafinii ist eine ungewöhnliche Miniaturrose, deren Laub ein harziger Duft anhaftet. Ihre ungefüllten rosa Blüten werden von roten Hagebutten abgelöst. Eine dichte, dornige Strauchrose, die für Steingärten und niedrige Hecken geeignet ist.
Bis zu 1 m; Z 7

Moderne Strauchrosen

Diese Gruppe umfaßt eine Reihe von Rosen unterschiedlicher Herkunft und von verschiedenartigem Charakter. Erst in jüngerer Zeit entstanden, unterscheiden sie sich im Wesen von den alten Strauchrosen. Die meisten von ihnen brauchen kaum beschnitten zu werden, es genügt, wenn man sie regelmäßig von totem und schwachem Holz befreit. Erfahrungsgemäß entwickeln sich die Pflanzen jedoch besser, wenn man im Abstand von einigen Jahren ein paar ihrer ältesten Zweige ganz bis auf den Boden zurückschneidet.

'Cerise Bouquet' ist eine elegante Rose mit kleinen grauen Blättern und Büscheln aus kirschroten, rosettenförmigen Blüten, die den ganzen Sommer über erscheinen und intensiv nach Himbeeren duften. Diese Strauchrose kann auch als ›Rambler‹ gezogen werden.
2,7 m

'Fritz Nobis' blüht zwar nur einmal im Frühsommer, bietet aber ein prachtvolles Schauspiel. Sie schmückt sich mit Teehybriden-Blüten in einem reinen Rosa und duftet angenehm nach Nelken. Im Herbst leuchten in ihrem saftgrünen Laub unzählige rötliche Hagebutten.
2 m

'Frühlingsgold' ist eine hervorragend duftende Rose, die im Frühsommer große, ungefüllte blaßgelbe Blüten an langen, überhängenden Zweigen zur Schau stellt. Sie paßt besonders gut zu Türkenmohn.
2,3 m

'Frühlingsmorgen' treibt große, ungefüllte rosarote Blüten mit gelber Mitte. Ihr Duft ist voll und süß. Nach der Hauptblüte im Frühsommer schmückt sie sich später noch gelegentlich mit einem weiteren Blütenflor.
2 m

'Golden Wings', eine zuverlässige kompakte Rose, ist fortgesetzt mit großen, ungefüllten warmgelben Blüten bestückt, die einen vollen, süßen Duft abgeben.
2 m

'Graham Thomas', eine herrliche Englische Rose von David Austin, öffnet unermüdlich den ganzen Sommer über altmodische aprikosenfarbige Blüten. Da die Farbpalette der alten Strauchrosen kein

'Fritz Nobis'

Gelb umfaßt, ist diese Rose eine sehr wertvolle neue Züchtung. Ihre Duftnote enthält ein ausgeprägtes Tee-Aroma. Diese starkwüchsige, aufrechte Rose breitet sich rasch aus, wenn sie im Winter nicht kräftig beschnitten wird.
2 m oder mehr

'Nymphenburg' trägt große, gefüllte Blüten in einer Farbmischung aus Lachsrosa, Gelb und Orange, die deutlich nach Äpfeln duften. Sie blüht den ganzen Sommer hindurch und wächst überhängend.
2,5 m

'Pretty Jessica' ist eine kleine rosablühende Rose mit der Blütenfülle der alten Heckenrosen und einem intensiven altmodischen Rosenduft voller romantischer Assoziationen.
1 m

'The Countryman' ist eine Englische Rose mit großen dunkelrosa Blüten, die an alte Rosen erinnern und den charakteristischen Rosenduft verströmen. Sie ist von schönem überhängendem Wuchs, trägt das Laub der Portland-Rosen und blüht mindestens zweimal.
1 m

Teehybriden

Die Teehybriden zeichnen sich durch ihre ebenmäßigen, absolut perfekten Blüten aus. Als Büsche wirken sie in der Rabatte steif und ungelenk und im Winter, wenn sie nur noch dornige, holzige Stümpfe sind, bieten sie einen trostlosen Anblick. Die geeigneten Plätze für sie sind geometrische Beete in der Nähe des Hauses oder ein abgeschlossener Bereich, der nur zur Blütezeit besucht wird und in anderen Jahreszeiten gemieden werden kann. In einer Vase oder im Knopfloch kommen sie am besten zur Geltung. Der Duft ist von vielen Züchtern bei der Suche nach der idealen Blütenschönheit preisgegeben worden. Es gibt aber noch eine Reihe stark duftender Varietäten, und in den letzten Jahren haben immer mehr Züchter erkannt, wie wichtig es ist, daß nicht nur das Auge, sondern auch die Nase befriedigt wird. Teehybriden sollten zu Beginn des Frühjahrs bis auf 15–25 cm vom Boden zurückgeschnitten werden. Darüber hinaus ist es ratsam, die Rosen im Spätherbst leicht zu beschneiden, sonst könnten ihre Stiele im Winter von heftigen Winden abgeknickt werden. Damit sie gut gedeihen, sollte man kein Risiko eingehen und regelmäßig mit Insektiziden und Fungiziden spritzen.

Rechts: 'Frühlingsgold'

R. primula

'Golden Wings'

'Fragrant Cloud'

'Alec's Red' ist eine ausgezeichnete Teehybride, die sich einen raffinierten Rosenduft bewahren konnte. Die kirschroten Blüten, die den ganzen Sommer über erscheinen, bieten vor den dunklen, glänzenden Blättern einen schönen Anblick.
1 m

'Anna Pavlova' ist eine neue Teehybride mit einem außergewöhnlich starken Parfum. Ihre Blüten sind blaßrosa.
1 m

'Apricot Silk' hat große rötlich getönte aprikosenfarbene Blüten mit einem angenehmen Duft.
1 m

'Blessings' bringt den ganzen Sommer gut duftende lachsrosa Blüten hervor.
1 m

'Blue Moon' ist die beliebte silbrig violette Teehybride und wahrscheinlich die beste ›blaue‹ Rose. Durch die cremigen Brauntöne wirkt sie ausgesprochen dekadent. Die Blüten verbreiten einen kräftig fruchtigen Duft.
1 m

'Champion' hat große rosa angehauchte cremegoldene Blüten von angenehmem Duft.
1 m

'Crimson Glory' ist eine stark duftende alte Teehybride mit großen, samtigen karminroten Blüten. Trotz ihrer schwachen Blütenhälse ist sie eine schöne Rose. Es gibt auch eine kletternde Sorte, die im vollen sommerlichen Blütenflor ein eindrucksvolles Bild bietet.
60 cm; 4,5 m als Kletterpflanze

'Dainty Bess', eine Verwandte von 'White Wings', ist eine Teehybride mit großen, ungefüllten, silbrig rosafarbenen Blüten. Sie sieht märchenhaft aus und duftet auch so.
1 m

'Dutch Gold' ist eine zart duftende Teehybride mit goldgelben Blüten, die der Sommer in großer Fülle hervorbringt.
1 m

'Eden Rose', eine robuste Rose, treibt große, duftende Blüten in einem dunklen Rosa.
1 m

'Ernest H. Morse' ist eine beliebte, zuverlässige Teehybride mit schön geformten Knospen, die sich zu strahlenden karminroten Blüten entfalten.
1 m

'Fragrant Cloud' erfreut sich mit ihrem außergewöhnlich vollen Parfum großer Beliebtheit. Sie ist starkwüchsig und schmückt sich die ganze Saison über mit einer Fülle korallenroter Blüten. Die Blüten leuchten vor dem dunklen Hintergrund der Blätter. Sie ist auch als Kletterrose erhältlich.
1 m

'Grace de Monaco' hat große Blüten in einem dunklen silbrigen Rosa, die sich vor dem dunklen Laub wunderbar abheben. Ihr Duft ist köstlich.
1 m

'**Josephine Bruce**' ist eine der prächtigsten Rosen in einem dunklen, samtigen Karminrot, die mich immer wieder fasziniert. Ihr Duft ist ausgesprochen angenehm, und sie ist verläßlicher als 'Papa Meilland'.
1 m

'**Just Joey**' entfaltet große, angenehm duftende Blüten in einer Farbmischung aus Rosatönen und kupfrigem Orange.
60 cm

'**Lady Belper**' besitzt voll duftende aprikosengelbe Blüten, die mit einem kupfrigen Orange akzentuiert sind. Eine entzückende Rose.
60 cm

'**La France**' ist die erste Teehybride, die im Jahre 1865 gezogen wurde. Ihre blaßrosa Blüten sind von altväterischem Charme und kräftigem Duft.
1,2 m

'**Madame Louise Laperrière**' gilt als ausgezeichnete Teehybride mit dunkelkarminroten Blüten und intensivem Parfum.
60 cm

'**Mister Lincoln**' ist eine schätzenswerte dunkelrote Rose mit einem angenehmen Duft.
1 m

'**Mojave**', eine zuverlässige, starkwüchsige, buschige Rose, entfaltet duftreiche orange-rote Blüten auf schimmerndem Laub.
1 m

'**Mullard Jubilee**' ist eine starkwüchsige, problemlose Teehybride mit großen rosaroten Blüten voller aromatischem Duft.
60 cm

'**Ophelia**' zählt zu den beliebten alten Varietäten, die immer einen Platz im Garten verdienen. Ihre rosaroten Blüten duften ausdrucksvoll. Sie wächst kräftig und aufrecht. Es gibt noch eine kletternde Sorte und zwei gute Sports: 'Lady Sylvia' mit blaßrosa und 'Madame Butterfly' mit seidigen zartrosa Blüten.
1 m

'**Papa Meilland**' gehört zu den Teehybriden, die ich besonders liebe. Ihre Blüten leuchten in dunklem Pflaumenrot, ihr Duft ist kräftig und raffiniert. Leider ist sie im Freien recht unzuverlässig; sie braucht einen warmen, geschützten Standort, am besten unter Glas.
60 cm

'**Paul Shirville**' ist eine intensiv duftende lachsrosa Rose und erfreut sich als starkwüchsige Hybride inzwischen großer Beliebtheit.
1 m

'**Pink Peace**' entfaltet gut duftende, silbrig schimmernde rosa Blüten.
1 m

'**Prima Ballerina**' ist eine sehr zuverlässige Teehybride mit rosaroten Blüten und einem vollen, runden Duft.
1 m

'Alec's Red'

'**Silver Jubilee**' wird von dem bekannten englischen Rosenzüchter Peter Beales als »eine der besten Rosen, die jemals gezogen wurden« gewürdigt. Auf besonders dichtem, glänzendem Laub öffnen sich unzählige silbern schimmernde rosa Blütenbüschel mit zarten aprikosen- und cremefarbenen Schattierungen.
1 m

'**Sutter's Gold**' hat gelb-rosa Blüten mit ausgeprägtem Duft.
1 m

'**Wendy Cussons**' ist eine ausgesprochen beliebte, stark duftende Rose mit dunkelkirschroten Blüten.
60 cm

'**Whisky Mac**' gebührt unter den bernsteinfarbenen Rosen der Preis für den besten Duft. Sie verlangt einen guten Boden und kann in harten Wintern Schaden nehmen.
1 m

'**White Wings**' ist eine sehr schöne Rose mit ungefüllten weißen Blüten. Die Blütenblätter sind rings um die karminroten Staubblätter angeordnet. Es ist eine hohe, aufrechte Pflanze.
1,2 m

Floribunda-Rosen

Wie die Teehybriden werden die Floribunda-Rosen wegen ihres ununterbrochenen sommerlichen Blütenschauspiels geschätzt. Auch sie sind von eher steifer, stolzer Erscheinung und kommen in geometrischen Beeten rings ums Haus besser zur Geltung als in Strauch- und gemischten Rabatten. Die Blüten sind nicht so makellos in der Form, erscheinen aber in großen Büscheln und bieten ein farbenprächtiges Schauspiel. Sie müssen regelmäßig mit Fungiziden und Insektiziden gespritzt werden. Im Spätwinter sollte man die kräftigsten Stiele bis auf die Hälfte einkürzen und die schwächeren ganz entfernen. Die Floribunda-Rosen duften allgemein weniger intensiv als die Teehybriden, doch folgende Sorten sind zufriedenstellend:

'**Amberlight**' wächst kompakt und zeigt Büschel aus halbgefüllten bernsteingelben Blüten.
60 cm

'**Amber Queen**' ist eine beliebte Rose mit prall gefüllten, gut duftenden bernsteinfarbenen Blüten.
60 cm

'**Apricot Nectar**' entfaltet herrlich duftende aprikosengelbe Blüten.
60 cm

'**Ards Beauty**' zeigt wohlgeformte gelbe Blüten.
60 cm

'**Arthur Bell**' verbreitet einen ausgezeichneten Duft. Ihre halbgefüllten Blüten öffnen sich in

'Margaret Merril'

einem kräftigen Gelb und verblassen zu einem cremigen Zitronenton.
60 cm

'**Chinatown**' ist ein hoher, starkwüchsiger Strauch mit großen, gefüllten Blüten in einem reinen Gelb. Eine wertvolle Strauch- und Heckenrose mit ausgezeichnetem Duft.
1,5 m

'**Dearest**', eine der beliebtesten Floribunda-Rosen, schmückt sich mit eindrucksvollen Büscheln aus halbgefüllten, kräftig lachsrosafarbenen Blüten, die stark duften. Die Blüten reagieren empfindlich auf Nässe.
60 cm

'**Dusky Maiden**' ist eine herrliche alte Varietät mit ungefüllten Blüten in einem samtigen Karminrot, das von gelben Staubblättern aufgehellt wird.
60 cm

'**Elizabeth of Glamis**' bleibt eine beliebte Rose, obwohl sie kalte Winter schlecht verträgt und für Krankheiten anfällig ist. Sie trägt schöne lachsrosafarbene Blüten, die angenehm duften.
60 cm

'**English Miss**' zeigt wohlgeformte, süß duftende Blüten in einem blassen Rosa.
60 cm

'**Escapade**' entfaltet nahezu ungefüllte Blüten in einem rosigen Violett. Sie ist eine reizvolle Strauch- und Heckenpflanze.
1,2 m

'**Everest Double Fragrance**' gehört zu den hohen, aufrecht wachsenden Floribunda-Rosen und bringt zartrosa Blüten von betäubendem Duft hervor.
1,2 m

'**Korresia**' ist eine sehr beliebte Floribunda-Rose mit großen reingelben Blüten. Eine ausgezeichnete Rose mit einem vollen Parfum.
60 cm

'**Margaret Merril**' ist eine der besten Floribunda-Rosen. Sie entfaltet errötende weiße Blüten, die wunderbar duften.
60 cm

Polyantha-Pompon-Rosen

Diese ausgezeichneten Rosen für die Vorderfront einer Rabatte sind von buschigem, kompaktem Wuchs und stehen den ganzen Sommer über im Schmuck ihrer gebüschelten kleinen Blüten. Nachdem sie früher als Beetrosen geschätzt waren, werden heute nur noch wenige Varietäten angeboten, von denen nur ein paar guten Duft besitzen.

'**Cécile Brunner**' ist eine Miniaturstrauchrose mit winzigen, teehybridenartigen Blüten in einem blassen Rosa. Sie blüht ununterbrochen und hat einen köstlich süßen Duft. Es gibt eine kletternde Sorte, die im Gegensatz zur Beetrose starkwüchsig und üppig im Laub ist.
Als Strauch 1 m; als Kletterpflanze 7,5 m

'**Katharina Zeimet**' trägt Büschel aus gefüllten weißen Blüten.
60 cm

'**Little White Pet**' ist ein zwergwüchsiger Sport der Rambler-Rose 'Félicité Perpétué' mit der gleichen herben Duftnote von Wachs und Myrrhe. Den ganzen Sommer über bis zum Herbst entfalten sich aus rosagerandeten Knospen kleine weiße Blütenrosetten.
60 cm

'**Nathalie Nypels**' schmückt sich mit halbgefüllten rosa Blüten.
60 cm

'**Perle d'Or**' gleicht der gelben Form der 'Cécile Brunner'. Ihre Blüten sind zunächst ockergelb und verblassen allmählich zu einem rosigen Cremeton. Der Duft ist bemerkenswert rein und süß.
1–2 m

'**Yesterday**' bringt rosaviolette Blüten hervor.
1 m

'**Yvonne Rabier**' schmückt sich mit halbgefüllten weißen Blüten.
60 cm

Miniaturrosen

Miniaturrosen sind für Töpfe und Blumenkästen geeignet, in Rabatten wirken sie deplaziert. Um sie richtig genießen zu können, müßten sie ohnehin erhöht gepflanzt werden, warum sollte man da nicht gleich eine ›richtige‹, vernünftig große Rose wählen? Viele Varietäten müssen ohne nennenswerten Duft auskommen, die folgenden duften aber angenehm.

'**Colibri '79**' zeigt gefüllte gelbe Blüten mit einem rosigen Hauch.
30 cm

'**Dresden Doll**' ist eine Miniatur-Moosrose. Ihre Blüten sind halbgefüllt und muschelrosa.
30 cm

'**Golden Angel**' hat gefüllte dunkelgelbe Blüten, die sehr intensiv duften.
30 cm

'**Orange Honey**' präsentiert gefüllte orangegelbe Blüten mit einem erstaunlich vollen Duft.
30 cm

'**Peachy White**' entfaltet rosige weiße Blüten aus spitzen Knospen.
30 cm

'**Regensberg**' hat gefüllte hellrosa Blüten mit weißen Rändern und Unterseiten. Ihr Duft ist ausgezeichnet.
30 cm

Bodendeckende Rosen

Mit diesen Rosen lassen sich Böschungen verschönen, Säulenstümpfe überwuchern und niedrige Mauern ›verschleiern‹. Sie sind in allen Rosenarten zu finden, und entsprechend vielschichtig ist ihr Charakter.

'Cardinal Hume' ist eine niedrige Rose von ausladendem Wuchs mit köstlich duftenden, altmodischen, gefüllten Blüten in kräftigem Pflaumenpurpur, die zu Hagebutten heranreifen.
1 m

'Daisy Hill' hat große, ungefüllte rosafarbene Blüten und setzt reichlich Hagebutten an.
1,5 m

'Lady Curzon' ist eine Rugosa-Hybride mit ungefüllten rosa Blüten und sehr dornigen Stielen.
1 m

'Max Graf', ebenfalls eine Rugosa-Hybride, zeigt ungefüllte, silbrig schimmernde rosa Blüten auf glänzendem Laub. Sie duften nach Äpfeln.
60 cm

'Scintillation' bringt über eine lange Zeit große Büschel halbgefüllter rötlich angehauchter rosa Blüten hervor, deren Duft beachtlich ist.
1,2 m

Kletterrosen

Kletterrosen bieten eine Vielfalt an Düften in Nasenhöhe an. Sie umfassen Teerosen, Teehybriden, Floribunda-Rosen, Bourbon-Rosen, China-Rosen und Noisette-Rosen. In der Regel genießen die Tee-, China- und Noisette-Rosen die Wärme und den Schutz einer sonnigen Mauer, während die anderen Spezies in einer ungeschützten Lage an Säulen, Pergolen und Zäunen oder an Mauern in einer weniger günstigen Lage gezogen werden können. Die meisten dieser Rosen blühen mehrmals in der Saison. Beim Beschneiden der Kletterrosen werden die kräftigen, langen Triebe jeden Winter behutsam entlang den horizontalen Drähten der Kletterhilfe gebogen und befestigt (ihre Spitzen müssen nur dann beschnitten werden, wenn sie den ihnen zugemessenen Raum überschreiten) und die Seitentriebe von diesen Trieben um zwei Drittel eingekürzt.

'Aimée Vibert' (Noisette) schmückt sich im Sommer mit gefüllten kleinen weißen Blüten mit gelben Staubblättern. In der Regel blüht sie mehrmals. Sie hat glänzendes Laub und kaum Dornen.
4,5 m

'Alister Stella Gray' (Golden Rambler) (Noisette) trägt den ganzen Sommer und Herbst über süß duftende Blüten. Sie sind dottergelb in der Knospe und öffnen sich zu großen, geviertelten elfenbeinweißen Blüten.
4,5 m

'Aloha' (Floribunda) ist eine erstklassige Kletterpflanze mit einem intensiven Teeduft. Sie bringt

'Constance Spry'

ohne Unterlaß geviertelte rosarote Blüten hervor.
3 m

'Blush Noisette', eine ausgesprochen üppig blühende Rose, entfaltet Büschel aus halbgefüllten rosavioletten Blüten, denen ein voller Nelkenduft entströmt. Sie gedeiht auch an einem ungeschützten Standort und läßt sich sogar frei stehend als Busch ziehen.
4,5 m

'Cécile Brunner, Climbing' (Polyantha) ist ein kletternder Sport der Polyantha-Rose gleichen Namens. Ihre winzigen rosafarbenen Blüten sind süß und zart im Duft. Sie blüht einmal im Frühsommer und ist eine starkwüchsige und winterharte Rose.
7,5 m

'Céline Forestier' (Noisette), eine schöne Kletterpflanze von altem Rosencharakter, duftet intensiv nach Tee. Ihre großen flachen Blüten, die ohne Unterbrechung erscheinen, sind gefüllt, geviertelt und cremegelb.
2,5 m

'Château de Clos-Vougeot, Climbing' (Teehybride) hat durchdringend duftende Blüten in dunkelrotem Kastanienbraun. Nach ihrer Hauptblütezeit im Sommer bringt sie später erneut einige Blüten hervor.
4,5 m

'Constance Spry' (Moderne Strauchrose) schmückt sich mit außergewöhnlich großen, prall gefüllten rosaroten Blüten. In ihrem Duft sind die herben

Akzente der Myrrhe und eine wächserne Note mit dem charakteristischen Rosenparfum vermischt.
6 m

'Desprez à Fleur Jaune' (Noisette), eine sehr willige Kletterpflanze, treibt unermüdlich Büschel von geviertelten Blüten, deren cremefarbener Grundton mit Rosa und Gelb variiert wird. Ihr Duft ist intensiv und fruchtig. Sie verlangt eine warme Mauer und läßt sich auch gut unter Glas ziehen.
5,5 m

'Devoniensis, Climbing' (Teerose) ist eine blaß aprikosenfarbene Rose, die stark nach Tee duftet. Sie läßt sich gut an einer warmen Mauer oder in einem Glashaus ziehen.
3,5 m

'Ena Harkness, Climbing' (Teehybride) trägt an schwachen Stielen leicht hängende, samtig dunkelkarminrote Blüten, die einen reichen Duft entfalten. Auch nach ihrer Hauptblüte im Sommer bringt sie noch vereinzelte Blüten hervor.
4,5 m

'Etoile de Hollande, Climbing' (Teehybride) ist eine herrliche, sehr beliebte Kletterpflanze mit stark duftenden karminroten Blüten.
4,5 m

'**Gloire de Dijon**' (Teerose) ist eine meiner liebsten Kletterrosen. Ihre altmodischen, prall gefüllten Blüten sind aprikosenfarben bis ockergelb und sehen vor dem Hintergrund einer rotbraunen Ziegelmauer wundervoll aus. Sie ist winterhart, blüht mehrmals und hat einen vollen Teerosenduft.
4,5 m

'**Guinée**' (Teehybride) blüht in prachtvollen Dunkelrottönen und duftet durchdringend. Nach ihrer Hauptblüte im Sommer bringt sie hin und wieder noch einige Blüten hervor. Ich würde ungern auf sie verzichten.
4,5 m

'**Kathleen Harrop**' (Bourbon) besitzt überhaupt keine Dornen und schmückt sich die ganze Saison über mit duftenden rosafarbenen Blüten. Persönlich ziehe ich sie der ihr verwandten 'Zéphirine Drouhin' vor.
3 m

'**Lady Hillingdon, Climbing**' (Teerose) ist eine außergewöhnliche Rose, deren aprikosengelbe Teerosenblüten einen eindrucksvollen Kontrast zu den rötlich schimmernden Stielen und Blättern bilden. Sie gedeiht gut an einer warmen Mauer, blüht mehrmals und hat einen angenehmen Teeduft.
4,5 m

'**Lady Sylvia, Climbing**' (Teehybride), eine schöne rosa Rose mit makellosen Knospen und kräftigem Duft, ist öfterblühend. 'Climbing Ophelia' ist ähnlich, hat aber blassere Blüten.
3,5 m

'**Lawrence Johnston**' (Hybride von *R. foetida* 'Persiana'), benannt nach dem Architekten der Gärten von Hidcote, Gloucestershire, ist eine beliebte

'Leverkusen'

Kletterpflanze mit halbgefüllten leuchtendgelben Blüten. Sie blüht früh im Jahr und bringt die ganze Saison über immer wieder neue Blüten hervor. Eine schöne starkwüchsige Pflanze mit einem guten Duft.
7,5 m

'**Leverkusen**' (Hybride von *R. kordesii*) hat halbgefüllte zitronengelbe Blüten mit einem süßen Zitronenduft. Nach ihrer Hauptblüte im Sommer öffnen sich immer wieder neue Knospen. Sie kann frei stehend als Strauch gezogen werden.
3 m

'**Madame Abel Chatenay, Climbing**' (Teehybride) ist eine alte Züchtung, die in England als Busch und Kletterpflanze ausgesprochen beliebt ist. Sie trägt stark duftende blaßrosa Blüten und ist öfterblühend.
3 m

'**Madame Alfred Carrière**' (Noisette) gehört zu den besten Kletterrosen und gedeiht sogar an

Links 'Guinée'

einer schattigen Mauer. Sie kann auch als Strauch gezogen werden. Ihre großen, rosagetönten weißen Blüten, die intensiv duften, erscheinen während der ganzen Saison.

6 m

'Madame Grégoire Staechelin' (Teehybride) blüht zwar nur einmal im Frühsommer, bietet aber ein prächtiges Schauspiel. Ihre großen, halbgefüllten hautfarbenen Blüten mit dunkleren Unterseiten werden von schönen orangefarbenen Hagebutten abgelöst. Sie verbreitet einen kräftigen, süßen Duft.

6 m

'Maigold' (Hybride von *R. pimpinellifolia*) schmückt sich mit einem eindrucksvollen Blütenflor im Hochsommer. Ihre halbgefüllten ockergelben Büten reichern die Luft mit einem intensiven Duft an. In sehr kalten Gegenden ist sie nicht zuverlässig winterhart.

3,5 m

'Mrs Herbert Stevens, Climbing' (Teerose) ist eine schöne alte Varietät mit wohlgeformten cremefarbenen Blüten, die einen kräftigen Teeduft entfalten. Diese starkwüchsige, winterharte Pflanze blüht mehrmals.

6 m

'New Dawn' ist ein Sport von 'Dr. W. van Fleet', einer Strauchrose und Hybride von *R. wichuraiana*. Sie zählt zu den schönsten rosafarbenen Kletterrosen (ein zartes, reines Rosa) und steht auf der Rangliste ganz oben. Sie kann nicht nur gesunde glänzende Blätter, wohlgeformte halbgefüllte Blüten und einen fruchtigen Duft aufweisen, zu ihren Vorzügen gehören eine ausdauernde Blüte, Resistenz gegen Krankheiten und zuverlässige Winterhärte.

3 m

'Paul's Lemon Pillar' (Teehybride) ist ein weiterer Favorit. Sie hat wohlgeformte Knospen, sehr große cremig zitronenfarbene Blüten und einen exquisiten Duft.

6 m

'Sombreuil, Climbing' (Teerose) gehört an eine warme Mauer oder in ein Glashaus. Ihre flachen, prall gefüllten Blüten duften wunderbar nach Tee. Sie ist öfterblühend.

2,5 m

'Souvenir de Claudius Denoyel' (Teehybride) entfaltet köstlich duftende, altmodische Blüten in einem leuchtenden Karminrot. Und auch nach der Hauptblüte im Frühsommer kann man immer wieder mit diesem Schmuck rechnen.

5,5 m

'Zéphirine Drouhin' (Bourbon-Rose) ist eine beliebte dornenlose Kletterrose, die sogar an einer schattigen Mauer gedeiht. Ihre halbgefüllten Blüten in strahlendem Kirschrotrosa (ein Farbton, der nicht jedem zusagt) verschenken einen angenehmen Duft. Sie erscheinen unermüdlich die ganze

Saison über. Diese Kletterrose kann auch als Strauch gezogen werden.

3,5 m

Rambler-Rosen

In diese Gruppe gehören alle kletternden Wildrosen und alle Hybriden, die aus der Kreuzung von wilden Kletterrosen und Gartenrosen hervorgegangen sind. Sie blühen nur einmal – in der Regel gleich nach der Hauptblütezeit der Strauchrosen –, bieten dann aber ein atemberaubendes Schauspiel. Ihre gewöhnlich kleinen Blüten tragen sie in großen Büscheln. Viele von ihnen schmücken sich anschließend mit einer Fülle von Hagebutten. Ihre Blütendüfte sind oft sehr fruchtig: *R. wichuraiana* hat ihren Duft nach grünen Äpfeln an viele Hybriden weitergegeben. ›Ramblers‹ gedeihen in der Regel besser in ungeschützten Lagen als vor dem Hintergrund von Mauern, wo sie oft von Mehltau befallen werden. Sie kommen am besten zur Geltung, wenn sie in Bäume klettern, über Lauben oder entlang von Zäunen gezogen werden können. Die Spezies muß, wenn überhaupt, nur wenig beschnitten werden, während sich die Hybriden besser entwickeln, wenn sie von älteren Trieben befreit und ihre seitlichen Triebe wie bei Kletterrosen eingekürzt werden. Bei einmalblühenden Ramblers sollte das aber unmittelbar nach der Blüte und nicht im Winter geschehen.

'Albéric Barbier' (Hybride der *R. wichuraiana*) ist ein schöner Rambler mit glänzenden, nahezu immergrünen Blättern und Büscheln aus gefüllten, gevierteilten cremegelben Blüten, die köstlich nach Äpfeln duften. Sie blüht im Hochsommer, bringt aber auch danach noch Blüten hervor.

6 m

'Albertine' (Hybride der *R. wichuraiana*) ist ein beliebter Rambler mit auffallenden kupfrig rosafarbenen Blüten. Im Hochsommer bietet sie ein denkwürdiges Blütenschauspiel, und ihr fruchtiger Duft wird weit durch die Luft getragen.

4,5 m

'Alexandre Girault' (Hybride der *R. wichuraiana*) trägt Büschel aus großen, prall gefüllten, kupfrig rosaroten Blüten. Eine ausgezeichnete Rose mit einem kräftigen Apfelduft.

4,5 m

'Bobbie James' Hybride der *R. multiflora*) gehört zu den Rambler-Rosen, die sich besonders gut durch das Geäst eines Baumes ziehen lassen. Sie hat schönes glänzendes Laub, und ihre halbgefüllten weißen Blüten, die von gelben Staubblättern geziert in großen Büscheln beieinandersitzen, entfalten einen intensiven, fruchtigen Duft.

9 m

R. banksiae var. banksiae (*R. banksiae* **'Alba Plena'**) zeichnet sich durch deutlich besseren Duft

'Bobbie James' und *Lonicera periclymenum* 'Belgica'

aus als ihre gefüllte gelbblühende Cousine. Sie verlangt die Wärme einer sonnigen Mauer und gedeiht gut in einem mediterranen Klima. Ihre hochsommerlichen Blüten sind klein und wohlgefüllt. Da sie am zwei- oder dreijährigen Holz erscheinen, sollte beim Rückschnitt nur das ganz alte Holz entfernt werden.

4,5 m; Z 8

R. bracteata, die Macartney-Rose, gedeiht am besten in warmen Klimaten, obwohl sich ihr Abkömmling 'Mermaid' oft auch an schattigen Mauern wohl fühlt. Ihre ungefüllten weißen Blüten mit den vorspringenden goldenen Staubblättern sind von feinem Zitronenduft umhüllt und öffnen sich ohne Unterbrechung vom Sommer bis zum Herbst. Sie hat ein reizvolles dunkles, glänzendes, immergrünes Laub und verhält sich eher wie ein Mauerstrauch, weniger wie eine Kletterpflanze.

4,5 m; Z 7

R. brunonii 'La Mortola' besitzt den einfachen Charme einer Wildrose und ist mit flaumigen graugrünen Blättern bedeckt. Nach dem Hochsommer steht sie im Schmuck ihrer duftenden, ungefüllten weißen Blüten, denen gelbe Staubbeutel farbige Akzente verleihen. Für sehr kalte Standorte ist sie ungeeignet.
6 m; Z 8

'Easlea's Golden Rambler' (Teehybride) bringt einmal im Jahr große, gefüllte buttergelbe Teehybriden-Blüten hervor, die sich von ihrem charakteristischen, glänzenden Laub abheben. Eine schöne Kletter-/Rambler-Rose mit intensivem Duft.
4,5 m

'Emily Gray' (Abkömmling von *R. wichuraiana*) hat gut duftende, halbgefüllte ockergelbe Blüten und schönes, glänzendes Laub.
3,5 m

'Félicité Perpétué' (Abkömmling von *R. sempervirens*), eine der schönsten Rambler-Rosen, trägt nach dem Hochsommer eine Fülle kleiner rosagetönter weißer Rosetten. Ihr ausgeprägter Duft enthält herbe Nuancen, die an Wachs und Myrrhe erinnern.
6 m; winterhart bis Z 7

R. filipes 'Kiftsgate' ist überwältigend. Ihre Büschel kleiner, ungefüllter cremefarbener Blüten, markiert von gelben Staubbeuteln, erscheinen gegen Ende des Sommers und tauchen die Umgebung in Duft. Sie werden von zahllosen orangefarbenen Hagebutten abgelöst.
12 m oder mehr

'Francis E. Lester' (Sämling einer *Rosa moschata*-Hybride) treibt im Hochsommer ungefüllte rosa angehauchte weiße Blüten in großen Büscheln. Ihr köstlich fruchtiger Duft verflüchtigt sich erst, wenn die vielen orangefarbenen Hagebutten heranreifen. Diese Rambler-Rose kann auch als Strauch gezogen werden.
4,5 m

'François Juranville' (Hybride der *R. wichuraiana*) hat gefüllte, geviertelte rosarote Blüten, die nach Äpfeln duften. In ihrem Hochsommerflor bietet sie einen prachtvollen Anblick.
7,5 m

'Goldfinch' (Abkömmling der *R. multiflora*) ist eine kleine Rambler-Rose mit ungefüllten gelben Blüten, die im Sonnenschein zu Weiß verblassen (man sollte ihr deshalb zu einem nordwestlich ausgerichteten Standort verhelfen). Sie entfaltet einen vollen, fruchtigen Duft.
3 m

R. helenae läßt auf ihr hochsommerliches Schauspiel aus ungefüllten cremeweißen Blüten, die in dichten, runden Büscheln erscheinen und intensiv duften, eine Fülle kleiner roter Hagebutten folgen.
6 m

'Kew Rambler' (Hybride der *R. souliana*) trägt nach dem Hochsommer graues Laub und Büschel

'Paul's Himalayan Musk' und *Lonicera periclymenum*

ungefüllter Blüten in einem hellen Rosa mit weißer Mitte. Sie verbreiten einen angenehm fruchtigen Duft.

5,5 m

R. laevigata ist eine chinesische Spezies, die in Teilen der USA heimisch geworden und dort als Cherokee-Rose bekannt ist (sie ist das Emblem des Staates Georgia). Ihre ungefüllten weißen Blüten, geschmückt mit goldenen Staubblättern, füllen die Luft mit einem starken, würzigen Duft. In kalten Klimaten ist sie nicht winterhart. Die Sorte 'Cooperi' ('Cooper's Burma Rose') wird in England häufiger angepflanzt. Vor einer warmen Mauer entfaltet sie im Frühsommer ihren herrlichen Blütenflor.

6 m

R. longicuspis trägt große Köpfe aus ungefüllten cremefarbenen Blüten, die wunderbar nach Banane duften. Eine starkwüchsige Rose.

Z 9

R. moschata, die echte Moschusrose, wurde 1963 von dem Rosenzüchter Graham Stuart Thomas in E. A. Bowles' Garten in Enfield, Middlesex (England), wiederentdeckt und erfreut sich heute wieder großer Beliebtheit. Ihre Vorzüge sind ihre späte Blütezeit – den ganzen Hochsommer hindurch bis zum Beginn des Herbstes – und ihr köstlicher süßer Moschusduft, der den riesigen Büscheln ungefüllter weißer Blüten entströmt. Es sind mehr die Filamente als die Blütenblätter, die das Parfum abgeben. Sie gedeiht am besten vor einer Mauer.

3 m; Z 7

R. multiflora hat bei der Entwicklung der modernen Rosen eine wichtige Rolle gespielt. Sie ist eine kleine Rambler-Rose oder ein überhängender Strauch und bringt im Anschluß an den Hochsommer große Büschel ungefüllter cremeweißer Blüten hervor. Sie verbreiten einen durchdringenden, fruchtigen Duft.

4,5 m

'Paul's Himalayan Musk' (Herkunft unbekannt) ist eine weitere hervorragende, übergroße Rose, die sich gut durch das Geäst großer Bäume ziehen läßt. Die Büschel aus kleinen, gefüllten Rosettenblüten in blassem Rosaviolett erscheinen nach dem Hochsommer. Ihr Duft hat einen fruchtigen Akzent.

9 m

'Paul Transon' (Hybride der *R. wichuraiana*) überrascht weniger mit ihrem Apfelduft als mit einer interessanten Farbe, die vor einer alten Ziegelmauer (wie in Sissinghurst Castle, Kent) besonders gut zur Geltung kommt: Die flachen, gefüllten Blüten schimmern in einem kupfrigen Lachston. Eine wahre Blütenfülle ergießt sich im Spätsommer, und auch noch danach brechen vereinzelte Knospen auf.

4,5 m

'Rambling Rector'

'Rambling Rector' (Abkömmling der *R. multiflora*) ist eine schöne weißblühende Rambler-Rose, die sich gut in alte Obstbäume und über Schuppen ziehen läßt. Ihre Blüten sind halbgefüllt, haben gelbe Staubblätter und verströmen einen kräftig fruchtigen Duft. Eine reiche Ernte leuchtendroter Hagebutten schließt sich an.

6 m

'Sanders' White Rambler' (Abkömmling der *R. wichuraiana*) entfaltet nach dem Hochsommer unzählige kleine, reinweiße, gefüllte Rosettenblüten und hüllt sich in fruchtigen Duft.

5,5 m

'Seagull' (Hybride der *R. multiflora*) ist eine spektakuläre, starkwüchsige Rambler-Rose mit großen Büscheln aus halbgefüllten weißen Blüten, die einen intensiven fruchtigen Duft abgeben.

7,5 m

'The Garland' (*R. moschata* × *R. multiflora*), eine Lieblingsrose der berühmten Gartendesignerin und Autorin Gertrude Jekyll, bleibt eine der schönsten Rambler-Rosen. Im Hochsommer bietet sie einen wunderbaren Anblick, wenn sie sich mit Büscheln kleiner, halbgefüllter cremefarbener Blüten schmückt. Sie duftet angenehm nach Orangen.

4,5 m

'Veilchenblau' (Abkömmling der *R. multiflora*) ist eine der außergewöhnlichen karminroten Rosen mit violetten und grauen Schattierungen. Sie ist nicht so kräftig in der Farbe wie 'Bleu Magenta', verfügt aber über einen stärkeren Duft. Ihre halbgefüllten, mit gelben Staubblättern ausgestatteten Blüten erscheinen unmittelbar im Anschluß an den Hochsommer.

4,5 m

'Wedding Day' (Hybride der *R. sinowilsonii*), eine ausgezeichnete, starkwüchsige Rambler-Rose, trägt im Spätsommer schwere Büschel aus ungefüllten cremefarbenen Blüten, die sich aus gelben Knospen öffnen und mit orangegelben Staubblättern geschmückt sind. Charakteristisch ist ihr Orangenduft. Sie eignet sich vorzüglich zum Bewachsen von Bäumen und Gebäuden.

9 m

R. wichuraiana, die Stammutter so vieler guter Rambler-Rosen, verdient es, vor allem als bodendeckende Rose gezogen zu werden, denn sie bildet einen dichten, nahezu immergrünen Teppich. Die reinweißen, stark nach Äpfeln duftenden Blüten, die sie im Spätsommer hervorbringt, werden von orangefarbenen Hagebutten abgelöst.

4,5 m

Kräutergärten

Vom botanischen Standpunkt aus sind die meisten nicht-holzigen und nicht-strauchigen Pflanzen Kräuter. Im Gartenbau aber fassen wir unter diesem Begriff solche Gewächse zusammen, die für uns auf medizinischem, kulinarischem oder kosmetischem Gebiet von Nutzen sind. Folglich gehören auch Pflanzen wie Strauchrosen, Paeonien, Primeln oder Balsampappeln in diese Kategorie. Hier habe ich mich hingegen auf die offensichtlichen und eindeutigen Beispiele beschränkt. Kräuter, die mir von ihrer Wuchsform her in anderen Kapiteln besser aufgehoben schienen, sind auch dort behandelt worden. Die Düfte der in diesem Kapitel beschriebenen Kräuter stammen überwiegend von den Blättern, Wurzeln und Samen der Pflanzen, seltener von ihren Blüten. Sie haben meistens eine würzige, kampferartige Note, die mit dem lieblichen Aroma von Rosen und Früchten gemildert und mit den ätherischen Ölen von Minze und Eukalyptus verstärkt werden kann.

Es gibt verschiedene Möglichkeiten, Kräuter im Garten zu ziehen. Man kann ihnen eine eigene Ecke im Garten einräumen und sie dort entweder in einem strengen Muster anordnen oder ihnen erlauben, sich willkürlich miteinander zu vermischen. Sie lassen sich in Töpfen und Blumenkästen ziehen oder als Rasenflächen, Wege, Sitzplätze und Hecken gestalten. Und ebenso wie andere Gartenpflanzen kann man sie nach Höhe, Gestalt, Farbe und Duft gegliedert in gemischten Rabatten unterbringen.

Die ersten Gärten waren Kräutergärten, und Kräuter haben eine lange und enge Verbindung zur Gartengeschichte, zu Literatur und Folklore. Eine Sammlung von Kräutern wirkt immer etwas altertümlich und kommt in traditionellen Anlagen mit symmetrischen Beeten und geraden Wegen besonders gut zur Geltung. Ein anderer Grund, warum diese Art der Behandlung besonders wirkungsvoll ist, ist wohl der, daß sich Kräuter ihrer Natur nach unkrautartig gebärden. Eine energisch strukturierte Anlage bestimmt den Eindruck des Gartens und läßt uns selbst über die übelsten Ausbrecher hinwegsehen, die unser Auge beleidigen könnten.

Niedrige Buchshecken können als Beeteinfassung eine wichtige Rolle in einer geometrischen Anlage spielen. Sie können sich auch kreuzweise durch die Mitte eines Kräuterbeets ziehen, wie man in dem berühmten Garten von Rosemary Verey in Barnsley House, Gloucestershire, bewundern kann. Buchs nimmt es auch nicht übel, wenn er als Stütze für das Laub und die Blütenköpfe herabhängender Pflanzen dienen muß, vorausgesetzt, sie lasten nicht allzu lange auf ihm. Auch Schatten kann er gut vertragen. Wenn die Kräuter krautartig sind, das heißt keine holzigen Stiele haben, und ein- oder zweimal in der Saison zurückgeschnitten werden, geben sie dem Buchs genügend Zeit, wieder Atem zu schöpfen.

Wie Buchs lassen sich auch Gamander (*Teucrium fruticans*) und grünes und graues Heiligenkraut beschneiden und als Einfassung gestalten. Sie brauchen aber viel Sonne und vertragen es nicht, wenn das Laub anderer Pflanzen auf ihnen ruht. Den ambitioniertesten Umgang mit diesen drei strauchigen Pflanzen verrät ein Knoten aus kunstvoll miteinander verflochtenen Kräuterbändern. Als Mittelpunkt eines Kräutergartens ist ein ›Miniaturknoten‹ äußerst dekorativ, nur macht er leider viel Arbeit. Die Zwischenräume können mit Zwiebelpflanzen, mit niedrigen Stauden oder mit Kies ausgefüllt werden.

Sie können Ihren Kräutergarten aber auch in einer ganz anderen Art gestalten. Nicht-strauchige Kräuter breiten sich oft stark aus, und wenn Sie keinen sauberen und ordentlichen Garten anstreben, können Sie nichts Besseres tun als sie sich selbst überlassen. Das Ergebnis wird ein aromatischer wilder Garten sein mit selbst ausgesätem Fenchel in Bronze und Grün, mit Melissen in Grün und Gold, mit blaublühendem Borretsch und dekorativer Angelika.

Wenn Sie gern kochen, bevorzugen Sie Ihre Kräuter vielleicht in der Nähe des Hauses, wo sie schnell zur Hand sind. Macht es Ihnen jedoch nichts aus, wenn Ihre Kräuter überall im Garten verstreut sind, können Sie mit den Farben, Düften und Charakteren bewußt unterschiedliche Effekte erzielen. Kräuter von den mediterranen Hügelhängen können mit anderen Pflanzen aus der gleichen oder einer ähnlichen Heimat kombiniert werden, um ein Schema aus gedämpften Farbtönen und würzigen, kampferartigen Aromen zu schaffen, das Assoziationen an eine üppige Macchia-Landschaft weckt. Sonne und ein gut durchlässiger Boden sind das Erfolgsrezept, und sanft abfallende Böschungen sind ideale Standorte. In der Hitze des Tages entwickeln sich die Düfte am stärksten.

Strauchartige Kandidaten mit grauen, graugrünen und graublauen Blättern für ein mediterranes Schema gibt es in Fülle. Lavendel, Salbei-

Rechts: Dieser geometrisch gestaltete Kräutergarten hat einen intimen Charakter, und seine Wege sind so schmal, daß man mit den Beinen unweigerlich an dem aromatischen Laub vorbeistreichen muß. Versteht man unter ›Kraut‹ alle Gartenpflanzen, die in irgendeiner Weise nützlich sind, dann kann man noch zusätzliche Farben und Blütendüfte einbringen. Hier verbinden sich Minze, Rosmarin, Lavendel, Strohblumen, Wohlriechende Süßdolden und Majoran mit dem gesunden Duft von Buchs und dem raffinierten Parfum von Strauchrosen.

Arten, Santolinen, Raute, Brandkraut (*Phlomis fruticosa*) mit seifig duftenden Blütenköpfen, blaublühende Bartblume, Gamander und Artemisien, sie alle eignen sich hervorragend. Rosmarin ist wichtig, da er für etwas Höhe sorgt und dem Bouquet garni zusätzliche Süße verleiht. Zistrosen sind hier wegen ihrer harzigen Aromen und papierenen Blüten gefragt, ebenso niedrige Thymian-Arten für den Beetrand. Auch auf Ysop, der sich im Sommer mit leuchtendblauen Blüten schmückt, kann man nicht verzichten. Selbst Bergminzen und Nelken können hinzukommen, um das Duftschema noch durch eine minzigfruchtige Komponente und den Duft von Nelken zu ergänzen. Junkerlilien, Königskerzen und Ginster schmücken sich mit leuchtendgelben Blütenähren, und Majoran bildet goldene Inseln. Wenn sich das Beet vor einer Mauer erstreckt, könnte man Myrte pflanzen, um auch in Nasenhöhe für Duft zu sorgen. Und wie wäre es mit Perovskien für ein spätsommerliches Schauspiel? Und könnten Gallica-Rosen dem Arrangement nicht einen Hauch von Romantik verleihen? Zu guter Letzt fehlen noch die Olivenbäume und bleistiftdünnen Zypressen im Hintergrund. Sanddorn (*Hippophaë rhamnoides*) und silberne Trauerbirnen (*Pyrus salicifolia* 'Pendula') sind in kalten Klimaten ein guter Ersatz für Olivenbäume. Winterharte, bleistiftdünne Formen von Wacholder und Scheinzypressen können die Zypressen ersetzen.

Viele mediterrane Kräuter stehen an oberster Stelle des traditionellen Gartenschmucks. Völlig ursprünglich wirken sie, wenn man sie in kleinen Mengen in Mauerritzen und Pflasterspalten ansiedelt und allmählich mit der üppigeren Flora des Gartens verbindet. Rosmarin ist ein idealer mittelgroßer, immergrüner Strauch für eine sonnige Mauer. Meines Erachtens sieht er in schmalen Beeten besonders reizvoll aus, wo er sich über den Rand in die Wege neigen kann. Sorten mit intensiv blauen Blüten mag ich am liebsten. In Verbindung mit cremefarbenen Ginstern und blauer Säckelblume (*Ceanothus*) ist die Wirkung atemberaubend. Der einzigartige Duft von Rosmarin, den man das ganze Jahr über genießen kann, bildet einen köstlichen Kontrast zu dem Ananasduft des marokkanischen Ginsters (*Genista monosperma*) und zu dem bitteren Zitronenduft der Zitronenverbene (*Lippia citriodora*).

Auf einer niedrigeren Ebene breitet sich der Lavendel über die Wege aus. Wenn Sie mit den Beinen an ihm vorbeistreifen, gibt er seinen wunderbaren Duft frei, und wenn er in Blüte steht, können Sie mit den Fingern über seine Blütenköpfe hinwegstreichen – auch die Blüten dieses aromatischen Krauts enttäuschen nicht. Und natürlich sind die Lavendel-Arten besonders geschätzte Begleiter für eine Reihe beliebter Cottage-Garten-Pflanzen wie Rosen und Sommerjasmin, Madonnenlilien und Paeonien.

Es gibt einige reizvolle Rosmarin- und Lavendel-Arten, die nur bedingt winterhart sind und in kalten Klimaten in Töpfen gezogen und im Winter unter Glas geschützt werden müssen. Im Sommer kann man sie dekorativ neben den Sitzplatz im Garten oder auf Treppenstufen arrangieren. Kriechender Rosmarin und Lavendel mit wolligen, gezähnten Blättern gehören in diese Kategorie, und jede Art hat ihr ganz eigenes Parfum. Sie ergänzen die Aromen anderer duftender

Oben: Der beste Platz für Küchenkräuter ist oft an der Hintertür, vorausgesetzt, sie haben dort genügend Sonne. Hier sind die Kräuter mit dekorativen Pflanzen wie Fetthenne, Binsenlilie und Hauswurz kombiniert. Schnittlauch, Lavendel, Wermut und Salbei wachsen am Boden, zusammen mit Minzen und frostempfindlichen Pelargonien in Töpfen.

Topfpflanzen wie Ananassalbei (*Salvia rutilans*), nach Brombeeren duftende Salbei-Arten (*SS. discolor, microphylla* und *grahamii*) und nach Pfefferminze, Rosen und Früchten duftende Pelargonien.

Lorbeer kann die attraktivste unter allen duftenden Kräutertopfpflanzen sein. Zu Pyramiden und hochstämmigen Kugelköpfen gezogen, schmückt er die Eingänge von Herrschaftshäusern und eleganten Restaurants. Auch im Garten können seine selbstbewußten Formen ein dekorativer Schmuck zu beiden Seiten eines Hauseingangs oder einer sauber gestrichenen Bank sein. In weniger kalten Regionen kann der Lorbeer auch direkt in die Erde gepflanzt werden. Nur darf man seinen Stamm nicht durch Beschneiden dem Frost aussetzen. Die nach Honig duftenden Blüten sind ein zusätzlicher Reiz.

Aus niedrigwachsenden Kräutern wie Thymian-Arten und Majoran lassen sich Wege anlegen. Aus den Pflasterspalten eines sonnigen

Weges quillende buschige Sorten von *Thymus vulgaris*, *T. × citriodorus* und *Origanum vulgare* schaffen einen willkommenen Hindernislauf für die Füße und umschmeicheln die harten Steinplatten mit einem Schleier aus grünem, silbernem und goldenem Laub. Die kriechenden Thymian-Arten – Sorten von *T. serpyllum* – nehmen ein Betreten nicht übel, und solange der Weg nicht sehr stark benutzt wird, kann auch das Verhältnis zwischen Pflaster und Vegetation umgekehrt werden. Trittsteine im grün-grauen Muster dieses Teppichs sind nur zur Benutzung des Weges bei nassem Wetter und als Plattform beim Unkrautjäten notwendig. Die kriechenden Thymian-Arten können auch zu quadratischen, rechteckigen und kreisförmigen chinesischen Teppichen verwoben werden, die sich hier und da über große Terrassen ausbreiten oder als Schmuckstück in der Mitte von Kräuter- oder Rosengärten dienen. Aus blaßrosafarbenen, mauvefarbenen, karminroten und weißblühenden Pflanzen lassen sich die verschiedensten Muster weben, und wenn sie erblüht sind, flimmern die Teppiche von umherschwirrenden Bienen. Die berühmtesten Thymianwiesen kann man in Sissinghurst Castle in Kent (England) bewundern; und sie sind nur ein Detail unter vielen, dessen sich dieser Garten rühmen kann.

Zwei weitere Kräuter wachsen flach genug, um wie Rasenflächen gezogen zu werden: Kamille und Korsische Minze (*Mentha requienii*). Es ist immer ein Vergnügen, auf moosiger, fruchtig duftender Minze zu spazieren und zu sitzen, und sie bietet sich auf heißem, trockenem Boden als nützliche Alternative zu Gras an. Da man aber mit den Händen das Unkraut herausziehen muß, sollte man keine allzu großen Flächen mit ihr bepflanzen. Am besten lassen sich aus Kamille und Korsischer Minze duftende Sitzplätze gestalten. Man kann entweder eine Art Sitz aus einer Böschung ausschneiden oder einem erhöhten Beet Arm- und Rückenlehnen verleihen. Korsische Minze liebt übrigens im Gegensatz zu Kamille etwas Feuchtigkeit und Schatten. Kamille – insbesondere die nicht-blühende Sorte 'Treneague' – läßt sich auch in eine Grasfläche einweben – ein Verfahren, für das sich auch kriechende Thymian-Arten und Poleiminze anbieten.

Über die Minzen komme ich zu der zweiten großen Kategorie der Kräuter. Nicht alle benötigen Sonne und einen gut durchlässigen Boden. Es gibt eine erfreuliche Anzahl Kräuter, die mit kälteren, feuchteren und schattigeren Lagen und schwereren Böden zurechtkommen. Neben den Minzen gehören in diese Gruppe Angelika, Borretsch, Mutterkraut, Mädesüß, Fenchel, Liebstöckel, Zitronenmelisse, Monarde (Indianernessel), Wohlriechende Süßdolde (*Myrrhis odorata*), Schnittlauch und Petersilie. Diese Pflanzen sind großenteils eher grün und krautig als grau und strauchartig, und die Düfte, die hauptsächlich ihren Blättern entströmen, sind vorwiegend frisch, das heißt, es sind insgesamt mehr gemüseartige Düfte, die durch fruchtige und würzige Aromen verstärkt werden (und gelegentlich auch durch ein kräftiges Zwiebelaroma verdorben werden), als kampferartige, medizinische und harzige Düfte. Diese Kräuter haben auch weniger die Tendenz, ihren Duft in der Luft zu entfalten, und man muß sie mit den Händen streicheln oder gar zwischen den Fingern zerdrücken, um ihnen ihre

Aromen zu entlocken. Sie lassen sich leicht in eine Rabatte einfügen. Nach Anis duftender Fenchel bietet im Frühjahr einen herrlichen Anblick, wenn er sich mit seinem duftigen, gefiederten, bronzefarbenen und grünen Laub zu frühblühenden Strauchrosen, Schattenblumen (*Smilacina racemosa*), Tulpen und Goldlack gesellt. Wird er im Hochsommer zurückgeschnitten, schmückt er sich im gleichen Jahr noch einmal mit frischem Laub. Auch die Wohlriechende Süßdolde (*Myrrhis odorata*) kann auf diese Weise behandelt werden. Sie ist eine weitere schöne, duftige Staude, die eine doppelte Dosis Duft verteilt: Sowohl ihre weißen Blüten als auch ihre Blätter haben einen Geruch zwischen Anis und Lakritze.

Selbst wenn die Monarden (Indianernesseln) einen unansehnlichen Anblick böten, würde man sie wegen ihres einzigartigen Duftes im Garten ziehen. Aber glücklicherweise gehören sie zu den wertvollsten Rabattenpflanzen des Sommers. Ihre reizvollen strubbelköpfigen Blüten, die in vielen schönen Farben erscheinen, blühen sehr ausdauernd. 'Cambridge Scarlet' ist besonders aufregend, denn es gibt nur sehr wenige winterharte Stauden mit wirklich roten Blüten. Diese Sorte bildet in der Staudenrabatte mit purpurfarbenen Salbei-Arten und im Kräutergarten mit blaugrüner Raute 'Jackman's Blue' eine ideale Gemeinschaft. Auch der Duft der Raute mit ihrem intensiven Orangenschalenaroma ist eine passende Ergänzung zu den süßen Zitronen- und Anisnoten der Monarde.

Blühende Angelika sieht hinreißend aus, wenn sie sich wie ein Schattenriß gegen Stein, Gras oder Wasser abhebt. Die meisten Blütenköpfe sollten vor dem Ausfallen der Samen entfernt werden, damit nicht zu viele Sämlinge aufgehen. Einige Blüten müssen aber stehenbleiben, da die Pflanzen nach der Blüte absterben. Minzen können ähnlich problematisch sein, denn auch sie breiten sich wüst aus, wenn auch nicht durch Samen, sondern durch unterirdische Ausläufer. Deshalb sind sie für gemischte Beete nicht geeignet. Um sie im Zaum zu halten, setzt man sie zwischen Pflastersteine oder zieht sie in Eimern ohne Boden, die man in der Erde versenkt. Die beiden schönsten Minzen sind die panaschierte Apfelminze *Mentha suaveolens* 'Variegata', die eine Fülle fast reinweißer Blätter hervorbringt, und die Pferdeminze *M. longifolia*, die sich im Sommer mit weichen grauen Blättern und schönen mauvefarbenen Blüten schmückt.

Basilikum besitzt einen der vollsten und wärmsten würzigen Düfte; aber da dieses Kraut eine frostempfindliche tropische Pflanze ist, muß es sehr sorgfältig behandelt werden. Die im Frühjahr im Haus ausgesäten Samen dürfen erst ausgepflanzt werden, wenn jegliche Frostgefahr vorüber ist. Dann kann es in die vorderste Reihe einer Staudenrabatte gesetzt oder in einem Topf neben der Eingangstür hinterm Haus gezogen werden, wo es die Luft mit seinem berauschenden Duft tränkt. Die purpurblättrige Sorte 'Dark Opal' ist besonders dekorativ und aromatisch. Will man die Saison verlängern, kann man im Hochsommer erneut Samen aussäen und die Sämlinge im Frühherbst in Töpfe vereinzeln und auf ein sonniges Fensterbrett im Haus stellen. Das Auszwicken der Triebspitzen garantiert ein buschiges Wachstum.

Kräuter

Allium (Lauch)

A. cepa proliferum, die Catawissa-Zwiebel, trägt am Ende ihrer röhrenförmigen Stiele Büschel aus kleinen Zwiebeln, die zum Würzen von Eintöpfen und Salaten verwendet werden können. Ihre Blätter haben einen typischen, scharfen Geruch und lassen sich gehackt wie Schnittlauch verarbeiten. In Abständen von 20 cm pflanzen.
Sonne; 60 cm

A. fistulosum, die Winterzwiebel, hat immergrüne Blätter und ist im Winter ein guter Ersatz für Schnittlauch.
60–90 cm

A. sativum, der Knoblauch, hat flache, schmale Blätter und trägt im Sommer weißliche Blüten. Er ist ein beliebtes Küchenkraut. Im Herbst oder Frühjahr gesetzte Zehen entwickeln sich zu großen Knollen, die im Hochsommer bzw. Herbst geerntet werden können. In Abständen von 15 cm 2,5 cm tief einsetzen.
Sonne; lockerer, gut durchlässiger Boden; 30–60 cm

A. schoenoprasum, der Schnittlauch, ist vor allem in seiner großen Form *sibiricum* ein sehr dekoratives Kraut. Seine hübschen, üppigen Horste aus hohlen, nach Zwiebeln duftenden grasartigen Blättern werden von kugelförmigen rosavioletten Blüten gekrönt. Die Pflanzen können im Frühsommer bis auf den Boden abgeschnitten werden und bringen dann ein zweites Mal frisches Laub und neue Blüten hervor. Der Schnittlauch eignet sich vorzüglich als Randbepflanzung eines Kräutergartens.
Sonne; guter, fruchtbarer Boden; 10–40 cm; Z 3

Anethum (Dill)

A. graveolens, eine winterharte einjährige Pflanze mit gefiedertem Laub, schmückt sich im Hochsommer mit flachen gelben Blütendolden. Ihre würzig duftenden Blätter werden zum Würzen von Gemüsen und Fisch verwendet, während ihre aromatischen Samen, die man Essigen oder Wasser zusetzt, als probates Mittel bei Verdauungsbeschwerden gelten. Im Frühjahr *in situ* aussäen und in Abständen von 25 cm ausdünnen.
Sonne; gut durchlässiger Boden; 60 cm

Angelica (Engelwurz)

A. archangelica hat große, hohle, saftige Stiele, die einen charakteristischen Duft verbreiten, wenn man sie zerdrückt. Mit ihrem kräftigen verzweigten Wuchs und ihren kugelförmigen grünen Blütenköpfen ist sie die dekorativste Pflanze des Kräutergartens. Mit den jungen Blattstielen verleiht man gedünstetem Obst ein Aroma von Muskat, und die in Stücke geschnittenen kandierten Stiele dienen als Dekoration für Kuchen. Aus den duftenden Wurzeln läßt sich ein Verdauungsmittel bereiten, und die kleingehackten Blätter können in Salaten verwendet werden. Entfernt man die Blütenköpfe zu spät, sät sie sich überreich aus.
Lichter Schatten; feuchtigkeitsspeichernder Boden; 1,5 m

Anthriscus (Kerbel)

A. cerefolium ist eine winterharte einjährige Pflanze mit reizvollen farnartigen Blättern und weißen Blütendolden, die sich im Sommer öffnen. Ihr Laub, das süß nach Anis duftet, wird in Suppen, Saucen und Salaten verwendet. Damit der Kerbel noch einmal neu austreibt, kann er bis zum Boden zurückgeschnitten werden. Im Frühjahr dünn *in situ* aussäen; später sät er sich dann selbst aus.
Lichter Schatten; kühler, feuchter Boden; 45 cm

Artemisia (Beifuß)

A. abrotanum, die Eberraute, ist eine strauchartige Pflanze mit filigranen graugrünen Blättern. Manche Leute schätzen den »süßen und zitronenartigen« Duft, während andere (ich selbst eingeschlossen) ihren durchdringenden Geruch als eher unangenehm empfinden. Wenn sie jedes Jahr kräf-

Allium schoenoprasum

Anethum graveolens

Angelica archangelica

Artemisia abrotanum

Calamintha nepeta ssp. *nepeta*

tig zurückgeschnitten wird, bildet sie ein schönes Laubkissen. Früher wurde sie als Schutz vor Ungeziefer in Haus und Stall auf den Boden gestreut, und in der Kräutermedizin fand sie ihren Platz als antiseptisches und stärkendes Mittel.
Sonne; nährstoffarmer, gut durchlässiger Boden; 60–90 cm; Z 6

A. absinthium, der Wermut, der einen noch schärferen Geruch abgibt, kann als Motten- und Fliegenmittel verwendet werden. Ungeachtet des strengen Geruchs sollte aber der Sorte 'Lambrook Silver' mit ihren filigranen zartgrauen Blättern ein Platz zwischen weißen, rosafarbenen und blauen Blumen eingeräumt werden. Auf medizinischem Gebiet wird Wermut als Wurm- und Verdauungsmittel verwendet. Er ist winterhart und immergrün.
Sonne; gut durchlässiger Boden; 60–90 cm; Z 5

A. dracunculus, Französischer Estragon, hat einen warmen, würzigen Duft und zählt zu den beliebtesten Küchenkräutern. Im Hochsommer schmückt er sich mit lanzettlichen grünen Blättern und nikkenden weißen Blüten. Er wird aus Stecklingen gezogen und sollte in Abständen von 30 cm gepflanzt werden. Er benötigt einen geschützten Standort, und da er ziemlich empfindlich ist, muß er auch im Winter abgedeckt werden. Der Russische Estragon *A. dracunculoides* ist zwar winterhärter, dafür aber weniger wertvoll.
Sonne; gut durchlässiger Boden; 60 cm; Z 5

A. pontica, eine kleine Version der Eberraute, schmückt sich mit einem Schleier aus graugrünen Blättern. Sie breitet sich wüst aus.
Sonne; 60 cm; Z 6

Borago (Borretsch)

B. officinalis ist eine winterharte einjährige Pflanze, die sich in feuchten Böden reichlich selbst aussät. Ihre Blätter und geschälten Stiele besitzen ein erfrischendes Gurkenaroma und können in Salaten oder zum Würzen von Getränken verwendet werden. Die hängenden Rispen aus himmelblauen sternförmigen Blüten erscheinen den ganzen Sommer hindurch.
Sonne oder lichter Schatten; 30–60 cm

Calamintha (Steinquendel)

C. grandiflora ist eine hübsche, buschige Staude, die gut als Randbepflanzung eines Kräutergartens oder im Steingarten verwendet werden kann. Sie trägt kleine, süßlich aromatische Blätter, aus denen Kräutertees zubereitet werden, und den Sommer hindurch schmückt sie sich mit rosavioletten, salbeiartigen Blüten.
Sonne; gut durchlässiger Boden; 45 cm

C. nepeta ssp. *nepeta (C. nepetoides)* ist eine weitere ausgezeichnete Randpflanze mit nach Minze duftenden Blättern, die über eine lange Zeit im Herbst lavendelfarben blüht.
Sonne; gut durchlässiger Boden; 30 cm

Carum (Kümmel)

C. carvi wird in der Regel wie eine winterharte zweijährige Pflanze behandelt, d.h., ihre Samen werden am Ende des Sommers ausgesät und im folgenden Jahr geerntet. Die ganze Pflanze ist aromatisch, angefangen bei den spitzenartigen, immergrünen Blättern bis hin zu den pastinakenähnlichen Wurzeln. Die nach Kampfer duftenden Samen werden zum Würzen von Brot und Gemüse verwendet und helfen als Kümmeltee bei Blähungen. Die weißen Blütendolden öffnen sich im Frühsommer.
Sonne; gut durchlässiger Boden; 60–90 cm

Chamaemelum (Kamille)

C. nobile, die Römische Kamille, ist eine niedrige, kriechende Staude mit moosigen, fruchtig duftenden Blättern und gänseblümchenartigen Blüten, die sich im Sommer öffnen. Die Blüten werden mit kochendem Wasser aufgegossen und als Kamillentee getrunken. Wenn es auch etwas schwierig ist, eine ganze ›Wiese‹ aus Kamille anzulegen, so bietet sie sich doch als geeignete Pflanze auf Böden an, die für Gras zu trocken sind. Dort breitet sie sich wie ein kühler grüner Teppich aus. Für diesen Zweck ist die nicht-blühende Form 'Treneague' am besten geeignet. Sonst empfiehlt sich die Sorte 'Flore Pleno' mit gefüllten Blüten.
Sonne; gut durchlässiger Boden; 15 cm

Coriandrum (Koriander)

C. sativum hat Samen, die einen würzigen Orangenduft verbreiten, wenn sie reif sind. Sie dienen zum Würzen von Suppen und Currygerichten.

Koriander sollte am besten im Frühjahr im Freien ausgesät werden. Im Sommer erscheinen dann mauvefarbene Blüten, die zu Samenständen heranreifen. Sie werden abgeschnitten und an einem warmen, luftigen Ort zum Trocknen über Zeitungspapier aufgehängt. Die Blätter dieser einjährigen Pflanze haben einen herben Geruch.
Sonne; 45 cm

Foeniculum (Fenchel)

F. vulgare zählt zu meinen Lieblingsblattpflanzen. Ihre Hügel aus frischgrünen, gefiederten Blättern umschmeicheln leuchtendfarbene Blüten und grobe Blätter und sind besonders eindrucksvoll, wenn sie von Regentropfen funkeln und glitzern. Schneiden Sie die Pflanzen bis zum Boden zurück, sobald die Blütenköpfe erscheinen, damit sie im Frühsommer noch einmal neu austreiben. Es gibt noch eine bronzefarbene Sorte *purpureum*, die wunderbar zu warmen Farbtönen paßt. Sie läßt sich sortenrein vermehren und sät sich wie der grüne Fenchel überreich aus.
Sonne; 1,8 m, wenn man ihn blühen läßt

Galium (Labkraut)

G. odoratum, der Waldmeister, duftet in getrocknetem Zustand nach frisch gemähtem Heu oder Kumarin. Früher wurde er in Bündeln aufgehängt, um die Luft zu parfümieren, oder in den Wäscheschrank gelegt, um dem Bettzeug einen angenehmen Duft zu verleihen. Waldmeister ist eine kriechende Staude mit quirlständigen schmalen Blättern und weißen Blütenköpfen, die im Frühsommer erscheinen.
Schatten; 15 cm

Geum (Nelkenwurz)

G. urbanum hat nach Nelken duftende Wurzeln, die zum Würzen von Getränken verwendet werden. Auch die Blätter geben einen zarten Nelkenduft ab, nur die goldgelben Blüten, die sich im Hochsommer zeigen, sind duftlos.
Lichter Schatten; 30 cm

Helichrysum (Strohblume)

H. italicum (H. angustifolium), ein kleiner, untersetzter Strauch, ist mit seinen immergrünen Hügeln aus silbernem Laub eine ideale Randpflanze im Kräutergarten, wenn sie auch in kälteren Regionen einen harten Winter vermutlich nicht übersteht. Im Hochsommer erheben sich über den Laubhügeln goldfarbene Blütenstände.

Links: *Helichrysum italicum* und *Borago officinalis*

Laurus nobilis

Lavandula angustifolia 'Hidcote'

Lavandula dentata

Von Nachteil ist ihr scharfer Currygeruch. Falls Sie feinere Düfte vorziehen, sollten Sie auf Heiligenkraut ausweichen.
Sonne; gut durchlässiger Boden; 60 cm; Z 8

Hyssopus (Ysop)

H. officinalis ist eine reizvolle immergrüne Staude, die wegen ihres sattblauen Blütenflors im Spätsommer und im Herbst auch von Bienen sehr geschätzt wird. Sie trägt schmale, angenehm duftende Blätter. Wenn die Pflanzen im Frühjahr kräftig zurückgeschnitten werden, bleiben sie kompakt und eignen sich dann vorzüglich zur Einfassung von Beeten. Es gibt eine herrliche zwergwüchsige blaue Sorte *aristatus* und weniger gute weiße und rosafarbene Sorten.
Sonne; 30–60 cm

Laurus (Lorbeerbaum)

L. nobilis in Pyramiden- oder Kugelkopfform ist bei Gärtnern zum Symbol des guten Geschmacks geworden. Leider kann Lorbeer kalte Winde und Temperaturen unter −10°C oder Dauerfröste nicht vertragen. Seine immergrünen Blätter vertrocknen und frieren mitunter bis zum Boden zurück. Er sollte deshalb als Kübelpflanze den Winter in einem kühlen, hellen Raum verbringen. Die Blätter des Lorbeers haben einen vertrauten aromatischen Geruch, und seine gelben Blütenbüschel, die im Frühjahr erscheinen, duften

nach Honig. Es gibt noch eine blaßgrüne, weidenblättrige Form *angustifolia* und eine weniger winterharte gelbe Sorte 'Aurea'.
Sonne oder Schatten; feuchte Böden; 4,5 m; Z 7

Lavandula

Es sind zahlreiche Lavendel-Arten erhältlich, mit denen sich Wege einfassen und strategisch wichtige Ecken im Garten akzentuieren lassen. Sie besitzen einen der erfreulichsten und nostalgischsten Kräuterdüfte, der an einem heißen Sommertag die Luft tränken und uns in die heiße, trockene Hügellandschaft Südeuropas versetzen kann. Die härteren Sorten verbinden sich in einer zwanglosen Bepflanzung aus kleinen Sträuchern gut mit Rosmarin und Zistrosen und lassen sich auch zu niedrigen Hecken ziehen. Die weniger winterharten Sorten sollten in Töpfen kultiviert und in einem Kalthaus überwintert werden. Im Frühjahr empfiehlt sich ein Rückschnitt.
Volle Sonne; gut durchlässiger Boden
L. angustifolia (L. officinalis, L. spica) ist der Echte Lavendel, aus dem das echte Lavendelöl hergestellt wird. Diese vielfältige Pflanze, die im westlichen Mittelmeerraum wild wächst, ist inzwischen auch in Teilen Mitteleuropas heimisch geworden. Ihre graugrünen Blätter und blauvioletten Blüten, die sich im Sommer öffnen, verströmen einen betäubenden Duft. Zu den kompakten Formen, die hauptsächlich in Gärten gezogen werden, gehören 'Munstead' mit lavendelblauen Blü-

ten; 'Hidcote' mit dunkelvioletten Blüten und kräftig silbernen Blättern; und 'Twickle Purple' mit violetten Blüten und breiteren stark duftenden Blättern. 'Loddon Pink' mit mauvefarbenen Blüten und 'Nana Alba', eine zwergwüchsige weiße Form, sind als Farbvarianten interessant und lohnend, haben aber weniger Duft.
Sonne; gut durchlässiger Boden; 30–45 cm; Z 6
L. dentata hat gezähnte grüne Blätter und kurze Stiele, die sich mit lavendelblauen Blüten schmücken. Wenn man sie zwischen den Fingern zerreibt, geben sie einen eigenartig medizinischen Duft ab, der aber zu schwach ist, um diese Varietät für einen Duftgarten empfehlen zu können. Außerdem ist sie nicht zuverlässig winterhart.
60 cm; Z 9
L. lanata ist eine ganz andersartige Spezies mit breiten, wolligen silbergrauen Blättern und violetten Blüten. Diese sehr dichte Pflanze läßt sich ausgezeichnet in einem Topf ziehen. Sie duftet aber nur mäßig und ist auch nicht winterhart.
60 cm; Z 9
L. stoechas, der Schopflavendel, ist mir der liebste. Er schmückt sich mit seltsamen Blütenköpfen, die wie aufgeblähte Samenkapseln aussehen und von purpurfarbenen Brakteenbüscheln gekrönt werden. Sie sind immer ein Gesprächsthema. In einem milden Jahr blüht er nahezu ununterbrochen. Wenn er auch einem harten Frost zum Opfer fällt, so erscheinen doch garantiert im Frühjahr eine Menge Sämlinge. Es gibt noch eine weiße Sorte *alba* und die faszinierende *pedunculata*

Mentha × rotundifolia 'Bowles'

Monarda 'Cambridge Scarlet'

mit noch ausgefalleneren Blüten. Diese Sorten ziehe ich in Töpfen und bringe sie im Winter ins Kalthaus. Sie haben alle einen kräftigen medizinischen Duft.
60 cm; Z 8–9

Levisticum (Liebstöckel)

L. officinale ist ein hohes Kraut von mäßiger Schönheit, aber mit frischem Gemüseduft. In Eintöpfen verwendet, geben die dunklen, geteilten Blätter einen kräftigen Maggigeschmack ab. Mit ihren gelben Blütendolden ähnelt er im Hochsommer einer schlanken Angelika.
Sonne oder lichter Schatten; 1,5 m

Melissa

M. officinalis, die Zitronenmelisse, steht bei mir nicht hoch im Kurs. Ihre nesselartigen Blätter scheinen mir glanzlos und langweilig; außerdem sät sie sich überall aus und hat nicht den erfrischenden klaren Zitronenduft der Zitronenverbene, sondern verbreitet einen Geruch, den ich mit billiger Zitronenseife assoziiere. Ihre goldenen und goldfarben panaschierten Formen 'All Gold' und 'Aurea' finden eher Beachtung.
Sonne oder lichter Schatten; 90 cm

Mentha (Minze)

Die Düfte der Minzeblätter sind kühl und anregend. Da die meisten Varietäten aber stark wuchern, sollte man sie in abgegrenzte Beete oder sogar in Eimer ohne Böden pflanzen, die man in der Erde versenkt.
Sonne oder lichter Schatten
M. × gentilis sieht man gewöhnlich als gelb panaschierte Form 'Variegata'. Sie hat einen warmen, würzigen Minzeduft und paßt gut zu Obstsalaten.
45 cm
M. longifolia, die Pferdeminze, ist eine reizvolle Pflanze mit wolligen grauen Blättern und mauvefarbenen Blüten.
75 cm
M. × piperita, die Pfefferminze, sieht man gewöhnlich als Black Mint *M. × piperita* var. *vulgaris* mit dunkelpurpurgetönten grünen Blättern und einem köstlichen Pfefferminzduft. Die White Mint *M. × p. pallescens* ist grüner.
30–60 cm
M. × p. var. *citrata,* die Zitronenminze, hat bronzegetönte Blätter und den raffiniertesten aller Minzedüfte.
30 cm
M. requienii, die Korsische Minze, ist sehr kleinwüchsig und daher ideal für Tröge und Pflasterspalten. Sie liebt Feuchtigkeit und Wärme.

M. × rotundifolia 'Bowles', die Rundblättrige Minze, ist ein hohes Kraut mit flaumigen Blättern. Sie verbreitet einen fruchtigen Minzeduft, und viele Köche ziehen sie anderen Varietäten vor.
90 cm–1,8 m
M. spicata, die Grüne Minze, ist an ihren scharfgezähnten Blättern kenntlich. Obwohl ihr Duft eher zart ist, zählt sie zu den beliebtesten Küchenkräutern.
60 cm
M. suaveolens 'Variegata' (früher *M. rotundifolia* 'Variegata'), die panaschierte Apfelminze, ist mit ihren zartgrünen, weißgefleckten Blättern die dekorativste unter den Minzen. Mit ihrem Apfelduft eignet sie sich gut zum Würzen von Salaten und Saucen.
60 cm

Monarda (Indianernessel)

M. didyma gereicht jeder Staudenrabatte zur Zierde und setzt auch im Kräutergarten willkommene Farbakzente. Neben der Raute 'Jackman's Blue' wirken ihre strubbelköpfigen scharlachroten Blüten, die sich im Hochsommer entfalten, geradezu atemberaubend. Ihre spitzen, köstlich nach Zitrone und Minze duftenden Blätter können mit kochendem Wasser aufgebrüht und als Tee getrunken werden. Die Hybride 'Cambridge Scarlet' ist ähnlich, nur besser.
Sonne, aber kein trockener Boden; 90 cm; Z 4
M. fistulosa ist ähnlich, hat aber kleinere, rotviolette Blütenköpfe und duftet weniger intensiv. Zahlreiche rosafarbene, purpurfarbene und weiße Hybriden sind erhältlich, einschließlich 'Croftway Pink', 'Prairie Night' und 'Snow White'. Alle Sorten sind ideale Pflanzen für die Sommerrabatte.
Sonne; verträgt trockene Böden besser als *M. didyma*; 90 cm–1,2 m; Z 3

Myrrhis (Süßdolde)

M. odorata, die Wohlriechende Süßdolde, ist mit dem Kerbel verwandt. Ihre großen, spitzenartigen Blüten, die nach Lakritze und Anis duften, werden gern in Salaten verwendet. Die Wurzeln können gekocht als Gemüse dienen. Auf cremefarbene Blütendolden, die im Frühjahr erscheinen, folgen die schwarzen Samen. Die Süßdolde wirkt gut in einem ›unberührten‹ Garten.
Lichter Schatten; feuchtigkeitsspeichernder Boden; 60–90 cm

Ocimum

O. basilicum, Basilikum, ist eine tropische Pflanze, die als halbwinterharte einjährige Pflanze gezogen wird. Man sät sie am besten im Frühjahr unter Glas aus und pflanzt sie im Sommer ins Freie. Sie

läßt sich auch gut in einem Topf auf der Fensterbank ziehen. Ihre aromatischen Blätter werden zum Würzen von Tomaten, Suppen und Saucen verwendet. 'Dark Opal', eine Sorte mit bronzefarbenen Blättern, verbreitet einen besonders vollen Duft und bietet sich im Kräutergarten als dunkle Folie für blasse Blüten und silbernes Laub an. Basilikum verlangt einen warmen, geschützten Standort. Die Sorte *O. b. citriodorum* ist im Duft enttäuschend. *O. b. minimum* hat kleinere Blätter und ist weniger aromatisch, ihr kompakter Wuchs macht sie jedoch zu einer lohnenden Topfpflanze.
Sonne; leichter, fruchtbarer Boden; 45 cm

Origanum (Dost)

O. majorana, der Gartenmajoran, wird in der Regel als halbwinterharte, einjährige Pflanze im Freien oder als Topfpflanze auf dem Küchenfensterbrett gezogen. Seine kleinen grauen Blätter haben einen warmen, würzigen Duft.
Sonne; gut durchlässiger Boden; 30 cm
O. onites, der Französische Majoran, ist eine winterharte Staude mit frischgrünen, stark duftenden Blättern, die ein kräftigeres Aroma haben als der Wilde oder Englische Majoran.
Sonne; 30 cm
O. vulgare, der Wilde oder Englische Majoran, ist mit seinem Balsamduft die am häufigsten gezogene Spezies. Er ist eine gute kriechende Pflanze für den Vordergrund einer Rabatte. Auf die goldblättrige Sorte *aureum* kann kaum ein Kräutergarten verzichten. Da sich ihre rosavioletten Blüten

aber als eine ziemlich unglückliche Farbkombination erweisen können, empfiehlt es sich vielleicht, die Blütenstände frühzeitig zu entfernen.
Sonne; 25 cm

Petroselinum (Petersilie)

P. crispum, Blattpetersilie, zählt zu den winterharten, zweijährigen Kräutern und braucht Wärme und Feuchtigkeit, damit sie sich gut entwickelt. Die Samen müssen 24 Stunden vor dem Aussäen in warmem Wasser eingeweicht werden. Im Frühjahr ausgesäte Petersilie kann im Sommer geschnitten werden, und wer auch im kommenden Frühjahr auf das frische Kraut nicht verzichten will, sollte im Hochsommer an eine zweite Aussaat denken. Wenn die Pflanzen zurückgeschnitten werden, treiben sie erneut Blätter. Es gibt kraus- und glattblättrige Varietäten.
Sonne; fruchtbarer, möglichst alkalischer, feuchtigkeitsspeichernder Boden; 30 cm

Rosmarinus

Rosmarin, eine der Hauptstützen des Duftgartens, weckt mit seinem köstlichen Duft Erinnerungen an Ferien am Mittelmeer und an sonntägliche Festessen mit gebratenem Lamm. Dieser immergrüne Strauch wirkt mit seinem lockeren Wuchs besonders gut an Standorten, wo er sich über Wege ausbreiten kann. Der Gewöhnliche Rosmarin kann auch als Hecke gezogen werden; in diesem

Ocimum basilicum

Rosmarinus officinalis

Myrrhis odorata

Ruta graveolens

Salvia officinalis

Fall sollte er nach der Blüte beschnitten werden. Keine Varietät verträgt starken Frost, aber einige sind härter als andere. Alle müssen vor kalten Winden geschützt werden.

Volle Sonne; gut durchlässiger Boden

R. × lavandulaceus, ein kriechender Rosmarin, bietet einen reizenden Anblick, wenn er sich über Stützmauern ausbreitet. Er schmückt sich im Frühjahr mit blauvioletten Blüten, ist aber nicht winterhart. Z 9

R. officinalis, der Gewöhnliche Rosmarin, war lange Zeit eine beliebte Gartenpflanze. Er trägt graugrüne Blätter und hüllt sich im Frühjahr in blaßviolettblaue Blüten. 'Miss Jessopp's Upright' ist eine robuste, aufrecht wachsende Sorte. 1,2 m

Die anderen Varianten sind zwar weniger winterhart, aber man sollte trotzdem einen Versuch mit ihnen wagen. Es empfiehlt sich, im Sommer Stecklinge zu schneiden. 'Albus' hat weiße Blüten; *aureus* trägt goldgeflecktes Laub; 'Benenden Blue' treibt schmale, dunkle Blätter und blaue Blüten; 'Severn Sea' ist ein zwergwüchsiger Rosmarin mit azurblauen Blüten.

45–90 cm; Z 8

Ruta (Raute)

R. graveolens in ihrer blauen Form 'Jackman's Blue' ist einer der besten kleinen immergrünen Sträucher. Die farnartigen Blätter verströmen einen scharfen Duft, der ein zartes Orangenaroma ent-

hält. Wer zu Hautallergien neigt, sollte an sonnigen Tagen mit dem Laub nicht in Berührung kommen. Da die Sorte 'Jackman's Blue' so beliebt ist, ist die gewöhnliche blaugrüne Form heute nur noch als Kuriosität interessant. Die panaschierte Form sieht verdrießlich aus. Die Pflanzen müssen zu Beginn des Frühjahrs zurückgeschnitten werden.

Sonne; gut durchlässiger Boden; 90 cm; Z 5

Salvia (Salbei)

S. officinalis zählt ebenfalls zu den kleinformatigen immergrünen Sträuchern, die weder in der Blumenrabatte noch im Kräutergarten fehlen sollten. Er ist besonders attraktiv, wenn er sich über gepflasterte Wege ausbreiten kann. Ich ziehe die Sorten mit den farbigen Blättern den staubig grünen vor, zumal ihr Salbeiduft ebenso markant ist: 'Icterina' hat gelb panaschierte, 'Purpurascens' purpurgetönte Blätter; die weniger starkwüchsige, frostempfindlichere 'Tricolor' ist weiß, grün und purpurfarben gefleckt. Blüten mit blauvioletten Hüllblättern erscheinen im Frühsommer. Salbei sollte im Frühjahr beschnitten werden. Er verlangt einen geschützten Standort.

Sonne; gut durchlässiger Boden; 90 cm

Sanguisorba (Pimpinelle)

S. minor hat gezähnte Blätter, die einen erfrischenden Duft abgeben. Mit ihrem gurkenähnlichen

Aroma passen sie gut zu Salaten und fruchtigen Getränken. Ihre morgensternartigen Blütenköpfe erscheinen im Sommer.

Sonne; gut durchlässiger Boden; 60 cm

Santolina (Heiligenkraut)

S. chamaecyparissus riecht recht scharf, was nicht jedermann zusagt, aber als Blattpflanze wird es stets bewundert. Es bildet silbergraue Laub-›Schluchten‹, im Sommer von goldgelben Knopfblüten belebt. Es gedeiht sehr viel besser, wenn es beschnitten wird, und ist daher ideal für eine niedrige Hecke oder einen Knotengarten. Es gibt eine zwergwüchsige, kompakte Form *nana*, die sich für Entwürfe mit besonders komplizierten Mustern anbietet.

Sonne; gut durchlässiger Boden; 45 cm; Z 7

S. pinnata neapolitana ist eine mehr aufrecht wachsende Spezies mit zitronengelben Knopfblüten. 30 cm; Z 6

S. rosmarinifolia (S. virens, S. viridis). Auch dieses grünblättrige Heiligenkraut ist sehr reizvoll.

45 cm

Satureja (Bohnenkraut)

S. hortensis, Sommerbohnenkraut, ist eine halbwinterharte Pflanze, deren kleinen länglichen Blättern ein scharfer, thymianartiger Duft anhaftet. Sie werden zum Würzen von Bohnen verwendet. Im

Sommer öffnen sich lila oder weiße Blütenquirle. Bohnenkraut wird im Frühjahr im Freien ausgesät oder auch in Töpfen auf der Fensterbank gezogen. Sonne; gut durchlässiger Boden; 20 cm
S. montana, Winterbohnenkraut, ist ein mehrjähriger halbimmergrüner Strauch, dem häufig der Vorzug gegeben wird, zumal er genauso stark duftet und auch in der Küche gleichermaßen beliebt ist. Er blüht lila und wirkt zusammen mit unterschiedlichen Thymian-Arten in der ersten Reihe der Rabatte sehr dekorativ. Sonne; gut durchlässiger Boden; 40 cm

Tanacetum (Rainfarn)

T. parthenium (Chrysanthemum parthenium), Mutterkraut, zählt im Schmuck seiner weißen, gänseblümchenartigen Blüten zu den schönsten Unkräutern. Es sät sich aber überall aus. Sein Laub, das einen scharfen Duft verströmt, wurde früher mit kochendem Wasser aufgebrüht und als Fiebermittel verwendet und findet heute noch als Migränemittel Anwendung. Die goldblättrige Form *aureum* und mehrere Sorten mit gefüllten Blüten werden häufiger kultiviert. Sonne oder lichter Schatten; 45 cm
T. vulgare, der Rainfarn, der einen ähnlichen kampferartigen Duft verbreitet, findet ebenfalls als Tee Anwendung. Er schmückt sich mit elegantem Laub. Seinen Standort muß man sorgfältig auswählen, da er sich stark ausbreitet. Im Sommer trägt er gelbe Knopfblüten. Die Varietät *crispum* hat reizvolle gekräuselte Blätter. Sonne oder lichter Schatten; 90 cm

Teucrium (Gamander)

T. chamaedrys, Edel-Gamander, ist ein niedrigwachsender Strauch, dessen kleine ovale Blätter einen scharfen, aromatischen Duft abgeben. Seine rötlich purpurfarbenen Lippenblüten erscheinen im Spätsommer. Er wird oft in Knotengärten zusammen mit Buchs oder als Einfassung geometrischer Beete verwendet. Sonne; 15–30 cm

Thymus (Thymian)

Thymian-Arten spielen eine wichtige Rolle im Duftgarten. Die kriechenden Formen können in Pflasterspalten und als Thymianteppiche gezogen werden. Die buschigen Formen sollten sich über Wege neigen, damit wir mit unseren Beinen an ihnen vorbeistreichen können. Alle Thymian-Arten besitzen das uns vertraute Aroma, dem jedoch immer wieder andere Duftnoten beigemischt sind. Bei einigen sehr kurzlebigen Arten empfiehlt sich ein Sommerschnitt, um die Pflanzen zu neuem Wachstum anzuregen. Hin und wieder müssen vor allem die aufrechten Varietäten durch Stecklinge erneuert werden. Alle Thymian-Arten benötigen einen geschützten Standort. Sonne; gut durchlässiger Boden

T. azoricus (cilicicus) bildet ein Kissen aus schmalen Blättern, das an Büschel aus Kiefernnadeln erinnert. Sein Kiefernduft enthält ein zartes Orangenaroma. Im Hochsommer öffnen sich blaßlila Blüten. *T. caespitosus (T. micans)* ist eine weißblühende Form. 2,5–7,5 cm

T. × citriodorus, Zitronenthymian, ist ein buschiger Thymian mit einem aromatischen Zitronenduft. Er trägt grüne Blätter und violette Blüten. Es gibt viele beliebte Varietäten, etwa 'Aureus' mit goldfarben panaschierten Blättern, und 'Silver Queen' mit silbern panaschierten Blättern. Sie sind alle sehr reizvoll, aber nicht unproblematisch, da sie vor Kälte und Nässe geschützt werden müssen. 25–30 cm; Z 4
T. herba-barona ist ein halbkriechender Thymian mit glänzenden grünen Blättern und hochsommerlichen purpurrosa Blüten. Sein Duft erinnert an Kümmel. 5–15 cm
T. serpyllum, Feldthymian, liefert eine Reihe mattenbildender Thymian-Arten für Wiesen und Pflasterspalten. Er hat grüne, behaarte Blätter, schmückt sich im Hochsommer mit rosavioletten Blüten und verbreitet den echten Thymianduft. Weitere reizvolle Formen sind *albus* mit weißen Blüten, *coccineus* mit karminroten Blüten, *lanuginosus (T. pseudolanuginosus)* mit wolligen grauen Blättern und mauvefarbenen Blüten sowie 'Pink Chintz' mit graugrünen Blättern, die von Blüten in einem wunderbaren Blaßrosa zur Geltung gebracht werden. 2,5–7,5 cm
T. vulgaris, Gewöhnlicher Thymian, hat dunkelgrüne Blätter und variiert in der Blütenfarbe zwischen Lila und einem rosigen Purpur. 15–20 cm

Tanacetum parthenium

Thymus × citriodorus und *T. × c.* 'Silver Queen'

Pflanzen für Gewächshäuser und milde Klimate

Blütendüfte können sich unter warmen, feuchten Bedingungen besonders gut entfalten, daher darf man von der Flora milder und tropischer Klimate unvergleichliche Genüsse erwarten. Und wirklich findet man hier schwere bis betäubende exotische Düfte in großer Zahl. Meist sind sie verbunden mit kräftigen Blattaromen. Ebenso eindrucksvoll sind die Düfte der trockenen Klimate etwa des Mittelmeerraums oder von Teilen Australiens, Südafrikas und Kaliforniens. Man denke nur an die harzigen Duftnoten der Koniferen und Eukalyptusbäume; an die Sträucher der gestrüppreichen Hügelhänge und Macchien, der staubigen Heidelandschaften und steinigen Gelände. Wie in den Tropen gibt es auch hier eine große Vielfalt an Blütendüften, mit dem Unterschied, daß sie deutlich leichter und fruchtiger sind, wie etwa die Aromen von Akazie, *Carpenteria*, Kronwicke und Ginster zeigen. Aber auch in diesen Gegenden greifen Gärtner auf Pflanzen mit schweren, exotischen Düften aus wärmeren, feuchten Teilen Asiens, Afrikas und Südamerikas zurück – zum Beispiel Jasmine, Wachsblumen (*Hoya*), Gardenien und *Citrus*-Arten –, um das Duftbukett zu erweitern.

In England und in weiten Teilen Nordamerikas müssen die meisten duftenden Pflanzen der milderen Regionen vor den Elementen der freien Natur geschützt werden. Einige Pflanzen aus kühleren, gemäßigten Klimazonen lassen sich an geschützten Standorten auch im Freien ziehen. In England können sich möglicherweise *Buddleja auriculata*, Kronwicke, Wolfsmilch *Euphorbia mellifera*, Zitronenverbene, *Pittosporum*- und *Prostanthera*-Arten wohl fühlen, und selbst mit Akazien, *Callistemon*, *Leptospermum*, *Michelia* und *Pancratium*-Arten kann man einen Versuch wagen. In einer offenen Glasveranda, einem Wintergarten oder einem unbeheizten Gewächshaus herrscht jedoch ein Mikroklima, das für diese Pflanzen noch angenehmer ist. Halbwinterharten Rhododendren und Kamelien kann bereits eine unbeheizte Loggia mit solidem Dach ausreichend Schutz gewähren, da die Pflanzen ohne Oberlicht auskommen. Andere Gewächse kann man wie frostempfindliche Beetpflanzen ziehen, das heißt, man pflanzt sie im Sommer ins Freie in Rabatten und überwintert sie in Kästen mit feuchtem Torf in einer frostfreien Garage oder in einem Keller. Für diese Behandlung eignen sich zum Beispiel Pelargonien, *Hedychium*-Arten und pfeffrig duftende Dahlien.

Die übrigen nicht-winterharten Pflanzen verlangen Wärme auch während der kalten Jahreszeit. Viele der kompakteren Varietäten lassen sich gut im Haus ziehen. Ein sonniges Fensterbrett eignet sich für Pelargonien, Boronien, *Epiphyllum anguliger*, Bouvardien, Heliotrop, *Primula × kewensis*, *Cytisus × spachianus* und für kleine *Pittosporum*-Arten. In einem gleichmäßig beheizten Haus können auch *Stephanotis floribunda*, *Acokanthera*, *Hoya*, *Citrus*-Arten und einige Orchideen gedeihen. Große Pflanzen fühlen sich hier weniger wohl, ihnen fehlt das Sonnenlicht. Fenster reduzieren in erheblichem Maße die Lichtintensität und filtern ultraviolette Strahlen heraus, und in den meisten Häusern gibt es nur wenig oder überhaupt kein Oberlicht.

Die ideale Umgebung bietet ein Kalthaus oder Gewächshaus, in dem Licht, Temperatur und Feuchtigkeit so abgestimmt sind, daß sich die Pflanzen wohl fühlen. Das Gedeihen der Pflanzen, die Sie hier ziehen können, hängt zum großen Teil von einer gleichbleibenden Temperatur ab. Aber nur wenige von uns können es sich erlauben, das ganze Jahr über für tropische Verhältnisse zu sorgen. Und in einem Gewächshaus, das gleichzeitig als Wohnraum dient, ist eine derartige Hitze und Feuchtigkeit ausgesprochen unangenehm. Für besondere Orchideen und andere exotische Pflanzen sollte man vielleicht die Einrichtung eines Miniatur-Tropenhauses erwägen, doch dazu gehört schon eine gute Portion Enthusiasmus.

Die meisten Leute wollen wissen, bis zu welchen Mindesttemperaturen frostempfindliche Pflanzen noch problemlos gedeihen. Der größte Teil der in diesem Kapitel beschriebenen Pflanzen ist zufrieden, wenn die Temperatur über dem Gefrierpunkt gehalten wird. Ein Winterminimum von 5 °C erhält die Pflanzen gerade am Leben, doch sie beginnen bereits zu ›frösteln‹. Viele winterblühende Pflanzen wollen dann nicht recht blühen, und da sie in ihrer Ruhezeit nahezu trocken

Rechts: Viele frostempfindliche Pflanzen sind an ein Nomadenleben gewöhnt. Sie überwintern unter Glas und verbringen den Sommer an einem geschützten Platz im Freien. Diese Bank ist in Düfte eingehüllt. *Datura × candida*, die weiße Engels-trompete, entfaltet in Nasenhöhe ein tropisch süßes Parfum, während die Zitronenverbene mit den Fingern erreicht werden kann. Gegenüber stehen duftblättrige Pelargonien und eine *Datura versicolor* 'Grand Marnier'.

gehalten werden müssen, muß man sie genau beobachten und vorsichtig wässern, was an kalten Tagen dann auch für uns kein reines Vergnügen ist. Eine Mindesttemperatur von 10 °C ist da schon wesentlich angenehmer und zeitigt auch bessere Ergebnisse. Und weil zu dieser Jahreszeit ein ›Garten im Haus‹ sehr erstrebenswert sein kann, sollte man sich und den Pflanzen diese höhere Temperatur nach Möglichkeit gönnen. Bei den Pflanzenporträts sind die niedrigsten Temperaturen angegeben, bei denen sich die Pflanzen optimal entwickeln können.

Viele Pflanzen können bei niedrigen Temperaturen unter Glas überwintert und im Sommer in Töpfen ins Freie gestellt werden. Blühende Pflanzen wie Engelstrompeten, Lilien, *Hedychium*-Arten und Heliotrop sollte man rings um einen Innenhof plazieren, damit sie die Luft mit ihren Düften tränken, während man Pflanzen mit duftenden Blättern wie Zitronenverbenen, Eukalyptus, *Prostanthera* und Salbei-Arten möglichst in die Nähe eines Sitzplatzes stellt, damit man hin und wieder ein paar Blätter zwischen den Fingern reiben kann.

Der Winter ist die wichtigste Saison im Glashaus. Die meisten Sträucher und Kletterpflanzen sind immergrün, so daß für einen grünen

Hintergrund gesorgt ist. Vorgezogene Hyazinthen und Narzissen und eine Reihe von frühlingsblühenden Zwiebelpflanzen liefern schöne Farbflecke und Düfte in den verschiedensten Nuancen. Aber es bieten sich noch viele andere aufregende blühende Pflanzen an. Die verschiedenen Akazien schmücken sich die ganze Saison über mit flaumigen gelben Blüten, die die Luft mit ihrem Veilchen-Mimosenduft tränken, der in angenehmem Kontrast steht zu den exotischen Düften von Jasmin und Zitrusblüten. Mich macht der betäubende Duft des gewöhnlichen Topfjasmin *Jasminum polyanthum* unter Glas unangenehm benommen, weshalb ich dem feineren Aroma von *J. sambac* den Vorzug gebe.

Unter all den verschiedenen erhältlichen Zitrusbäumen fiele meine Wahl zuerst auf die Zitrone *Citrus limon* 'Meyer'. Sie ist selten ohne duftende Blüten und trägt zuverlässig immer wieder neue Früchte. Und es ist ein unvergleichliches Gefühl, sich zu recken, um eine Zitrone vom eigenen Baum zu pflücken. Die außergewöhnliche Intensität ihres Blütenduftes macht auch die Pomeranze *C. auranticum* 'Bouquet' wünschenswert.

Für fruchtige Blumendüfte im Winter sorgen Pflanzen aller Art. Die schmalen weißen Blütenrispen der *Buddleja asiatica* besitzen ein herrlich zartes Zitronenparfum, desgleichen die beliebte Topfprimel *P. × kewensis*. Und besonders voll und kräftig ist der Orangenduft, den die purpurroten Blütensterne des Seidelbastes *Daphne odora* abgeben. Der seifige Zitronenduft, der den Blättern des *Eucalyptus citriodora* entströmt, paßt nicht ganz in diese Gruppe, aber die fruchtigen Düfte von Salbei-Arten und Pelargonien setzen zusätzliche erfrischend scharfe Akzente.

Im Frühling kommen weitere fruchtige Düfte hinzu – Zitrone von *Boronia megastigma*, Pfirsich von Freesien, später Banane von *Michelia figo* und noch mehr Pfirsich von gelben Kronwicken. Einige dieser Düfte überschneiden sich mit dem vollen Honigduft von *Euphorbia mellifera*. Nebenbei eine Warnung: Die Blüten der Wolfsmilch sind häufig von Ameisen bedeckt; achten Sie also darauf, wenn Sie den Duft genießen wollen!

Die weißen Blüten der Klebsame *Pittosporum tobira* duften nicht nach Honig, sondern nach Orangenblüten. Mit diesen Blüten sorgen Sie dafür, daß sich der Reigen exotischer Düfte auch das Frühjahr hindurch ohne Unterbrechung fortsetzt. Die Zwiebelpflanze *Pamianthe peruviana*, die ausgesprochen empfehlenswert ist, entfaltet ihren starken Duft am Abend. Frostempfindliche Rhododendren liefern die ganze Saison über eine Vielfalt an fruchtigen und würzigen Liliendüften; *R. maddenii* bereichert die Harmonie der Düfte um eine süße Nuance. Auch den Wachsbaum *Carissa grandiflora* sollte man nicht vergessen und über den leichten Hauch von Mottenkugeln in seiner Duftnote großzügig hinwegsehen.

Exotisch duftende Kletterpflanzen erreichen im Sommer ihren Höhepunkt. *Stephanotis* beginnt früh zu blühen und setzt die ganze Saison ihre Blütezeit fort. Diese Pflanze braucht mehr Wärme und Feuchtigkeit, als viele Glashäuser bieten können; deshalb sollte sie lie-

Rechts: Rhododendren eignen sich besonders gut für Gewächshäuser und überdachte Veranden, wo es für viele andere Duftpflanzen zu dunkel ist. Hier verbreitet eine der frostempfindlichen Rhododendren *maddenii* ihren intensiven fruchtigen Duft, unmittelbar bevor die Jasmine an den weißen Säulen den Raum mit ihrem betörenden Parfum zu füllen beginnen.

Links: Der Seidelbast *Daphne odora* ist weniger winterhart als die goldgerandete Form 'Aureomarginata' und gedeiht am besten unter Glas. Wenn er mitten im Winter seine Blüten öffnet, umgibt ihn ein üppiger, voller Orangenduft. Da sich die Düfte aller winterblühenden Sträucher und Kletterpflanzen im Gewächshaus sehr viel reicher entfalten, sollte man hier auch winterhärteren Pflanzen wie dem Seidelbast *D. bholua* und der *Clematis cirrhosa* einen Platz einräumen.

ber auf einem Fensterbrett im Haus gezogen werden, wo man sich ihr besonders widmen kann. Ihre winterliche Mindesttemperatur beträgt 13 °C. Die *Hoya*-Arten sind dagegen etwas unempfindlicher und verbreiten ebenso aufregende Düfte.

Weitere Jasmine öffnen im Sommer zusammen mit anderen duftenden Kletterpflanzen ihre Blüten: *Beaumontia grandiflora, Mandevilla laxa, Dregea sinensis* (früher *Wattakaka sinensis*) und *Trachelospermum jasminoides*. Sie alle gedeihen vortrefflich in kühleren Temperaturen, und ihre Düfte sind betörend, ohne betäubend zu sein.

Unter den sommerblühenden duftenden Sträuchern sind die Engelstrompeten vermutlich die spektakulärsten. Auch wenn sie anfällig sind für die Rote Spinne – es gibt kaum etwas Eindrucksvolleres als eine gesunde, voll erblühte Engelstrompete. Ihr herrlicher süßer Duft ist nachts besonders intensiv. Aber der erste Preis für den besten Duft geht meines Erachtens an die Gardenien. Ihr reines, rundes Duftbukett aus Aprikose und Nelken gehört zu den Wundern der Pflanzenwelt. Doch auch die Tuberosen werden zu Recht wegen ihres Duftes gerühmt. Um sie erfolgreich als Stauden zu kultivieren, braucht es hohe Temperaturen. Gärtner, die nur kühle Verhältnisse anbieten können, haben indessen die Möglichkeit, importierte Zwiebeln wie einjährige Pflanzen zu ziehen.

Neben diesen vollen, schweren Düften bedarf es einiger kontrastierender Duftnoten. Die Blattaromen der Pelargonien sind jedes Jahr wieder ein Vergnügen. Alle Duftnoten sind verfügbar: Pfefferminze, Äpfel, Orange, Zitrone, Gewürze und Rosen. Der Zitronenstrauch *Aloysia triphylla* (*Lippia citriodora*) sorgt für ein säuerliches Aroma, während die Salbei-Arten Ananas- und Brombeerdüfte beisteuern.

Zu meinen liebsten Herbstpflanzen gehört die *Acidanthera*, ein Zwiebelgewächs, das jetzt der Gattung *Gladiolus* zugeordnet wird. Man kann sie in einer sonnigen Rabatte im Freien ziehen, aber im Topf in einem Innenhof oder im Haus sind sie ein Fest für die Nase. Der süße Duft ihrer Blüten zieht am Abend durch die Luft. *Acidanthera*-Zwiebeln werden in Holland jedes Jahr in solchen Mengen produziert, daß man sie mit gutem Gewissen als einjährige Pflanze ziehen kann. Es kann nämlich schwierig sein, sie nach ihrer ersten Saison noch einmal zum Blühen zu bringen.

Nach Banane duftende Blüten sind der Reiz der ungewöhnlichen Zwiebelpflanze *Cyrtanthus mackenii*. Ihre Blütezeit fällt gewöhnlich mit dem zweiten Blütenflor der Kronwicken und dem ersten Blütenflor aus Samen gezogener Freesien zusammen – und fertig ist der imaginäre Fruchtsalat. Varietäten der *Camellia sasanqua* blühen auch im Herbst und geben einen zarten Duft ab. Heliotrop, den man wieder ins Haus holt, duftet verschwenderisch nach Vanille, und wenn man auch noch das Basilikum hereinholt – was in kulinarischer Hinsicht unbedingt von Vorteil ist –, kann man die Komposition mit einem angenehm würzigen Unterton abrunden.

Frostempfindliche Pflanzen

Anmerkung: Die in diesem Kapitel angegebenen Temperaturen sind das erforderliche Minimum, das die Pflanzen <u>zum Wachsen</u> benötigen. Die meisten Pflanzen vertragen bis zu 5°C weniger, und manche können sogar etwas Frost aushalten, vorausgesetzt, er hält nicht zu lange an.

Acacia

Die Akazien, die im Winter und Frühling blühen, schmücken sich mit flaumigen gelben Blütenkugeln, die einen charakteristischen, meist kräftigen Veilchenduft verbreiten. Sie gedeihen als Kübelpflanzen und manchmal sogar im Freien, aber da sie sehr starkwüchsig sind, haben sie schnell den ihnen zugeteilten Raum ausgeschöpft. Nach der Blüte können sie kräftig zurückgeschnitten werden. Töpfe kann man im Sommer in die Erde einer sonnigen Rabatte versenken.
Sonne oder lichter Schatten; Minimaltemp. 5°C

A. baileyana, Cootamunda Wattle, gehört mit ihren fein eingeschnittenen blaugrünen Blättern an hängenden Zweigen und den leuchtendgelben Blü-

ten im Frühjahr zu den schönsten immergrünen Gewächshaus-Bäumen.
Bis zu 9 m

A. dealbata, die Silberakazie, ist eine beliebte Spezies mit gefiederten Blättern in einem silbrigen Blaugrün und stark duftenden zitronengelben Blüten, die im Frühjahr erscheinen. In milden Regionen gedeiht sie im Freien in einer geschützten Rabatte oder vor einer sonnigen Mauer.
Bis zu 15 m oder mehr

A. podalyriifolia, ein hübscher Strauch mit runden, silbrig blaugrünen Blättern, bringt im Winter und Frühjahr lange Trauben aus gelben, duftenden Blüten hervor. Sie gedeiht in milden Gegenden auch an einer sonnigen Mauer.
3 m

A. rhetinoides beginnt im Spätwinter zu blühen und setzt ihre Blütezeit häufig über viele Monate fort. Sie trägt lange, schmale dunkelgrüne Blätter und schmückt sich mit blaßgelben Blüten, die einen angenehm süßen Duft abgeben. In milden Regionen kann man sie auch im Freien ziehen.
Bis zu 9 m; Z 9–10

Aloysia

A. triphylla (Lippia citriodora), die Zitronenverbene, zeichnet sich durch den scharfen Zitronenduft ihrer Blätter aus. Ich ziehe mein Exemplar in einem Topf, den ich im Sommer nach draußen neben einen Sitzplatz stelle und im Winter unter Glas schütze. In milden Klimazonen ist sie an einer sonnigen Mauer ungefährdet. Ihre lanzettlichen Blätter wirft sie im Winter ab, und im Sommer schmückt sie sich mit Rispen aus unscheinbaren Blüten. Im Frühjahr muß sie zurückgeschnitten werden. Sie läßt sich als Hochstamm ziehen und ist so außerordentlich attraktiv.
Sonne; bis zu 3 m; Minimaltemp. 5°C

Babiana

B. stricta erinnert in Aussehen und Duft an eine Freesie. Ihre Blüten öffnen sich an kurzen Trauben und werden von gefältelten schwertförmigen Blättern begleitet. Es gibt verschiedene Züchtungen in violetten, roten und weißen Blütenfarben. Die

Acacia baileyana

Aloysia triphylla

Babiana stricta

Pflanzen, sie gehören zum Speiseplan der Paviane in Südafrika, können im Herbst in Töpfe gesetzt und jährlich neu eingetopft werden. Bis zum Neuaustrieb sollte man die Pflanze trocken halten. Die Blüten entfalten sich im Spätfrühjahr.
Sonne; 30 cm; Minimaltemp. 5 °C

Beaumontia

B. grandiflora ist eine empfehlenswerte indische Kletterpflanze, die man in einem Topf oder einer Rabatte in einem kühlen Gewächshaus ziehen kann. Ihre breiten Blätter haben eine glänzende Ober- und eine behaarte Unterseite. Ihren großen, weißen, trompetenförmigen, aber auffallend gelappten Blüten entströmt ein exotischer Duft. Nach der Blüte im Sommer muß die Pflanze zurückgeschnitten werden.
Sonne oder lichter Schatten; bis zu 6 m oder mehr; Minimaltemp. 5 °C

Boronia (Korallenraute)

Korallenrauten sind australische immergrüne Sträucher mit fruchtig aromatischem Laub und häufig stark nach Zitrone duftenden Blüten. Sie gedeihen auf einem sonnigen Fensterbrett ebenso wie im Gewächshaus. Nach der Blüte sollten sie kräftig zurückgeschnitten und im Sommer in ihren Töpfen draußen in die Erde gesenkt werden.
Sonne; Minimaltemp. 5 °C
B. megastigma darf in einem duftenden Gewächshaus nicht fehlen. Eine Fülle kleiner, einzeln hängender Blüten erscheint zu Beginn des Frühjahrs zwischen den schmalen Blättchen. Sie sind von ungewöhnlicher Farbe – rotbraune Außen- und senfgelbe Innenseiten – und verströmen einen unwiderstehlichen Zitronenduft.
60 cm

Bouvardia

B. longiflora (B. humboldtii) ist ein kleiner, halbimmergrüner Strauch aus Mexiko, der vom Sommer bis zum Winter eine Fülle exotisch duftender, röhrenförmiger weißer Blüten trägt. Er verlangt eine warme Wintertemperatur, läßt sich aber auch leicht im Haus oder Gewächshaus ziehen. Nach der Blüte zurückschneiden.
Sonne oder lichter Schatten; 1 m; Minimaltemp. 10 °C

Brunfelsia

B. americana ist eine in der Nacht duftende Schönheit. Ihre großen, gelappten Blüten, die sich blaßgelb öffnen und allmählich weiß werden, verbreiten einen würzig süßen Duft. Dieser aus Süd-

Buddleja asiatica und *Narcissus* 'Hawera'

amerika stammende lederblättrige Strauch liebt Wärme und Feuchtigkeit. Er gedeiht auch in einem Topf und blüht den ganzen Sommer über. Bis zu 3 m
B. pauciflora (B. calycina) ist die Spezies, die am häufigsten kultiviert wird. Ihre Blüten verblassen innerhalb von drei Tagen von einem dunklen Violett über ein blasses Lila bis hin zu Weiß. Aus diesem Grund tragen sie auch den Namen ›Gestern, Heute und Morgen‹.
60 cm

Buddleja (Schmetterlingsstrauch)

Die beiden hier aufgeführten frostempfindlichen, immergrünen Schmetterlingssträucher gehören zu den Aristokraten unter den für eine kühles Gewächshaus geeigneten Sträuchern. Sie blühen im Winter und zu Beginn des Frühjahrs, also genau dann, wenn Duft am meisten gefragt ist. Ihr fruchtig süßes Parfum ist sehr viel raffinierter als der Honigduft ihrer winterharten Verwandten. Sie gedeihen in der Gewächshausrabatte oder in Töpfen, die man im Sommer draußen in die Erde senkt. Nach der Blüte können sie zurückgeschnitten werden.
Sonne; 3 m oder mehr; Minimaltemp. 5 °C
B. asiatica hat lanzettliche graugrüne Blätter und hängende, schmale weiße Blütenrispen, die sich im Spätwinter und Frühjahr entfalten und intensiv nach Zitrone duften. Sie sollte in keinem Gewächshaus fehlen.
B. auriculata gedeiht an einer sonnigen Mauer und fühlt sich an vielen Plätzen wohl, ihr Duft läßt sich aber am besten unter Glas einfangen. Ihre cremefarbenen Blütenrispen sind weniger als halb so lang wie die der *B. asiatica*, aber dafür breiter. Ihre Blätter sind kürzer und dunkelgrün. Auch diese *Buddleja* ist ein Schmuckstück für ein Gewächshaus.

Camellia sasanqua 'Narumi-gata'

Cyclamen persicum

Camellia (Kamelie)

Den meist sehr zarten Duft von Kamelien nimmt man am besten unter Glas wahr. Fast alle Kamelien, meines Wissens auch sämtliche Varietäten von *C. reticulata*, sind duftlos. Einige Sorten der *C. japonica* haben dagegen einen merklichen Duft, so zum Beispiel die rosafarbene 'Kramer's Supreme' und die silbrig rosafarbene 'Scentsation'. Unter den Sorten der *C. × williamsii* ist die ungefüllte rosafarbene 'Mary Jobson' bemerkenswert. Mit Hilfe der am stärksten duftenden Spezies *C. lutchuensis*, sie stammt von den Riu-Kiu-Inseln zwischen Japan und Taiwan, wollen Züchter ihren Kamelien mehr Duft verschaffen. Zur Zeit ist die duftende Hybride 'Fragrant Pink' im Handel, und sicherlich werden bald weitere duftende Sorten angeboten. Kamelien sind leider nicht ganz einfach zu kultivieren. Sie brauchen viel Torf, vertragen keinen Kalk, und ihre Wurzeln reagieren empfindlich auf Hitze.
C. sasanqua 'Narumi-gata' ist die bekannteste duftende Kamelie. Im Herbst schmückt sie sich mit ungefüllten, schalenförmigen, rosagerandeten weißen Blüten. Sie trägt die typischen dunkelgrünen, glänzenden Blätter. Da diese Spezies mehr Sonne braucht als andere Kamelien, kann man sie im Freien an einer sonnigen Mauer ziehen. Sie

gedeiht aber auch als Gewächshauspflanze zufriedenstellend und kann den Sommer über draußen stehen. Im Frühjahr verträgt sie einen Rückschnitt.
Sonne; saurer oder neutraler Boden; 3 m; Minimaltemp. 5 °C

Carissa (Wachsbaum)

C. grandiflora ist ein reizvoller immergrüner Strauch mit ungefüllten, weißen, jasminartigen Blüten, deren exotisch süßer Duft aus der Nähe deutliche Spuren von Mottenkugeln offenbart. Die Blüten öffnen sich im Frühjahr und reifen zu eßbaren roten Früchten heran. Der Strauch trägt dunkelgrüne, ovale, ledrige Blätter. *C. g.* 'Nana' ist eine kompakte zwergwüchsige Sorte.
Lichter Schatten; 4,5 m in der freien Natur; 2 m in einem Topf. Minimaltemp. 10 °C

Cedronella

C. canariensis (C. triphylla) hat schmale, dreizählige Blätter, die ein scharfes Aroma von Früchten und Minze abgeben, wenn man sie zerdrückt. Sie schmückt sich im Sommer mit weißen oder mauvefarbenen Blütenquirlen.
Lichter Schatten; 1 m; Minimaltemp. 5 °C

Citrus

Citrus-Arten spenden die dreifache Duftmenge. Einen klaren, fruchtigen Duft unterschiedlicher Intensität sondern die Blätter und Früchte ab, je nachdem ob man ihre Oberflächen reibt, preßt oder gar einschneidet. Und die weißen, sternförmigen, fleischigen Blüten duften exotisch süß, aber mit einem deutlichen Hauch von Kaugummi. Man kann sie in Töpfen in einem kühlen Gewächshaus ziehen und wenn die Temperatur genügend hoch ist, setzen sie auch Früchte an. *Citrus*-Arten bevorzugen einen feuchten, aber gut durchlässigen Boden, der ebenso wie das Gießwasser kalkarm sein sollte. Während der wärmsten Sommermonate profitieren sie von einem sonnigen Platz im Freien. Wenn nötig, können die Pflanzen im Frühjahr leicht zurückgeschnitten werden. Schildläuse können zum Problem werden.
Sonne; Minimaltemp. 5 °C (wenn möglich höher)
C. aurantium, die Pomeranze oder Bittere Orange, ist eine der härteren und zuverlässigen *Citrus*-Arten und eine schöne Blattpflanze mit stark duftenden Früchten und Blüten. Die Schalen ihrer kleinen, bitteren Früchte liefern ein ätherisches Öl, und aus ihren großen Blüten wird das Parfum ›Oil of Neroli‹ gewonnen. Aus den Orangen kann man köstliche Marmelade zubereiten. 'Bouquet' ('Bouquet de Fleurs') ist eine stark duftende zwergförmige Varietät.
Bis zu 9 m
C. limon, die Zitrone oder Limone, ist ein schöner Strauch mit ansehnlichen weißen Blüten, die sich aus purpurgetönten Knospen öffnen. Die kompakte Varietät 'Meyer' ist die beliebteste *Citrus*-Art für Haus oder Gewächshaus. Sie ist recht robust, blüht nahezu ununterbrochen und trägt reichlich Früchte. Die Sorten 'Variegata' mit cremefarben panaschierten Blättern und grüngeäderten Zitronen sowie 'Villafranca', ein zuverlässig ertragreicher Strauch mit großen Früchten, sind gleichfalls zu empfehlen. 3 m

Clerodendrum (Losbaum)

C. philippinum (C. fragrans) ist ein laubabwerfender Strauch aus dem Fernen Osten mit herzförmigen Blättern und runden cremefarbenen Blütenköpfen, die nach Nelken duften. Sie erscheinen im Sommer und Herbst. Dieser Strauch gedeiht gut im Haus oder in einem warmen Gewächshaus. Er sollte nach der Blüte kräftig zurückgeschnitten werden.
Sonne; bis zu 2 m; Minimaltemp. 5 °C

Clethra (Scheineller)

C. arborea ist ein kleiner, immergrüner Baum aus Madeira, der besonders hübsch anzuschauen ist,

wenn er sich im Spätsommer und Herbst mit Rispen aus herabhängenden, glockenförmigen weißen Blüten schmückt, die einen durchdringenden Duft verströmen. Er hat breite, lanzettliche dunkelgrüne Blätter. Nach der Blüte kann er zurückgeschnitten werden, damit er sich besser entwickelt. Dennoch sollte man gelegentlich neue Pflanzen aus Stecklingen ziehen.
Lichter Schatten; 9 m in der freien Natur; Minimaltemp. 5 °C

Coronilla (Kronwicke)

C. glauca zählt zu den idealen immergrünen Gewächshaus-Sträuchern. Er blüht überschwenglich im Frühjahr und Frühsommer und gewöhnlich noch einmal im Herbst. Die goldgelben, fruchtig duftenden Erbsenblüten, die in runden Büscheln beieinandersitzen, heben sich dekorativ gegen die fünf- bis siebenfach gefiederten blaugrüngrauen Blätter ab. In milden Gegenden gedeiht die Kronwicke im Freien in geschützten Rabatten oder vor sonnigen Mauern. Die mit ihr eng verwandte C. valentina ist kleiner und hat grünere Blätter. Es gibt noch eine schöne zitronengelbe Sorte C.g. 'Citrina' und C.g. 'Variegata' mit cremefarben panaschierten Blättern.
Sonne; 1,5 m oder mehr; Minimaltemp. 5 °C

Cyclamen (Alpenveilchen)

C. persicum wird im Haus oder im kühlen Gewächshaus zum willkommenen Vorboten des Frühlings. Die kleinen Blüten dieser Spezies mit ihren aufrechten, gedrehten Blütenblättern verbreiten einen intensiv süßen Maiglöckchenduft. Sie sind weiß, rosa oder purpurrosa und haben einen karminroten Schlund. Die Muster der Blätter sind noch abwechslungsreicher. Im Frühjahr sollte man die Pflanzen austrocknen lassen und in Töpfen in einen sonnigen Mistbeetkasten stellen, der luftig, aber trocken ist. Erst wenn sie auszutreiben beginnen, sollten sie wieder gewässert und notfalls umgetopft werden. Die großen Hybriden der Floristen sind duftlos.
Sonne; 20 cm; Minimaltemp. 5 °C; verträgt keine starke Wärme

Cymbopogon

Diese tropischen Ölgräser findet man nur selten außerhalb botanischer Gärten. Sie bilden den Grundstoff für mehrere Parfümerieöle. Aus C. citratus wird das Zitronengras-Öl, aus C. nardus das Citronellen-Öl und aus C. martinii, das nach Rosen duftet, das Palmarosa-Öl hergestellt.
Sonne; 30 cm; Minimaltemp. 10 °C

Coronilla valentina

Cyrtanthus

C. mackenii ist eine Zwiebelpflanze aus Südafrika, deren röhrenförmige weiße Blüten nach Banane duften. Die Blütendolden, die vor allem im Frühjahr oder Herbst erscheinen, werden von bandförmigen Blättern begleitet. Als Sumpfpflanze benötigt sie während ihrer Wachstumszeit viel Wasser, zieht aber im Sommer etwas Schatten und eine trocknere Phase vor. Die cremegelbe Varietät cooperi ist besonders schön. Jüngst sind farbenprächtige Hybriden in den Handel gekommen.
30 cm; Minimaltemp. 5 °C

Cytisus (Geißklee)

C. × spachianus (C. racemosus, Gartenform) bringt im Winter und Frühjahr süß duftende gelbe Erbsenblüten hervor. Als starkwüchsiger, immergrüner Strauch ist er eine erfreuliche Kübelpflanze fürs Haus oder Gewächshaus. Nach der Blüte kann er aber auch zurückgeschnitten werden. Leider ist er anfällig für die Rote Spinne.
Sonne; bis zu 3 m; Minimaltemp. 5 °C

Links: *Citrus limon* 'Villafranca'

173

Daphne (Seidelbast)

D. odora ist nicht so winterhart wie die beliebtere Varietät 'Aureomarginata' mit gelbgeranderen Blättern. In kalten Gegenden ist sie auf den Schutz eines kühlen Gewächshauses angewiesen. Dieser ausgesprochen empfehlenswerte immergrüne Strauch schmückt sich im Spätwinter und zu Beginn des Frühjahrs mit purpurroten, sternförmigen Blüten, die die Luft mit ihrem raffinierten Orangenparfum tränken. Im Sommer sollte er einen Platz im Freien finden, wo er vor der heißen Mittagssonne sicher ist. Auch eine weiße Sorte *D. o. alba* ist erhältlich. Nach wie vor bin ich auf der Suche nach der von W. J. Bean beschriebenen Sorte 'Mazelii', die zu Beginn des Winters blüht.
Sonne; 1,5 m; Minimaltemp. 5 °C; Z 7

Datura (Engelstrompete)

Die Engelstrompeten sind vertraute Gewächshaussträucher, die trotz ihres exotischen Aussehens keine hohen Temperaturen verlangen. Ihre großen hängenden Trompetenblüten, die an der Öffnung auffallend gelappt sind, haben vor allem bei Nacht häufig einen kräftigen und süßen Duft. Sie erscheinen den ganzen Sommer und Herbstanfang über in großer Zahl und werden von üppigen Blättern begleitet. Während ihrer Wachstumsperiode benötigen die Pflanzen viel Wasser und Nahrung und können in wärmeren Monaten ins Freie gestellt werden. Man zieht sie am besten als Hochstämme und schneidet sie nach der Blüte zurück. In einer Gewächshausrabatte kann man sie im Spätwinter bis auf 15 cm vom Boden zurückschneiden. Rote Spinnen werden zuweilen zum Problem.
Lichter Schatten; 3 m oder mehr; Minimaltemp. 5 °C

D. arborea (Brugmansia arborea), *D. × candida (Brugmansia × candida)* und ihre gefüllte Form 'Knightii' – sowie *D. suaveolens (Brugmansia suaveolens)* entfalten stark duftende weiße Blüten.
D. versicolor (Brugmansia versicolor) 'Grand Marnier' duftet zwar weniger, hat aber dafür schönere aprikosenfarbene Blüten.

D. inoxia (D. meteloides) unterscheidet sich von allen anderen. Sie ist eine mehrjährige Knollenpflanze, die wie eine halbwinterharte Annuelle gezogen werden kann. Ihre großen weißen oder violetten Trompetenblüten duften sehr intensiv.

Dianthus (Nelke)

D. caryophyllus, die Nelken der Blumenhändler, sind sehr beliebte, von Spezialisten in Kalthäusern gezogene Pflanzen. Viele der farbenprächtigen geäderten oder gestreiften Varietäten duften nur schwach, während andere, insbesondere die weiße 'Fragrant Ann', mit einem reichen Nelkenparfum ausgestattet sind und sich als Zierde für jedes Knopfloch anbieten. Die Blütezeit wird dadurch beeinflußt, ob man die unteren seitlichen Triebe auszwickt oder nicht. Pflanzen, deren junge Triebe im Sommer abgezwickt werden, blühen verspätet bis zum Winter. Auch die sommerblühenden winterharten Rabattennelken lassen sich in Töpfen im Haus ziehen, wo sie die Luft verschwenderisch mit ihrem köstlichen Duft anreichern. (Siehe auch »Steingartenpflanzen«)
Sonne; 1–1,5 m; Minimaltemp. 7 °C

Diosma

D. ericoides, ein immergrüner Strauch aus Südafrika, trägt nadelartige, kräftig aromatische Blätter und treibt im Spätwinter kleine, weiße, duftende Blüten.
Sonne; neutraler oder saurer Boden; 60 cm; Minimaltemp. 5 °C

Dregea

D. sinensis (Wattakaka sinensis) ist eine empfehlenswerte, immergrüne Kletterpflanze für das Gewächshaus. Im Sommer schmückt sie sich mit hängenden Dolden aus sternförmigen, rosageäderten weißen Blüten, die einen honigsüßen Duft verbreiten. Manchmal werden die Blüten von reizvollen Samenkapseln abgelöst. In milden Regionen kann man sie im Freien an einer sonnigen Mauer ziehen.
Sonne; 3 m; Minimaltemp. 5 °C

Epiphyllum

E. anguliger ist ein köstlich duftender, verläßlich blühender Epiphytenkaktus mit schmalen, gezähnten, blattartigen Stielen. Wenn er im Sommer seine großen cremefarbenen Blüten öffnet, bietet er einen prächtigen Anblick. Er darf nicht überwässert werden, ist aber nicht so sehr an Trockenheit gewöhnt wie andere Kakteen. Er gedeiht im Haus auf einem Fensterbrett.
Sonne; bis zu 1 m; Minimaltemp. 10 °C

Eucalyptus

E. citriodora ist ein sehr frostempfindlicher Eukalyptus. Er kann zwar im Sommer nach draußen gestellt werden, ist aber im Winter auf Schutz

Datura versicolor 'Grand Marnier'

Dregea sinensis

angewiesen. Der Zitronenduft seiner langen Blätter (die in der Jugend behaart und im Alter glatt sind) ist mir persönlich zu billig. Er ist ein schöner, immergrüner Strauch für das Gewächshaus und kann im Frühjahr, wenn notwendig, zurückgeschnitten werden.
Sonne; 2 m oder mehr; 45 m in der freien Natur; Minimaltemp. 5 °C

Eucharis

E. grandiflora, die Amazonaslilie, eine Zwiebelpflanze, die Wärme und Feuchtigkeit benötigt, um sich optimal entwickeln zu können, läßt sich gut im Topf im Haus oder in einem warmen Gewächshaus kultivieren. Die weißen Blüten, die sie an kurzen Stielen in Dolden trägt, erinnern an nikkende Narzissen und duften exotisch. Sie werden von breiten, bandförmigen, immergrünen Blättern begleitet. Die Pflanze liebt einen humusreichen Boden und während wie nach der Blüte viel Wasser.
Lichter Schatten; 60 cm; Minimaltemp. 15 °C

Euphorbia (Wolfsmilch)

E. mellifera. Ich habe eindrucksvolle Exemplare dieser herrlichen Wolfsmilch in ihrem Heimatland Madeira und in milderen Gärten Englands gesehen, aber bei mir zu Hause kann ich sie nur in einem Topf unter Glas zum Blühen überreden. Sie bringt zu Beginn des Frühlings fast kugelförmige lohfarbene Blütenköpfe hervor, die wie goldener Honig aussehen und duften. Sie fassen sich sogar klebrig an. Ihre langen, schmalen Blätter sind leuchtend grasgrün mit einer weißen Mittelader.
Sonne; 2 m; Minimaltemp. 5 °C

Freesia

F. refracta. Freesien sind uns als Schnittblumen sehr vertraut. Doch inzwischen werden zumeist die modernen Hybriden mit ihren vielen verschiedenen Farbtönen angeboten, deren Duft oft enttäuschend ist. Wenn Sie aber Ihre eigenen Freesien in Töpfen ziehen, können Sie sich die Varietäten selbst aussuchen, um auch wirklich in den Genuß des charakteristischen, vollen Duftes zu kommen. Außerdem halten die Blüten auch länger als an abgeschnittenen Stielen. *F. refracta* gibt es mit weißen und gelben Blüten, und beide sind stark duftend; auch die Hybriden 'White Swan' in Cremeweiß, 'Yellow River' in Kanariengelb und 'Romany' mit mauvefarbenen, gefüllten Blüten zeichnen sich durch sehr konzentrierten Duft aus. Die im Herbst eingetopften Exemplare blühen im Winter oder Frühjahr. Nach dem Absterben der Blätter sollte man sie austrocknen lassen.
Sonne; 30 cm; Minimaltemp. 10 °C

Gardenia jasminoides

Gardenia

G. jasminoides gehört zu den bekanntesten Kalthauspflanzen mit einer der beliebtesten Duftnoten – würzig süß mit dem Aroma sonnengereifter Aprikosen. Sie wird ihres Aussehens und ihres Duftes wegen in Gartencentern gern gekauft, benötigt aber viel Wärme und Feuchtigkeit, um sich gut zu entwickeln. Sie bildet einen reizvollen, immergrünen Strauch, den man nach der Blüte zurückschneiden kann. Die gefüllten weißen Blüten erscheinen im Sommer und im Herbst.
Lichter Schatten; torfhaltiger Boden; bis zu 1,5 m; Minimaltemp. 10 °C

Gelsemium

G. sempervirens habe ich in Carolina bewundert, wo sie fast wildwachsend Veranden und Telegraphenmasten überwuchert, doch in England ist sie mir außerhalb von Gewächshäusern niemals begegnet. Die reizvolle Kletterpflanze schmückt sich im Frühling und Frühsommer mit Büscheln aus goldgelben, trichterförmigen Blüten, deren Duft süß, aber nicht so voll ist wie der von Jasmin. Im Handel ist auch die äußerst attraktive gefüllte Form 'Flore Pleno'.
Sonne oder lichter Schatten; 4,5 m; Minimaltemp. 5 °C; Z 8

Gladiolus

G. callianthus (Acidanthera bicolor, A. murielae). Diese Gladiole wird jedes Jahr zu Tausenden von holländischen Zwiebelzüchtern gezogen und nahezu in jedem Gartencenter angeboten. Die Jungpflanzen sollten im Frühjahr mit 10 cm großen Abständen 10 cm tief in Töpfe gepflanzt werden. Im Sommer können sie nach draußen gestellt werden, und sobald sie im Herbst zu blühen beginnen, kann man ein paar Töpfe wieder ins Haus bringen. In einer sonnigen Rabatte gedeihen sie auch im Freien. Die weißen Blüten mit den spitzen Blütenblättern und dunkelrotbraunen Flecken sind sehr eindrucksvoll. Ihr exotisch süßer Duft entfaltet sich besonders stark am Abend. Die Pflanze sollte nach dem Absterben des Laubs austrocknen; alle Exemplare, die im Freien in Rabatten stehen, müssen über den Winter herausgenommen werden. *G. callianthus* gehört zu den empfehlenswertesten Duftpflanzen.
Sonne; 1 m; Minimaltemp. 5 °C

Hedychium

Hedychium-Arten sind spektakuläre Stauden mit fleischigen Wurzeln, die man in den mildesten Klimaten in geschützten sonnigen Rabatten im Freien ziehen kann, die aber gewöhnlich in Töpfen im Gewächshaus kultiviert oder nur im Sommer nach draußen in Innenhöfe gestellt werden. Ihre Blütenähren tränken die Luft mit einem exotischen, berauschenden Duft, der mit dem Geruch von Mottenkugeln gewürzt ist. Die Blüten werden von üppigen breiten und bis zu 45 cm langen Blättern begleitet. Sie lieben einen nahrhaften, feuchten Boden, und ihre Rhizome sollten nur leicht mit Erde bedeckt werden.

H. coronarium trägt im Sommer große, stark duftende weiße Blütenköpfe mit gelben Flecken. Sie benötigt mehr Wärme als andere Spezies.
Sonne; 2 m; Minimaltemp. 10 °C

H. densiflorum schmückt sich im Spätsommer mit langen Ähren aus korallenfarbenen Blüten mit vorspringenden roten Filamenten. 'Stephen' ist eine ausgezeichnete Selektion.
Sonne; 2 m oder mehr; Minimaltemp. 5 °C

H. gardnerianum ist die bekannteste und meines Erachtens schönste Spezies. Die zitronengelben Blüten mit vorspringenden roten Filamenten, die im Spätsommer erscheinen, passen vorzüglich zu den blaugrünen Blättern.
Sonne; 2 m; Minimaltemp. 5 °C

Heliotropium

H. arborescens. Die strauchigen und hochstämmigen Heliotrop-Arten der viktorianischen Gärten, die durch Stecklinge vermehrt und in Wärme überwintert werden müssen, werden heute großenteils durch Sorten wie 'Marine' ersetzt, die aus Samen gezogen werden. Legt man aber Wert auf ein kräftiges Parfum, so muß man zu alten Varietäten wie 'Mrs Lowther', 'Chatsworth' und der dunkelpurpurfarbenen 'Princess Marina' zurückkehren. Mit ihren angenehmen Vanilledüften sind sie schöne Topfpflanzen fürs Gewächshaus, die im Sommer nach draußen gestellt werden können. Sie können auch in Rabatten gepflanzt und im Herbst herausgenommen und neu eingetopft (oder vermehrt) werden. Im warmen Gewächshaus blühen sie das ganze Jahr über.
Sonne; 1 m oder mehr; Minimaltemp. 5 °C

Hoya (Wachsblume)

Wachsblumen sind eine Gruppe äußerst süß duftender, immergrüner Kletterpflanzen und Sträucher für ein warmes Gewächshaus. Sie haben fleischige Blätter und schmücken sich im Sommer mit hängenden Dolden aus wachsartigen Blüten. Sie können nach der Blüte zurückgeschnitten werden,

Gladiolus callianthus

Hedychium densiflorum 'Stephen'

Jasminum polyanthum

doch da sie sehr langsam wachsen, ist ein Rückschnitt meist nicht erforderlich. Sie bevorzugen humusreichen sauren Boden und eine feuchte Atmosphäre. Die Kletterpflanzen gedeihen am besten in einer Gewächshausrabatte vor einer Mauer.

H. australis ist eine Kletterpflanze mit exotisch duftenden weißen oder rosafarbenen Blüten mit roten Nebenkronen.
Lichter Schatten; 4,5 m; Minimaltemp. 15 °C

H. bella, ein Epiphytenstrauch, gedeiht am besten, wenn er seinen Blütenflor über den Rand eines Hängekorbes ausschütten kann. Seine Blüten, die einen schweren Duft ausströmen, sind weiß und tragen in der Mitte eine purpurne Nebenkrone.
Lichter Schatten; 45 cm; Minimaltemp. 15 °C

H. carnosa, die gewöhnliche Wachsblume, ist eine elegante Kletterpflanze mit weißen Blüten und roten Nebenkronen. Sie verteilen einen würzig süßen Duft, der sich am Abend besonders stark entfaltet. Es werden verschiedene gute Sorten angeboten.
Lichter Schatten; 6 m; Minimaltemp. 10 °C

Hymenocallis

Diese Zwiebelpflanzen aus Südamerika, die eng mit Pankrazlilien (*Pancratium*) verwandt sind, schmücken sich mit Blüten, die an spinnenförmige Narzissenblüten erinnern. Die exotisch duftenden Blütendolden erscheinen im Sommer über bandförmigen Blättern. Die laubabwerfenden Varietäten sollte man im Winter ziemlich, aber nicht völlig trocken halten.
Sonne; 60 cm; Minimaltemp. 10 °C, 15 °C für immergrüne Varietäten

H. × festalis (Ismene × festalis) ist laubabwerfend und trägt duftende weiße Blüten.

H. × macrostephana ist eine schöne weißblühende Hybride aus den beiden stark duftenden Spezies *H. narcissiflora* und *H. speciosa.* Da sie nahezu immergrün ist, liebt sie etwas mehr Wärme und Feuchtigkeit im Winter.

H. narcissiflora (Ismene calathina) ist eine laubabwerfende Spezies mit stark duftenden weißen Blüten.

H. speciosa, eine immergrüne Spezies mit grünlichweißen Blüten, benötigt im Winter zusätzliche Wärme und Feuchtigkeit.

Hymenosporum

H. flavum ist ein immergrüner Strauch oder Baum mit glänzenden ovalen Blättern, der sich im Spätfrühjahr mit Rispen aus röhrenförmigen Blüten schmückt, die einen betäubenden exotischen Duft verbreiten. Sie öffnen sich cremefarben und nehmen allmählich einen sattgelben Farbton an.
Sonne; 3 m oder mehr; Minimaltemp. 5 °C

Hoya bella

Jasminum

In keinem Gewächshaus sollten Jasmindüfte fehlen. Wenn Ihnen die betäubenden Düfte der Spezies *J. officinale, J. o. affine (J. grandiflorum)* und *J. polyanthum* in einem geschlossenen Raum zu intensiv sind, können Sie die Spezies *J. azoricum* und *J. sambac* mit ihrem süßeren Kaugummi-Aroma ausprobieren; oder Sie entscheiden sich für das feinere Parfum von *J. suavissimum.* Alle diese Spezies sind weniger starkwüchsig als die erstgenannten. Die Gewächshausjasmine sind großenteils immergrüne Kletterpflanzen, die sich vorzüglich zum Begrünen von Säulen und Dachsparren eignen. Wenn Sie unter den Varietäten eine sorgfältige Auswahl treffen, können Sie sich die ganze Saison über an ihren Blüten erfreuen. Die Pflanzen sollten nach der Blüte leicht zurückgeschnitten und ausgedünnt werden, denn sie blühen am neuen Holz. Da sie am besten gedeihen, wenn ihre Wurzeln etwas eingeengt sind, sollten Sie mit dem Umpflanzen in größere Töpfe lieber etwas länger als sonst üblich warten.
Sonne oder lichter Schatten

J. angulare ist eine Spezies aus Südafrika mit ziemlich großen duftenden weißen Blüten.
3 m; Minimaltemp. 5 °C

J. azoricum, eine kompakte Kletterpflanze mit purpurfarbenen Knospen und süß duftenden weißen Blüten, blüht fast ununterbrochen vom Sommer bis zum Herbst.
3 m; Minimaltemp. 5 °C

J. nitidum hat spinnenförmige weiße Blüten, die sich aus purpurfarbenen Knospen öffnen. Seine Hauptblütezeit ist im Sommer.
3 m; Minimaltemp. 5 °C

J. polyanthum, der vertraute Jasmin aus dem Gartencenter, schmückt sich im Winter und Frühling mit stark duftenden weißen Blüten, die sich aus rötlichen Knospen öffnen.
3 m; Minimaltemp. 10 °C

J. sambac, der Arabische Jasmin, ist die Spezies, aus der der duftende Jasmintee zubereitet wird. Er trägt fast ununterbrochen große weiße Blüten. Selbst im Winter hält er nicht inne, wenn ihm die Temperatur hoch genug ist.
3 m; Minimaltemp. 10 °C

Lilium speciosum rubrum

Orchidee *Vanda tricolor*

Leptospermum

L. scoparium ist ein kleiner, immergrüner Strauch mit schmalen, spitzen Blättchen, die einen aromatischen Duft abgeben, wenn man sie zerdrückt. Er ist seit einigen Jahren im Trend – gemeinsam mit anderen Pflanzen aus Neuseeland – und wird besonders in milderen Gegenden geschätzt, wo er im Freien gezogen werden kann. Gegen Ende des Frühlings schmückt er sich mit einem schönen weißen Blütenflor. Daneben gibt es zahlreiche Farbvarianten in Rosa- und Rottönen. Die zwergwüchsige Form *L. s. nanum* gedeiht auf einem sonnigen Fensterbrett.
Sonne; 2 m oder mehr; Minimaltemp. 5 °C

Lilium

Die meisten Lilien lassen sich in Töpfen kultivieren, und viele duftende winterharte Spezies wie

L. regale und *L. auratum* werden im Haus zum Erlebnis, wenn sie früher als die Lilien draußen ihre Blüten öffnen. Hier habe ich nur jene Lilien ausgewählt, die in Töpfen besonders gut gedeihen. Sonne oder lichter Schatten; gut durchlässiger, humusreicher Boden; Minimaltemp. 5 °C
L. formosanum ist eine ausgezeichnete weiße Lilie. Ihre großen Trompetenblüten sind außen purpurfarben gefleckt und duften herrlich süß. Sie ist kurzlebig und anfällig für Viren, läßt sich aber leicht aus Samen ziehen und blüht gleich im ersten Jahr. 1,2 m
L. longiflorum schmückt sich im Sommer mit langen, reinweißen, duftenden Trompetenblüten, kann aber vorgezogen werden, damit sie schon im Frühjahr blüht. Sie läßt sich leicht aus Samen ziehen und blüht in der Regel im zweiten Jahr.
Verträgt Kalk; 1 m
L. speciosum trägt Blüten mit zurückgebogenen Blütenblättern, denen ein berauschender Duft ent-

strömt. Sie erinnert stark an die bei Floristen so beliebte Türkenbundlilie. Die kräftigen weißen Blüten sind gewöhnlich karminrot schattiert und gefleckt, doch es werden viele verschiedene Sorten angeboten. *L. s. rubrum* hat leuchtend karminrote, außergewöhnlich schöne Blüten. Sie blüht im Spätsommer, läßt sich aber leicht vorziehen.
1,2–2 m

Luculia

Luculia-Arten sind immergrüne Sträucher mit intensiv duftenden röhrenförmigen Blüten, die in keinem warmen Gewächshaus fehlen sollten. In ihrer Wachstumsphase benötigen sie viel Wasser; nach der Blüte können sie zurückgeschnitten werden.
Sonne oder lichter Schatten; Minimaltemp. 10 °C
L. grandifolia ist ein sehr hübscher Strauch oder Baum mit interessanten ovalen, rotgeäderten Blät-

tern, der im Sommer prachtvolle große weiße Blütenbüschel entfaltet.
2 m oder mehr
L. gratissima, die ebenfalls sehr attraktives Laub trägt, öffnet im Spätsommer und Winter große, auffällige Büschel aus wunderbar süß duftenden hellrosaroten Blüten.
1–2 m oder mehr

Mandevilla

M. laxa (M. suaveolens), der Chilenische Jasmin, ist eine beliebte und sehr empfehlenswerte laubabwerfende Kletterpflanze für das Gewächshaus. Die jasminartigen weißen Blüten sind sehr groß und herrlich süß duftend. Sie erscheinen im Sommer büschelweise zwischen herzförmigen Blättern. Die Pflanze, die in einer Rabatte oder einem großen Kübel besser gedeiht als in einem Topf, kann im Frühjahr leicht zurückgeschnitten werden. Die leuchtendrosa *Mandevilla* 'Alice du Pont' ist leider duftlos.
Lichter Schatten; 3 m oder mehr; Minimaltemp. 5 °C

Michelia

M. figo hat W. J. Bean in seinem Buch »Trees and Shrubs« als einen der am stärksten duftenden Sträucher beschrieben. Seine Blüten haben den fruchtigen Duft von Bananen oder Birnenkonfekt, und schon einige wenige tränken die Luft eines ganzen Raums. Diese Spezies gedeiht nur in den allermildesten Gegenden im Freien, doch ihre Kultivierung als Topfpflanze im Gewächshaus ist problemlos. Der langsamwachsende, buschige, immergrüne Strauch trägt glänzende Blätter und bringt vom Frühjahr bis zum Sommeranfang ununterbrochen purpurgefleckte cremegelbe Blüten hervor.
M. doltsopa, eine größere Spezies, schmückt sich im Frühjahr mit blaßgelben Blüten, die ebenfalls stark duften.
Sonne; 3 m oder mehr; 5 °C; Z 8

Nymphaea (Seerose)

Viele tropische Seerosen besitzen volle fruchtige Düfte. Sie benötigen Wärme, eine Wassertemperatur von 20 °C, lassen sich aber auch leicht in Körben in einem Gewächshausteich oder einem mit Wasser gefüllten Kübel ziehen. Im Frühherbst werden die Körbe aus dem Wasser genommen und die Rhizome in feuchtem Sand bei einer Temperatur von 12 °C aufbewahrt. Die blaue Seerose (**N. capensis**), die rosablühende 'General Pershing' und die blaublühende **N. stellata** sind duftende Seerosen, die tagsüber ihre Blüten entfalten; **N. caerulea** verbreitet ihren Duft bei Nacht.

Orchideen

Ein Besuch in einem Orchideenhaus kann zum unvergeßlichen Erlebnis werden. Alle exotischen Düfte – fruchtige, blumige, würzige und betäubende – sind hier vertreten. Man vergißt leicht, daß es sich um eine hochtechnisierte, künstliche Welt handelt, in der Temperatur, Feuchtigkeit und Belüftung sorgsam kontrolliert werden müssen. Hier ist nicht der Platz, um auf die Feinheiten der Kultivierung einzugehen oder mehr als einen Bruchteil der unzähligen Spezies und Hybriden zu erwähnen. Werfen wir dennoch einen kurzen Blick durch die beschlagenen Fenster. Vorausschicken muß ich, daß Duft und Blütenfarbe innerhalb ein- und derselben Spezies zu variieren scheinen und sich so einer eindeutigen Beschreibung entziehen.

Die meisten kultivierten Orchideen sind Epiphyten, d. h., sie gedeihen in der freien Natur auf Ästen und Felsen, indem sie die Feuchtigkeit in ihren geschwollenen Stielen, den sogenannten Scheinzwiebeln, speichern. Unter Glas benötigen sie einen faserigen, durchlässigen Kompost, dem keine Erde beigemischt ist. Die hängenden Varietäten lassen sich am besten in Hängekörben, an aufgehängten Holzrosten oder in moosigen Nestern ziehen, die man an abgeschnittenen Baum- und Strauchästen befestigt (Rhododendron- und Weißdornholz ist am besten geeignet). Aufrecht wachsende Epiphyten-Varietäten und auf dem Boden wachsende Orchideen kann man in Tontöpfen kultivieren. Im Sommer müssen sie vor starkem Sonnenlicht geschützt werden; außerdem brauchen sie viel Feuchtigkeit und müssen täglich besprüht werden. Im Winter kommen sie mit wenig Wasser aus – es sei denn, sie befinden sich noch im Wachstum –, und einige von ihnen schätzen sogar eine ziemlich trockene Ruhepause. Eine minimale Nachttemperatur im Winter von 15 °C und eine maximale Tagestemperatur im Sommer von 25 °C sind optimal.

Die Gattung *Cattleya* umfaßt eine große Anzahl stark und süß duftender Spezies und Hybriden – zum Beispiel *C. velutina,* die nach Hyazinthen duftende *C. labiata* und *C. loddigesii* mit einem deutlichen Gardienduft. Von den *Coelogyne*-Arten hüllen sich *C. cristata, C. nitida* und *C. pandurata* in bemerkenswerten Duft. Viele der *Cymbidium*-Arten riechen köstlich fruchtig und einige nach Aprikosen – *C. eburneum* und *C. tracyanum* zeichnen sich durch einen besonders guten Duft aus.

Würzige Düfte entdeckt man häufig bei den *Lycaste*-Arten, zum Beispiel bei *L. aromatica* und *L. cruenta,* und unter den *Epidendrum*-Arten, etwa *E. nocturnum.*

Süß und würzig sind die meisten Düfte der *Encyclia*-Arten (*E. alata, E. citrina* und *E. fragrans*); auch die *Dendrobium*- und *Bulbophyllum*-Arten entfalten vorwiegend einen würzigen oder süßen Duft – *D. heterocarpum, D. nobile, D. moschatum* und

B. lobbii sind bemerkenswert. Viele Orchideen dieser Spezies duften aber ausgesprochen unangenehm. *B. caryanum* zum Beispiel riecht nach verfaultem Fisch.

Duftende Varietäten gibt es auch unter den *Angraecum*-Arten (*A. eburneum, A. sesquipedale*), den *Maxillaria*-Arten (*M. picta, M. venusta*), den *Odontoglossum*-Arten (*O. pulchellum*), den *Oncidium*-Arten (*O. ornithorrhynchum*), unter den *Vanda*-Arten (*V. parishii* – jetzt richtig *Vandopsis parishii-V. tricolor*) und den *Stanhopea*-Arten (*S. tigrina* duftet nach Vanille).

Pamianthe

P. peruviana ist eine immergrüne Zwiebelpflanze, deren große, exotisch duftende weiße Blüten sehr gepriesen werden. Am Abend ist ihr Duft besonders stark. Obgleich diese Pflanze im Winter weniger Wasser benötigt als im Sommer, sollte man die Zwiebeln nicht vollständig austrocknen lassen. Sie blüht im Spätwinter oder zu Beginn des Frühjahrs.
Halbschatten; reichhaltiger, gut durchlässiger Boden; 60 cm; Minimaltemp. 12 °C

Pamianthe peruviana

Pancratium

Die beiden hier beschriebenen Zwiebelpflanzen, die durch einen intensiven süßen Duft und durch ziemlich aufrechte, leicht blaugrüne Blätter gekennzeichnet sind, können in den mildesten Regionen im Freien am Fuße einer Mauer gezogen werden. Sie gedeihen aber auch gut in Töpfen unter Glas, da sie Trockenheit lieben und gern der vollen Sonne ausgesetzt sind. Den ganzen Winter über sollte man sie regelmäßig düngen und sorgfältig wässern.

15 cm tief in einen gut durchlässigen Boden pflanzen; Sonne; Minimaltemp. 5°C

P. illyricum ist die zuverlässigere Spezies. Sie entfaltet im Frühsommer Dolden aus sternförmigen weißen Blüten. 45 cm

P. maritimum, die Meerstrandlilie, hat schmale immergrüne Blätter und schmückt sich im Spätsommer mit mehr büschelartigen weißen Blüten. 30 cm

Pelargonium

Die ›Geranien‹, die überall auf den Fensterbrettern, Balkonen, Terrassen und in Sommerblumenbeeten gedeihen, haben kaum nennenswerten Duft. Der einigen Pelargonien eigene Rosenduft kommt gewöhnlich bei den Zonalpelargonien (*P. × hortorum*) deutlicher zum Vorschein als bei den glatt- und lederblättrigen Grandiflorum-Hybriden und den efeublättrigen Hybriden. Unter den vielen Varietäten, die der Handel anbietet, muß man seine Wahl nach Farbe und Zeichnung der Blätter und Blüten treffen.

Es gibt aber *Pelargonium*-Hybriden und Spezies mit kräftigen Düften, die sich zum Teil sehr stark von dem üblichen Rosenduft unterscheiden. Diese

Pittosporum tobira

Gruppe bietet tatsächlich eine viel breitere Auswahl an Blattdüften als jede andere Pflanzenart, die ich kenne, die Salbei-Arten eingeschlossen. Sie haben zwar in der Regel unauffälligere Blüten, aber schließlich kann man nicht alles haben.

Alle Pelargonien sind leicht zu kultivieren, wenn sie in einem gut durchlässigen Boden stehen und nicht überwässert werden. Ansonsten vertragen sie es gut, wenn man sich nicht viel um sie kümmert. Im Winter sollte man sie ziemlich trocken halten.

Sonne; 30 cm–1 m oder mehr; Minimaltemp. 5°C

Unter den weichblättrigen Pelargonien duften *P. tomentosum* und die braungefleckte *P.* 'Chocolate Peppermint' nach Pfefferminze; die zwergwüchsige *P. × fragrans* duftet nach Muskat oder Kiefern, und *P. odoratissimum* nach Äpfeln. *P. abrotanifolium* mit fein eingeschnittenen Blättern verbreitet einen Duft, der an Eberraute (*Artemisia abrotanum*) erinnert.

P. crispum major, *P.* 'Citronella', *P. × citrosum* (*P. citriodorum*) und *P.* 'Mabel Grey' haben nach Zitrone duftende Blätter; *P.* 'Prince of Orange' duftet nach Orange.

P. graveolens und *P.* 'Attar of Roses' duften nach Rosen, *P. denticulatum* nach Balsam und Flieder, und *P. quercifolium* entfaltet einen scharfen Gewürzduft.

P. triste und *P. gibbosum* haben Blüten, die sich abends in süßen Duft hüllen. Diese knolligen, gichtigen Spezies müssen im Winter vollständig trocken gehalten werden.

Pittosporum (Klebsame)

Pittosporum-Arten können in sehr kalten Wintern böse zugerichtet werden, und so ist es sicherer, sie unter Glas zu ziehen. Mit ihren reizvollen immergrünen Blättern sind sie äußerst lohnenswerte Kübelpflanzen, zumal ihr schwerer Blütenduft unter Glas erst richtig zur Geltung kommt.
Sonne; Minimaltemp. 5°C

P. tobira entfaltet im Frühjahr große cremeweiße Blüten in auffälligen Dolden, deren Duft an Orangenblüten erinnert. Sein Laub ist ziemlich breit und rund. Die schöne Sorte 'Variegatum' hat weißgerandete Blätter.
Bis zu 3 m; Z 8

Plumeria (Frangipani)

P. rubra ist der Baum, dessen Duftschwaden in den Tropen die Abendluft anreichern. Der exotische, fruchtige Duft entströmt den in Büscheln zusammensitzenden röhrenförmigen Blüten, die sich den Sommer über unermüdlich öffnen – in Weiß, Gelb, Orange oder Rosa. Heimisch ist der Baum in Mittelamerika, doch ist er inzwischen überall angesiedelt worden, wo er günstige Lebens-

bedingungen vorfindet. In kalten Klimaten ist er auf ein warmes Gewächshaus angewiesen, wo er im Winter fast trocken stehen sollte. Die Blüten von *P. r. acutifolia* sind weiß mit einem auffallenden gelben Auge.
Sonne; 3 m oder mehr; Minimaltemp. 10°C

Polianthes

P. tuberosa, die Tuberose, ist eine frostempfindliche Staude mit legendärem Duft. Ihre weißen, röhrenförmigen Blüten erscheinen im Sommer und Herbst in aufrechten Trauben und entfalten einen durchdringenden Duft, der manchmal als zu stark empfunden wird. Während ihrer Wachstumsperiode benötigt sie viel Wasser. Sie sollte im Winter wie die Dahlie getrocknet, in Sand gebettet und im Spätwinter wieder zum Wachsen gebracht werden. Die gefüllten Blüten der Sorte 'Pearl' duften noch intensiver.
Sonne; gut durchlässiger Boden; 60 cm; Minimaltemp. 15°C

Primula

P. × kewensis bringt im Winter und Frühjahr mit ihren goldgelben Blüten das Gewächshaus zum

Polianthes tuberosa

Primula × kewensis

Leuchten und sorgt für Schwaden von zuckrigem Zitronenduft. Eine der beiden erhältlichen Sorten zeichnet sich durch dicht bemehlte Blätter aus. *P. × kewensis* läßt sich leicht aus Samen ziehen, die im Frühjahr oder Sommer ausgesät werden. Halbschatten; 30 cm; Minimaltemp. 10 °C

Prostanthera

Diese immergrünen Sträucher mit ihren kleinen, stark aromatischen Blättern tragen im Spätfrühjahr oder Frühsommer ansehnliche duftende Blüten. In sehr milden Klimaten kann man versuchen, sie im Freien an einer sonnigen Mauer zu ziehen, sie sind aber im Gewächshaus so unproblematisch, daß sich ein Risiko nicht lohnt.
Sonne; Minimaltemp. 5 °C
P. cuneata ist ein kleiner ausladender Busch, dessen dunkle Blätter nach *Gaultheria* oder Plastilin riechen. Die mauve-weißen Lippenblüten haben purpurfarbene Markierungen. Im Freien ist diese Spezies verhältnismäßig winterhart.
60 cm

Plumeria rubra

181

Prostanthera melissifolia

P. melissifolia hat einen starken Minzeduft und schmückt sich mit auffallenden violetten Blütenbüscheln.
Bis zu 3 m

P. ovalifolia hat nach *Gaultheria* oder Plastilin duftende Blätter und rotviolette Blütentrauben.
Bis zu 3 m

P. rotundifolia trägt nach Minze duftende ovale Blätter und kurze blauviolette Blütentrauben.
Bis zu 3 m

Quisqualis

Q. indica ist eine schnellwachsende Schlingpflanze, die zum Bewachsen der Dachsparren eines Gewächshauses gut geeignet ist. Den ganzen Sommer über trägt sie kleine duftende Blüten, die sich abends weiß öffnen und rosa, rot oder orange nachdunkeln.
Sonne oder Halbschatten; 4,5 m oder mehr; Minimaltemp. 10 °C

Rhododendron

Viele der besonders stark duftenden Rhododendren stammen aus warmen gemäßigten Klimazonen. Deshalb müssen sie hierzulande im Winter geschützt werden. Es sind ausgezeichnete Kübelpflanzen für die schattigeren Bereiche eines Gewächshauses und für Loggien, die kein Oberlicht haben und sparsam beheizt sind. Viele dieser Rhododendren sind Epiphyten mit lockerem Wuchs, die gern an Mauern oder Pfählen wachsen. Die in der Regel weißen Blüten haben einen würzigen oder fruchtigen Lilienduft.
Halbschatten; Minimaltemp. 5 °C

RR. ciliicalyx, *maddenii, edgeworthii (bullatum), lindleyi* und *griffithianum* entfalten einen außergewöhnlich starken Duft. 'Countess of Haddington', 'Lady Alice Fitzwilliam' und 'Fragrantissimum' gehören zu den bekanntesten duftenden frostempfindlichen Rhododendren und zählen auch sicherlich zu den empfehlenswertesten Gewächshaus-Sträuchern. *R. crassum* dehnt die Saison noch bis zum Hochsommer aus.
3 m oder mehr

Salvia (Salbei)

Die beiden frostempfindlichen Salbei-Arten, die ich aus einer riesigen Anzahl möglicher Spezies ausgewählt habe, besitzen sehr fruchtige Blattdüfte und stehen auf meiner Rangliste der Duftpflanzen weit oben, zumal sie noch sehr auffallende Blüten

Salvia discolor

Stauntonia hexaphylla

Stephanotis floribunda

zu bieten haben. Diese beiden kleinen Sträucher lassen sich gut in Töpfen ziehen und können im Sommer ins Freie neben einen Sitzplatz gestellt oder sogar in eine Rabatte gepflanzt werden. Sie werden durch Stecklinge vermehrt; *S. rutilans* schlägt sogar Wurzeln in einem Glas Wasser. Sonne; Minimaltemp. 5 °C

S. discolor duftet stark nach Brombeeren. Der Duft entströmt den langen, klebrigen Blütenstielen und den grünen Blättern, die auffallend weißgraue Unterseiten haben. Die kleinen, mit Kappen versehenen, purpurschwarzen Blüten, die den ganzen Sommer über erscheinen, ragen aus graugrünen Kelchen hervor. Die Nachteile eines lockeren Wuchses und einer spärlichen Belaubung wiegt der wundervolle Duft leicht auf.
Bis zu 1 m

S. rutilans (S. elegans) hat weiche, frischgrüne Blätter, die einen vollen Ananasduft verbreiten. Dieser buschige Strauch schmückt sich den ganzen Sommer mit scharlachroten Blüten.
Bis zu 1 m

Selenicereus

S. grandiflorus, die Königin der Nacht, ist ein schlanker, kletternder Kaktus aus Westindien. Wenn er in Sommernächten seine großen weißen Blüten

öffnet, die an *Epiphyllum*-Blüten (Blattkaktusblüten) erinnern, entfaltet sich ein betäubendes exotisches Parfum. Er läßt sich leicht im Topf oder in einer Rabatte im Gewächshaus ziehen.
Sonne; bis zu 4,5 m; Minimaltemp. 10 °C

Solandra

S. maxima, eine ansehnliche, immergrüne Kletterpflanze aus Mexiko, schmückt sich mit großen, stark duftenden, kastanienbraun gezeichneten goldgelben Trompetenblüten. Diese starkwüchsige, glänzend belaubte Pflanze kann nach der Blüte zurückgeschnitten werden. Man sollte sie im Winter und im zeitigen Frühjahr ziemlich trocken halten, bis die Blütenknospen erscheinen. Das Blütenschauspiel kann über mehrere Monate anhalten.
Sonne; 9 m; Minimaltemp. 15 °C

Stauntonia

S. hexaphylla ist eine hübsche immergrüne Kletterpflanze, die man in milden Klimaten an einer warmen Mauer ziehen kann. Der Duft entweicht den weiß-violetten Blüten, die im Frühjahr in kleinen Trauben erscheinen.
Sonne oder lichter Schatten; 9 m; Minimaltemp. 5 °C

Stephanotis

S. floribunda, Reichblühende Kranzschlinge oder Madagaskar-Jasmin. *Stephanotis*-Blüten haben ein bekanntes und beliebtes Parfum. Es ist exotisch süß und beinhaltet ein Kaugummi-Aroma. Vom Frühjahr bis zum Herbst entfalten sich zwischen den fleischigen, glänzenden Blättern Büschel wachsartiger weißer Blüten. Die Haupt- und Seitentriebe können im Spätwinter zurückgeschnitten werden. Wenn Ihr Gewächshaus nicht warm genug ist, können Sie die Pflanze in einem Topf auf dem Fensterbrett an einem Drahtgestell ziehen. Sie liebt eine feuchte Umgebung, und man sollte die Komposterde nicht allzu trocken werden lassen.
Lichter Schatten; 60 cm–4,5 m oder mehr; Minimaltemp. 12 °C

Trichocereus

T. candicans ist eine von mehreren häufig gezogenen Spezies, die im Sommer duftende Nachtblüten tragen. Diese Blüten, die nur an voll entwickelten Pflanzen erscheinen, haben ein starkes, exotisches Parfum. Die säulenähnlich wachsende Pflanze läßt sich problemlos ziehen.
Sonne; 1 m; Minimaltemp. 10 °C

Register

Die halbfett gedruckten Seitenzahlen verweisen auf Abbildungen.

184

Zoneneinteilung

Die Winterhärte von Pflanzen, also die Mindesttemperatur, die eine Pflanze im Winter verträgt, wird mit Hilfe einer zugrundeliegenden Zoneneinteilung angegeben – im Text durch den Buchstaben Z und die entsprechende Zahl bezeichnet. Indes kann das nur eine ungefähre Angabe sein, denn die Winterhärte einer Pflanze hängt von zahlreichen Faktoren ab, wie der Tiefe ihrer Wurzeln, ihrem Wassergehalt bei Frostbeginn, der Dauer der kalten Witterung, der Stärke des Windes und der Länge und Hitze des voraufgegangenen Sommers.

Ungefähre Spanne der durchschnittlichen jährlichen Mindesttemperaturen in Zone

1 unter −45 °C
2 −45 °C bis −40 °C
3 −40 °C bis −34 °C
4 −34 °C bis −29 °C
5 −29 °C bis −23 °C
6 −23 °C bis −18 °C
7 −18 °C bis −12 °C
8 −12 °C bis −7 °C
9 − 7 °C bis −1 °C
10 − 1 °C bis 4 °C

Danksagung

Danksagung des Verfassers

Mein Dank geht an die vielen Duftenthusiasten in Großbritannien und den USA, die mir von ihrem Wissen mitgeteilt, neue Duftpflanzen gezeigt und erlaubt haben, Duftproben in ihren Gärten zu nehmen. Besondere Erwähnung gebührt James Compton, der mich auf Streifzügen durch den Chelsea Physic Garden begleitet hat; ferner Holly Shimizu vom United States Botanic Garden für ihre Hilfe bei Kräutern; schließlich Bert Klein von den Royal Botanic Gardens in Kew, der mich über den Duft von Orchideen belehrt hat.

Außerordentlich dankbar bin ich Dr. Tony Lord, Leo Pemberton und Paul Meyer für ihre Durchsicht des Textes; sie haben ihre Kenntnis in reichem Maß eingebracht und das Buch an vielen Stellen verbessert. Alle Fehler gehen natürlich allein zu meinen Lasten.

Andrew Lawsons Fotos heben dieses Buch in eine höhere Sphäre. In unseren Ansichten über Duft stimmen wir selten überein, aber das hat unsere gemeinsamen Streifzüge besonders unterhaltsam gemacht.

Anne Kilborn und Diana Loxley vom Verlag sind weit über ihre Pflichten hinaus geduldig mit mir gewesen, und Louise Tucker war unablässig bemüht, Andrews Fotos und meine Beschreibungen in Übereinstimmung zu bringen. Ihnen und den Mitarbeitern bei Frances Lincoln Limited danke ich für ihre Liebe zum Detail und für ihre Geduld bei Zeit- und Arbeitsplanänderungen. Lediglich einer meiner Vorschläge ist auf taube Ohren gestoßen: das Buch mit Rubbel- und Schnupperseiten auszustatten.

Danksagung des Fotografen

Herzlichsten Dank an die Gartenbesitzer, die mich so freundlich in ihren Gärten schalten und walten ließen. Die Gärten folgender Personen und Institutionen tauchen in größerer Ausführlichkeit auf:

7 The National Trust, Penelope Hobhouse und John Malins, Tintinhull House
8 Herr und Frau Andrew Norton, East Lambrook Manor
11 John und Caryl Hubbard, Chilcombe House
12 The Savill Garden, Windsor
13 Exbury Gardens, Southhampton
18, 101 Herr und Frau Thomas Gibson, Westwell Manor
20, 155 Herr und Frau Guy Acloque, Alderley Grange

23, 36 Rosemary Verey, Barnsley House
27 Herr und Frau P. Gunn, Ramster
31 Joyce Robinson und John Brookes, Denmans
37, 47, 103, 106 Gwen Beaumont, The Gables House, Stoke sub Hamdon
59, 71 Nancy Lancaster, The Coach House, Little Haseley
74 Margaret Ogilvie, House of Pitmuies
117 Herr und Frau Farquar, Old Inn Cottage, Piddington
119, 153 Mirabel Osler, Lower Brook House
126 The National Trust, Wakehurst Place
137 Herr und Frau A. H. Chambers, Kiftsgate Court
139 The National Trust, Knightshayes Court
145 *unten* Herr und Frau J. C. Turner, Berri Court, Yapton
150 *oben* Humphrey Brooke †, Lime Kiln Rosarium
151 Gothic House, Charlbury
156 Sevin Whitby, London
160 The National Trust for Scotland, Malleny House Gardens
167 Herr und Frau Francis Sitwell, Weston Hall
171 Royal Botanic Gardens, Kew

Nicht weniger dankbar bin ich den Gartenbesitzern, deren Pflanzen in Abbildungen erscheinen:
Abbotswood; Batsford Arboretum; Herr und Frau W. R. Benyon; Castle Ashby; Chelsea Physic Garden; Herr und Frau Leo Clark; Caroline und Roger Eckersley; Joe Elliott; Dolly Foster; Forde Abbey; Lucy Gent; Harry Hay; Haddon Hall; Hadspen Gardens; The Hillier Gardens and Arboretum; Kathleen und David Hodges; Kelways Nurseries; Len und Wendy Lauderdale; Briony Lawson; Logan Botanic Garden; Esther Merton; Penelope Mortimer; The National Trust (Acorn Bank, Barrington Court, Hidcote Manor und Nymans); The Northern Horticultural Society (Harlow Carr); Oxford Botanic Garden; Herr und Frau R. Paice; Penny und Richard Purdon; Steve und Irish Pugh; Royal Horticultural Society (Wisley und Rosemoor); Royal Botanic Gardens, Kew; Royal Botanic Gardens, Edinburgh; Joan und Kurt Schoenenburger; Frau B. Shuker und Herr und Frau K. Pollitt; Dr. James Smart; St John's College, Oxford; Threave Gardens; Waterperry Gardens.